ABITUR

Prüfungsaufgaben mit Lösungen

Zentralabitur • NEU • Zentralabitur • NEU

Mathematik

Leistungskurs
Gymnasium • Gesamtschule
Nordrhein-Westfalen

STARK

ISBN-13: 978-3-89449-150-5
ISBN-10: 3-89449-150-7

D-85318 Freising · Postfach 1852 · Tel. (08161) 1790

Inhalt

Fortsetzung siehe nächste Seite

Stochastik

Jeweils zu Beginn des neuen Schuljahres erscheinen die neuen Ausgaben der Abiturprüfungsaufgaben mit Lösungen.

Autoren:

Georg Breitenfeld (Analysis Übungsaufgaben 7–9 und 11–13; Stochastik Übungsaufgaben 1–7; Analytische Geometrie Übungsaufgabe 12)
Günther Weber (Analysis Übungsaufgaben 1–6 und 10; Analytische Geometrie Übungsaufgaben 1–11)

Stichwortverzeichnis

I. Analysis

II. Analytische Geometrie

III. Stochastik

Hinweise und Tipps

Im Schuljahr 2007 werden in Nordrhein-Westfalen die Abiturprüfungen zum ersten Mal mit **zentral gestellten Prüfungsaufgaben** durchgeführt. Damit Sie sich auf diese Prüfungen angemessen vorbereiten können, informieren wir Sie zunächst über den Ablauf der Prüfung und erläutern dann, wie Ihnen dieses Buch bei Ihrer Vorbereitung behilflich sein kann.

Grundlage für die Gestaltung der Prüfungsaufgaben sind die derzeit gültigen Lehrpläne für die gymnasiale Oberstufe. Da sich Prüfungsaufgaben gerade auch in zentralen Verfahren auf möglichst konkrete Inhalte beziehen sollen, wurden inhaltliche Festlegungen – so genannte Vorgaben – für den Unterricht in der Qualifikationsphase getroffen, die die Basis für die Aufgaben der schriftlichen Prüfungen im Abitur 2007 bilden.

Die **inhaltlichen Schwerpunkte** für den Leistungskurs Mathematik in der Abiturprüfung sind dabei Folgende:

Analysis

- Fortführung der Differenzialrechnung
  - Untersuchung von ganzrationalen und gebrochen-rationalen Funktionen in Sachzusammenhängen
  - Untersuchung von Funktionenscharen, Exponentialfunktionen und Logarithmusfunktionen in Sachzusammenhängen
  - Ableitungsregeln: Produkt-, Quotienten- und Kettenregel
- Integralrechnung
  - Untersuchung von Wirkungen
  - Integrationsregeln: partielle Integration, Substitution
  - Flächenberechnung durch Integration

Lineare Algebra / Analytische Geometrie

- Lineare Gleichungssysteme für $n > 2$, Matrix-Vektor-Schreibweise, systematisches Lösungsverfahren für lineare Gleichungssysteme
- Lineare Abhängigkeit von Vektoren, Parameterformen von Geraden und Ebenengleichungen
- Standard-Skalarprodukt mit den Anwendungen Orthogonalität, Winkel und Länge von Vektoren
- Normalenformen von Ebengleichungen, Lagebeziehungen von Geraden und Ebenen

- Abstandsprobleme (Punkt – Ebene)
- Alternative 1: Abbildungsmatrizen, Matrizenmultiplikation als Abbildungsverkettung, inverse Matrizen und Abbildungen, Eigenwerte und Eigenvektoren

  oder
- Alternative 2: Übergangsmatrizen, Matrizenmultiplikation als Verkettung von Übergängen, Fixvektoren

Stochastik

- Wahrscheinlichkeit, bedingte Wahrscheinlichkeit, Unabhängigkeit
- Binomialverteilung und Normalverteilung einschließlich Erwartungswert und Standardabweichung
- Ein- und zweiseitiger Hypothesentest

Zugelassene Hilfsmittel

- Wissenschaftlicher Taschenrechner (mit oder ohne Grafikfähigkeit)
  oder
  CAS (Computer-Algebra-System)
- Mathematische Formelsammlung
- Deutsches Wörterbuch

Bei der Formulierung der zentralen Prüfungsaufgaben werden sogenannte **Operatoren** verwendet, die sicherstellen sollen, dass alle Schüler und Lehrer unter einer bestimmten Aufgabenstellung das gleiche verstehen. Damit Sie die Aufgabenstellungen korrekt erfassen können, ist es sehr zu empfehlen, sich mit diesen Operatoren auseinanderzusetzen. Im Folgenden finden Sie eine vollständige Liste dieser Operatoren:

Anforderungsbereich I

Arbeitsauftrag	Definition	Beispiele
angeben, nennen	Führen Sie Sachverhalte, Begriffe und Daten ohne genauere Begründungen, Lösungsansätze und -wege auf.	Analytische Geometrie Aufgabe 2, 4b Analysis Aufgabe 6, 2d Stochastik Aufgabe 3, 1
berechnen	Sie sollen die Ergebnisse durch Rechenoperationen erzielen, indem Sie von einem Ansatz ausgehen.	Analytische Geometrie Aufgabe 5, 6a Analysis Aufgabe 10, 4a Stochastik Aufgabe 2, 4
beschreiben	Hier sollen Sie Sachverhalte oder Methoden in eigenen Worten und angemessener Fachsprache darstellen.	Analytische Geometrie Aufgabe 11, 1c
erstellen, darstellen	Stellen Sie Sachverhalte, Beziehungen und Vorgehensweisen in fachlich sachgerechter Form dar.	Stochastik Aufgabe 1, 3 Analysis Aufgabe 11, 2
skizzieren	Stellen Sie die wesentlichen Merkmale von Sachverhalten grafisch dar.	Analysis Aufgabe 2, 1b Stochastik Aufgabe 4, 3
zeichnen, grafisch darstellen	Sie sollen ein hinreichend genaues Abbild von Objekten oder Daten erstellen.	Analytische Geometrie Aufgabe 9, 1

Anforderungsbereich II

Arbeitsauftrag	Definition	Beispiele
begründen	Benutzen Sie Regeln und mathematische Beziehungen, um Sachverhalte auf Gesetzmäßigkeiten zurückzuführen.	Analytische Geometrie Aufgabe 3, 3 Analysis Aufgabe 2, 1a
beschreiben	Hier sollen Sie komplexere Sachverhalte oder Methoden in angemessener Fachsprache wiedergeben.	Analytische Geometrie Aufgabe 6, 1b
bestimmen, ermitteln	Sie sollen Lösungswege und Zusammenhänge finden und anwenden, sodass Sie das Ergebnis anschließend angeben können.	Analytische Geometrie Aufgabe 3, 4b Analysis Aufgabe 1, 2 Stochastik Aufgabe 6, 2

Arbeitsauftrag	Definition	Beispiele
erklären, erläutern	Erläutern Sie Sachverhalte mithilfe Ihres eigenen Wissens verständlich und nachvollziehbar und bringen Sie es in Zusammenhänge.	Analysis Aufgabe 5, 1 Stochastik Aufgabe 3, 3
herleiten	Sie sollen für gegebene Sachverhalte beschreiben, wie sie entstehen oder wie sie aus anderen Zusammenhängen abgeleitet werden können.	Analysis Aufgabe 3, 3b
interpretieren	Hier sollen Sie Fragen nach Beziehungen und Ergebnissen deuten.	Analysis Aufgabe 8, 4
untersuchen, überprüfen	Sie sollen Probleme und Fragestellungen auf bestimmte Kriterien hin behandeln.	Analytische Geometrie Aufgabe 2, 7 Analysis Aufgabe 8, 5 Stochastik Aufgabe 3, 4
vergleichen	Finden Sie Gemeinsamkeiten und Unterschiede.	Analysis Aufgabe 5, 3d Analysis Aufgabe 7, 2b
zeichnen, grafisch darstellen	Hier sollen Sie ein hinreichend genaues Abbild von komplexeren Objekten oder Daten erstellen.	Analytische Geometrie Aufgabe 11, 5 Analysis Aufgabe 11, 1
zeigen	Bestätigen Sie die Aussagen der Fragestellung mithilfe von Berechnungen und Herleitungen.	Analytische Geometrie Aufgabe 6, 2b Analysis Aufgabe 4, 1

Anforderungsbereich III

Arbeitsauftrag	Definition	Beispiele
begründen	Benutzen Sie Regeln und mathematische Beziehungen, um komplexere Sachverhalte auf Gesetzmäßigkeiten zurückzuführen.	Analytische Geometrie Aufgabe 5, 6c Analysis Aufgabe 3, 2a
bestimmen, ermitteln	Hier sollen Sie komplexere Lösungswege und Zusammenhänge finden und anwenden, sodass Sie das Ergebnis anschließend angeben können.	Analytische Geometrie Aufgabe 1, 2b Analysis Aufgabe 2, 1c Stochastik Aufgabe 7, 1
beurteilen	Fällen Sie unter Verwendung von Fachwissen ein eigenes Urteil und erläutern Sie dies.	Analysis Aufgabe 10, 4b

Arbeitsauftrag	Definition	Beispiele
beweisen, widerlegen	Verwenden Sie mathematische Sätze, Äquivalenzumformungen und logische Schlussfolgerungen, um Aussagen zu bestätigen oder gegebenenfalls durch ein Gegenbeispiel zu widerlegen.	Analytische Geometrie Aufgabe 12, 3
interpretieren	Sie sollen komplexere Beziehungen und Ergebnisse durch gegebene Fragestellungen deuten.	Analysis Aufgabe 8, 2 Stochastik Aufgabe 4, 2
vergleichen	Finden Sie Gemeinsamkeiten und Unterschiede komplexerer Zusammenhänge.	Analysis Aufgabe 5, 3d Analysis Aufgabe 7, 2b
zeigen	Hier sollen Sie komplexere Aussagen mithilfe von Berechnungen und Herleitungen bestätigen.	Analytische Geometrie Aufgabe 4, 1c Analysis Aufgabe 4, 4

Die Schule erhält für den Leistungskurs zwei Aufgabensätze mit folgenden Anzahlen von Aufgaben:

	ohne CAS	mit CAS
Aufgabengruppe 1	2	2
Aufgabengruppe 2	3	3

Die Aufgabengruppe 1 enthält zwei Aufgaben aus dem Bereich Analysis.

Die Aufgabengruppe 2 enthält zwei Aufgaben aus dem Bereich Lineare Algebra/ Geometrie, von denen eine Aufgabe die Alternative 1 und die andere Aufgabe die Alternative 2 berücksichtigt. Ferner gehört eine Aufgabe aus dem Bereich Stochastik zur Aufgabengruppe 2.

Der Fachlehrer stellt aus den Aufgabensätzen die Prüfungsaufgabe nach folgenden Vorgaben zusammen: Die Prüfungsaufgabe wird aus drei Aufgaben gebildet, wobei aus jeder Aufgabengruppe mindestens eine Aufgabe zu wählen ist. Dabei wird von ihm die im Unterricht gewählte Alternative im Bereich der Linearen Algebra/ Geometrie berücksichtigt. Ebenso entscheidet der Fachlehrer, ob bei der Bearbeitung entsprechender Aufgaben ein wissenschaftlicher Taschenrechner oder ein CAS genutzt werden soll. Ein CAS-Aufgabensatz kann auch Aufgaben enthalten, für deren Lösung ein CAS nicht benötigt wird. Eine Kombination von Aufgaben mit und ohne CAS ist nicht möglich. Eine Aufgabenauswahl durch die Schülerinnen und Schüler ist nicht vorgesehen.

In diesem Band finden Sie nun eine Auswahl von **Übungsaufgaben** zu den Bereichen Analysis, Lineare Algebra/Geometrie und Stochastik für den Leistungskurs, wie sie als Aufgaben innerhalb einer Prüfung denkbar sind. Jede dieser Aufgaben enthält die Aufgabenstellung, **Hinweise und Tipps**, und schließlich eine **vollständige Lösung**, die alle Rechenschritte enthält. Die Tipps und Hinweise sollen Ihnen Denkanstöße für die Bearbeitung der Aufgaben geben, nicht aber die Lösung der Aufgaben vorwegnehmen. Auch sind in den Lösungen zahlreiche Hinweise vorhanden, die Ihnen ein besseres Verständnis ermöglichen. Diese sind durch graue Symbole gekennzeichnet.

Bereiten Sie sich langfristig auf die Abiturprüfung vor. Fertigen Sie sich eine Übersicht über die zu bearbeitenden Themen an und kennzeichnen Sie Ihren Lernfortschritt. Verwenden Sie bei der Vorbereitung die zugelassenen Hilfsmittel und prägen Sie sich die wichtigen Seiten der Formelsammlung ein. Üben Sie die Nutzung des zugelassenen Rechners in allen seinen relevanten Funktionen, sodass Sie hier absolut sicher sind. Versuchen Sie, die in diesem Band gestellten Aufgaben zunächst selbstständig zu lösen. Erst wenn Sie keine Idee haben, ziehen Sie die Hinweise und Tipps heran. Die ausführliche Lösung ist als Vergleich mit Ihrer Lösung gedacht, sie sollte stets erst zum Schluss herangezogen werden. Üben Sie, die Aufgabe in der vorgesehenen Zeit zu lösen. Dabei spielt der Zeitfaktor zu Beginn Ihrer Vorbereitung noch keine so große Rolle, aber je länger Sie üben, umso größere Beachtung sollten Sie diesem Aspekt widmen.

Abiturähnliche Übungsaufgaben

Nordrhein-Westfalen – Mathematik Leistungskurs
Analysis: Übungsaufgabe 1

See und Bundesstraße

In einem rechtwinkligen Straßensystem verläuft die Bundesstraße B59 entlang der x-Achse in W-O-Richtung und die Landstraße L738 entlang der y-Achse in S-N-Richtung (1 LE = 1 km). Nördlich der Bundesstraße befindet sich ein See, dessen Ränder sich durch die Graphen G_{f_2} und G_{f_4} zweier Funktionen der Schar $f_a(x) = (a^2x - a) \cdot e^{-x}, a > 0$ beschreiben lassen.

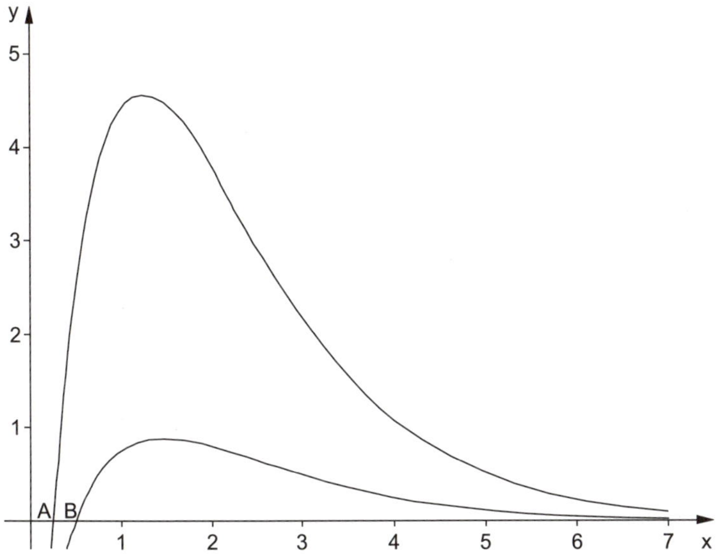

1. Ordnen Sie dem nördlichen bzw. südlichen Ufer die Graphen G_{f_2} und G_{f_4} zu.
2. Fährt man die B59 vom Kreuzungspunkt der Straßen aus nach Osten, so überquert man das Ufer des Sees in den Punkten A bzw. B. Bestimmen Sie die Länge der Brücke, wenn sie zu beiden Seiten des Ufers je 20 m über die Punkte A bzw. B hinausgeht.
3. Geben Sie den Punkt C am Südufer des Sees an, der von der Bundesstraße am weitesten entfernt ist.
4. Am Südufer des Sees soll eine Aussichtsplattform an dem Punkt D errichtet werden, an dem der See in Nordrichtung die größte Ausdehnung hat. Bestimmen Sie die Koordinaten von D und geben Sie die Ausdehnung an.

5. Am nördlichen Ufer des Sees soll ein geradliniger Radweg entlanggeführt werden, sodass das Seeufer in Punkt $E\left(\frac{11}{8} \,\middle|\, y\right)$ berührt wird.

   Berechnen Sie den Prozentsatz, den der Weg kürzer wird, wenn man demnächst mit dem Rad nicht mehr die Bundes- bzw. Landstraße, sondern den Radweg entlang fährt.

6. Der Zufluss des Sees befindet sich 7 km östlich vom Kreuzungspunkt der Straßen. Bestimmen Sie die Größe des Sees nördlich der Bundesstraße.

Hinweise und Tipps

Teilaufgabe 1

- Je größer der y-Wert, desto weiter nördlich befindet sich der Punkt.
- Vergleichen Sie die beiden Graphen durch geeignete Punkte.
- Berechnen Sie dazu z. B. die Nullstellen oder die Extrempunkte.
- Bei den Extrempunkten gehört der Punkt mit dem größeren y-Wert zum Graphen des Nordufers.

Teilaufgabe 2

- Die Länge der Brücke wird berechnet mithilfe des Abstands der Nullstellen von f_2 und f_4.
- Beachten Sie auch die Länge des Teils der Brücke, der über das Ufer hinausgeht.

Teilaufgabe 3

- Der Graph G_{f_2} kennzeichnet das Südufer des Sees.
- Gesucht ist das Maximum von f_2.

Teilaufgabe 4

- Gesucht ist der Punkt D, an dem der See in Nord-Süd-Richtung am breitesten ist.
- Gesucht ist das Maximum der Breite.
- Die Breite wird berechnet durch die Differenz der y-Werte des Nord- bzw. Südufers (Reihenfolge bei der Differenzbildung beachten).
- Die Koordinaten von Punkt D werden mit f_2 bestimmt.

Teilaufgabe 5

- Stellen Sie die Funktion der Tangente durch den Punkt E auf.
- Die Tangente berechnet sich durch die allgemeine Form der Geradengleichung $y = mx + c$.
- Bestimmen Sie die Schnittpunkte $(x \mid 0)$ und $(0 \mid y)$ der Tangente mit den Koordinatenachsen.
- Die Länge des Radwegs wird berechnet durch $\ell = \sqrt{(x_1 - x_2)^2 + (y_1 - y_2)^2}$.
- Setzen Sie die Länge des Radwegs ins Verhältnis zur Länge des Weges über die Bundes- bzw. Landstraße.
- Bestimmen Sie hieraus den Prozentsatz, um den sich der Weg verkürzt.

Teilaufgabe 6

Der See wird begrenzt von

- dem Graphen der Funktion f_2,
- dem Graphen der Funktion f_4,
- der x-Achse,
- der Geraden mit der Gleichung $x = 7$.

f_2 schneidet die x-Achse bei $\frac{1}{2}$, f_4 schneidet sie bei $\frac{1}{4}$.

$$A = \int_{\frac{1}{4}}^{7} f_4(x)dx - \int_{\frac{1}{2}}^{7} f_2(x)dx \quad \text{oder } A = \int_{\frac{1}{4}}^{\frac{1}{2}} f_4(x)dx + \int_{\frac{1}{2}}^{7} (f_4(x) - f_2(x))dx$$

Bestimmen Sie die Stammfunktion mithilfe der partiellen Integration oder durch Koeffizientenvergleich.

Lösung

1. Die Zuordnung kann durch Berechnen geeigneter Punkte, z. B. der Nullstellen oder der Extrempunkte der Funktionenschar erfolgen.

Berechnung der Nullstellen der Funktionenschar.

$$(a^2x - a)e^{-x} = 0 \qquad |\, e^{-x} \neq 0$$
$$a(ax - 1) = 0 \qquad |\, a > 0$$
$$x = \frac{1}{a}$$
$$\Rightarrow \quad N_a\left(\frac{1}{a}\middle|\, 0\right)$$

$a = 2$: $N_2(0{,}5|0) \triangleq B$
$a = 4$: $N_4(0{,}25|0) \triangleq A$

Das Nordufer ist also festgelegt durch den Graphen der Funktion f_4, das Südufer durch den Graphen der Funktion f_2.

Alternativer Rechenweg: Berechnung der Extrempunkte

$$f_a'(x) = (a^2x - a)\cdot(-e^{-x}) + a^2 \cdot e^{-x} = e^{-x}(-a^2x + a + a^2)$$

notwendige Bedingung für Extremstellen: $f_a'(x) = 0$

$$e^{-x}(-a^2x + a + a^2) = 0 \qquad |\, : e^{-x} \neq 0$$
$$a^2x = a^2 + a$$
$$x = 1 + \frac{1}{a}$$

Für $a = 4$ ist die Extremstelle 1,25, der Graph der Funktion f_4 bildet das Nordufer.
Für $a = 2$ ist die Extremstelle 1,5, der Graph der Funktion f_2 bildet das Südufer.

$$f_a\left(1 + \frac{1}{a}\right) = (a(a+1) - a)\cdot e^{-\frac{a+1}{a}} = a^2 \cdot e^{-\frac{a+1}{a}}$$

$a=2$: $f_2\left(1+\frac{1}{2}\right)=4\cdot e^{-\frac{3}{2}} \quad \Rightarrow \quad EP_2\left(1,5 \mid 4\cdot e^{-\frac{3}{2}}\right)$

$a=4$: $f_4\left(1+\frac{1}{4}\right)=16\cdot e^{-\frac{5}{4}} \quad \Rightarrow \quad EP_4\left(1,25 \mid 16\cdot e^{-\frac{5}{4}}\right)$

Das Maximum des Graphen der Funktion f_4 liegt ungefähr bei 4,58, der Graph bildet somit das Nordufer.
Das Maximum des Graphen der Funktion f_2 liegt ungefähr bei 0,89, der Graph bildet somit das Südufer.

2. Der Abstand der in Aufgabe 1 berechneten Nullstellen $\left(\frac{1}{2} \mid 0\right)$ und $\left(\frac{1}{4} \mid 0\right)$ beträgt 0,25. Die Länge der Brücke ist somit $250\text{ m}+2\cdot 20\text{ m}=290\text{ m}$.

3. Der Graph G_{f_2} kennzeichnet das Südufer des Sees. Gesucht ist das Maximum des Graphen der Funktion f_2.

$f_2(x)=(4x-2)e^{-x}$
$f_2'(x)=4e^{-x}+(4x-2)(-e^{-x})=e^{-x}(6-4x)$
$f_2''(x)=-4e^{-x}+(6-4x)(-e^{-x})=e^{-x}(4x-10)$

notwendige Bedingung für Extremstellen: $f_2'(x)=0$

$(6-4x)e^{-x}=0 \quad |e^{-x}\neq 0$
$6-4x=0$
$x=1,5$

hinreichende Bedingung für Extremstellen: $f_2'(x)=0 \wedge f_2''(x)\neq 0$

$f_2''(1,5)=-4e^{-1,5}<0 \quad \Rightarrow \text{Maximum}$
$f_2(1,5)=4e^{-1,5}\approx 0,89$

Am Südufer des Sees liegt der Punkt $C(1,5\,|\,0,89)$ am weitesten von der Bundesstraße entfernt.

4. Die Breite b des Sees in Süd-Nordrichtung ist die Differenz der y-Werte (Ordinaten) von Punkten am Nord- bzw. Südufer mit gleichem x-Wert (gleicher Abszisse).

$b(x)=f_4(x)-f_2(x)$
$b(x)=(16x-4)e^{-x}-(4x-2)e^{-x}=(12x-2)e^{-x}$

$b'(x)=12e^{-x}+(12x-2)(-e^{-x})=(14-12x)e^{-x}$
$b''(x)=-12e^{-x}+(14-12x)(-e^{-x})=(12x-26)e^{-x}$

notwendige Bedingung für Extremstellen: $b'(x)=0$

$$(14-12x)e^{-x}=0 \quad |e^{-x}\neq 0$$
$$14-12x=0$$
$$x=\frac{7}{6}$$

hinreichende Bedingung für Extremstellen: $b'(x)=0 \wedge b''(x)\neq 0$

$$b''\left(\frac{7}{6}\right)=-12e^{-\frac{7}{6}}<0 \quad \Rightarrow \text{Maximum}$$

Berechnung der Koordinaten von D:

$$f_2\left(\frac{7}{6}\right)=\frac{8}{3}e^{-\frac{7}{6}}\approx 0{,}83 \quad \Rightarrow D\left(\frac{7}{6}\,\middle|\,0{,}83\right)$$

Berechnung der maximalen Breite:

$$b\left(\frac{7}{6}\right)=12e^{-\frac{7}{6}}\approx 3{,}737$$

An der Aussichtsplattform $D\left(\frac{7}{6}\,\middle|\,0{,}83\right)$ hat der See die maximale Breite von ca. 3,737 km.

5. Um die Länge des Radwegs zu berechnen, werden die Gleichung der Tangente im Punkt E und die Schnittpunkte dieser Tangente mit den Straßen, bzw. den Koordinatenachsen, bestimmt.

Bestimmung der Gleichung der Tangente im Punkt $E\left(\frac{11}{8}\,\middle|\,f_4\left(\frac{11}{8}\right)\right)$:

$$f_4\left(\frac{11}{8}\right)=18e^{-\frac{11}{8}}$$

$$f_4'(x)=16e^{-x}+(16x-4)(-e^{-x})=e^{-x}(20-16x)$$

$$f_4'\left(\frac{11}{8}\right)=-2e^{-\frac{11}{8}}$$

Einsetzten der Koordinaten von E und der Steigung in die allgemeine Form der Geradengleichung:

$$18e^{-\frac{11}{8}}=-2e^{-\frac{11}{8}}\cdot\frac{11}{8}+c$$
$$c=20\frac{3}{4}e^{-\frac{11}{8}}$$

Der Radweg ist festgelegt durch die Tangente mit der Gleichung

$$t(x)=-2e^{-\frac{11}{8}}x+20\frac{3}{4}e^{-\frac{11}{8}}.$$

Bestimmung der Schnittpunkte von Radweg und Land- bzw. Bundesstraße:

Schnittpunkt mit der Landstraße (y-Achse): $t(0) = 20\frac{3}{4}e^{-\frac{11}{8}}$

$$S_y\left(0 \;\middle|\; 20\frac{3}{4}e^{-\frac{11}{8}}\right)$$

Schnittpunkt mit der Bundesstraße (x-Achse): $t(x) = 0$

$$-2e^{-\frac{11}{8}}x + 20\frac{3}{4}e^{-\frac{11}{8}} = 0$$

$$x = 10\frac{3}{8} \qquad S_x\left(10\frac{3}{8} \;\middle|\; 0\right)$$

Berechnung der Länge ℓ_1 des Radwegs entlang des Sees mithilfe des Satzes von Phythagoras:

$$\ell_1 = \sqrt{\left(10\frac{3}{8}\right)^2 + \left(20\frac{3}{4}e^{-\frac{11}{8}}\right)^2} \approx 11{,}626\,[\text{LE}]$$

Berechnung der Länge ℓ_2 des Radwegs entlang der Straße:

$$\ell_2 = 10\frac{3}{8} + 20\frac{3}{4}e^{-\frac{11}{8}} \approx 15{,}621\,[\text{LE}]$$

Berechnung des Prozentsatzes, um den sich der Weg verkürzt:

$$p = \frac{11{,}626}{15{,}621} \approx 0{,}744$$

Der Weg verkürzt sich um etwa 25,6 %.

6. Der Graph der Funktion f_4 schneidet die x-Achse bei $\frac{1}{4}$, der Graph der Funktion f_2 schneidet die x-Achse bei $\frac{1}{2}$. Der See wird somit begrenzt von den Graphen der Funktionen f_2 und f_4, der x-Achse und der Geraden mit der Gleichung $x = 7$.

$$A = \int_{\frac{1}{4}}^{7} f_4(x)dx - \int_{\frac{1}{2}}^{7} f_2(x)dx$$

Bestimmen einer Stammfunktion von f_4 mithilfe partieller Integration:

$$\int (16x-4)e^{-x}dx = (16x-4)\cdot(-e^{-x}) - \int 16(-e^{-x})dx$$
$$= (16x-4)\cdot(-e^{-x}) - 16e^{-x}$$
$$= (-16x-12)e^{-x}$$

Entsprechend erhält man für f_2 die Stammfunktion:

$$\int (4x-2)e^{-x}dx = (-4x-2)e^{-x}$$

$$A = \int_{\frac{1}{4}}^{7} (16x-4)e^{-x}dx - \int_{\frac{1}{2}}^{7} (4x-2)e^{-x}dx$$

$$= [(-16x-12)e^{-x}]_{\frac{1}{4}}^{7} - [(-4x-2)e^{-x}]_{\frac{1}{2}}^{7}$$

$$= \left[-124e^{-7} + 16e^{-\frac{1}{4}}\right] - \left[-30e^{-7} + 4e^{-\frac{1}{2}}\right]$$

$$\approx 12{,}35 - 2{,}40 = 9{,}95\,[\text{FE}]$$

Der See hat nördlich der Bundesstrasse eine Größe von ca. 10 km^2.

Alternativer Rechenweg:

$$A = \int_{\frac{1}{4}}^{\frac{1}{2}} (16x-4)e^{-x}dx + \int_{\frac{1}{2}}^{7} [(16x-4)-(4x-2)]e^{-x}dx$$

mit der Stammfunktion: $\int (12x-2)e^{-x}dx = (-12x-10)e^{-x}$

$$A = \int_{\frac{1}{4}}^{\frac{1}{2}} (16x-4)e^{-x}dx + \int_{\frac{1}{2}}^{7} [(16x-4)-(4x-2)]e^{-x}dx$$

$$= [(-16x-12)e^{-x}]_{\frac{1}{4}}^{\frac{1}{2}} + [(-12x-10)e^{-x}]_{\frac{1}{2}}^{7}$$

$$= (-8-12)e^{-\frac{1}{2}} - (-4-12)e^{-\frac{1}{4}} + (-84-10)e^{-7} - (-6-10)e^{-\frac{1}{2}}$$

$$= -20e^{-\frac{1}{2}} + 16e^{-\frac{1}{4}} - 94e^{-7} + 16e^{-\frac{1}{2}} \approx 9{,}95\,[\text{FE}]$$

Bestimmung von Stammfunktionen mithilfe von **Koeffizientenvergleich**:
Hat die Integrationsfunktion die Form $f(x) = (ax+b)e^{-x}$, so hat eine zugehörige Stammfunktion die Form $F(x) = (Ax+B)e^{-x}$.
Die Ableitung der Stammfunktion ergibt die Integrationsfunktion.
$F'(x) = Ae^{-x} - (Ax+B)e^{-x} = e^{-x}[-Ax + (A-B)]$.

Vergleicht man die Koeffizienten von f(x) und F'(x), so erhält man:
$-A = a$ bzw. $A = -a$ und $A - B = b \Rightarrow B = A - b$

$f(x) = (16x-4)e^{-x}$	$a = 16$	$b = -4$	$A = -16$	$B = -12$	$F(x) = (-16x-12)\cdot e^{-x}$
$f(x) = (4x-2)e^{-x}$	$a = 4$	$b = -2$	$A = -4$	$B = -2$	$F(x) = (-4x-2)\cdot e^{-x}$
$f(x) = (12x-2)e^{-x}$	$a = 12$	$b = -2$	$A = -12$	$B = -10$	$F(x) = (-12x-10)\cdot e^{-x}$

Am Strand

Die Graphen der Funktionenschar $f_t(x) = \frac{t + 5 - \ln(x^2)}{x}$, $x > 0$ kennzeichnen die Wasserlinie t Stunden nach Einsetzen der Ebbe in einer Meeresbucht.

1. a) Die Graphen G_a und G_b zeigen die Wasserlinie bei Hochwasser $(t = 0)$ und bei Niedrigwasser $(t = 6)$.
   Ordnen sie die Graphen den Zeiten zu und begründen Sie die Zuordnung.

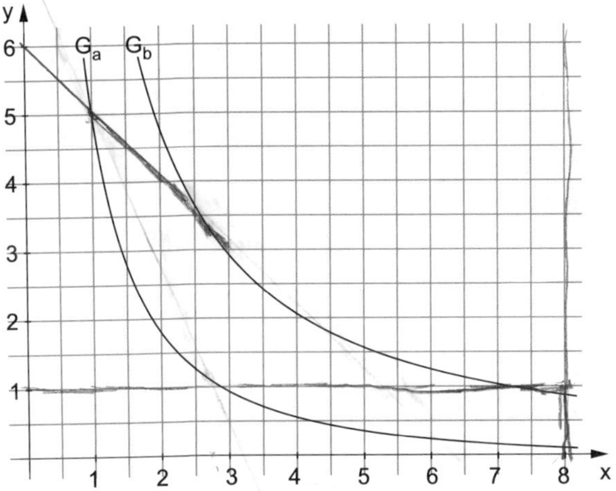

   b) In der Bucht befindet sich ein abgetrennter Badestrand. Die Abgrenzungen sind gegeben durch die x-Achse bzw. die y-Achse, die Strecke mit der Gleichung $x = 8$, $0 \le y \le 1$ und die Strecke g(x), $x \in [0; 3]$, die durch die Punkte $P(1 \mid f_0(1))$ sowie $Q(e \mid f_6(e))$ verläuft.
   (1) Zeigen Sie, dass die Strecke g(x) die Gleichung $g(x) = \frac{9 - 5e}{e^2 - e} \cdot x + \frac{5e^2 - 9}{e^2 - e}$ hat.
   (2) Skizzieren Sie die Abgrenzungen des Badestrandes in das Koordinatensystem des Aufgabenteils 1 a.

   c) Bestimmen Sie die Größe der Fläche, um die sich der Badestrand bei Ebbe (Zeit von Hoch- bis Niedrigwasser) vergrößert (1 LE = 25 m).

2. Beim morgendlichen Joggen am Strand liest Mike bei der DLRG-Station um 6.00 Uhr eine Temperatur von 10 °C ab. Für den Tagesverlauf bis ca. 22 Uhr weiß er aus Erfahrung, dass sich die Änderungsrate der Temperatur angeben lässt durch die Gleichung $f(t) = -\frac{11}{32}t + \frac{77}{16}$, $t \in [6;22]$, $f(t)$ in °C je Stunde.
   a) Bestimmen Sie die Temperatur um 12.00 Uhr.
   b) Bestimmen Sie die maximale Tagestemperatur.
   c) Bestimmen Sie den Mittelwert der an diesem Tag zwischen 6.00 Uhr und 22.00 Uhr erwarteten Temperaturen.
   (Hinweis: Für eine auf einem Intervall $[t_1; t_2]$ stetige Funktion heißt
   $$\frac{1}{t_2 - t_1} \int_{t_1}^{t_2} f(x)dx$$ der Mittelwert $\overline{m}$ der Funktionswerte von f auf $[t_1; t_2]$.)
   d) Begründen Sie, warum der Definitionsbereich bei der Funktion f(t) eingeschränkt wurde.

3. Das Tagesmittel der Lufttemperatur errechnet sich aus den Temperaturen um 7.00 Uhr, 14.00 Uhr und 21.00 Uhr durch Mittelwertbildung, wobei die Temperatur um 21.00 Uhr doppelt gewichtet wird.
   a) Berechnen Sie das Tagesmittel der Lufttemperatur.
   b) Beurteilen Sie anhand der Tagesmitteltemperatur, ob Mikes Erfahrung bzgl. der Tagestemperatur zutreffend ist.
   Nehmen Sie an, dass es sich von 22.00 Uhr bis 6.00 Uhr nicht mehr abkühlt.

Hinweise und Tipps

Teilaufgabe 1

a) Betrachten Sie die Differenzfunktion $f_0(x)$ und $f_6(x)$ oder berechnen Sie die Funktionswerte an einer Stelle, z. B. $f_0(e)$ und $f_6(e)$.

b) Bestimmen Sie mithilfe der Koordinaten der Punkte P und Q die Steigung der Strecke und anschließend mithilfe der allgemeinen Form der Geradengleichung $y = mx + b$ den y-Achsenabschnitt oder benutzen Sie die Punkt-Steigungsformel zur Bestimmung der Geradengleichung.

c) Berechnen Sie die Fläche des Badestrandes bei Niedrig- und bei Hochwasser und bilden Sie die Differenz.

Die Fläche bei Niedrigwasser setzt sich aus einem Trapez und der Fläche zwischen dem Graphen der Funktion f_6 und der x-Achse zusammen.

Die Fläche bei Hochwasser besteht aus einem Trapez und der Fläche zwischen dem Graphen der Funktion f_0 und der x-Achse.

Zerlegen Sie den Integrand in $\frac{t+5}{x}$ und $\frac{\ln(x^2)}{x}$ und berechnen Sie die Stammfunktion von $\frac{\ln(x^2)}{x}$ mithilfe partieller Integration gemäß der Formel:

$\int f(x) \cdot g'(x)dx = f(x) \cdot g(x) - \int f'(x) \cdot g(x)dx$ oder mithilfe von Integration durch Substitution, indem Sie $\ln(x^2)$ durch $v(x)$ ersetzen.

Teilaufgabe 2

a) Bestimmen Sie mithilfe der momentanen Änderungsrate die Stammfunktion F(t) zu f(t), die an der Stelle 6 den Funktionswert 10 annimmt. Berechnen Sie anschließend F(12).

b) Berechnen Sie das Maximum der Funktion F(t), die Sie in Teilaufgabe 2 a berechnet haben.

c) Berechnen Sie den Mittelwert $\overline{m}$ der Funktion F(t) im Intervall $[t_1; t_2]$ durch die Formel.

d) Betrachten Sie den weiteren Verlauf der Temperaturkurve vor 6.00 Uhr und nach 22.00 Uhr.

Teilaufgabe 3

a) Berechnen Sie das Tagesmittel $\overline{m}_T$ durch die Formel

$$\overline{m}_T = \frac{F(7) + F(14) + 2 \cdot F(21)}{4}.$$

b) Berechnen Sie erneut das Tagesmittel mithilfe der Integralrechnung und vergleichen Sie es mit dem in Aufgabenteil 3 a berechneten Tagesmittel.

Lösung

1. a) Die Zuordnung kann durch Betrachten der Differenzfunktion oder durch Vergleichen geeigneter Punkte geschehen.

Es ist: $f_0(x)=\dfrac{5-\ln(x^2)}{x},\ x>0$ und $f_6(x)=\dfrac{11-\ln(x^2)}{x},\ x>0$

Die Funktionswerte der Differenzfunktion $f_6(x)-f_0(x)=\frac{6}{x}$ sind positiv für alle $x>0$. Der Graph der Funktion $f_6(x)$ liegt daher oberhalb des Graphen der Funktion $f_0(x)$. G_b zeigt daher die Wasserlinie bei Niedrigwasser, G_a die Wasserlinie bei Hochwasser.

Alternativ:
Es ist: $f_0(e)=\dfrac{5-\ln(e^2)}{e}=\dfrac{3}{e}$ und $f_6(e)=\dfrac{11-\ln(e^2)}{e}=\dfrac{9}{e}$

$\dfrac{3}{e}<\dfrac{9}{e}$

Daher liegt der Graph der Funktion $f_6(x)$ oberhalb von $f_0(x)$.

b) (1) Für die Gerade g(x) wird die Steigung der Strecke durch die Punkte P und Q benötigt.

Es ist: $f_0(1)=\dfrac{0+5-\ln(1)}{1}=5$ und $f_6(e)=\dfrac{6+5-\ln(e^2)}{e}=\dfrac{9}{e}$

Die Strecke durch die Punkte $P(1\mid 5)$ und $Q\left(e\,\middle|\,\frac{9}{e}\right)$ hat die Steigung:

$$m=\frac{5-\frac{9}{e}}{1-e}=\frac{5e-9}{e-e^2}=\frac{9-5e}{e^2-e}$$

Für den y-Achsenabschnitt b der Strecke gilt nach der allgemeinen Form der Geradengleichung $y=mx+b$:

$$\frac{9}{e}=\frac{9-5e}{e^2-e}\cdot e+b$$

$$\frac{9}{e}=\frac{9-5e}{e-1}+b$$

$$b=\frac{9(e-1)-(9-5e)\cdot e}{e(e-1)}$$

$$b=\frac{9e-9-9e+5e^2}{e(e-1)}$$

$$b=\frac{5e^2-9}{e^2-e}$$

Alternativer Rechenweg:
Berechnung der Geradengleichung mithilfe der Punkt-Steigungsformel der Geradengleichung $y - y_1 = m(x - x_1)$

$$y - 5 = \frac{9-5e}{e^2-e} \cdot (x-1)$$

$$y = \frac{9-5e}{e^2-e} \cdot x - \frac{9-5e}{e^2-e} + \frac{5(e^2-e)}{e^2-e}$$

$$y = \frac{9-5e}{e^2-e} \cdot x + \frac{5e^2-5e-9+5e}{e^2-e}$$

$$y = \frac{9-5e}{e^2-e} \cdot x + \frac{5e^2-9}{e^2-e}$$

Die Strecke wird dargestellt durch die Gleichung:

$$g(x) = \frac{9-5e}{e^2-e} \cdot x + \frac{5e^2-9}{e^2-e}, \quad x \in [0; 3]$$

(2) Zeichnet man die Strecken ein, so erhält man:

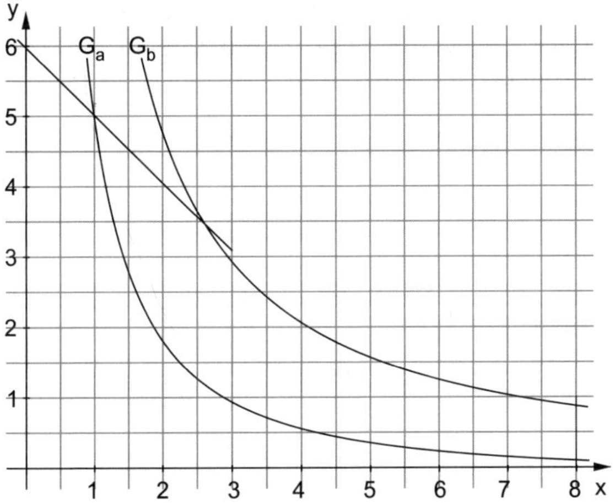

c) Die Fläche des Badestrandes bei Hochwasser setzt sich zusammen aus der Fläche eines Trapezes und der Fläche zwischen dem Graphen der Funktion f_0 und der x-Achse im Bereich [1; 8].

Hochwasser

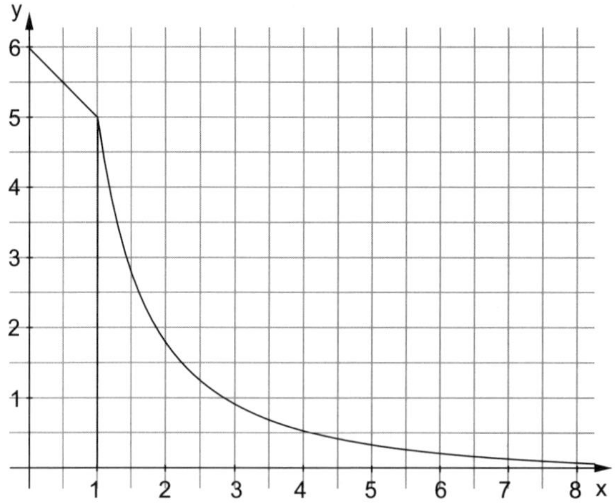

Die Fläche des Badestrandes bei Niedrigwasser setzt sich zusammen aus der Fläche eines Trapezes und der Fläche zwischen dem Graphen der Funktion f_6 und der x-Achse im Bereich [e; 8].

Niedrigwasser

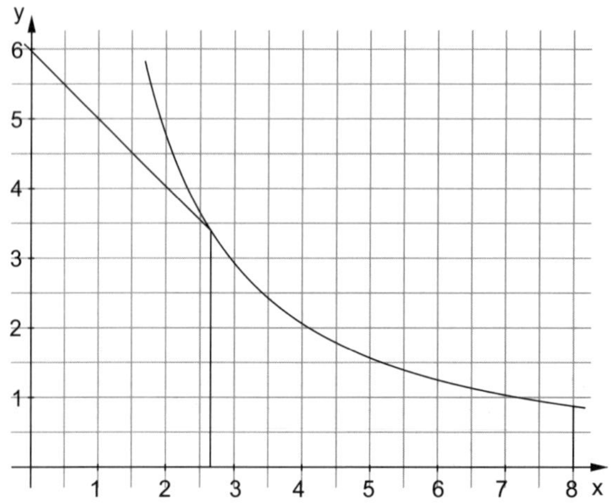

Die Vergrößerung der Strandfläche ist gleich der Differenz der Strandfläche bei Niedrigwasser A_N und der Strandfläche bei Hochwasser A_H.

$$A_N = A_{Trapez_N} + \int_e^8 \frac{11-\ln(x^2)}{x}dx$$

$$A_H = A_{Trapez_H} + \int_1^8 \frac{5-\ln(x^2)}{x}dx$$

$$A_N - A_H = (A_{Trapez_N} - A_{Trapez_H}) + \left(\int_e^8 \frac{11-\ln(x^2)}{x}dx - \int_1^8 \frac{5-\ln(x^2)}{x}dx \right)$$

Zur Berechnung der Fläche ist die Stammfunktion der Funktionenschar $f_t(x) = \frac{t+5-\ln(x^2)}{x} = \frac{t+5}{x} - \frac{\ln(x^2)}{x} = \frac{t+5}{x} - \frac{2\ln(x)}{x} = (t+5)\cdot\frac{1}{x} - 2\cdot\ln(x)\cdot\frac{1}{x}$ zu bestimmen.

Es ist: $\int (t+5)\cdot\frac{1}{x}dx = (t-5)\int \frac{1}{x}dx = (t+5)\cdot\ln(x)$

(Da $x > 0$ ist, wird das Argument bei der ln-Funktion nicht als Betrag geschrieben; die Konstante c wird bei der Stammfunktion weggelassen.)

Die Berechnung der Stammfunktion zu $\ln(x)\cdot\frac{1}{x}$ geschieht mithilfe partieller Integration (Produktintegration) durch die Formel

$$\int f(x)\cdot g'(x)dx = f(x)\cdot g(x) - \int f'(x)\cdot g(x)dx$$

für zwei differenzierbare Funktionen f(x) und g(x).

Ist $f(x) = \ln(x)$ und $g'(x)dx = \frac{1}{x}$, so ist $f'(x) = \frac{1}{x}$ und $g(x) = \ln(x)$.

$$\int \ln(x)\cdot\frac{1}{x}dx = \ln(x)\cdot\ln(x) - \int \ln(x)\cdot\frac{1}{x}dx$$

$$2\int \ln(x)\cdot\frac{1}{x}dx = [\ln(x)]^2$$

$$\int \ln(x)\cdot\frac{1}{x}dx = \frac{1}{2}\cdot[\ln(x)]^2$$

Ist der Integrand das Produkt aus einer Funktion und deren Ableitung, so gilt:

$$\int f(x)\cdot f'(x)dx = \frac{1}{2}\cdot[f(x)]^2$$

Alternativ: Bestimmung der Stammfunktion zu $\frac{\ln(x^2)}{x}$ mithilfe der Integration durch Substitution:

Ist $v(x) = \ln(x^2)$, so gilt:

$$v'(x) = \frac{dv}{dx} = 2x\cdot\frac{1}{x^2} = \frac{2}{x} \Rightarrow dx = \frac{x\cdot dv}{2}$$

$$\int \ln(x^2)\cdot\frac{1}{x}dx = \int \frac{v}{x}\cdot\frac{x\cdot dv}{2} = \int \frac{1}{2}v\,dv = \frac{1}{4}v^2$$

$$= \frac{1}{4}[\ln(x^2)]^2 = \frac{1}{4}[2\ln(x)]^2 = \frac{1}{4}\cdot 4\cdot[\ln(x)]^2 = [\ln(x)]^2$$

Insgesamt erhält man: $\int \frac{t+5-\ln(x^2)}{x}dx = (t+5)\ln(x) - [\ln(x)]^2$

Die abgrenzende Gerade schneidet den Hochwassergraphen G_{f_0} an der Stelle 1, den Niedrigwassergraphen G_{f_6} an der Stelle e. Zeichnet man die Parallelen zur y-Achse durch die Schnittpunkte, so sieht man, dass sich die Fläche zwischen Hoch- und Niedrigwasser um eine Trapezfläche vergrößert, bei der die Grundseiten die Längen $f_0(1)$ LE und $f_6(e)$ LE haben.
Die Länge der Höhe ist (e – 1)LE.

Der Flächeninhalt eines Trapezes ist: $A = \frac{1}{2}(a+c)\cdot h$

Damit erhält man:

$$A_{Trapez} = A_{Trapez_N} - A_{Trapez_H} = \frac{1}{2}(g(1)+g(e))\cdot(e-1)$$

Nach der Aufgabenstellung aus Teilaufgabe 2 b ist $g(1) = f_0(1)$ und $g(e) = f_6(e)$ und daher gilt:

$$A_{Trapez} = \frac{1}{2}(f_0(1)+f_6(e))\cdot(e-1)$$

Die Vergrößerung der Strandfläche ist somit gleich:

$$A = A_{Trapez} + \int_e^8 \frac{11-\ln(x^2)}{x}dx - \int_1^8 \frac{5-\ln(x^2)}{x}dx$$

$$A = \frac{1}{2}\cdot(f_0(1)+f_6(e))\cdot(e-1) + [11\ln(x) - \ln[(x)]^2]_e^8 - [5\ln(x) - [\ln(x)]^2]_1^8$$

$$A = \frac{1}{2}\left(5+\frac{9}{e}\right)\cdot(e-1) + [(11\ln(8) - (\ln(8))^2) - (11\ln(e) - (\ln(e))^2)]$$
$$-[(5\ln(8) - (\ln(8))^2) - (5\ln(1) - (\ln(1))^2)]$$

$$A = \frac{1}{2}\left(5e+9-5-\frac{9}{e}\right) + 11\ln(8) - (\ln(8))^2 - 10 - 5\ln(8) + (\ln(8))^2$$

$$A = \frac{1}{2}\left(5e+4-\frac{9}{e}\right) + 6\ln(8) - 10 \approx 9{,}62\,[FE]$$

Da 1 LE = 25 m ist, entspricht 1 FE 625 m^2.

Die Strandfläche vergrößert sich daher um $9{,}62\cdot 625\,m^2 = 6\,012{,}5\,m^2$.

2. a) Die momentane Änderungsrate der Temperatur wird durch $f(t) = -\frac{11}{32}t + \frac{77}{16}$ beschrieben.

Die Temperatur in °C wird dann angegeben durch eine Stammfunktion F(t) zur Funktion f(t) und es gilt $F(6) = 10$.

$$F(t) = -\frac{11}{64}t^2 + \frac{77}{16}t + c$$

Da $F(6) = -\frac{11}{64} \cdot 36 + \frac{77}{16} \cdot 6 + c = -\frac{99}{16} + \frac{462}{16} + c = \frac{363}{16} + c$ ist und die Temperatur um 6.00 Uhr gleich 10 °C ist, gilt:

$$10 = \frac{363}{16} + c$$

$$c = -\frac{203}{16}$$

Die Funktion $F(t) = -\frac{11}{64}t^2 + \frac{77}{16}t - \frac{203}{16}$ gibt den Temperaturverlauf in °C in der Zeit zwischen 6.00 Uhr und 22.00 Uhr an.

Alternative Berechnung von F(t):
Die Stammfunktion F(t) kann durch ihre Ableitung und einen Funktionswert F(a) bestimmt werden: $F(t) = F(a) + \int_a^t f(x)dx$

$$F(t) = F(6) + \int_6^t f(x)dx = 10 + \int_6^t \left(-\frac{11}{32}x + \frac{77}{16}\right)dx$$

$$= 10 + \left[-\frac{11}{64}x^2 + \frac{77}{16}x\right]_6^t$$

$$= 10 + \left(-\frac{11}{64}t^2 + \frac{77}{16}t\right) - \left(-\frac{11 \cdot 36}{64} + \frac{77 \cdot 6}{16}\right)$$

$$= -\frac{11}{64}t^2 + \frac{77}{16}t + 10 + \frac{99}{16} - \frac{462}{16}$$

$$= -\frac{11}{64}t^2 + \frac{77}{16}t - \frac{203}{16}$$

Es ist: $F(12) = -\frac{11}{64} \cdot 144 + \frac{77}{16} \cdot 12 - \frac{203}{16} \approx 20{,}3$

Die Temperatur um 12.00 Uhr beträgt 20,3 °C.

b) Zur Bestimmung der höchsten Tagestemperatur ist das Maximum der Funktion F(t) zu berechnen.

Notwendige Bedingung: $F'(t) = 0$

$$F'(t) = f(t) = -\frac{11}{32}t + \frac{77}{16}, \quad t \in [6; 22]$$

$$-\frac{11}{32}t+\frac{77}{16}=0$$
$$t=14$$

hinreichende Bedingung für ein Maximum: $F'(t)=0$ und $F''(t)<0$.

$$F''(t)=f'(t)=-\frac{11}{32}<0$$

$$F(14)=-\frac{11}{64}\cdot 196+\frac{77}{16}\cdot 14-\frac{203}{16}=21$$

Die Höchsttemperatur des Tages wird um 14.00 Uhr mit 21 °C erreicht.

c) Die mittlere Tagestemperatur $\overline{m}$ zwischen 6.00 Uhr und 22.00 Uhr ist gleich:

$$\overline{m}=\frac{1}{22-6}\cdot\int_6^{22}F(t)dt=\frac{1}{16}\cdot\int_6^{22}\left(-\frac{11}{64}t^2+\frac{77}{16}t-\frac{203}{16}\right)dt$$

$$=\frac{1}{16}\cdot\left[-\frac{11}{192}t^3+\frac{77}{32}t^2-\frac{203}{16}t\right]_6^{22}$$

$$=\frac{1}{16}\cdot\left[\frac{6\,611}{24}-\left(-\frac{15}{8}\right)\right]=\frac{1}{16}\cdot\frac{832}{3}=\frac{52}{3}\approx 17{,}33$$

Die mittlere Tagestemperatur in der Zeit von 6.00 Uhr bis 22.00 Uhr beträgt ca. 17,3 °C.

d) Da die Parabel nach unten geöffnet ist, würde man um 0.00 Uhr eine Temperatur von ca. –12,7 °C haben und bis ca. 3.00 Uhr Temperaturen unterhalb von 0 °C erhalten, falls man den Definitionsbereich von f(t) nicht einschränken würde. Verglichen mit der Temperatur von 10 °C um 6.00 Uhr bzw. der Höchsttemperatur von 21 °C erscheint dies sehr unwahrscheinlich.

3. a) Für die durchschnittliche Tagestemperatur $\overline{m}_T$ gilt:

$$\overline{m}_T=\frac{F(7)+F(14)+2\cdot F(21)}{4}=\frac{1}{4}\cdot\left(\frac{805}{64}+21+2\cdot\frac{805}{64}\right)=\frac{1}{4}\cdot\frac{3\,759}{64}\approx 14{,}7$$

Die mit der Formel berechnete durchschnittliche Tagestemperatur liegt bei ca. 14,7 °C.

b) Betrachtet man die Temperatur um 6.00 Uhr und um 22.00 Uhr von jeweils 10 °C und geht davon aus, dass sich die Temperatur nachts nicht mehr abkühlt, so erhält man als Tagesmittel:

$$\overline{m}=\frac{1}{24}\cdot\left(\int_0^6 10dt+\int_6^{22}F(t)dt+\int_{22}^{24}10dt\right)=\frac{1}{24}\left[60+\frac{832}{3}+20\right]\approx 14{,}89$$

Die durchschnittlichen Tagestemperaturen unterscheiden sich jetzt kaum. Die Erfahrung von Mike ist zutreffend.

Abkühlung einer Flüssigkeit

Eine Schüssel hat die Form eines Paraboloids. Die innere Querschnittsfunktion der Schüssel hat die Gleichung $y = \frac{1}{16}x^2$.

1 LE = 1 cm

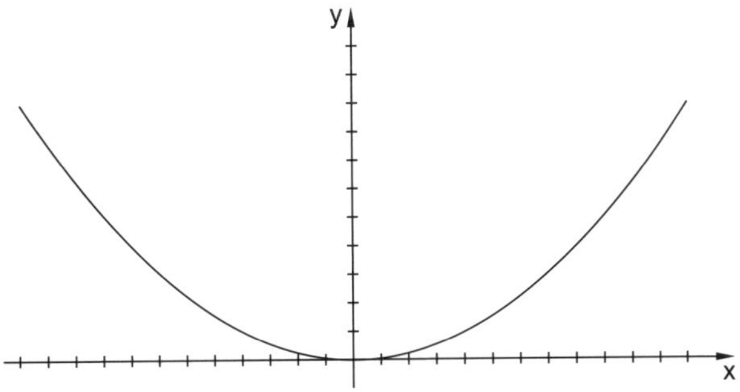

1. Die innere Höhe der Schüssel beträgt 9 cm.
   a) Berechnen Sie den inneren Durchmesser der Schüssel.
   b) Berechnen Sie das Fassungsvermögen der Schüssel.
   c) In die Schüssel wird 1 ℓ Wasser gegossen.
   Bestimmen Sie die Höhe des Wassers in der Schüssel.

2. Die Schüssel wurde mit einer heißen Flüssigkeit gefüllt und zum Abkühlen auf den Balkon gestellt. Der zeitliche Verlauf der Temperatur wird beschrieben durch die Funktion
   $f(t) = 70 \cdot (1 + e^{-at}) - 50,\; a > 0,$
   wobei t die Zeit in Minuten nach dem Herausbringen auf den Balkon ist und f(t) die Temperatur der Flüssigkeit in °C angibt.
   a) Begründen Sie, warum die Funktion f(t) einen Abkühlungsvorgang beschreibt.
   b) Bestimmen Sie die Temperaturen, die die Flüssigkeit in der Schüssel annehmen kann.
   c) Es ist a = 0,15. Bestimmen Sie die Zeit, in der sich die Temperatur der Flüssigkeit in der Schüssel halbiert hat.

3. Das Newton'sche Abkühlungsgesetz lautet:
   $T(t) = T_U + (T_0 - T_U) \cdot e^{-at},\; a > 0.$
   Hierbei ist T_0 die Anfangstemperatur, T_U die Umgebungstemperatur und a eine vom Material abhängige Konstante.

a) Stellen Sie die Funktion f(t) in der Form des Newton'schen Abkühlungsgesetzes dar und vergleichen Sie mit den Ergebnissen aus Aufgabenteil 2 b.

b) Leiten Sie das Gesetz zur Bestimmung der Abkühlungsgeschwindigkeit her und diskutieren Sie den Einfluss der Umgebungstemperatur auf die Abkühlungsgeschwindigkeit.

c) Begründen Sie, warum der Abkühlungsvorgang angegeben werden kann durch die Differenzialgleichung

$$\frac{dT}{dt} = -a(T(t) - T_U) \quad \text{mit} \quad T'(t) = \frac{dT}{dt}.$$

Hinweise und Tipps

Teilaufgabe 1

a) Bestimmen sie die Stellen, an denen die Querschnittsfunktion den Funktionswert 9 annimmt.

b) Fassen Sie die Schüssel als Rotationskörper bei Rotation einer Fläche um die x-Achse auf. Bilden Sie die Umkehrfunktion und berechnen Sie das Volumen des Rotationskörpers nach der Formel:

$$V = \pi \int_a^b [f(x)]^2 \, dx$$

oder

Fassen Sie die Schüssel als Rotationskörper auf, der entsteht, wenn die vom Graphen der Funktion f, der Geraden $y = 9$ und der y-Achse eingeschlossene Fläche um die y-Achse rotiert. Benutzen Sie zur Berechnung die Formel:

$$V = \pi \int_a^b x^2 \cdot f'(x) dx$$

c) $1\,\ell = 1\,000 \text{cm}^3$

Setzen Sie bei der Volumenformel aus Aufgabenteil 1 b das bekannte Volumen und die unbekannte Höhe (obere Integrationsgrenze) ein und lösen Sie die Gleichung.

Teilaufgabe 2

a) Zeigen Sie, dass die 1. Ableitung von f(t) negativ ist für beliebige t.

b) Berechnen Sie die Funktionswerte zum Zeitpunkt $t = 0$ und zum Zeitpunkt t, $t \to \infty$.

c) Bei vorgegebenem $a = 0{,}15$ und bekanntem f(t) erhält man aus der Funktionsgleichung eine Gleichung mit der Variablen t. Lösen Sie diese Gleichung nach t auf.

Teilaufgabe 3

a) Schreiben Sie den Term $70e^{-at}$ als Differenz $90e^{-at} - 20e^{-at}$.

b) Die 1. Ableitung der Funktion T gibt die Abkühlungsgeschwindigkeit an.

Benutzen Sie die 1. Ableitung, um den Einfluss der Umgebungstemperatur zu interpretieren.

Zeichnen Sie den Abkühlungsvorgang für verschiedene Umgebungstemperaturen.

c) Ersetzen Sie im Term der 1. Ableitung $(T_0 - T_U) \cdot e^{-at}$ durch $T(t) - T_U$.

Lösung

1. a) Die Schüssel hat eine Höhe von 9 cm, der tiefste Punkt der Schüssel liegt im Ursprung und der Graph der Funktion ist achsensymmetrisch zur y-Achse. Zur Berechnung des Innendurchmessers sind daher die Stellen zu bestimmen, an denen die Querschnittsfunktion den Funktionswert 9 annimmt.

$$\frac{1}{16}x^2 = 9 \;\Rightarrow\; x_{1,2} = \pm 12$$

Der Innendurchmesser der Schüssel beträgt 24 cm.

b) Es ist $f^*(x) = \frac{1}{16}x^2,\; x \in [0; 12],\; W = [0; 9]$ eine Einschränkung der Funktion f(x).

Rotiert die von der y-Achse, der Geraden $y = 9$ und dem Graphen der Funktion f^* eingeschlossene Fläche um die y-Achse, so entsteht ein Rotationskörper, dessen Volumen gleich dem Volumen der Schüssel ist.

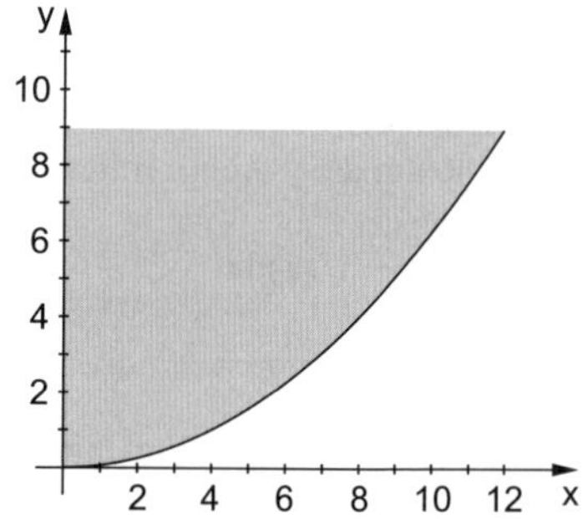

Anmerkung:
Ist die Volumenformel für einen Rotationskörper, der bei Rotation einer Fläche um die y-Achse entsteht, bekannt, dann benutzen Sie den alternativen Rechenweg.

Spiegelt man die Fläche an der 1. Winkelhalbierenden $y = x$, so wird die Fläche eingeschlossen von der x-Achse, der Geraden $x = 9$ und dem Graphen der Umkehrfunktion $\overline{f}^*$. (Die Funktion $f^*(x)$ ist umkehrbar, denn die Funktion ist im Definitionsbereich streng monoton steigend.) Rotiert diese Fläche um die x-Achse, so ist das Volumen des Rotationskörpers ebenfalls gleich dem Volumen der Schüssel.

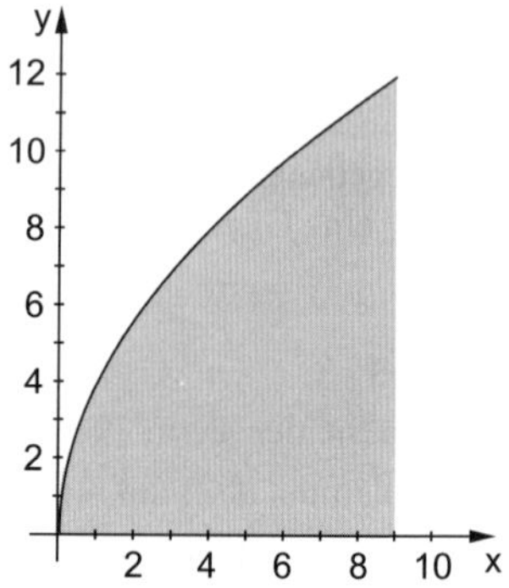

Bestimmung der Gleichung der Umkehrfunktion:

$y = \frac{1}{16}x^2$

$x = 4\sqrt{y}$ (Man beachte den Definitionsbereich.)

$y = 4\sqrt{x},\ x \in [0;9],\ W = [0;12]$

Die Umkehrfunktion hat die Gleichung $\overline{f}^*(x) = 4\sqrt{x},\ x \in [0;9],\ W = [0;12]$.

Das Volumen eines Rotationskörpers bei Rotation um die x-Achse kann bestimmt werden durch die Formel:

$$V = \pi \int_a^b [f(x)]^2\,dx$$

$$V = \pi \int_0^9 (4\sqrt{x})^2\,dx = \pi \int_0^9 16x\,dx = \pi[8x^2]_0^9 = 648\pi \approx 2\,035{,}75\,[\mathrm{cm}^3]$$

Die Schüssel hat ein Fassungsvermögen von gut 2 000 cm^3.

Alternative Berechnung des Volumens des Rotationskörpers
(Rotation des Graphen der Funktion f um die y-Achse)

Ist $y_a = f(a)$, $y_b = f(b)$ und $\overline{f}$ die Umkehrfunktion zur Funktion f, so gilt:

$$V = \pi \int_{y_a}^{y_b} [\overline{f}(x)]^2\,dx = \pi \int_{y_a}^{y_b} [\overline{f}(y)]^2\,dy$$

Substituiert man die Integrationsvariable y durch f(x), so erhält man mit

$$\frac{dy}{dx} = f'(x) \quad \Rightarrow \quad dy = f'(x)\cdot dx$$

$$V = \pi \int_{y_a}^{y_b} [\overline{f}(y)]^2\,dy = \pi \int_{\overline{f}(y_a)}^{\overline{f}(y_b)} [\overline{f}(f(x))]^2 \cdot f'(x)dx = \pi \int_a^b [x]^2 \cdot f'(x)dx.$$

Mit $f(0) = 0$ und $f(12) = 9$ erhält man

$$V = \pi \int_{\overline{f}(0)}^{\overline{f}(9)} \left(x^2 \cdot \frac{1}{8}x\right)dx = \pi \int_0^{12} \frac{1}{8}x^3 dx = \pi\left[\frac{1}{32}x^4\right]_0^{12} = 648\pi.$$

c) $1\,\ell = 1\,000\mathrm{cm}^3$ Wasser füllen die Schüssel bis zu einer Höhe h. Mit der Volumenformel aus Aufgabenteil 1 b gilt:

$$\pi \int_0^h (4\sqrt{x})^2\,dx = 1\,000$$

$$8\pi h^2 = 1\,000$$

$$h = \pm\sqrt{\frac{125}{\pi}} \approx \pm 6{,}31$$

Da h positiv ist, ist die Schüssel nach dem Einschütten von 1 ℓ Wasser bis zu einer Höhe von ca. 6,3 cm gefüllt.

Alternative Berechnung:

Ist $\overline{f}(h) = a,\ \ a > 0$, dann erhält man folgende Gleichung:

$$\pi \int_0^a x^2 \cdot \frac{1}{8} x\,dx = 1\,000$$

$$\frac{1}{32} a^4 = \frac{1\,000}{\pi}$$

$$a \approx 10{,}046 \ \ (a > 0)$$

$$4\sqrt{h} = 10{,}046$$

$$h \approx 6{,}31$$

2. a) Die Funktion f(t) kennzeichnet einen Abkühlungsvorgang, wenn die Temperaturen mit zunehmender Zeit abnehmen.

Es ist $f'(t) = 70(-ae^{-at}) = -70ae^{-at} < 0$ für alle $t \in \mathbb{R}$, da $e^{-at} > 0$ und $a > 0$. Die Steigung der Funktion f(t) ist für alle t negativ. Die Temperaturen nehmen daher mit zunehmender Zeit ab.

b) Die Temperatur nach Einsetzen in das Wasserbad ist gleich dem Funktionswert zum Zeitpunkt $t = 0$, die Endtemperatur ist gleich dem Funktionswert zum Zeitpunkt t, $t \to \infty$.

$$f(0) = 70 \cdot (1 + e^0) - 50 = 70 \cdot 2 - 50 = 90$$

$$f(t) = 70 + 70e^{-at} - 50 = 20 + 70e^{-at}$$

$$\lim_{t \to \infty} f(t) = \lim_{t \to \infty} (20 + 70e^{-at}) = 20$$

Die Temperatur in der Schüssel kühlt sich von 90 °C auf 20 °C ab.

c) Die Ausgangstemperatur hat sich bei 45 °C halbiert. Gesucht ist daher die Zeit t, die den Funktionswert 45 hat.

$$45 = 70 \cdot (1 + e^{-0{,}15t}) - 50$$

$$\frac{95}{70} = 1 + e^{-0{,}15t}$$

$$\frac{25}{70} = e^{-0{,}15t}$$

$$t = -\frac{1}{0{,}15} \ln \frac{25}{70}$$

$$t \approx 6{,}86$$

Nach ca. 6 Minuten und 52 Sekunden hat sich die Ausgangstemperatur halbiert.

3. a) Es ist: $f(t) = 70 \cdot (1 + e^{-at}) - 50 = 70 + 70e^{-at} - 50$

$$= 20 + 90e^{-at} - 20e^{-at} = 20 + (90 - 20)e^{-at}$$

T_0 stimmt mit der Anfangstemperatur von 90 °C überein und die Umgebungstemperatur T_U ist gleich der Temperatur f(t), $t \to \infty$ von 20 °C.

b) Unter der Abkühlungsgeschwindigkeit versteht man die Änderung der Temperatur bzgl. der Zeit. Die 1. Ableitung der Funktion T gibt also die Abkühlungsgeschwindigkeit an.

$$T'(t) = -a(T_0 - T_U) \cdot e^{-at} = -\frac{a(T_0 - T_U)}{e^{at}}, \quad a > 0.$$

Im Term der Abkühlungsgeschwindigkeit sind a und $(T_0 - T_U)$ konstant und positiv. Je niedriger die Umgebungstemperatur bei gleicher Anfangstemperatur ist, desto größer ist der Term $(T_0 - T_U)$ und desto größer ist die Abkühlungsgeschwindigkeit.

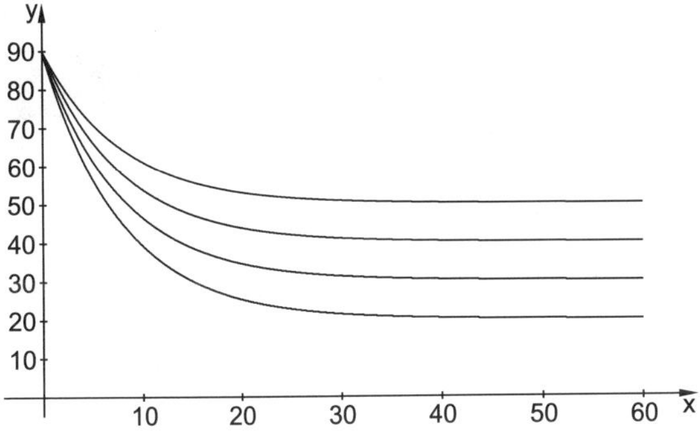

Da $\lim\limits_{t \to \infty} \frac{-a(T_0 - T_U)}{e^{at}} = 0$ ist, nähert sich die Ausgangstemperatur der Umgebungstemperatur an. Dies geschieht umso schneller, je größer die Umgebungstemperatur ist.

Ist $f(t) = T_U + (90 - T_U)e^{-0,15t}$ und t_a die Zeit, die vergeht, bis sich die Ausgangstemperatur von 90 °C der Umgebungstemperatur bis auf 0,01 °C angenähert hat, so gilt beispielsweise:

T_U (in °C)	20	30	40	50
t_a (in min)	59,02	58,00	56,78	55,29

c) Nach Aufgabenteil 3 b gilt: $T'(t) = -a(T_0 - T_U) \cdot e^{-at}$

Aus $T(t) = T_U + (T_0 - T_U) \cdot e^{-at}$ folgt: $T(t) - T_U = (T_0 - T_U) \cdot e^{-at}$

Setzt man die rechte Seite der Gleichung in den abgeleiteten Funktionsterm ein, so erhält man: $T'(t) = -a(T(t) - T_U)$ bzw. $\frac{dT}{dt} = -a(T(t) - T_U)$

Nordrhein-Westfalen – Mathematik Leistungskurs
Analysis: Übungsaufgabe 4

Kettenlinie

Hängt man eine Hochspannungsleitung an zwei symmetrisch zur y-Achse liegenden Punkten auf, so nimmt sie die Gestalt der sogenannten Kettenlinie an:

$$f_a(x) = a\frac{e^{\frac{x}{a}} + e^{-\frac{x}{a}}}{2}$$

Hierbei ist a eine positive Konstante, die abhängig ist von der Spannkraft der Leitung in x-Richtung und dem Gewicht einer Längeneinheit der Leitung.

1. Zeigen Sie, dass der Graph der Funktion f_a symmetrisch zur y-Achse ist, und bestimmen Sie die Extrempunkte der Funktion.
2. Bei einer 380 kV-Überlandleitung ist $a = 2\,000$. Der Abstand zweier Strommasten beträgt 400 m.
   a) Berechnen Sie, um welche Länge das Seil durchhängt.
   b) Berechnen Sie den Neigungswinkel des Seils zum Strommasten.
   c) Die Graphen der Kettenlinie können gut durch Parabeln angenähert werden. Bestimmen Sie die Gleichung einer quadratischen Funktion so, dass der Graph die Überlandleitung zwischen den beiden Masten angenähert wiedergibt.
3. Die Bogenlänge des Graphen einer Funktion f(x) im Bereich [a; b] kann berechnet werden durch die Formel $\int_a^b \sqrt{1+[f'(x)]^2}\,dx$.
   a) Zeigen Sie, dass für die Länge der Kettenlinie gilt:
   $$\sqrt{1+[f_a'(x)]^2} = \frac{f_a(x)}{a} \text{ und } \int \sqrt{1+[f_a'(x)]^2}\,dx = a \cdot f_a'(x).$$
   b) Berechnen Sie die Länge der Hochspannungsleitung zwischen den Masten.
4. Funktionen wie die Kettenlinie treten in Anwendungen so oft auf, dass sie eigene Bezeichnungen bekommen haben.
   Man nennt sie $\cosh(x) = \frac{e^x + e^{-x}}{2}$ bzw. $\sinh(x) = \frac{e^x - e^{-x}}{2}$.
   Zeigen Sie: $\cosh(2x) = 1 + 2(\sinh(x))^2$; $\cosh\left(\frac{x}{2}\right) = \sqrt{\frac{1}{2}(1+\cosh(x))}$

Hinweise und Tipps

Teilaufgabe 1

Der Graph einer Funktion ist achsensymmetrisch zur y-Achse, falls gilt: $f(x)=f(-x)$.

Bestimmen Sie mithilfe der 1. Ableitung die Extremstelle und zeigen Sie, dass dort ein Minimum vorliegt.

Teilaufgabe 2

a) Der Graph der Kettenlinie ist achsensymmetrisch. Der Durchhang berechnet sich daher als Differenz der Funktionswerte an den Stellen $x=200$ und $x=0$.

b) Bestimmen Sie die Steigung m an der Stelle $x=200$ mithilfe der 1. Ableitung.

Für den Neigungswinkel α gilt dann: $\tan\alpha=m$.

c) Die Parabel ist symmetrisch zur y-Achse. Bestimmen Sie mithilfe der Funktionswerte an den Stellen $x=0$ und $x=200$ (vgl. Aufgabenteil 2 a) die Gleichung der Parabel.

Teilaufgabe 3

a) Beachten Sie bei der Umformung, dass

$e^{\frac{2x}{a}}=(e^{\frac{x}{a}})^2$ und $\left(e^{\frac{x}{a}}-e^{-\frac{x}{a}}\right)^2=e^{\frac{2x}{a}}-2+e^{-\frac{2x}{a}}$ ist.

b) Da die Kettenlinie achsensymmetrisch ist, gilt:

$$\int_{-a}^{a} f(x)dx=2\int_{0}^{a} f(x)dx$$

Beachten Sie das Ergebnis aus Aufgabenteil 3 a.

Teilaufgabe 4

Beachten Sie bei der Umformung, dass

$e^{\frac{2x}{a}}=(e^{\frac{x}{a}})^2$ und $\left(e^{\frac{x}{a}}-e^{-\frac{x}{a}}\right)^2=e^{\frac{2x}{a}}-2+e^{-\frac{2x}{a}}$ ist.

Eventuell ist es leichter, den Term auf der rechten Seite der Gleichung in den Term auf der linken Seite zu überführen.

Lösung

1. Der Graph einer Funktion ist symmetrisch zur y-Achse, falls gilt: $f(x)=f(-x)$.

$$f_a(x)=a\frac{e^{\frac{x}{a}}+e^{-\frac{x}{a}}}{2} \text{ und } f_a(-x)=a\frac{e^{\frac{-x}{a}}+e^{\frac{x}{a}}}{2}=a\frac{e^{\frac{x}{a}}+e^{-\frac{x}{a}}}{2}$$

Berechnet man die 1. und 2. Ableitung mithilfe der Konstanten- und Kettenregel, so erhält man:

$$f_a'(x)=\frac{a}{2}\left(\frac{1}{a}e^{\frac{x}{a}}-\frac{1}{a}e^{-\frac{x}{a}}\right)=\frac{1}{2}\left(e^{\frac{x}{a}}-e^{-\frac{x}{a}}\right)$$

$$f_a''(x)=\frac{1}{2}\left(\frac{1}{a}e^{\frac{x}{a}}+\frac{1}{a}e^{-\frac{x}{a}}\right)=\frac{1}{2a}\left(e^{\frac{x}{a}}+e^{-\frac{x}{a}}\right)$$

notwendige Bedingung für eine Extremstelle: $f_a'(x)=0$

$$\frac{1}{2}\left(e^{\frac{x}{a}}-e^{-\frac{x}{a}}\right)=0$$

$$e^{\frac{x}{a}}=e^{-\frac{x}{a}}$$

$$\frac{x}{a}=-\frac{x}{a}$$

$$x=0$$

hinreichende Bedingung für ein Minimum: $f_a'(x)=0 \wedge f_a''(x)>0$

$$f_a''(0)=\frac{1}{2a}\cdot 2=\frac{1}{a}>0, \text{ (a positiv)}$$

$$f_a(0)=a$$

Die Kettenlinie hat einen Tiefpunkt im Punkt $T(0\,|\,a)$.

2. a) Die Länge des Durchhangs berechnet sich als Differenz der Funktionswerte bei $x=200$ und $x=0$.

$$f_{2\,000}(200)-f_{2\,000}(0)=\frac{2\,000}{2}\left(e^{\frac{1}{10}}+e^{-\frac{1}{10}}\right)-2\,000\approx 2\,010{,}01-2\,000=10{,}01$$

Der Durchhang beträgt ca. 10 m.

b) Es ist $f_a'(x)=\frac{1}{2}\left(e^{\frac{x}{a}}-e^{-\frac{x}{a}}\right)$. Ist α der Neigungswinkel, so erhält man mit $a=2\,000$:

$$\tan\alpha=f_{2\,000}'(200)=\frac{1}{2}\left(e^{\frac{200}{2\,000}}-e^{-\frac{200}{2\,000}}\right)\approx 0{,}1002$$

und $\alpha=\arctan(0{,}1002)\approx 5{,}72°$

Der Neigungswinkel des Seils zum Strommasten beträgt ca. 5,7°.

c) Die Parabel ist symmetrisch zur y-Achse und hat somit die Gleichung $p(x) = ax^2 + b$. Die Funktionswerte der Parabel stimmen mit den Funktionswerten der Kettenlinie an den Stellen $x = 0$ und $x = 200$ überein.
Daher gilt:

$p(0) = 2\,000 \;\Rightarrow\; b = 2\,000$

$p(200) = 40\,000a + 2\,000$ und $p(200) = 2\,010 \;\Rightarrow\; 40\,000a + 2\,000 = 2\,010$

$$a = \frac{1}{4\,000}$$

Die Gleichung der Parabel, die die Kettenlinie zwischen den Strommasten annähert, hat die Gleichung:

$$p(x) = \frac{1}{4\,000}x^2 + 2\,000.$$

3. a) Es ist $f_a'(x) = \frac{1}{2}\left(e^{\frac{x}{a}} - e^{-\frac{x}{a}}\right)$ und damit:

$$\sqrt{1+[f_a'(x)]^2} = \sqrt{1+\left[\frac{1}{2}\left(e^{\frac{x}{a}} - e^{-\frac{x}{a}}\right)\right]^2} = \sqrt{1+\frac{e^{\frac{2x}{a}}}{4} - \frac{1}{2} + \frac{e^{-\frac{2x}{a}}}{4}} =$$

$$\sqrt{\frac{e^{\frac{2x}{a}}}{4} + \frac{1}{2} + \frac{e^{-\frac{2x}{a}}}{4}} = \sqrt{\left(\frac{e^{\frac{x}{a}}}{2} + \frac{e^{-\frac{x}{a}}}{2}\right)^2} = \left(\frac{e^{\frac{x}{a}}}{2} + \frac{e^{-\frac{x}{a}}}{2}\right) = \frac{1}{a}\cdot a\frac{e^{\frac{x}{a}} + e^{-\frac{x}{a}}}{2} = \frac{f_a(x)}{a}$$

Die Stammfunktion zu $\sqrt{1+[f_a'(x)]^2}$ ist gleich der Stammfunktion zu $\frac{f_a(x)}{a}$.

$$\int \sqrt{1+[f_a'(x)]^2}\,dx = \frac{1}{a}\int a\cdot\frac{e^{\frac{x}{a}} + e^{-\frac{x}{a}}}{2}\,dx = \int\left(\frac{e^{\frac{x}{a}}}{2} + \frac{e^{-\frac{x}{a}}}{2}\right)dx$$

$$= \frac{ae^{\frac{x}{a}}}{2} - \frac{ae^{-\frac{x}{a}}}{2} = a\left(\frac{e^{\frac{x}{a}}}{2} - \frac{e^{-\frac{x}{a}}}{2}\right) = a\cdot f_a'(x)$$

b) Da die Kettenlinie symmetrisch zur y-Achse ist, gilt:

$$\int_{-200}^{200} \sqrt{1+[f_{2\,000}'(x)]^2}\,dx = 2\int_{0}^{200} \sqrt{1+[f_{2\,000}'(x)]^2}\,dx$$

$$= 2\cdot[2\,000\cdot f_{2\,000}'(x)]_0^{200} = 4\,000\cdot\left[\frac{e^{\frac{x}{2\,000}}}{2} - \frac{e^{-\frac{x}{2\,000}}}{2}\right]_0^{200}$$

$$= 4\,000\cdot\left[\frac{e^{\frac{1}{10}}}{2} - \frac{e^{-\frac{1}{10}}}{2}\right] \approx 400{,}667$$

Das Seil ist ungefähr 400,67 m lang.

4. $\cosh(2x) = \dfrac{e^{2x} + e^{-2x}}{2}$

$$= 1 - 1 + \frac{1}{2}e^{2x} + \frac{1}{2}e^{-2x}$$

$$= 1 + 2 \cdot \frac{e^{2x} - 2 + e^{-2x}}{4}$$

$$= 1 + 2 \cdot \frac{(e^{x})^2 - 2 + (e^{-x})^2}{4}$$

$$= 1 + 2 \cdot \left(\frac{e^{x} - e^{-x}}{2} \right)^2$$

$$= 1 + 2\left(\sinh(x)\right)^2$$

$$\cosh\left(\frac{x}{2}\right) = \left(\frac{e^{\frac{x}{2}} + e^{-\frac{x}{2}}}{2} \right)$$

$$= \sqrt{\frac{1}{4}\left(e^{\frac{x}{2}} + e^{-\frac{x}{2}}\right)^2}$$

$$= \sqrt{\frac{1}{4}(e^{x} + 2 + e^{-x})}$$

$$= \sqrt{\frac{1}{2} + \frac{e^{x} + e^{-x}}{4}}$$

$$= \sqrt{\frac{1}{2}\left(1 + \frac{e^{x} + e^{-x}}{2}\right)}$$

$$= \sqrt{\frac{1}{2}(1 + \cosh(x))}$$

Tilgung eines Darlehens

Zum Kauf einer neuen CNC-Maschine nimmt die Firma Voss ein Darlehen in Höhe von 500 000 € zu einem Zinssatz von 5 % auf. Die Rückzahlung des Darlehens erfolgt als jährliche Annuitätentilgung mit einer Annuität von 50 000 €.

1. Der Tilgungsplan für die ersten 2 Jahre sieht folgendermaßen aus.

	Darlehen		Annuität	Zinssatz in %
	500 000,00 €		50 000,00 €	5
Zeit (in Jahren)	Restschuld am Jahresanfang	Zinsen	Tilgungsrate	Restschuld am Jahresende
1	500 000,00 €	25 000,00 €	25 000,00 €	475 000,00 €
2	475 000,00 €	23 750,00 €	26 250,00 €	448 750,00 €

   Erklären Sie den Zusammenhang zwischen Annuität, Zinsen, Tilgungsrate sowie Restschuld am Jahresende.

2. Die zeitliche Entwicklung der „Restschuld am Jahresende“ soll mithilfe einer stetigen und differenzierbaren Wachstumsfunktion R näherungsweise beschrieben werden. Diese Wachstumsfunktion erfüllt die Differenzialgleichung $R'(t) = 0{,}05 \cdot R(t) - 50\,000$.
   a) Erklären Sie, warum diese Differenzialgleichung die zeitliche Entwicklung der „Restschuld am Jahresende“ näherungsweise beschreibt.
   b) Bestimmen Sie die Parameter a und b so, dass $R(t) = a \cdot e^{0{,}05t} + b$ eine Lösung der Differenzialgleichung $R'(t) = 0{,}05 \cdot R(t) - 50\,000$ ist. Fassen Sie das Darlehen als „Restschuld am Jahresende“ des 0-ten Jahres auf.
   c) Bestimmen Sie die Zeit, nach der das Darlehen bei der Näherung getilgt ist.

3. Die Restschuld S_t am Ende des t-ten Jahres kann berechnet werden durch die Formel $S_t = S_0 \cdot 1{,}05^t - 50\,000 \cdot \frac{1{,}05^t - 1}{1{,}05 - 1}$, $t \geq 1$.

   Fassen Sie das Darlehen als „Restschuld am Jahresende“ S_0 des 0-ten Jahres auf.
   a) Überprüfen Sie die Formel für die Restschuld am Ende des 2. Jahres.
   b) Bestimmen Sie die Zeit, nach der das Darlehen getilgt ist.
   c) Berechnen Sie die Restschuld, die im letzten Jahr getilgt werden muss.
   d) Stellen Sie die Gleichung um in die Form $S_t = a \cdot e^{kt} + b$ und vergleichen Sie mit den Parametern aus Aufgabenteil 2 b.

Hinweise und Tipps

Teilaufgabe 1

Berechnen Sie mithilfe des Zinssatzes und des Darlehens/der Restschuld am Jahresanfang die Zinsen.

Vergleichen Sie Annuität, Zinsen und Tilgungsrate sowie das Darlehen/die Restschuld am Jahresanfang, die Tilgungsrate und die Restschuld am Jahresende.

Teilaufgabe 2

a) Bestimmen Sie eine Gleichung, wie sich die Restschuld am Jahresende aus der Restschuld am Ende des Vorjahres ergibt.

Formen Sie diese Gleichung so um, dass auf einer Seite der Gleichung ein Differenzenquotient steht.

b) Stellen Sie ein Gleichungssystem auf, indem Sie
- den Term der 1. Ableitung und den Funktionsterm in die Differenzialgleichung einsetzen,
- den Funktionsterm von R(0) mit dem Darlehen gleichsetzen.

c) Das Darlehen ist getilgt, wenn R(t) den Funktionswert null annimmt.

Teilaufgabe 3

a) Setzen Sie $t=2$ in die Formel ein und vergleichen Sie mit dem vorgegebenen Wert in der Tabelle.

b) Das Darlehen ist getilgt, wenn S_t den Funktionswert null annimmt.

c) Berechnen Sie S_{14} und verzinsen Sie die Restschuld am Ende des 14. Jahres mit 5 %.

d) Klammern Sie den Faktor $1{,}05^t$ aus und schreiben Sie die Basis des Faktors um zu $1{,}05 = e^k$.

Der genaue Tilgungsplan sieht folgendermaßen aus:

	Darlehen		Annuität	Zinssatz in %
	500 000,00 €		50 000,00 €	5
Zeit (in Jahren)	Restschuld am Jahresanfang	Zinsen	Tilgungsrate	Restschuld am Jahresende
1	500 000,00 €	25 000,00 €	25 000,00 €	475 000,00 €
2	475 000,00 €	23 750,00 €	26 250,00 €	448 750,00 €
3	448 750,00 €	22 437,50 €	27 562,50 €	421 187,50 €
4	421 187,50 €	21 059,38 €	28 940,62 €	392 246,88 €
5	392 246,88 €	19 612,34 €	30 387,66 €	361 859,22 €
6	361 859,22 €	18 092,96 €	31 907,04 €	329 952,18 €

7	329 952,18 €	16 497,61 €	33 502,39 €	296 449,79 €
8	296 449,79 €	14 822,49 €	35 177,51 €	261 272,28 €
9	261 272,28 €	13 063,61 €	36 936,39 €	224 335,89 €
10	224 335,89 €	11 216,79 €	38 783,21 €	185 552,69 €
11	185 552,69 €	9 277,63 €	40 722,37 €	144 830,32 €
12	144 830,32 €	7 241,52 €	42 758,48 €	102 071,84 €
13	102 071,84 €	5 103,59 €	44 896,41 €	57 175,43 €
14	57 175,43 €	2 858,77 €	47 141,23 €	10 034,20 €
15	10 034,20 €	501,71 €	10 535,91 €	
Zinsen insgesamt:		210 535,90 €		

Lösung

1. Die Annuität zeichnet sich durch einen gleichbleibenden Gesamtbetrag aus. Dieser Betrag setzt sich aus einem Tilgungs- und einem Zinsanteil zusammen. Der Tilgungsanteil mindert laufend die Restschuld zu Beginn des Jahres. Der Zinsanteil berechnet sich nach dem Schuldenstand der Restschuld zu Beginn des Jahres. Da die Restschuld durch die gleichbleibende Annuität immer weiter verringert wird, verringern sich auch die Zinsen und die Tilgungsrate vergrößert sich.

2. a) Ist R(t) die Restschuld am Ende des t-ten Jahres, so berechnet sich die Restschuld R(t + 1) am Jahresende des folgenden Jahres durch

$R(t+1) = R(t) + 0{,}05 \cdot R(t) - 50\,000$

$R(t+1) - R(t) = 0{,}05 \cdot R(t) - 50\,000.$

Dividiert man die linke Seite der Gleichung durch 1 und ersetzt 1 durch den Term (t + 1) – 1, so erhält man die Gleichung:

$$\frac{R(t+1) - R(t)}{(t+1) - t} = 0{,}05 \cdot R(t) - 50\,000$$

Die linke Seite dieser Gleichung ist der Differenzenquotient der Funktion R(t) bezogen auf die Stellen t + 1 und t. Würde man nun von einer jährlichen Tilgung zu einer kurzfristigeren Tilgung wechseln (unterjährige Tilgung), so könnte bei sehr kleinen Verzinsungszeiten der Differenzenquotient durch den Grenzwert des Differenzenquotienten für $\Delta t \to 0$ ersetzt werden.
Man erhält somit die Differenzialgleichung $R'(t) = 0{,}05 \cdot R(t) - 50\,000$.
Diese Differenzialgleichung beschreibt somit annähernd die zeitliche Entwicklung der Restschuld am Jahresende.

b) Bildet man die 1. Ableitung der Funktion R(t), so erhält man
$R'(t) = a \cdot 0{,}05e^{0{,}05t}$.
Setzt man R(t) in die Differenzialgleichung von Aufgabenteil 2 a ein, so gilt:
$R'(t) = 0{,}05 \cdot (ae^{0{,}05t} + b) - 50\,000$

Nach Gleichsetzten der Terme erhält man:

$$0{,}05a \cdot e^{0{,}05t} = 0{,}05a \cdot e^{0{,}05t} + 0{,}05b - 50\,000$$
$$50\,000 = 0{,}05b$$
$$b = 1\,000\,000$$

Es ist $R(0) = 500\,000$ (Darlehen gleich Restschuld im 0-ten Jahr) und es gilt $R(0) = ae^{0{,}05 \cdot 0} + b = a + b$.

Setzt man die beiden Terme gleich, so erhält man die Gleichung
$a + b = 500\,000$
und nach Einsetzen von $b = 1\,000\,000$ für a die Lösung
$a = -500\,000$.

Die Funktion R(t) lautet somit: $R(t) = -500\,000e^{0{,}05t} + 1\,000\,000,\ t \geq 0$.

Hinweis:
Versucht man mit den Funktionswerten zu den Zeitpunkten $t = 0$ und $t = 1$ die Gleichung aufzustellen, so erhält man die Gleichungen:

$$\text{I} \qquad a + b = 500\,000$$
$$\text{II} \quad a \cdot e^{0{,}05 \cdot 1} + b = 475\,000$$

Umstellen von Gleichung I nach b und Einsetzen von b in Gleichung II ergibt:

$$a \cdot e^{0{,}05} + 500\,000 - a = 475\,000$$

$$a(e^{0{,}05} - 1) = -25\,000$$

$$a = \frac{-25\,000}{e^{0{,}05} - 1} \approx -487\,604{,}16$$

$$b = 987\,604{,}16$$

Die Funktion R(t) lautet ungefähr: $R(t) \approx -487\,604e^{0{,}05t} + 987\,604,\ t \geq 0$.
Die Ableitung dieser Funktion

$$R'(t) = -24\,380{,}2e^{0{,}05t}$$

und R'(t) nach der vorgegebenen Differenzialgleichung

$$R'(t) = -50\,000 + 0{,}05(-487\,604e^{0{,}05t} + 987\,604)$$
$$= -619{,}8 - 24\,380{,}2e^{0{,}05t}$$

stimmen nicht überein.

c) Das Darlehen ist getilgt, wenn R(t) den Funktionswert null annimmt.

$$-500\,000e^{0{,}05t} + 1\,000\,000 = 0$$

$$e^{0{,}05t} = 2$$

$$0{,}05t = \ln 2$$

$$t = \frac{\ln 2}{0{,}05} \approx 13{,}86$$

Das Darlehen ist nach ca. 14 Jahren getilgt.

3. a) Setzt man in die Formel

$$S_t = S_0 \cdot 1{,}05^t - 50\,000 \cdot \frac{1{,}05^t - 1}{1{,}05 - 1}, \; t \geq 1$$

für den Parameter t den Wert 2 ein, so erhält man die Restschuld am Ende des 2. Jahres.

$$S_2 = 500\,000 \cdot 1{,}05^2 - 50\,000 \cdot \frac{1{,}05^2 - 1}{1{,}05 - 1}$$

$$S_2 = 448\,750$$

Die Restschuld am Ende des 2. Jahres stimmt mit der in der Tabelle angegebenen Restschuld überein.

b) Das Darlehen ist dann getilgt, wenn die Restschuld den Wert null hat.

$$500\,000 \cdot 1{,}05^t - 50\,000 \cdot \frac{1{,}05^t - 1}{1{,}05 - 1} = 0$$

$$500\,000 \cdot 1{,}05^t = 1\,000\,000 \cdot (1{,}05^t - 1)$$

$$1{,}05^t = 2 \cdot (1{,}05^t - 1)$$

$$2 = 1{,}05^t$$

$$t = \frac{\ln 2}{\ln 1{,}05} \approx 14{,}21$$

Da die Zahlungen immer am Jahresende erfolgen, ist das Darlehen nach 15 Jahren getilgt.

c) Nach Aufgabenteil 3 b ist das Darlehen nach 15 Jahren getilgt. Zur Berechnung der Restschuld, die am Ende des Jahres bezahlt werden muss, benötigt man die Schuld am Jahresanfang des 15. Jahres bzw. am Ende des 14. Jahres. Diese wird dann noch mit 5 % verzinst.

Die Restschuld am Ende des 14. Jahres beträgt:

$$S_{14} = 500\,000 \cdot 1{,}05^{14} - 50\,000 \cdot \frac{1{,}05^{14} - 1}{0{,}05} = 10\,034{,}20$$

$$10\,034{,}20 \text{ €} \cdot 1{,}05 = 10\,535{,}91 \text{ €}$$

Am Ende des 15. Jahres müssen 10 535,91 € zur Tilgung des Darlehens bezahlt werden.

d) Es ist $S_t = S_0 \cdot 1{,}05^t - 50\,000 \cdot \dfrac{1{,}05^t - 1}{1{,}05 - 1}$.

Setzt man für S_0 das Darlehen ein, so gilt:

$$S_t = 500\,000 \cdot 1{,}05^t - 1\,000\,000 \cdot (1{,}05^t - 1)$$

Ausmultiplizieren der Klammer und anschließendes Ausklammern von $1{,}05^t$ führt zu

$$S_t = 1{,}05^t\,(500\,000 - 1\,000\,000) + 1\,000\,000$$
$$S_t = -500\,000 \cdot 1{,}05^t + 1\,000\,000$$
$$S_t = -500\,000 \cdot e^{\ln 1{,}05 \cdot t} + 1\,000\,000$$
$$S_t \approx -500\,000 \cdot e^{0{,}0488 \cdot t} + 1\,000\,000$$

Die Parameter a und b stimmen mit den in Aufgabenteil 2 b berechneten Parametern überein. Im Exponent wurde der Prozentsatz $p = 5\ \%$ ersetzt durch den Logarithmus des Verzinsungsfaktors $\left(1 + \frac{5}{100}\right)$.

Nordrhein-Westfalen – Mathematik Leistungskurs
Analysis: Übungsaufgabe 6

Herstellung von Unterlegbrettchen

Die Firma Kühnast stellt aus dem Holz des tropischen Eisenholzbaumes Unterlegbrettchen her. Ausgeschnitten werden diese Brettchen aus rechteckigen Holzstücken, die 15 LE lang und 8 LE breit sind.

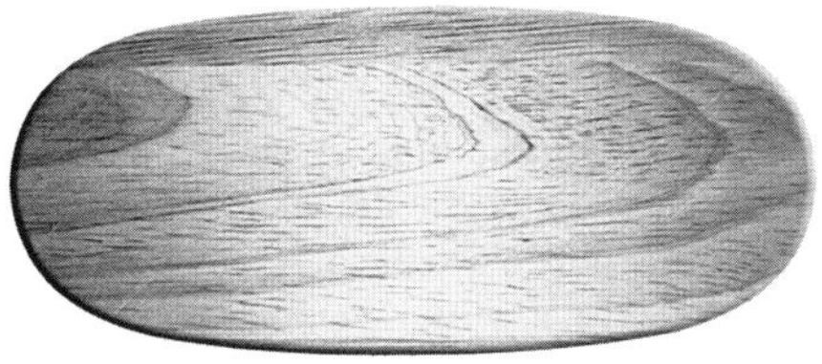

Die nebenstehende Form zeigt die Umrisse des Brettchens und die Symmetrieachsen. Liegt der Schnittpunkt der Symmetrieachsen im Ursprung, so verläuft die obere Schnittkante entlang des Graphen der Funktion $f(x) = \ln(50 - x^2)$.

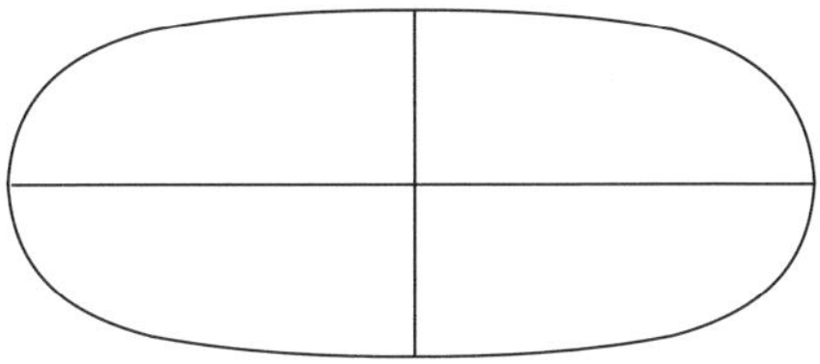

1. a) Zeigen Sie, dass der Graph der Funktion f symmetrisch ist zur y-Achse und geben Sie die Gleichung der Funktion g(x) an, deren Graph die untere Schnittkante darstellt.

   b) Da sich die Schnittkanten an den „Nahtstellen" unter einem Winkel α treffen, muss die Firma die Brettchen dort nachschleifen.
   Bestimmen Sie die Größe des Winkels α.

   c) Bestimmen Sie den prozentualen Anteil des Abfalls, der beim Zuschnitt der Brettchen anfällt.
   Zeigen Sie zuvor, dass
   $F(x) = x \cdot \ln(50 - x^2) - \sqrt{50} \cdot \ln(\sqrt{50} - x) + \sqrt{50} \cdot \ln(\sqrt{50} + x) - 2x$
   eine Stammfunktion zur Funktion $f(x) = \ln(50 - x^2)$ ist.

2. Die Kosten (in Geldeinheiten – GE) für die Herstellung der Brettchen können angegeben werden durch die Kostenfunktion $K(x) = x^3 - 44x^2 + 1\,280x + 128$. Der Zusammenhang zwischen

   x – Anzahl der Brettchen (in Mengeneinheiten – ME) $0 \leq x \leq 40$
   p(x) – Preis je ME in GE

   wird in folgender Tabelle dargestellt.

x in ME	1	5	15	25
p(x) in GE	1 365	1 225	875	525
E(x)				

a) Ergänzen Sie in der Tabelle die Werte für den Erlös (Umsatz) E(x), wobei der Erlös definiert ist als Produkt von Preis und Stückzahl.

b) Bestimmen Sie die Gleichung der Preisfunktion p(x), wenn man hierfür einen linearen Verlauf voraussetzt.

c) Die Gewinnfunktion ist die Differenz aus Erlös- und Kostenfunktion. Bestimmen Sie die Gleichung der Gewinnfunktion (Ertragsfunktion) G(x) und geben Sie die Verkaufsmenge sowie den Preis an, für den der Gewinn maximal wird.

d) Nebenstehende Abbildung zeigt einen Abschnitt der Kosten- und der Erlösfunktion. Geben Sie an, welche Kurve die Kosten- und welche die Erlösfunktion darstellt.

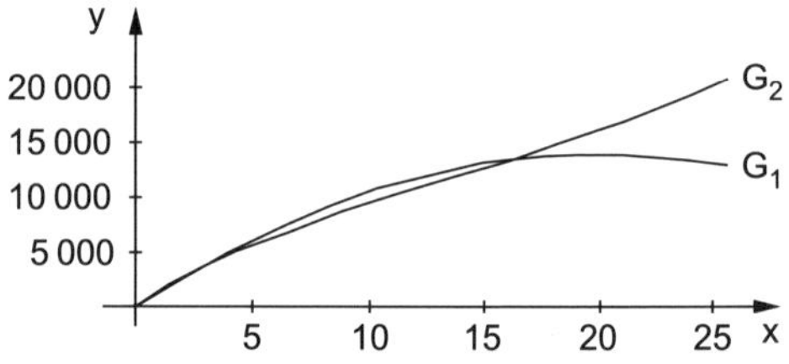

e) Die Firma Kühnast erzielt einen Gewinn, wenn der Erlös höher ist als die Kosten. Berechnen Sie den Bereich $[x_{GS}; x_{GG}]$, in dem die Firma einen Gewinn erzielt.

Hinweise und Tipps

Teilaufgabe 1

a) Der Graph einer Funktion f ist symmetrisch zur y-Achse, wenn $f(x) = f(-x)$.
Der Graph der Funktion g ist der an der x-Achse gespiegelte Graph der Funktion f: $g(x) = -f(x)$

b) Bestimmen Sie die Steigung des Graphen in den Nullstellen und beachten Sie, dass, $\tan\alpha = m$ gilt. **Oder**
Berechnen Sie den Schnittwinkel zwischen den Tangenten an die obere bzw. untere Schnittkante in den Nahtstellen mithilfe der Formel $\tan\gamma = \frac{m_1 - m_2}{1 - m_1 \cdot m_2}$.

c) Die Funktion F(x) ist dann eine Stammfunktion der Funktion f(x), wenn $F'(x) = f(x)$. **Oder**
Bestimmen Sie mithilfe partieller Integration eine Stammfunktion zu $h(x) = \ln(x)$. Zerlegen Sie das Argument der ln-Funktion mithilfe der 3. binomischen Formel, zerlegen Sie das Integral in eine Summe aus zwei Teilintegralen und berechnen Sie mithilfe des Integrationsverfahrens durch Substitution die Stammfunktion der Teilintegrale.
Beachten Sie bei der Flächenberechnung, dass wegen der Symmetrie zur y-Achse

$$\int_{-a}^{a} f(x)dx = 2 \cdot \int_{0}^{a} f(x)dx \text{ gilt.}$$

Berechnen Sie den Prozentsatz, indem Sie den Abfall als Prozentwert und die Fläche des Holzstücks als Grundwert nehmen.

Teilaufgabe 2

a) Der Erlös berechnet sich nach der Formel $E(x) = x \cdot p(x)$.

b) Die Preisfunktion ist nach Aufgabenstellung eine lineare Funktion.
Berechnen Sie die Parameter m und b der allgemeinen Form der Geradengleichung $y = mx + b$ mithilfe der Koordinaten zweier Datenpaare.

c) Es ist $G(x) = E(x) - K(x)$ und $E(x) = x \cdot p(x)$.
Zur Bestimmung der Produktionsmenge des maximalen Gewinns muss die Extremstelle x_E der Gewinnfunktion bestimmt werden.
Die Verkaufsmenge ist dann gleich $p(x_E)$.

d) Betrachten Sie den Grad der Kosten- bzw. Erlösfunktion oder formen Sie die Gleichung der Erlösfunktion um in die Scheitelpunktsform der Parabel.

e) Die Grenzen des Gewinnintervalls sind die Schnittstellen der Erlös- und Kostenfunktion.
Entnehmen Sie den Graphen eine ungefähre Schnittstelle, führen Sie eine Polynomdivision durch und berechnen Sie anschließend die zweite Schnittstelle.

Lösung

1. a) Der Graph der Funktion ist dann achsensymmetrisch, wenn gilt: $f(x) = f(-x)$.

   Es ist $f(-x) = \ln(50 - (-x)^2) = \ln(50 - x^2) = f(x)$.

   Die zweite Schnittkante ist der an der x-Achse gespiegelte Graph der Funktion f.

   Bei Spiegelung an der x-Achse ändern die Funktionswerte das Vorzeichen.

   Der Graph der Funktion hat daher die Gleichung $g(x) = -\ln(50 - x^2)$.

   b) Die oberen und unteren Schnittkanten treffen auf der x-Achse zusammen. Diese Stellen sind die Nullstellen des Graphen der Funktion f(x) bzw. g(x).

   $\ln(50 - x^2) = 0$

   $50 - x^2 = 1$

   $x^2 = 49$

   $x_{1,2} = \pm 7$

   Zur Bestimmung des Winkels α muss die Steigung der Graphen der Funktion in den Nahtstellen mithilfe der 1. Ableitung berechnet werden.

   Die 1. Ableitung der Funktionen f bzw. g ist

   $$f'(x) = \frac{-2x}{50 - x^2} \text{ bzw. } g'(x) = \frac{2x}{50 - x^2}.$$

   An den Nahtstellen erhält man somit die Steigung $f'(-7) = 14$, $f'(7) = -14$, $g'(-7) = -14$ und $g'(7) = 14$.

   Der Graph der Funktion g schließt an der Nahtstelle 7 mit der x-Achse einen Winkel β ein. Dann gilt: $\tan\beta = g'(7)$, $\beta \approx 85{,}9°$

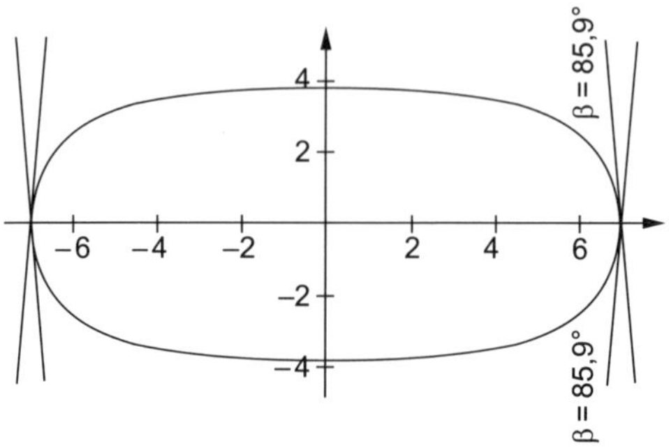

   Da der Graph der Funktion symmetrisch zur x-Achse und zur y-Achse ist, ist α doppelt so groß wie β.

   Die Größe des Winkels α ist ca. 171,8°.

Alternative Berechnung:

Ist die Formel für den Schnittwinkel γ zweier Geraden $\tan\gamma = \frac{m_1 - m_2}{1 - m_1 \cdot m_2}$ bekannt, so erhält man den Schnittwinkel der Tangenten an die obere bzw. untere Schnittkante in den Nahtstellen durch Einsetzen der Steigungen 14 bzw. –14 in die Formel.

$$\tan\gamma = \frac{14-(-14)}{1-14\cdot(-14)} = \frac{28}{197} \quad \Rightarrow \quad \gamma \approx 8{,}1°$$

Die Größe des Winkels α ist gleich dem Nebenwinkel des Winkels γ:
$\alpha = 180° - 8{,}1° = 171{,}9°$

c) Die Funktion F(x) ist dann eine Stammfunktion der Funktion f(x), wenn $F'(x) = f(x)$.

$$F'(x) = \ln(50 - x^2) + x \cdot \frac{-2x}{50 - x^2} - \sqrt{50} \cdot \frac{-1}{\sqrt{50} - x} + \sqrt{50} \cdot \frac{1}{\sqrt{50} + x} - 2$$

$$= \ln(50 - x^2) + \frac{-2x^2}{50 - x^2} + \frac{\sqrt{50}(\sqrt{50} + x)}{50 - x^2} + \frac{\sqrt{50}(\sqrt{50} - x)}{50 - x^2} - \frac{2(50 - x^2)}{50 - x^2}$$

$$= \ln(50 - x^2) + \frac{-2x^2 + 50 + \sqrt{50}x + 50 - \sqrt{50}x - 100 + 2x^2}{50 - x^2}$$

$$= \ln(50 - x^2)$$

Alternativer Rechenweg: (zeitaufwändiger und schwieriger)

Berechnung der Stammfunktion zu $f(x) = \ln(50 - x^2)$

Eine Stammfunktion zu $h(x) = \ln(x)$ kann mithilfe partieller Integration bestimmt werden.

$$\int \ln(x)dx = \int 1 \cdot \ln(x)dx = x \cdot \ln(x) - \int x \cdot \frac{1}{x}dx = x\ln(x) - x$$

Es ist
$$\int \ln(50 - x^2)dx = \int \ln[(\sqrt{50} - x)\cdot(\sqrt{50} + x)]dx$$
$$= \int [\ln(\sqrt{50} - x) + \ln(\sqrt{50} + x)]dx$$
$$= \int \ln(\sqrt{50} - x)dx + \int \ln(\sqrt{50} + x)dx$$

Eine Stammfunktion zu beiden Integralen kann man nun mithilfe der Integration durch Substitution bestimmen.

Ist $v(x) = \sqrt{50} - x$, so ist $v'(x) = \frac{dv}{dx} = -1$ und $dx = -dv$.

$$\int \ln(\sqrt{50} - x)dx = \int \ln(v)\cdot(-1)dv = -\int \ln(v)dv = -[v\ln(v) - v]$$
$$= -(\sqrt{50} - x)\ln(\sqrt{50} - x) + (\sqrt{50} - x)$$

Ist $v(x) = \sqrt{50} + x$, so ist $v'(x) = \frac{dv}{dx} = 1$ und $dx = dv$.

$$\int \ln(\sqrt{50} + x)dx = \int \ln(v)dv = v\ln(v) - v$$
$$= (\sqrt{50} + x)\ln(\sqrt{50} + x) - (\sqrt{50} + x)$$

$$\int \ln(\sqrt{50} - x)dx + \int \ln(\sqrt{50} + x)dx$$
$$= -(\sqrt{50} - x)\ln(\sqrt{50} - x) + (\sqrt{50} - x) + (\sqrt{50} + x)\ln(\sqrt{50} + x) - (\sqrt{50} + x)$$
$$= -\sqrt{50} \cdot \ln(\sqrt{50} - x) + x \cdot \ln(\sqrt{50} - x) + \sqrt{50} - x + \sqrt{50} \cdot \ln(\sqrt{50} + x)$$
$$+ x \cdot \ln(\sqrt{50} + x) - \sqrt{50} - x$$
$$= -\sqrt{50} \cdot \ln(\sqrt{50} - x) + x \cdot [\ln(\sqrt{50} - x) + \ln(\sqrt{50} + x)]$$
$$+ \sqrt{50} \cdot \ln(\sqrt{50} + x) - 2x$$
$$= -\sqrt{50} \cdot \ln(\sqrt{50} - x) + x \cdot [\ln((\sqrt{50} - x) \cdot (\sqrt{50} + x))] + \sqrt{50} \cdot \ln(\sqrt{50} + x) - 2x$$
$$= -\sqrt{50} \cdot \ln(\sqrt{50} - x) + x \cdot \ln(50 - x^2) + \sqrt{50} \cdot \ln(\sqrt{50} + x) - 2x$$
$$= x \cdot \ln(50 - x^2) - \sqrt{50} \cdot \ln(\sqrt{50} - x) + \sqrt{50} \cdot \ln(\sqrt{50} + x) - 2x$$

Die Größe des Brettchens ist gleich der doppelten Fläche, die der Graph der Funktion f mit der x-Achse im Bereich [–7; 7] einschließt.

Da der Graph der Funktion f achsensymmetrisch ist zur y-Achse gilt zudem:

$$\int_{-7}^{7} f(x)dx = 2 \cdot \int_{0}^{7} f(x)dx$$

$$A = 2 \cdot \int_{-7}^{7} \ln(50 - x^2)dx = 4 \cdot \int_{0}^{7} \ln(50 - x^2)dx$$
$$= 4 \cdot [x \cdot \ln(50 - x^2) - \sqrt{50} \cdot \ln(\sqrt{50} - x) + \sqrt{50} \cdot \ln(\sqrt{50} + x) - 2x]_0^7$$
$$= 4 \cdot (7 \cdot \ln(50 - 49) - \sqrt{50} \cdot \ln(\sqrt{50} - 7) + \sqrt{50} \cdot \ln(\sqrt{50} + 7) - 14 -$$
$$0 \cdot \ln(50) + \sqrt{50} \cdot \ln(\sqrt{50}) - \sqrt{50} \cdot \ln(\sqrt{50}) + 2 \cdot 0)$$
$$= 4 \cdot (7 \cdot \ln(1) - \sqrt{50} \cdot \ln(\sqrt{50} - 7) + \sqrt{50} \cdot \ln(\sqrt{50} + 7) - 14) \approx 93{,}57\ [FE]$$

Die Holzstücke, aus denen die Brettchen ausgeschnitten werden, haben eine Größe von $8 \cdot 15 = 120$ [FE]. Der Abfall beim Zuschnitt beträgt somit $120 - 93{,}57 = 26{,}43$ [FE].

Setzt man den Abfall beim Zuschnitt ins Verhältnis zur Größe des Holzstücks, so erhält man den prozentualen Anteil des Abfalls.

$$\frac{26{,}43}{120} \cdot 100\ \% \approx 22\ \%.$$

Der prozentuale Abfall beträgt ca. 22 %.

2. a) Der Erlös E(x) ist das Produkt aus der verkauften Menge x und dem zugehörigen Preis p(x). Für $E(x) = x \cdot p(x)$ erhält man somit folgende Tabelle:

in ME	1	5	15	25
p(x) in GE	1 365	1 225	875	525
E(x)	1 365	6 125	13 125	13 125

b) Da die Preisfunktion p(x) nach Aufgabenstellung eine lineare Funktion ist, kann der Funktionsterm mithilfe zweier Datenpunkte bestimmt werden.

Mit $P_1(1 \mid 1\,365)$ und $P_2(5 \mid 1\,225)$ ist

$$m = \frac{1\,225 - 1\,365}{5 - 1} = \frac{-140}{4} = -35$$

und durch Einsetzen von m und den Koordinaten von P_1 in die allgemeine Form der Geradengleichung erhält man:

$$1\,365 = -35 \cdot 1 + b$$
$$b \quad = 1\,400$$

Die Gleichung der Preisfunktion lautet: $p(x) = -35x + 1\,400,\ 0 \le x \le 40$

c) Ein Gewinn entsteht, wenn die Erlöse größer sind als die Kosten. Die Höhe des Gewinns ist die Differenz aus Erlösen und Kosten.

Für die Gewinnfunktion gilt daher:

$G(x) = E(x) - K(x)$ und $E(x) = x \cdot p(x)$

$$G(x) = x \cdot (-35x + 1\,400) - (x^3 - 44x^2 + 1\,280x + 128)$$
$$= -35x^2 + 1\,400x - x^3 + 44x^2 - 1\,280x - 128$$
$$= -x^3 + 9x^2 + 120x - 128$$

Zur Bestimmung des maximalen Gewinns muss die Extremstelle der Gewinnfunktion bestimmt werden.

Notwendige Bedingung für Extremstellen; $G'(x) = 0$

$$G'(x) = -3x^2 + 18x + 120$$
$$-3x^2 + 18x + 120 = 0$$
$$x^2 - 6x - 40 = 0$$
$$x_{1,2} = 3 \pm \sqrt{9 + 40}$$
$$x_1 = -4;\ x_2 = 10$$

Da –4 ME nicht produziert werden können, ist $-4 \notin D$.

Hinreichende Bedingung für ein Maximum: $G'(x) = 0$ und $G''(x) < 0$

$$G''(x) \ = -6x + 18$$
$$G''(10) = -60 + 18 = -42 < 0$$

Bei einer Produktion von 10 ME wird der Gewinn maximal.

$p(10) = 1\,400 - 35 \cdot 10 = 1\,050$

Der Preis für die gewinnmaximale Menge beträgt 1 050 GE.

d) Der Graph der Erlösfunktion

$$E(x) = x(-35x + 1\,400) = -35(x^2 - 40x)$$
$$= -35[(x^2 - 40x + 400) - 400]$$
$$= -35(x - 20)^2 + 14\,000$$

ist eine nach unten geöffnete Parabel. Der Graph der Funktion G_1 ist somit der Graph der Erlösfunktion.
Die Kostenfunktion ist eine ganzrationale Funktion 3. Grades. Da der Koeffizient vor x^3 positiv ist, werden die Funktionswerte für $x \to \infty$ immer größer. Der Graph der Funktion G_2 ist somit der Graph der Kostenfunktion.

e) Die Firma erzielt bei den Produktionsmengen Gewinn, bei denen die Funktionswerte positiv sind. Dies sind aber gerade die Produktionsmengen, bei denen der Graph der Erlösfunktion oberhalb des Graphen der Kostenfunktion liegt.
Also $G(x) > 0 \Leftrightarrow E(x) > K(x)$
Betrachtet man die Graphen aus Aufgabenteil 2 d, so kann man die Schnittstellen von Erlös- und Kostenfunktion ungefähr ermitteln.
Die Gewinnschwelle x_{GS} liegt bei 1 ME oder 2 ME, die Gewinnschwelle x_{GG} bei 16 ME oder 17 ME.

Überprüfung, ob bei $x = 1$ der Gewinn null ist: $-1 + 9 + 120 - 128 = 0$
Polynomdivision durch den zugehörigen Linearfaktor $(x - 1)$ ergibt:

$$\begin{array}{l}
(-x^3 + 9x^2 + 120x - 128) : (x - 1) = -x^2 + 8x + 128 \\
\underline{-(-x^3 + x^2)} \\
\qquad\quad 8x^2 + 120x \\
\qquad \underline{-(8x^2 - 8x)} \\
\qquad\qquad\qquad 128x - 128 \\
\qquad\qquad\quad -(128x - 128)
\end{array}$$

Die weitere Gewinngrenze x_{GG} erhält man, indem man die Nullstellen des Restglieds bestimmt.

$-x^2 + 8x + 128 = 0$
$x^2 - 8x - 128 = 0$
$x_{1,2} = 4 \pm \sqrt{16 + 128}$
$x_1 = -8,\ x_2 = 16$

Da $-8 \notin D$, liegt die Gewinnschwelle x_{GG} bei 16 ME.
Bei einer Produktion von 1 ME bis 16 ME arbeitet die Firma mit Gewinn.

Bandornament

Gegeben ist die Funktionenschar f_k mit $f_k(x) = \ln(k(x^2 + 1))$, $k \geq 1$.

1. Diskutieren Sie die Funktionenschar f_k.
   Bestimmen Sie dazu die Nullstellen, die 1., 2. und 3. Ableitung, die Extremstellen, die Wendestellen und die Ortskurven der Extrem- und Wendepunkte.
   Was fällt dabei auf?
   Skizzieren Sie die Graphen von f_k für $k = 1, 3, 5$ sowie die Ortskurven in einem Koordinatensystem.

2. Die Funktionsgraphen der Funktionen f_k sollen als Muster eines Bandornamentes dienen.
   a) Bestimmen Sie die Werte von k so, dass die Streifen an der Stelle 0 den Abstand 1 haben.
   Ermitteln Sie dann die Streifenbreite an einer beliebigen Stelle.
   b) Die Streifen sollen farbig ausgemalt werden.
   Vergleichen Sie den Farbbedarf für zwei beliebige Streifen der Breite 1 im Intervall $[-4; 4]$.

3. Das Bandornament soll mit weiteren Mustern versehen werden. Dazu sollen die Wendetangenten herangezogen werden.
   a) Ermitteln Sie die Gleichungen der Wendetangenten und skizzieren Sie diese für $k = e^0, e^1, e^2$.
   Beschreiben Sie, was Ihnen dabei auffällt.
   b) Als neues Element im Bandornament soll die Fläche A_k zwischen dem Graphen der Funktion f_k und ihren Wendetangenten verwendet werden.
   Bestimmen Sie den Farbbedarf für verschiedene Werte von k.
   Skizzieren Sie die Fläche.

Hinweise und Tipps

Teilaufgabe 1

Nullstellen: $f_k(x_N) = 0$

Extremstellen: $f_k'(x_E) = 0 \wedge f_k''(x_E) \neq 0$

Wendestellen: $f_k''(x_W) = 0 \wedge f_k'''(x_W) \neq 0$

Zur Skizze der Funktionsgraphen benutzen Sie einen GTR. Ansonsten verwenden Sie Null-, Extrem- und Wendestellen sowie Symmetrieeigenschaften als Anhaltspunkte.

Teilaufgabe 2

a) Setzen Sie die Funktionsterme an der Stelle 0 gleich 0, 1, 2 usw. (also jeweils Abstand 1) und ermitteln Sie die zugehörigen Werte für k.

Leiten Sie hieraus eine Gesetzmäßigkeit ab.

Die Streifenbreite an einer beliebigen Stelle berechnet man mithilfe von f_{k_n} und $f_{k_{n+1}}$.

b) Berechnen Sie den Flächeninhalt zwischen f_{k_n} und $f_{k_{n+1}}$.

Teilaufgabe 3

a) Eine Wendetangente ist eine Gerade (lineare Funktion $t(x) = mx + r$), welche den Graphen in einem Wendepunkt berührt.

Zwei Geraden mit den Steigungen m_1 und m_2 stehen aufeinander senkrecht, wenn gilt: $m_1 = \frac{-1}{m_2}$

b) Beachten Sie die Symmetrie von $f_k(x)$.

Lösung

1. Es ist $f_k(x) = \ln(k(x^2+1)), \;\; k \geq 1$ gegeben.

Nullstellen:

$f_k(x) = \ln(k(x^2+1)) = 0 \;\;\Leftrightarrow\;\; e^{\ln(k(x^2+1))} = e^0 \;\;\Leftrightarrow\;\; k(x^2+1) = 1$

Da $x^2 \geq 0$ und $k \geq 1$ gilt, kann die Gleichung nur für $x = 0$ und $k = 1$ gelöst werden. Für $k > 1$ hat f_k keine Nullstelle.

Ableitungen:

$$f_k'(x) = \frac{2x}{x^2+1}$$

$$f_k''(x) = \frac{2(1-x^2)}{(x^2+1)^2}$$

$$f_k'''(x) = \frac{4x(x^2-3)}{(x^2+1)^3}$$

Extremstellen:

$f_k'(x) = 0 \;\;\Leftrightarrow\;\; 2x = 0 \;\;\Leftrightarrow\;\; x = 0, \;\;\; f_k''(0) = 2 > 0$

$\Rightarrow$ bei $x = 0$ lokales Minimum für f_k

Wendestellen:

$f_k''(x) = 0 \;\;\Leftrightarrow\;\; 2(1-x^2) = 0 \;\;\Leftrightarrow\;\; x^2 = 1$

$\Rightarrow \;\; x = 1 \vee x = -1$

$f_k'''(-1) = 1 > 0 \Rightarrow$ bei -1 WSt. konkav-konvex

$f_k'''(1) = -1 < 0 \Rightarrow$ bei 1 WSt. konvex-konkav

Alle Funktionen f_k haben dieselben Ableitungen, d. h. alle haben Extrem- und Wendepunkte an derselben Stelle.
Die Ortskurve der Extremstellen ist also $x = 0$.
Die Ortskurven der Wendepunkte sind $x = -1$ und $x = 1$.

Die Skizze zeigt die Graphen f_k für $k = 1, 3, 5$ sowie die Ortskurven der Extrem- und Wendepunkte.

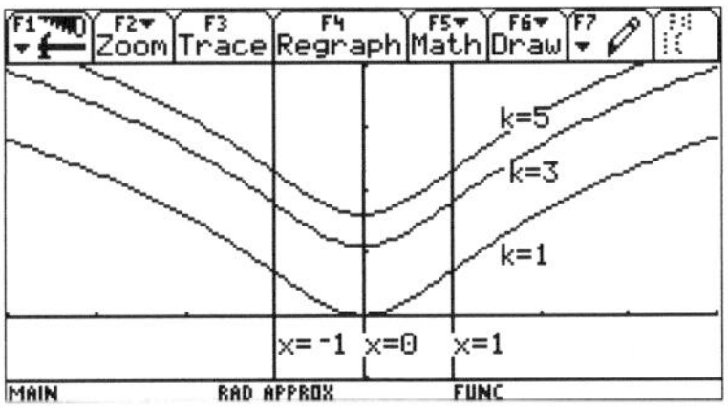

2. a) Die Streifen sollen an der Stelle 0 den Abstand 1 haben. Deshalb berechnet man zunächst den Funktionswert von f_k an der Stelle 0:

$f_k(0) = \ln(k(0^2+1)) = \ln(k)$

Die erste Funktion soll durch $y_0 = 0$ verlaufen.
Folglich muss gelten: $y_0 = \ln(k_0) = 0 \;\Rightarrow\; k_0 = 1$

Die zweite Funktion (im Abstand 1) geht dann durch $y_1 = 1$.
Folglich: $y_1 = \ln(k_1) = 1 \;\Rightarrow\; k_1 = e$

Die nächste Funktion (im Abstand 1) geht dann durch $y_2 = 2$.
Folglich: $y_2 = \ln(k_2) = 2 \;\Rightarrow\; k_2 = e^2$
usw.
Man erkennt: Die Graphen der Funktionen f_{k_0} und f_{k_1}, f_{k_1} und f_{k_2} usw. haben an der Stelle 0 jeweils den Abstand 1.
Man verallgemeinert diese Überlegungen jetzt auf zwei Funktionen f_{k_n} und $f_{k_{n+1}}$ mit $k_n = e^n$ bzw. $k_{n+1} = e^{n+1}$ und berechnet den Abstand der Funktionsgraphen an einer beliebigen Stelle:

$f_{k_n}(x) = \ln(e^n(x^2+1))$

$f_{k_{n+1}}(x) = \ln(e^{n+1}(x^2+1))$

$$\Rightarrow f_{k_{n+1}}(x) - f_{k_n}(x) = \ln(e^{n+1}(x^2+1)) - \ln(e^n(x^2+1))$$

$$= \ln\frac{e^{n+1}(x^2+1)}{e^n(x^2+1)}$$

$$= \ln(e) = 1$$

D. h.: Die Streifenbreite ist überall 1.

b) $$\int_{-4}^{4} f_{k_{n+1}}(x) - f_{k_n}(x)dx = \int_{-4}^{4} \ln(e^{n+1}(x^2+1) - \ln(e^n(x^2+1))dx$$

$$= \int_{-4}^{4} 1\,dx = [x]_{-4}^{4} = 8$$

Alle Streifen haben den gleichen Flächeninhalt und damit den gleichen Farbbedarf.

3. a) Die Wendepunkte haben die Koordinaten $W_1\,(-1\,|\,\ln(2k))$ und $W_2\,(1\,|\,\ln(2k))$.
Für die Wendetangenten gilt $t(x) = mx + r$. Die Steigung ist
$m_1 = f_k'(-1) = -1$.

W_1 und m_1 eingesetzt ergibt:
$\ln(2k) = -1 \cdot (-1) + r \quad \Rightarrow r = \ln(2k) - 1$

$t_k^{-1} = -x - 1 + \ln(2k)$

$m_2 = f_k'(1) = 1$
W_2 und m_2 eingesetzt ergibt:
$\ln(2k) = 1 \cdot 1 + r \quad \Rightarrow r = \ln(2k) - 1$

$t_k^{1} = x - 1 + \ln(2k)$

Alternative Berechnung:

Die Gleichung der Wendetangente t_k an der Stelle a ist:

$t_k^a(x) = f_k(a) + (x - a) f_k'(a)$

und damit für $a = -1$ bzw. für $a = 1$, da dies die Wendestellen sind:

$$\left.\begin{array}{l} t_k^{-1}(x) = -x - 1 + \ln(2k) \\ t_k^{1}(x) = x - 1 + \ln(2k) \end{array}\right\} \Rightarrow$$

Die Tangenten stehen senkrecht aufeinander, unabhängig vom Wert für k, da $m_{-1} = -\frac{1}{m_1}$.

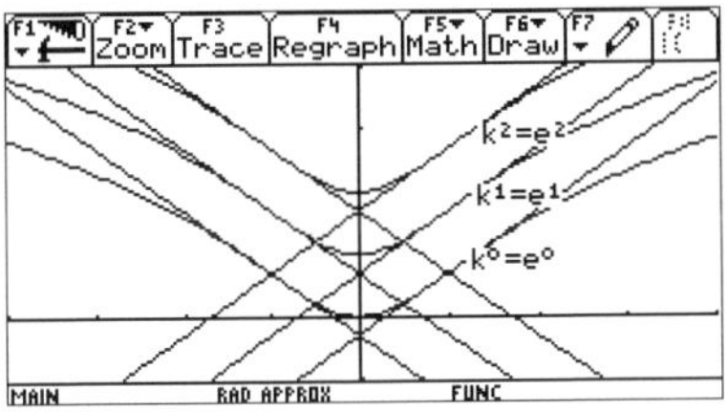

b) Da $f_k(-x) = \ln(k(x^2 + 1)) = f_k(x)$ gilt, ist $f_k(x)$ symmetrisch zur y-Achse. Daher reicht es zur Bestimmung der Fläche zwischen $f_k(x)$ und deren Wendetangenten, nur das Intervall zwischen 0 und 1 zu berechnen.

Es gilt:

$$A(x) = \int_0^1 (\ln(k(x^2 + 1)) - (x - 1 + \ln(2k)))dx$$

$$= \int_0^1 \left(\ln\left(\frac{k(x^2 + 1)}{2k} \right) - x + 1 \right) dx$$

$$= \int_0^1 \left(\ln\left(\frac{x^2 + 1}{2} \right) - x + 1 \right) dx$$

Mithilfe des TI-Voyage erhält man:

$$A(x)=\left[x\cdot\ln(x^2+1)+2\cdot\frac{1}{\tan(x)}-\frac{x^2}{2}+(-\ln(2)-1)\cdot x\right]_0^1$$

$$=\frac{\pi}{2}-\frac{3}{2}.$$

Und damit beträgt der Flächeninhalt der Fläche A_k: $\pi-3\approx 0{,}1416$.

Die Fläche zwischen Funktionsgraph und Wendetangenten ist also für alle k gleich groß, der Farbbedarf ist für alle Flächen gleich.

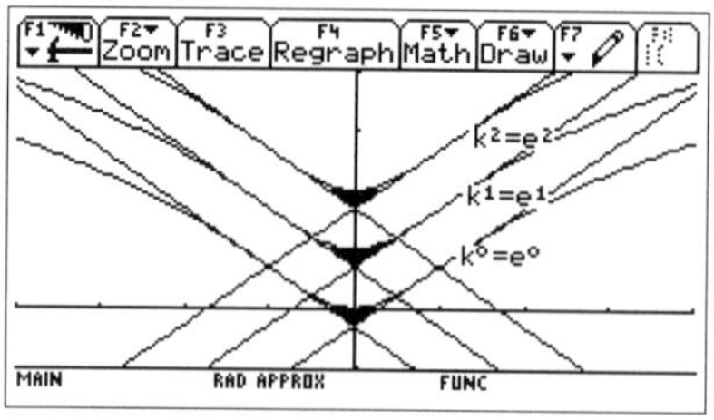

Nordrhein-Westfalen – Mathematik Leistungskurs
Analysis: Übungsaufgabe 8

Salzkonzentration in einem Wasserreservoir

Eine Großstadt wird aus einem Wasserreservoir mit Trinkwasser versorgt. Das Reservoir wird zum einen aus einer Quelle gespeist, die ausschließlich sauberes Wasser liefert. Der Restbedarf wird durch Oberflächenwasser gedeckt, das durch Streu im Winter und andere Umweltbeeinträchtigungen mit Salz belastet ist. Wir wollen untersuchen, wie sich der Salzgehalt des Wasserreservoirs entwickelt und gehen dazu von den folgenden Größen aus: Das Fassungsvermögen des Reservoirs betrage $V = 100\,000\,000\ m^3$ Wasser. Der Wasserverbrauch der Stadt betrage $1\,000\,000\ m^3$ Wasser/Tag. Das Reservoir werde im gleichen Umfang wieder gefüllt, und zwar mit salzfreien $900\,000\ m^3$/Tag aus der Quelle. Die Restmenge von $100\,000\ m^3$ stammt aus Oberflächenwasser der Umgebung und hat einen Salzgehalt von $0{,}0001\ kg/m^3$. Wir gehen davon aus, dass zu Beginn des Untersuchungszeitraums kein Salz im Reservoir vorhanden war und dass das eingetragene Salz sich mit dem vorhandenen Wasser gleichmäßig durchmischt. Ziel der folgenden Überlegungen ist es, die (absolute) Salzmenge Q im Wasser des Reservoirs als Funktion der Zeit t zu ermitteln.

1. Ermitteln Sie eine Differenzialgleichung, die die Änderungsrate $Q'(t)$ der Salzmenge im Reservoir beschreibt.
2. Formen Sie die Differenzialgleichung so um, dass sie einem bekannten Wachstumsmodell entspricht und interpretieren Sie die Differenzialgleichung im Kontext der Aufgabenstellung.
3. Lösen Sie diese Differenzialgleichung für das Anfangswertproblem $Q(0) = Q_0 = 0$.
   (Kontrolle: $Q(t) = 1\,000 - 1\,000e^{-0{,}01t}$)
   Skizzieren Sie die Lösung in einem der Problemstellung entsprechenden Ausschnitt des Koordinatensystems.
4. Ermitteln Sie die durchschnittliche Salzmenge im Reservoir für die Zeiträume $[0;\ 100]$, $[0;\ 200]$, $[0;\ 300]$ und $[0;\ k]$ mit $k \to \infty$.
   Interpretieren Sie das Ergebnis.
5. Lösen Sie die Differenzialgleichung aus Aufgabenteil 1 für die Anfangswertbedingung $Q(0) = Q_0$ beliebig.
   Untersuchen Sie, wie die Lösung für Werte $Q_0 < 1\,000$ und $Q_0 > 1\,000$ aussieht.
   Skizzieren Sie die Graphen entsprechender Lösungsfunktionen.
   Erklären Sie, welchen Einfluss die anfängliche Salzmenge im Reservoir auf den sich langfristig einstellenden Gleichgewichtswert hat.

Hinweise und Tipps

Teilaufgabe 1

- Ermitteln Sie zunächst die ein- und ausfließende Salzmenge.
- Die gesuchte Änderungsrate Q'(t) ist die Differenz aus einfließender und abfließender Salzmenge im Reservoir.
- Achten Sie auf exakte Dimensionsbezeichnungen.

Teilaufgabe 2

- Sie erhalten eine Differenzialgleichung (DGL) des beschränkten Wachstums.
- Die allgemeine DGL des beschränkten Wachstums hat die Gestalt $y' = c \cdot (G - y)$

Teilaufgabe 3

- Führen Sie zur Lösung der DGL zunächst eine Trennung der Variablen durch.
- Wenden Sie anschließend logarithmische Integration an.

Teilaufgabe 4

- Der mittlere Funktionswert im Intervall [a; b] errechnet sich nach der Formel:

$$\frac{1}{b-a}\int_a^b f(x)dx$$

Teilaufgabe 5

- Setzen Sie den Anfangswert $Q(0) = Q_0$ in die Lösung der DGL ein und bestimmen Sie so A.
- Untersuchen Sie, wie sich die DGL für $t \to \infty$ verhält, falls $Q_0 < 1\,000$ bzw. $Q_0 > 1\,000$ ist.

Lösung

1. Es sei Q(t) die Gesamtmenge an Salz im Reservoir zum Zeitpunkt t (in Tagen) gemessen in kg.

   C(t) sei die Salzkonzentration im Reservoir zum Zeitpunkt t:

   $$C(t) = \frac{Q(t)}{\text{Gesamtwasservolumen}} = \frac{Q(t)}{100\,000\,000}\left[\frac{\text{kg}}{\text{m}^3}\right]$$

   Es gilt: Die Änderungsrate Q'(t) ist die Differenz aus einfließender und abfließender Salzmenge im Reservoir.
   Die einfließende Salzmenge berechnet sich durch Multiplikation der Menge des Oberflächenwassers mit dessen Salzgehalt:

   $$100\,000\,[\text{m}^3]\cdot 0{,}0001\left[\frac{\text{kg}}{\text{m}^3}\right]\left[\frac{1}{\text{Tag}}\right] = 100\,000\cdot 0{,}0001\,[\text{kg}]\cdot\left[\frac{1}{\text{Tag}}\right]$$
   $$= 10\,[\text{kg}]\cdot\left[\frac{1}{\text{Tag}}\right]$$

   Die abfließende Salzmenge bestimmt man durch die Menge des entnommenen Wassers und dessen Salzkonzentration:

   $1\,000\,000\,[\text{m}^3]$ mit einer Salzkonzentration von $\frac{Q(t)}{100\,000\,000}\left[\frac{\text{kg}}{\text{m}^3}\right]$

   Demnach gilt:

   $$\frac{1\,000\,000\cdot Q(t)}{100\,000\,000}\left[\frac{\text{m}^3\cdot\text{kg}}{\text{m}^3}\right]\cdot\left[\frac{1}{\text{Tag}}\right] = \frac{Q(t)}{100}\left[\frac{\text{kg}}{\text{Tag}}\right]$$

   Damit ergibt sich für die Änderungsrate:

   $$Q'(t) = 10 - \frac{1}{100}\cdot Q(t)\left[\frac{\text{kg}}{\text{Tag}}\right]$$

2. Ausklammern von $\frac{1}{100}$ führt auf: $Q'(t) = \frac{1}{100}(1\,000 - Q(t))$

   Dies ist die Differenzialgleichung des beschränkten Wachstums. Sie besagt, dass die Änderung Q'(t) der Salzmenge Q(t) zum Zeitpunkt t proportional ist zur Differenz aus einem Grenzwert für den Salzgehalt (hier 1 000) und dem aktuellen Salzbestand Q(t). Dieser Grenzwert ergibt sich aus den angenommenen Rahmenbedingungen (Zufluss- und Abflussmengen, Salzkonzentration). Diese DGL besagt: Ist die vorhandene Salzmenge Q(t) noch sehr klein, dann ist die Differenz zur Obergrenze 1 000 noch sehr groß und entsprechend schnell ist die Änderung der Salzmenge. Ist die vorhandene Salzmenge Q(t) hingegen schon recht groß, die Differenz zur Obergrenze 1 000 folglich nur noch sehr klein, verändert sich entsprechend die Salzmenge Q(t) nur noch sehr wenig.

3. $Q'(t) = \frac{1000 - Q(t)}{100}$

Trennung der Variablen führt auf:

$$\frac{Q'(t)}{1000 - Q(t)} = 0{,}01$$

Multiplikation mit (–1) erleichtert die Integration:

$$\int \frac{-Q'(t)}{1000 - Q(t)} dt = -\int 0{,}01\, dt$$

$\ln \lvert 1000 - Q(t) \rvert$	$=$	$-0{,}01t + k$	
$e^{\ln \lvert 1000 - Q(t) \rvert}$	$=$	$e^{-0{,}01t} \cdot e^k$	setze: $A = e^k$
$1000 - Q(t)$	$=$	$A \cdot e^{-0{,}01t}$	$(1000 - Q(t) \geq 0)$
$Q(t)$	$=$	$1000 - Ae^{-0{,}01t}$	
$Q(0) = 0$	$\Rightarrow$	$A = 1000$	
$Q(t)$	$=$	$1000 - 1000e^{-0{,}01t}$	
$Q(t)$	$=$	$1000(1 - e^{-0{,}01t})$	

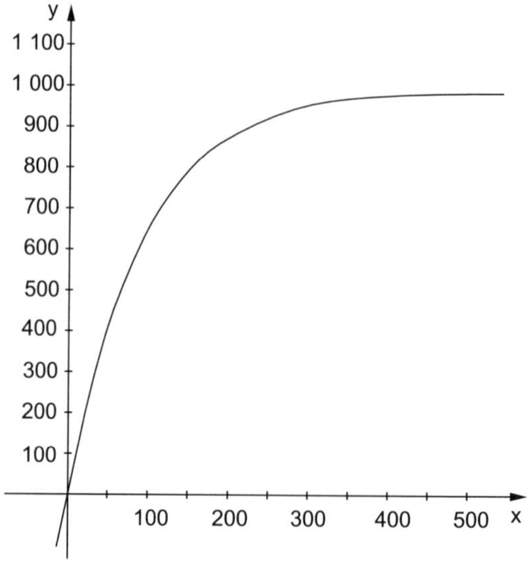

4. Die Formel für den mittleren Funktionswert im Intervall [a, b] lautet:

$$\frac{1}{b-a} \int_a^b f(t)dt.$$

Berechnet man die Stammfunktion für den allgemeinen Fall, erhält man:

$$\frac{1}{b-a}\int_a^b f(t)dt = \frac{1}{b-a}\int_a^b 1\,000 - 1\,000e^{-\frac{t}{100}}dt$$

$$= \frac{1\,000}{b-a}\int_a^b 1 - e^{-\frac{t}{100}}dt$$

$$= \frac{1\,000}{b-a}\left[t + 100e^{-\frac{t}{100}}\right]_a^b$$

$$= \frac{1\,000}{b-a}\left(b + 100e^{-\frac{b}{100}} - a - 100e^{-\frac{a}{100}}\right)$$

Durch Einsetzen von a und b erhält man:

Intervall [0; 100]: $\frac{1}{100}\int_0^{100} 1\,000 - 1\,000e^{-\frac{t}{100}}dt = \frac{1000}{100}(100 + 100e^{-1} - 100)$

$$= 10 \cdot 100e^{-1} = 367{,}879$$

Intervall [0; 200]: $\frac{1}{200}\int_0^{200} 1\,000 - 1\,000e^{-\frac{t}{100}}dt = \frac{1000}{200}(200 + 100e^{-2} - 100)$

$$= 500 + 500e^{-2} = 567{,}67$$

Intervall [0; 300]: $\frac{1}{300}\int_0^{300} 1\,000 - 1\,000e^{-\frac{t}{100}}dt = \frac{1000}{300}(300 + 100e^{-3} - 100)$

$$= \frac{10}{3}(200 + 100e^{-3}) = 683{,}26$$

Intervall [0; k]: $\frac{1}{k}\int_0^{k} 1\,000 - 1\,000e^{\frac{-t}{100}}dt = \frac{1000}{k}(k + 100e^{-\frac{k}{100}} - 100)$

$$= \frac{100\,000e^{\frac{-k}{100}} + 1\,000k - 100\,000}{k}$$

Für $k \to \infty$ gilt:

$$\lim_{k\to\infty}\frac{1}{k}\int_0^k 1\,000 - 1000e^{\frac{-t}{100}}dt = \lim_{k\to\infty} 1\,000 + \underbrace{\frac{100\,000\,e^{-\frac{k}{100}}}{k}}_{\to 0 \text{ für } k\to\infty} - \underbrace{\frac{100\,000}{k}}_{\to 0 \text{ für } k\to\infty} = 1\,000$$

Diese Werte lassen sich wie folgt interpretieren:
Zu Beginn der Untersuchung ist die Salzmenge Q(t) noch gering. Je mehr Zeit vergeht ($k \to \infty$), umso mehr nähert sich die (absolute) Salzmenge dem Wert 1 000 an und damit auch die durchschnittliche (Tages)Menge.

5. Die Lösung der DGL lautet:

$$Q(t) = 1\,000 - Ae^{-0,01t}$$
$$Q(0) = 1\,000 - A = Q_0$$
$$\Rightarrow A = 1\,000 - Q_0$$
$$\Rightarrow Q(t) = 1\,000 - (1\,000 - Q_0)e^{-0,01t}$$

1. Fall: $Q_0 < 1\,000$

$$\underbrace{Q(t) = 1\,000 - \underbrace{(1\,000 - Q_0)}_{>0}\,\underbrace{e^{-0,01t}}_{\to 0}}_{\leq 1\,000}$$

Also nähert sich Q(t) für $t \to \infty$ monoton wachsend der Grenze 1 000 (von unten), da

$$\lim_{t \to \infty} Q(t) = \lim_{t \to \infty} (1\,000 - \underbrace{(1\,000 - Q_0)\, e^{-0,01\,t}}_{\to 0,\ \text{für}\ t \to \infty}) = 1\,000$$

2. Fall: $Q_0 > 1\,000$

$$\underbrace{Q(t) = 1\,000 - \underbrace{(1\,000 - Q_0)}_{<0}\,\underbrace{e^{-0,01t}}_{\to 0}}_{\geq 1\,000}$$

Also nähert sich Q(t) für $t \to \infty$ monoton fallend der Grenze 1 000 (von oben). Unten sind die Graphen von Q(t) für die Werte $Q_0 = 0$, 500, 1 500, 2 000 skizziert.

Die anfängliche Salzmenge Q_0 im Reservoir ist bestimmend dafür, ob sich die Salzkonzentration von unten oder von oben dem Gleichgewichtszustand von 1 000 annähert. Dieser Wert 1 000 ist von Q_0 unabhängig. Er wird durch die sonstigen Parameter bestimmt.

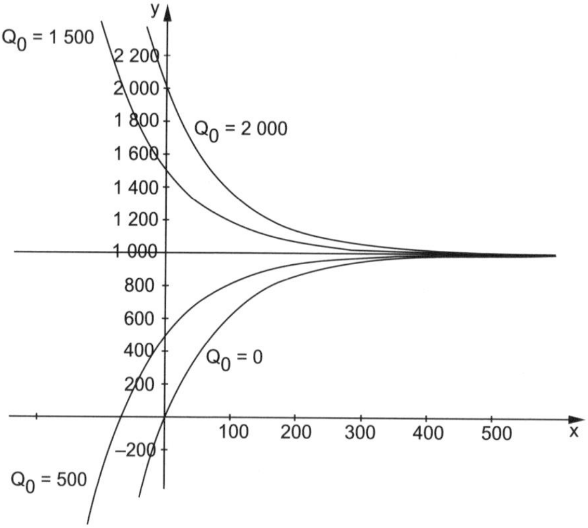

Nordrhein-Westfalen – Mathematik Leistungskurs
Analysis: Übungsaufgabe 9

Wasserverschmutzung einer Talsperre

Ein großer Stausee am Fuße einer Gebirgskette hat ein (konstantes) Stauvolumen ϑ; die Wasserversorgung erfolgt durch Flüsse aus den Bergen mit einer mittleren jährlichen Zuflussrate r. In gleichem Umfang fließt das Wasser über die Staumauer wieder ab. Aufgrund der besonderen Strömungsverhältnisse vermischt sich das zufließende Wasser völlig mit dem Wasser aus dem See. Im Jahre X ereignete sich in einer Mine in den Bergen oberhalb der Talsperre eine starke Explosion, wodurch sich eine große Menge einer äußerst schadstoffhaltigen Flüssigkeit in den See ergossen und schnell gleichmäßig im Stauwasser verteilt hat. Wir untersuchen nun, wie sich die Schadstoffmenge im Wasser mit der Zeit verändert. Dabei nehmen wir an, dass die Schadstoffe den See mit dem abfließenden Wasser im Laufe der Zeit verlassen und dass keine neuen Schadstoffe in den See hineingelangen. Die Schadstoffmenge im Jahr t nach dem Unglück wird durch die Größe Q(t) beschrieben.

1. Geben Sie eine Differenzialgleichung an, die die Veränderung der Schadstoffmenge Q(t) beschreibt.
   Interpretieren Sie diese Differenzialgleichung unter Berücksichtigung der beteiligten Größen.
2. Ermitteln Sie eine Lösung dieser Differenzialgleichung mit der Anfangsbedingung $Q(0) = Q_0$. $\left(\text{Zur Kontrolle}: Q(t) = Q_0 e^{-\frac{r}{\vartheta} t}\right)$
3. Der See habe ein Volumen von 12 200 km^3, die Zufluss- bzw. Abflussrate betrage 485,5 km^3, die eingetragene Schadstoffmenge wird mit 4,5 km^3 beziffert.
   Berechnen Sie die Schadstoffmenge, die nach 10 (20, 30) Jahren aus dem See abgeflossen ist.
   Bestimmen Sie, wann 50 % (90 %, 99 %) des Schadstoffes wieder aus dem See abgeflossen sind.
   Erklären Sie den Einfluss der ursprünglichen Schadstoffmenge Q_0 auf die Dauer des Abbauprozesses.
4. Untersuchen Sie, zu welchem Zeitpunkt der größte Schadstoffabbau erfolgt.
5. Formulieren Sie den Schadstoffabbau als diskretes Problem und stellen Sie den Abbauprozess für 100 Jahre (t = 0 bis t = 99) mithilfe einer Tabellenkalkulation dar.
   Setzen Sie die Tabelle in eine Grafik um.
6. Im Jahr t = 10 ereignet sich in der Mine ein neuer Unglücksfall, bei dem diesmal eine 2 km^3 große Menge des gleichen Schadstoffes in den See gelangt.
   Stellen Sie diese Situation mithilfe der Tabellenkalkulation dar.

Hinweise und Tipps

Teilaufgabe 1

- Beachten Sie: Die Änderungsrate der Schadstoffmenge entspricht der Zu- bzw. Abnahme von Schadstoffen im See pro Zeiteinheit. Berücksichtigen Sie ferner, dass sich die Schadstoffe im See gleichmäßig verteilt haben.

Teilaufgabe 2

- Führen Sie zunächst eine Trennung der Variablen durch.
- Wenden Sie dann die logarithmische Integration an.

Teilaufgabe 3

- Setzen Sie die gegebenen Größen in die Lösung der Differenzialgleichung ein und berechnen Sie Q(10), Q(20) und Q(30).
- Setzen Sie $Q(t) = 0{,}5 \cdot Q_0 (0{,}9 \cdot Q_0;\ 0{,}99 \cdot Q_0)$ und lösen Sie die Gleichung nach t auf.
- Betrachten Sie die Lösung der Gleichung $Q(t) = 0{,}5 \cdot Q_0$, um den Einfluss von Q_0 auf t zu ergründen.

Teilaufgabe 4

- Untersuchen Sie Q(t) auf Monotonie.
- Betrachten Sie dafür die erste und zweite Ableitung von Q(t).

Teilaufgabe 5

- Um den Schadstoffabbau als diskretes Problem zu formulieren, gehen Sie von der kontinuierlichen Differenzialgleichung aus.
- Der stetigen Änderungsrate Q'(t) entspricht die diskrete Differenz $Q(n) - Q(n-1)$.
- Benutzen Sie die Funktion Cell Sheets im CAS.
- In Spalte A werden die Jahre, die vergangen sind, eingetragen.
- In Zelle C1 wird die erste Änderung in Abhängigkeit von B1 (Startwert) berechnet. Die Formel wird zur Berechnung der weiteren Änderungen in Abhängigkeit von B in die folgenden Zeilen kopiert.
- In Spalte D wird die Differenz von Spalte B und C berechnet.
- In Zelle B2 wird der Wert von D1 übertragen und in die weiteren Zellen kopiert.
- Durch Plotten der Spalten A und B erhält man die gewünschte Grafik.

Teilaufgabe 6

- Ergänzen Sie die zur Lösung von Teilaufgabe 5 erstellte Tabelle, indem Sie nach 10 Jahren zur aktuellen Schadstoffmenge den neuen Schadstoffeintrag addieren und den Abbauprozess wie vorher auch simulieren.

Lösung

1. Die Änderungsrate Q'(t) der Schadstoffmenge Q(t) entspricht der Menge an Schadstoffen, die aus der Talsperre herausfließen. Diese Menge lässt sich berechnen durch Multiplikation der Menge r des herausfließenden Wassers mit der Konzentration des Schadstoffs im Wasser $\frac{Q(t)}{\vartheta}$. Also gilt:

   $Q'(t) = -\frac{r}{\vartheta} \cdot Q(t)$ } Das negative Vorzeichen ergibt sich aus der Tatsache, dass es sich um einen Abnahmeprozess handelt.

   Dies ist die Differenzialgleichung des exponentiellen Wachstums bzw. des exponentiellen Zerfalls. Damit ist die Änderungsrate von Q(t), also die Geschwindigkeit, mit der die Schadstoffmenge im See geringer wird, proportional zur Schadstoffmenge, die noch im See vorhanden ist. Der Proportionalitätsfaktor ist dabei die Größe $\frac{r}{\vartheta}$, also der relative Anteil des abfließenden Wassers am Gesamtvolumen des Sees.

2. Man geht aus von

   $$Q'(t) = -\frac{r}{\vartheta} Q(t)$$

   und führt eine Trennung der Variablen durch:

   $$\frac{Q'(t)}{Q(t)} = -\frac{r}{\vartheta}$$

   $$\int \frac{Q'(t)}{Q(t)} dt = \int -\frac{r}{\vartheta} dt$$

   $$\ln |Q(t)| = -\frac{r}{\vartheta} t + c$$

   Wegen $Q(t) \geq 0$ gilt:

   $$\ln Q(t) = -\frac{r}{\vartheta} t + c$$

   $$Q(t) = e^{-\frac{r}{\vartheta} t} \cdot e^c = K \cdot e^{-\frac{r}{\vartheta} t}, \quad \text{wobei } K = e^c$$

   Einsetzen von $Q(0) = Q_0$ ergibt:

   $$Q(0) = K \cdot e^{-\frac{r}{\vartheta} \cdot 0} = K = Q_0$$

   $$\Rightarrow \quad Q(t) = Q_0 \cdot e^{-\frac{r}{\vartheta} t}$$

3. $\vartheta = 12\,200 \qquad r = 485{,}5 \qquad Q_0 = 4{,}5$

$t = 10\ (20, 30)$:

Die Schadstoffmenge im Wasser beträgt nach 10 Jahren:

$Q(10) = 4{,}5 \cdot e^{-\frac{485{,}5}{12\,200} \cdot 10} \approx 3{,}02$

Also ist nach 10 Jahren eine Menge von $4{,}5 - 3{,}02 \approx 1{,}48$ abgeflossen.

$Q(20) = 4{,}5 \cdot e^{-\frac{485{,}5}{12\,200} \cdot 20} \approx 2{,}03$

Also ist nach 20 Jahren eine Menge von $4{,}5 - 2{,}03 \approx 2{,}47$ abgeflossen.

$Q(30) = 4{,}5 \cdot e^{-\frac{485{,}5}{12\,200} \cdot 30} \approx 1{,}36$

Also ist nach 30 Jahren eine Menge von $4{,}5 - 1{,}36 \approx 3{,}14$ abgeflossen.

Wenn 50 % der Schadstoffmenge abgeflossen sind, sind noch 50 % $\triangleq$ 0,5 der Menge im See:

$0{,}5 \cdot Q_0 = Q_0 \cdot e^{-\frac{485{,}5}{12\,200} t}$

Kürzen durch Q_0 ergibt:

$0{,}5 = e^{-\frac{485{,}5}{12\,200} t}$

$\ln 0{,}5 = -\frac{485{,}5}{12\,200} t$

Durch Auflösen nach t erhält man:

$t = -\frac{\ln 0{,}5 \cdot 12\,200}{485{,}5} \approx 17{,}4$

Somit sind nach 17,4 Jahren 50 % der Schadstoffmenge abgeflossen.

Sind 90 % abgeflossen, sind noch 10 % $\triangleq$ 0,1 der Menge im See:

$0{,}1 \cdot Q_0 = Q_0 \cdot e^{-\frac{485{,}5}{12\,200} t}$

$0{,}1 = e^{-\frac{485{,}5}{12\,200} t}$

$\ln 0{,}1 = -\frac{485{,}5}{12\,200} t$

$t = -\frac{\ln 0{,}1 \cdot 12\,200}{485{,}5} \approx 57{,}9$

Es dauert 57,9 Jahre, bis 90 % abgeflossen sind.

Sind 99 % abgeflossen, sind noch 1 % $\triangleq$ 0,01 der Menge im See:

$0{,}01 \cdot Q_0 = Q_0 \cdot e^{-\frac{485{,}5}{12\,200} t}$

$$0{,}01 = e^{-\frac{485{,}5}{12\,200}t}$$

$$\ln 0{,}01 = -\frac{485{,}5}{12\,200}t$$

$$t = -\frac{\ln 0{,}01 \cdot 12\,200}{485{,}5} \approx 115{,}7$$

Nach 115,7 Jahren ist nur noch 1 % des Schadstoffes im See vorhanden.

Die Rechnungen zeigen, dass die ursprüngliche Schadstoffmenge Q_0 keinen Einfluss auf die Dauer des relativen Abbauprozesses hat, da diese Größe bei der Berechnung gekürzt wird.

4. Es gilt:

$$Q(t) = Q_0 \cdot e^{-\frac{r}{\vartheta}t}$$

$$(*)Q'(t) = -\frac{r}{\vartheta}Q_0 \cdot e^{-\frac{r}{\vartheta}t} < 0 \text{ für } t \geq 0$$

$$(**)Q''(t) = \frac{r^2}{\vartheta^2}Q_0 \cdot e^{-\frac{r}{\vartheta}t} > 0 \text{ für } t \geq 0$$

$\Rightarrow$ Q'(t) ist streng monoton wachsend auf $[0; \infty)$.
$\Rightarrow$ $Q'(0) < Q'(a)$ für alle $a \in [0; \infty)$.
$\Rightarrow$ Q'(t) hat bei 0 seinen kleinsten Wert.
$\Rightarrow$ Q(t) hat absolut ($Q'(t) < 0$ für $t \geq 0$ nach(*)) bei 0 seinen größten Wert.
$\Rightarrow$ Q(t) hat bei 0 die größte Schadstoffreduzierung.

5. Von der stetigen Darstellung des Zerfallsprozesses gelangt man wie folgt zur diskreten Darstellung:

stetige Darstellung: Definitionsbereich $[0; \infty]$
diskrete Darstellung: Definitionsbereich $\mathbb{N}_0$

stetige Darstellung: Änderungsrate $Q'(t) = -\frac{r}{\vartheta}Q(t)$

diskrete Darstellung: Änderungsrate $Q(n) - Q(n-1)$
Diese Änderungsrate muss proportional sein zum Bestand mit dem Proportionalitätsfaktor $-\frac{r}{\vartheta}$.

Folglich gilt:

$$Q(n) - Q(n-1) = -\frac{r}{\vartheta}Q(n-1)$$

$$\Rightarrow \quad Q(n) = -\frac{r}{\vartheta}Q(n-1) + Q(n-1)$$

Man stellt diesen Prozess unter Verwendung der gegebenen Daten $r = 485{,}5$; $\vartheta = 12\,200$; $Q_0 = 4{,}5$ mit der Tabellenkalkulation CellSheet des TI-Voyage dar:

Nach Aufruf von CellSheet werden in den Zellen A1 bis A100 die Werte 0 bis 99 eingetragen. Dazu wählt man mit F3 Edit zunächst den Bereich A1:A100 aus und gibt mittels F3 Edit eine Folge entsprechend den rechts dargestellten Werten ein.

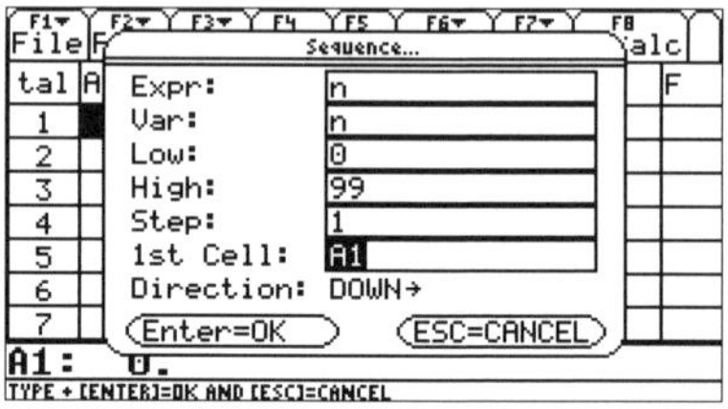

In Zelle B1 trägt man den Startwert $Q_0 = Q(0) = 4{,}5$ ein, in Zelle E2 den Wert von $\vartheta = 12\,200$, in Zelle E4 den Wert von $r = 485{,}5$.

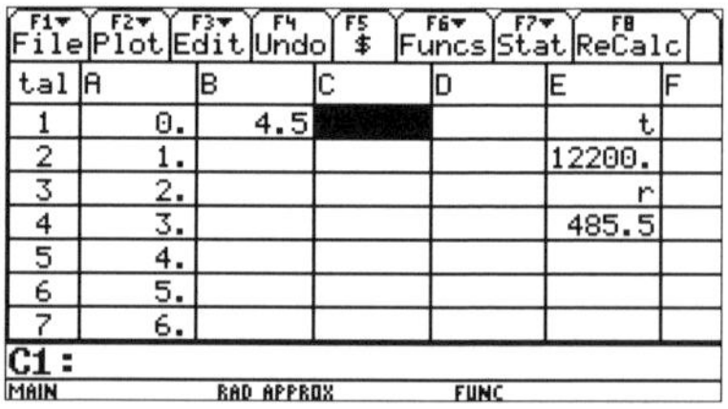

In Zelle C1 berechnet man die erste Änderung $\frac{r}{\vartheta} \cdot Q(0)$, indem man sich auf die Zellen bezieht, in denen die Werte abgelegt sind. Mittels F3 Edit → Fill Range kann man die Formel in die Zellen C1:C100 kopieren. Zu beachten ist, dass die Zellen E2 und E4 fest adressiert werden müssen (mit F5), da diese Werte fest bleiben, während Q(n) sich verändert.

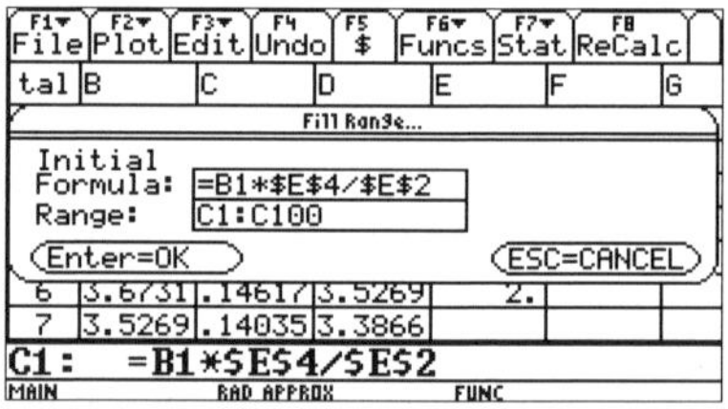

In Zelle D1 wird der Wert Q(1) als Differenz von B1 und C1 berechnet und mittels F3 Edit → Fill Range in die Zellen D1 bis D100 kopiert.

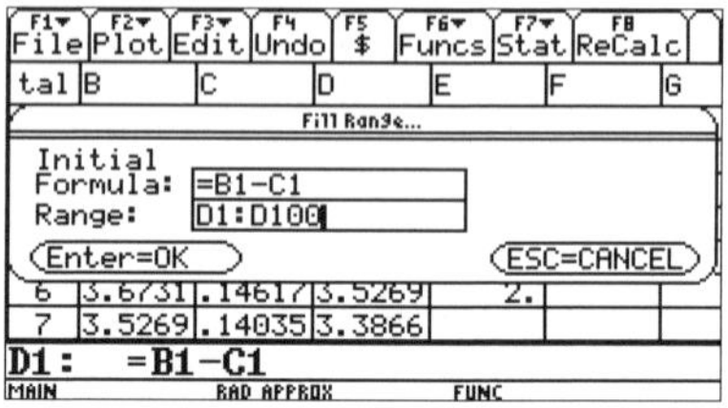

Anschließend wird dieser Wert in die Zelle B2 übertragen, damit auf die gleiche Weise Q(2) berechnet werden kann.

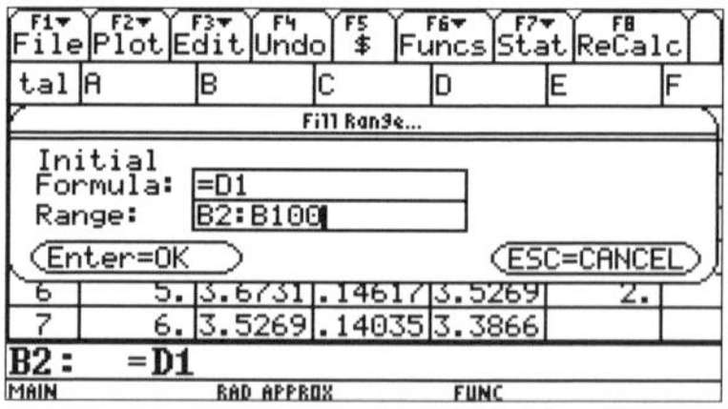

Rechts die fertige Tabelle.

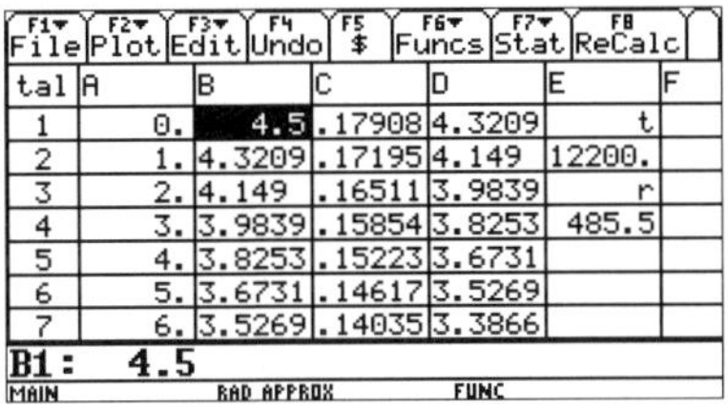
F1 File | F2 Plot | F3 Edit | F4 Undo | F5 $ | F6 Funcs | F7 Stat | F8 ReCalc

tal	A	B	C	D	E	F
1	0.	4.5	.17908	4.3209	t	
2	1.	4.3209	.17195	4.149	12200.	
3	2.	4.149	.16511	3.9839	r	
4	3.	3.9839	.15854	3.8253	485.5	
5	4.	3.8253	.15223	3.6731		
6	5.	3.6731	.14617	3.5269		
7	6.	3.5269	.14035	3.3866		

B1: 4.5

MAIN RAD APPROX FUNC

Mittels F2 Plot → 1: Plot Setup gelangt man zur grafischen Darstellung der Tabelle. Man wählt einen freien Plot und gelangt mittels F1 zur Definition der Grafik. Gewählt werden die rechts abgebildeten Parameter.

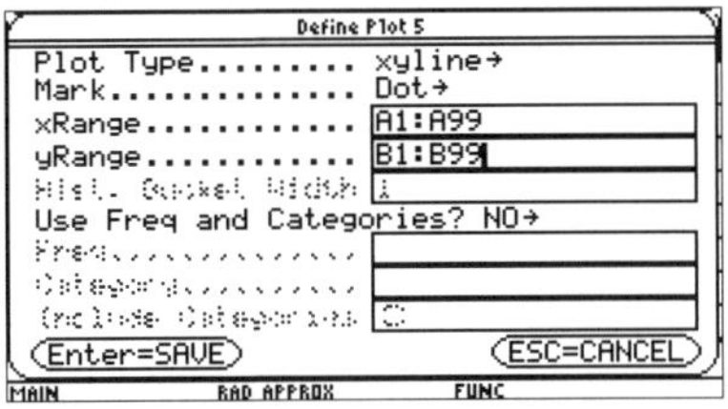

Im Bereich $0 \le x \le 100$ und $0 \le y \le 5$ (einzustellen über ◊ Window) liefert ◊ Graph den Graphen, der die Entwicklung der Schadstoffmenge Q(n) zum Zeitpunkt n verdeutlicht.

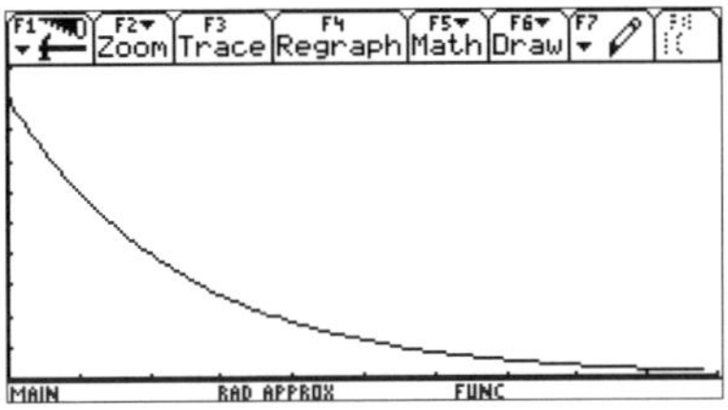

6. Zur Lösung von Teilaufgabe 6 ergänzt man das Tabellenblatt um die neue Schadstoffmenge $Q_{neu} = 2$ (in E6) und überträgt diese Menge durch Addition in Zelle B10 (also nach 10 Jahren).

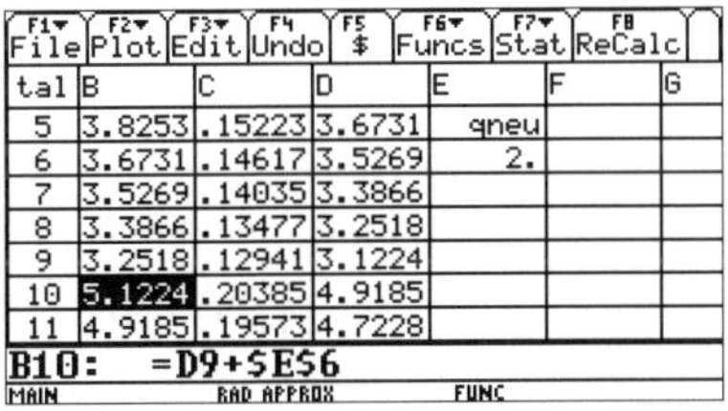
F1 File | F2 Plot | F3 Edit | F4 Undo | F5 $ | F6 Funcs | F7 Stat | F8 ReCalc

tal	B	C	D	E	F	G
5	3.8253	.15223	3.6731	qneu		
6	3.6731	.14617	3.5269	2.		
7	3.5269	.14035	3.3866			
8	3.3866	.13477	3.2518			
9	3.2518	.12941	3.1224			
10	5.1224	.20385	4.9185			
11	4.9185	.19573	4.7228			

B10: =D9+E6

MAIN RAD APPROX FUNC

Die Grafik verdeutlicht, wie die Schadstoffmenge durch den neuerlichen Eintrag wieder in die Höhe schnellt und der Abbauprozess von vorne beginnt.

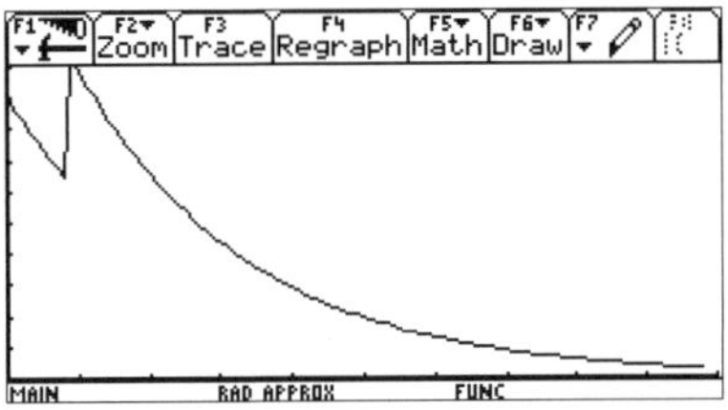

Stehaufmännchen

Eine Firma stellt Stehaufmännchen her, indem Halbkugeln und Kegel mit gleicher Kreisfläche zusammengeklebt werden.

Nach dem Kauf einer neuen Druckgussmaschine kann das Stehaufmännchen nun als Ganzes gefertigt werden. Entwickelt wurden hierzu mehrere Formen mit nebenstehendem Querschnitt. Der Teil des Querschnitts oberhalb der x-Achse ist der Graph einer Funktion

$$q_a(x) = \frac{x}{a}\sqrt{a^2 - x^2}, \quad a \in \mathbb{N}^*, x \geq 0.$$

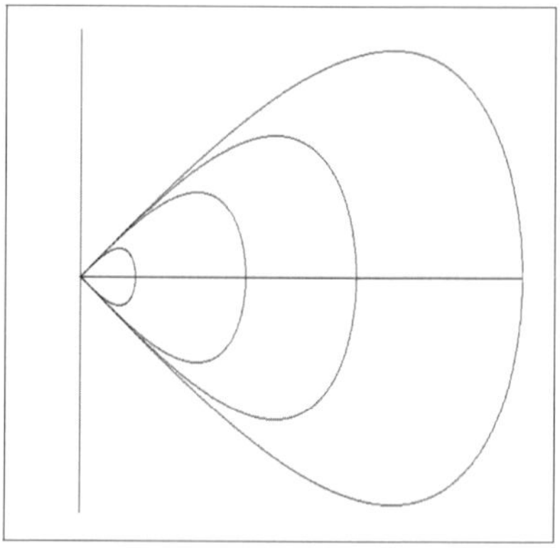

1. Geben Sie einen sinnvollen Definitionsbereich für x an.
2. Bestimmen Sie die Höhe und den maximalen Durchmesser des neu geformten Stehaufmännchens in Abhängigkeit von a.
3. Bestimmen Sie a so, dass das Stehaufmännchen ein Volumen von $\frac{50\pi}{3}$ Volumeneinheiten hat.
4. Ein aus Halbkugel und Kegel bestehendes Stehaufmännchen richtet sich „besonders gut“ auf, wenn, gleiches Material vorausgesetzt, das Volumen des Kegels gleich dem Volumen der Halbkugel ist. Der Schwerpunkt liegt dann im Mittelpunkt der Grundkreisfläche von Kegel und Halbkugel.

a) Berechnen Sie den Schwerpunkt des neu geformten Stehaufmännchens. Benutzen Sie hierzu: Liegt das Stehaufmännchen symmetrisch zur x-Achse und hat das Volumen V, so gilt für die x-Koordinate x_s des Schwerpunkts

$$x_s = \frac{\pi \int_a^b x \cdot [q_a(x)]^2 \, dx}{V}, \quad a \leq x \leq b.$$

b) Beurteilen Sie die „Aufstehfähigkeit" des neu geformten Stehaufmännchens im Vergleich zu einem aus Halbkugel und Kegel bestehenden Stehaufmännchen.

5. Das neu geformte Stehaufmännchen soll so in kegelförmige Kartons verpackt werden, dass die Spitze den Mantel des Kegels berührt.
Bestimmen Sie den prozentualen Anteil, den das Stehaufmännchen am Innenraum des Kartons einnimmt.

Hinweise und Tipps

Teilaufgabe 1

Der Radikand muss nichtnegativ sein.

Teilaufgabe 2

Berechnen Sie zur Bestimmung der Höhe die Nullstellen und zur Bestimmung des maximalen Durchmessers das Maximum der Querschnittsfunktion q_a.

Beachten Sie den Definitionsbereich.

Zur Überprüfung der hinreichenden Bedingung für ein Maximum ist das Vorzeichenwechselkriterium günstig.

Teilaufgabe 3

Das Volumen eines Rotationskörpers, der bei Rotation des Graphen der Funktion f(x) um die x-Achse im Intervall [a; b] entsteht, lässt sich durch die Formel

$V = \pi \int_a^b (f(x))^2 \, dx$ berechnen.

Beachten Sie die Integrationsgrenzen und setzen Sie das allgemeine Volumen mit dem vorgegebenen Volumen des Stehaufmännchens gleich.

Teilaufgabe 4

a) Setzen Sie die Integrationsgrenzen und den Funktionsterm in die vorgegebene Formel ein und greifen Sie auf das in Aufgabenteil 3 berechnete Volumen zurück.

b) Vergleichen Sie die x-Koordinaten des Schwerpunkts des neu geformten Stehaufmännchens mit der x-Koordinate des Schwerpunkts eines aus Kegel und Halbkugel bestehenden Stehaufmännchens.

Alternativ:
Berechnen Sie das Volumen des Rotationskörpers in den Intervallen $[0; x_H]$ und $[x_H; a]$ und setzen Sie diese ins Verhältnis. (x_H ist die x-Koordinate des Hochpunkts.)

Teilaufgabe 5

Zur Bestimmung der Mantellinie muss die Gleichung der Tangente an die Querschnittsfunktion im Ursprung berechnet werden.

Die Höhe der kegelförmigen Verpackung entspricht der Höhe des Stehaufmännchens, der Radius der Grundfläche dem Funktionswert der Tangente an der Stelle a.

Bestimmen Sie das Volumen des Kartons und setzen Sie dieses Volumen zum Volumen des Stehaufmännchens ins Verhältnis.

Lösung

1. Der Radikand muss größer oder gleich null sein.

$$a^2 - x^2 \geq 0$$
$$x^2 \leq a^2$$
$$-a \leq x \leq a$$

Da $x \geq 0$ ist, gilt: $D = \{x \mid 0 \leq x \leq a\}$

2. Zur Berechnung der Höhe des neu geformten Stehaufmännchens sind die Nullstellen der Querschnittsfunktion zu bestimmen.

$$q_a(x) = 0$$
$$\frac{x}{a}\sqrt{a^2 - x^2} = 0$$
$$x = 0 \ \vee \ \sqrt{a^2 - x^2} = 0$$
$$x = 0 \ \vee \ x = a$$

Das neu geformte Stehaufmännchen hat die Höhe a [LE].

Der maximale Durchmesser ist gleich dem doppelten Maximum der Querschnittsfunktion.
Notwendige Bedingung für Extremstellen: $q_a'(x) = 0$

$$q_a'(x) = \frac{1}{a}\sqrt{a^2 - x^2} + \frac{x}{a} \cdot \frac{-2x}{2\sqrt{a^2 - x^2}} = \frac{\sqrt{a^2 - x^2}}{a} - \frac{x^2}{a\sqrt{a^2 - x^2}}$$

$$\frac{\sqrt{a^2 - x^2}}{a} - \frac{x^2}{a\sqrt{a^2 - x^2}} = 0$$

$$\frac{\sqrt{a^2 - x^2}}{a} = \frac{x^2}{a\sqrt{a^2 - x^2}}$$

$$a^2 - x^2 = x^2$$

$$x^2 = \frac{1}{2}a^2$$

$$x_{1;\,2} = \pm\frac{\sqrt{2}a}{2} \quad \left(x = -\frac{\sqrt{2}a}{2} \text{ entfällt, da } -\frac{\sqrt{2}a}{2} \notin \mathbb{D} \right)$$

hinreichende Bedingung: Vorzeichenwechsel von $q_a'(x)$ bei $x = \frac{\sqrt{2}a}{2}$

$$q_a'(x) = \frac{\sqrt{a^2 - x^2}}{a} - \frac{x^2}{a\sqrt{a^2 - x^2}} = \frac{a^2 - 2x^2}{a\sqrt{a^2 - x^2}}$$

	a^2-2x^2	$a\sqrt{a^2-x^2}$	$\frac{a^2-2x^2}{a\sqrt{a^2-x^2}}$
$x<\frac{\sqrt{2}a}{2}$	+	+	+
$x>\frac{\sqrt{2}a}{2}$	–	+	–

Die 1. Ableitung hat an der Stelle $x=\frac{\sqrt{2}a}{2}$ einen +/– Vorzeichenwechsel. An der Stelle liegt ein Hochpunkt vor.

Alternative Überprüfung der hinreichenden Bedingung mithilfe der 2. Ableitung (schwieriger und zeitaufwändiger):

$$q_a''(x)=\frac{-4x\cdot a\cdot\sqrt{a^2-x^2}-(a^2-2x^2)\cdot\frac{1}{2}\cdot\frac{1}{\sqrt{a^2-x^2}}\cdot(-2x)\cdot a}{a^2\cdot(a^2-x^2)}$$

$$=\frac{-4x\cdot a\cdot\sqrt{a^2-x^2}+ax(a^2-2x^2)\cdot\frac{1}{\sqrt{a^2-x^2}}}{a^2\cdot(a^2-x^2)}$$

$$=\frac{-4ax\cdot(a^2-x^2)+ax\cdot(a^2-2x^2)}{a^2\cdot(a^2-x^2)^{\frac{3}{2}}}$$

$$=\frac{-4a^3x+4ax^3+a^3x-2ax^3}{a^2\cdot(a^2-x^2)^{\frac{3}{2}}}$$

$$=\frac{-3a^3x+2ax^3}{a^2\cdot(a^2-x^2)^{\frac{3}{2}}}$$

$$=\frac{x\cdot(2x^2-3a^2)}{a\cdot(a^2-x^2)^{\frac{3}{2}}}$$

$$q_a''\left(\frac{\sqrt{2}a}{2}\right)=\frac{\frac{\sqrt{2}a}{2}\cdot\left(2\cdot\frac{2a^2}{4}-3a^2\right)}{a\cdot\left(a^2-\frac{2a^2}{4}\right)^{\frac{3}{2}}}$$

$$=\frac{-\sqrt{2}a^3}{\frac{a^4}{2\sqrt{2}}}$$

$$=-\frac{4}{a}<0,\text{ da } a>0$$

Der Wert der 2. Ableitung an der Stelle $x=\frac{\sqrt{2}a}{2}$ ist negativ. An der Stelle liegt ein Hochpunkt vor.

$$q_a\left(\frac{\sqrt{2}a}{2}\right)=\frac{\sqrt{2}a}{2a}\sqrt{a^2-\frac{a^2}{2}}=\frac{\sqrt{2}}{2}\cdot a\cdot\frac{\sqrt{2}}{2}=\frac{a}{2}$$

Der maximale Durchmesser beträgt a [LE] und ist somit gleich der Höhe des neu geformten Stehaufmännchens.

3. Das Stehaufmännchen kann aufgefasst werden als Rotationskörper, der bei Rotation der Fläche, die vom Graph der Funktion q_a und der x-Achse eingeschlossen wird, um die x-Achse in [0; a] entsteht. Für das Volumen dieses Rotationskörpers gilt:

$$V=\pi\int_0^a (q_a)^2dx=\pi\int_0^a \frac{x^2}{a^2}(a^2-x^2)dx$$

$$=\pi\int_0^a\left(x^2-\frac{x^4}{a^2}\right)dx=\pi\left[\frac{1}{3}x^3-\frac{x^5}{5a^2}\right]_0^a$$

$$=\pi\left(\frac{1}{3}a^3-\frac{1}{5}a^3\right)=\frac{2}{15}\pi a^3$$

Das Stehaufmännchen soll ein Volumen von $\frac{50\pi}{3}$ VE haben.

$$\frac{2}{15}\pi a^3=\frac{50\pi}{3}$$

$$a^3=125$$

$$a=5$$

Für $a=5$ hat das Stehaufmännchen ein Volumen von $\frac{50\pi}{3}$ Volumeneinheiten.

4. a) Für die x-Koordinate x_s des Schwerpunktes gilt:

$$x_s=\frac{\pi\int_a^b x\cdot\left[\frac{x}{a}\sqrt{a^2-x^2}\right]^2dx}{V},\quad a\le x\le b$$

Es ist

$$\pi\int_0^a x\cdot\frac{x^2}{a^2}(a^2-x^2)dx=\pi\int_0^a\left(x^3-\frac{x^5}{a^2}\right)dx$$

$$=\pi\left[\frac{1}{4}x^4-\frac{x^6}{6a^2}\right]_0^a=\pi\left(\frac{1}{4}a^4-\frac{1}{6}a^4\right)=\frac{1}{12}\pi a^4$$

und damit

$$x_s=\frac{\frac{1}{12}\pi a^4}{V}=\frac{\frac{1}{12}\pi a^4}{\frac{2}{15}\pi a^3}=\frac{5a}{8}.$$

b) Ein Kegel mit dem Grundkreisradius r und der Höhe h hat das gleiche Volumen wie eine Halbkugel mit dem gleichen Radius r, wenn gilt:

$$\frac{1}{3}\pi r^2 h = \frac{1}{2}\cdot\frac{4}{3}\pi r^3$$

$$h = 2r$$

Ein aus Kegel und Halbkugel bestehendes Stehaufmännchen der Höhe $h + r = a$, das symmetrisch zur x-Achse mit der Spitze im Ursprung liegt, hat den Schwerpunkt $S\left(\frac{2a}{3}\,\middle|\,0\right)$, da die Höhe des Kegels $h + \frac{1}{2}h = a \Rightarrow h = \frac{2a}{3}$ ist.

Die x-Koordinate des Schwerpunkts des neu geformten Stehaufmännchens ist im Vergleich zu einem aus Kegel und Halbkugel bestehenden Stehaufmännchen zur Spitze hin verschoben.

Die „Aufstehfähigkeit“ wird daher nicht mehr so gut sein.

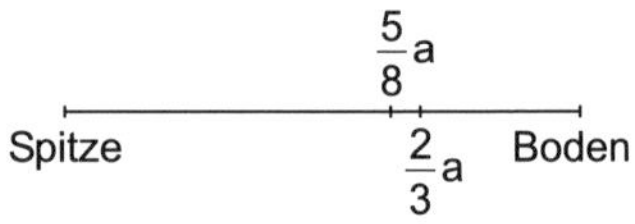

Alternative Begründung:

Ersetzt der Rotationskörper in $\left[0; \frac{\sqrt{2}a}{2}\right]$ den Kegel und in $\left[\frac{\sqrt{2}a}{2}; a\right]$ die Halbkugel, so gilt für das Volumen:

$$V_1 = \int_0^{\frac{a}{\sqrt{2}}} \pi\cdot\frac{x^2\cdot(a^2 - x^2)}{a^2}dx = \pi\left[\frac{1}{3}x^3 - \frac{x^5}{5a^2}\right]_0^{\frac{a}{\sqrt{2}}} = \frac{7\cdot\sqrt{2}\cdot\pi\cdot a^3}{120}$$

$$V_2 = \int_{\frac{a}{\sqrt{2}}}^{a} \pi\cdot\frac{x^2\cdot(a^2 - x^2)}{a^2}dx = \pi\cdot a^3\cdot\left(\frac{2}{15} - \frac{7\cdot\sqrt{2}}{120}\right) = \pi\cdot a^3\cdot\frac{16 - 7\sqrt{2}}{120}$$

Die Volumina der Körper stehen im Verhältnis

$$\frac{V_1}{V_2} = \frac{\pi\cdot a^3\cdot\frac{7\cdot\sqrt{2}}{120}}{\pi\cdot a^3\cdot\left(\frac{16-7\sqrt{2}}{120}\right)} = \frac{7\sqrt{2}}{16 - 7\sqrt{2}} = 1{,}622733664.$$

Der obere Teil des Stehaufmännchens ist schwerer als der untere Teil. Daher wird sich das Stehaufmännchen nicht mehr so gut aufrichten.

5. Soll die Spitze des Stehaufmännchens die innere Mantelfläche des kegelförmigen Kartons berühren, so ist die Mantellinie die Tangente an die Querschnittsfunktion q_a im Ursprung.

$$q_a'(x) = \frac{\sqrt{a^2 - x^2}}{a} - \frac{x^2}{a\sqrt{a^2 - x^2}}$$

$$q_a'(0) = 1$$

Die Mantellinie m hat die Gleichung $m(x) = x$.

Die Tangente schneidet den Graphen an keiner weiteren Stelle, da:

$$x = \frac{x}{a}\sqrt{a^2 - x^2}$$

$$x\left(1 - \frac{1}{a}\sqrt{a^2 - x^2}\right) = 0 \;\Rightarrow\; x = 0$$

$$\left(1 - \frac{1}{a}\sqrt{a^2 - x^2}\right) = 0$$

$$a = \sqrt{a^2 - x^2}$$

$$a^2 = a^2 - x^2$$

$$x = 0$$

Die Höhe der kegelförmigen Verpackung ist a. Der Radius des Verpackungskegels ist gleich dem Funktionswert der Mantellinienfunktion an der Stelle a

$r = m(a) = a$

und für das Volumen der Verpackung gilt:

$$V_{Karton} = \frac{1}{3}\pi \cdot a^2 \cdot a = \frac{1}{3}\pi a^3.$$

Der prozentuale Anteil p des Stehaufmännchens ist $p = \frac{\frac{2}{15}\pi a^3}{\frac{1}{3}\pi a^3} = \frac{2}{5}$.

Das Stehaufmännchen nimmt 40 % des Innenraums der Verpackung ein.

Nordrhein-Westfalen – Mathematik Leistungskurs
Analysis: Übungsaufgabe 11

Dauertropfinfusion

Ein Unfallpatient wird in die Ambulanz eines Krankenhauses eingeliefert. Zur Stabilisierung seines Kreislaufes erhält er eine Dauertropfinfusion. Dabei gelangt jede Minute eine gleichbleibende Menge vom 5 mg eines speziellen Medikamentes ins Blut. Das dort angereicherte Medikament wird über die Nieren wieder ausgeschieden, die Ausscheidungsmenge pro Minute beträgt 5 % der jeweils im Blut vorhandenen Menge des Medikamentes.

1. Entwickeln Sie ein iteratives diskretes Modell zur Beschreibung der Dauertropfinfusion und berechnen Sie mithilfe einer Tabellenkalkulation die Entwicklung der Konzentration für einen Zeitraum von 120 Minuten.
   Stellen Sie die Berechnungen grafisch dar.
   Geben Sie die langfristige Menge des Medikamentes im Blut an.

2. Erstellen Sie eine Differenzialgleichung, die die vorgegebene Situation beschreibt. Dabei sei $M(x)$ die Menge des Medikamentes im Blut zum Zeitpunkt x.
   Ermitteln Sie für den Anfangswert $M(0)=0$ die Lösung dieser Differenzialgleichung und vergleichen Sie diese mit den rechnerisch ermittelten Ergebnissen aus Teilaufgabe 1.

Nach einiger Zeit wird die Infusion zunächst unterbrochen, weil sich der Patient stabilisiert hat. Nach einigen Stunden muss man jedoch feststellen, dass sich die Kreislaufsituation wieder verschlechtert hat. Die Infusion soll deshalb unter den gleichen Bedingungen wie in Aufgabe a beschrieben fortgesetzt werden.

3. Eine Blutuntersuchung ergibt, dass der Patient noch 20 mg (40 mg, 60 mg) des Medikamentes im Blut hat.
   Ermitteln Sie experimentell die langfristige Medikamentenmenge im Blut nach Wiederaufnahme der Infusion.
   Was stellen Sie fest?
   Erklären Sie dieses zunächst überraschende Ergebnis auch theoretisch, indem Sie die Lösung des Anfangswertproblems untersuchen.

Hinweise und Tipps

Teilaufgabe 1

- Gehen Sie im diskreten Modell von Medikamentenmengen im Blut aus, die sich von Zeiteinheit zu Zeiteinheit verändern.
- Dabei ist die neue Menge M_{neu} die Summe aus der alten Menge M_{alt} und einem Zuwachs.
- Dieser Zuwachs bestimmt sich aus der (permanenten) Medikamentengabe und dem gleichzeitig erfolgenden Abbau des Medikaments.
- Verwenden Sie zur Darstellung die Tabellenkalkulation CellSheet des TI-Voyage.
- In Spalte A werden die Minuten von 0–120 eingetragen.
- In Spalte C wird der Zuwachs in Abhängigkeit von Spalte B berechnet.
- Spalte D beinhaltet die neue Medikamentenmenge.
- In B2 wird der Wert von D1 übertragen und die Spalte gleichermaßen aufgefüllt.
- Den Graphen erhält man durch Plotten der Spalten A und B.

Teilaufgabe 2

- Um zur Differenzialgleichung zu gelangen, formen Sie das diskrete Modell so um, dass auf einer Seite der Gleichung die Veränderung der Medikamentenmenge pro Zeiteinheit steht.
- Lösen Sie die Differenzialgleichung durch Trennung der Variablen und logarithmische Integration.

Teilaufgabe 3

- Geben sie als Startwert in B1 20 (bzw. 40 und 60) ein.
- Berechnen Sie: $\lim\limits_{x \to \infty} M(x)$

  Beachten Sie: $\lim\limits_{x \to \infty} \frac{1}{e^x} = 0$

Lösung

1. Für die Herleitung eines (diskreten) iterativen Modells sollen die folgenden Bezeichnungen benutzt werden:

   M_0 Menge zum Zeitpunkt 0
   M_{alt} Menge zum Zeitpunkt n
   M_{neu} Menge zum Zeitpunkt $n+1$

   Damit erhält man das Modell (Differenzengleichung):

   $M_{neu} = M_{alt} + \text{„Zuwachs"} = M_{alt} + 5 - 0{,}05 \cdot M_{alt}$

   Ausklammern von 0,05 führt auf die Gleichung des beschränkten Wachstums

   $M_{neu} = M_{alt} + 0{,}05 \cdot (100 - M_{alt})$

   mit der Anfangsbedingung $M_0 = 0$.

   Die folgenden Screenshots zeigen die Umsetzung dieser Problemstellung in der Tabellenkalkulation CellSheet des TI-Voyage.

   In der ersten Spalte werden die Werte für die Minuten von 0 bis 120 eingetragen. In Zelle A1 kommt der Wert 0. Die Zellen A2:A121 werden mithilfe von F3 Edit → Fill Range entsprechend nebenstehenden Angaben ausgefüllt.

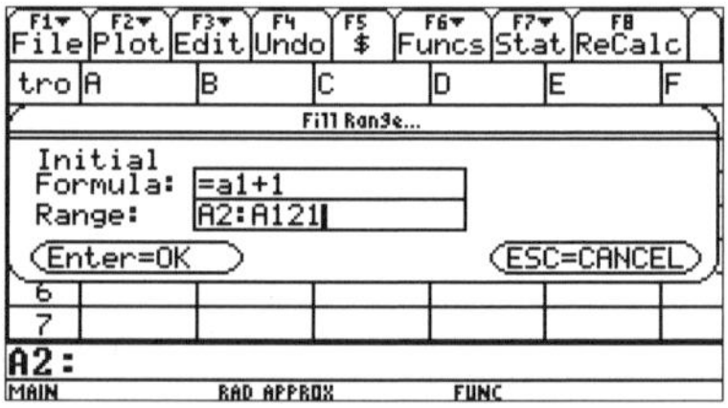

   In Zelle B1 wird die Anfangsmenge M_0=0 des Medikaments eingetragen.

   In Zelle C1 wird der Zuwachs $5 - 0{,}05 \cdot B1$ berechnet und mithilfe von Fill Range bis C121 kopiert.

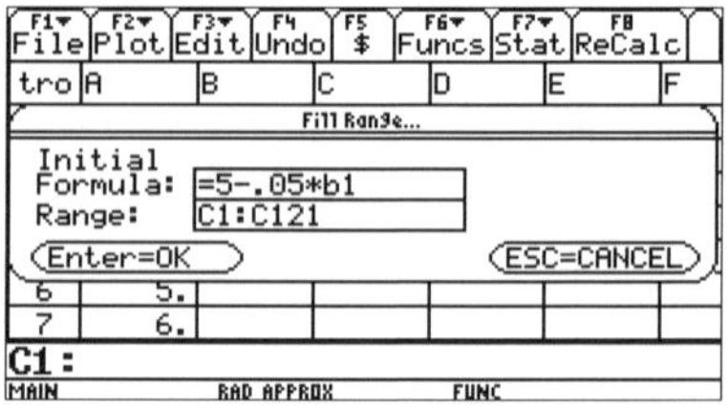

   In Zelle D1 wird die neue Medikamentenmenge berechnet und wieder bis D121 kopiert.

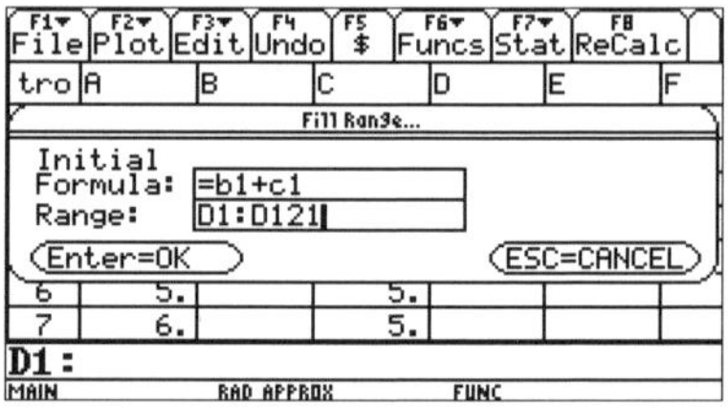

Schließlich wird der Wert von D1 nach B2 übertragen und die Berechnung beginnt für den zweiten Zeitraum.

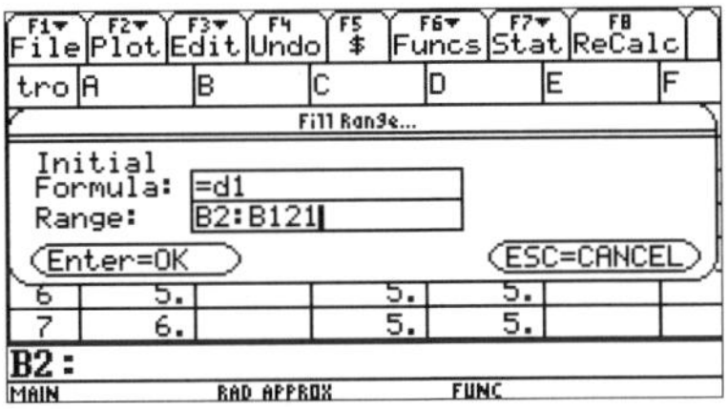

Der Anfang der fertigen Tabelle.

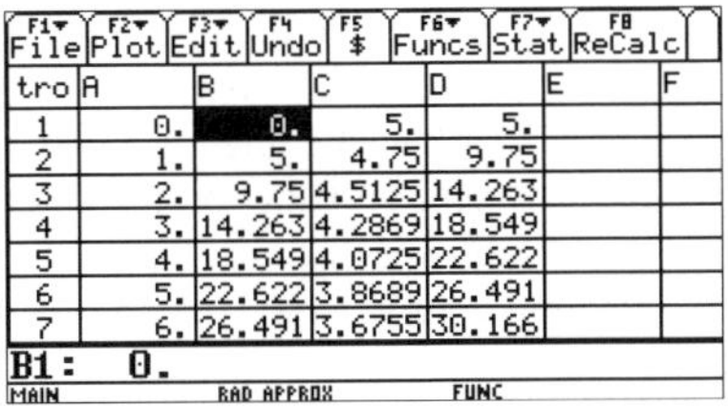

tro	A	B	C	D	E	F
1	0.	0.	5.	5.		
2	1.	5.	4.75	9.75		
3	2.	9.75	4.5125	14.263		
4	3.	14.263	4.2869	18.549		
5	4.	18.549	4.0725	22.622		
6	5.	22.622	3.8689	26.491		
7	6.	26.491	3.6755	30.166		

und das Ende der Tabelle.

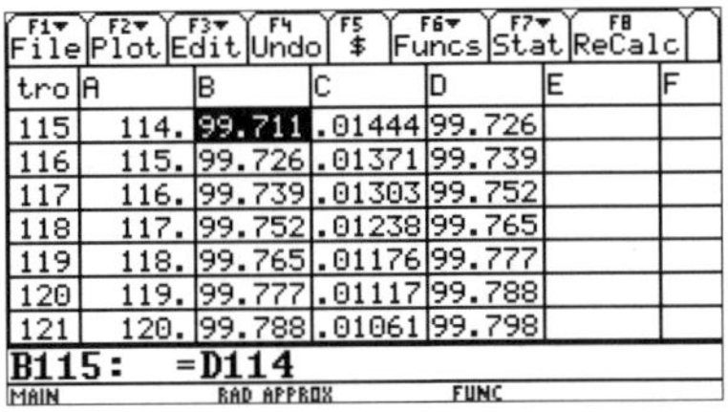

tro	A	B	C	D	E	F
115	114.	99.711	.01444	99.726		
116	115.	99.726	.01371	99.739		
117	116.	99.739	.01303	99.752		
118	117.	99.752	.01238	99.765		
119	118.	99.765	.01176	99.777		
120	119.	99.777	.01117	99.788		
121	120.	99.788	.01061	99.798		

Man erkennt: Der Zuwachs der Medikamentenmenge ist zunächst sehr groß, nimmt dann aber immer weiter ab. Schließlich wird sich ein Gleichgewicht zwischen Zuwachs und Ausscheidungsmenge einstellen, was zu einer konstanten Menge des Medikamentes im Blut führt.

Dies wird auch durch die folgende Abbildung verdeutlicht, die die Zahlen der Tabelle in ein Diagramm umsetzt. Den Plot erzeugt man über F2 Plot → 1: Plot Setup.

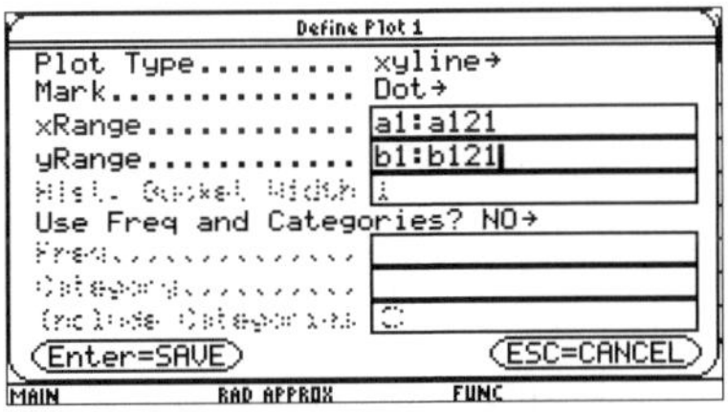

Für $-5 \leq x \leq 125$ und $0 \leq y \leq 110$ ergibt sich der nebenstehende Graph. Man erkennt, dass sich langfristig eine Menge von 100 mg im Blut befindet.

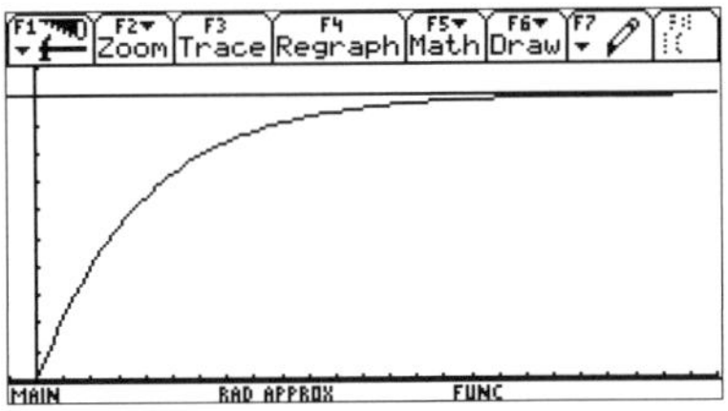

2. Die Differenzengleichung zur Beschreibung der Dauertropfinfusion lautet gemäß Teilaufgabe 1:

$M_{neu} = M_{alt} + 0,05 \cdot (100 - M_{alt})$

Subtraktion von M_{alt} führt zu:

$M_{neu} - M_{alt} = 0,05(100 - M_{alt})$

Also gilt für den diskreten Fall, dass die Änderung der Medikamentenkonzentration proportional ist zur Differenz $100 - M_{alt}$. Überträgt man dies auf den stetigen Fall, so ergibt sich daraus die Differenzialgleichung

$M'(x) = 0,05(100 - M(x))$

mit der Anfangsbedingung $M(0) = 0$, da zu Beginn der Dauertropfinfusion kein Medikament im Blut vorhanden ist. Das ist die Differenzialgleichung des beschränkten Wachstums. Die Funktion M(x) wird wie folgt aus der Differenzialgleichung hergeleitet:

$M'(x) = 0,05 \cdot (100 - M(x))$

$$\Rightarrow \quad \frac{-M'(x)}{100 - M(x)} = -0,05$$

$$\Rightarrow \quad \int \frac{-M'(x)}{100 - M(x)}\,dx = \int -0,05\,dx$$

Aufgrund des beschränkten Wachstums gilt $100 - M(x) \geq 0$, daher folgt:

$\ln\left(100 - M(x)\right) = -0,05x + c$

$\Rightarrow \quad 100 - M(x) = e^{-0,05x + c}$

$\Rightarrow \quad M(x) = 100 - a \cdot e^{-0,05x}$ mit $a = e^c$

Wegen $M(0) = 0$ ergibt sich $100 - a = 0$, also $a = 100$ und deshalb

$M(x) = 100 - 100e^{-0,05x} = 100\left(1 - e^{-0,05x}\right)$.

Langfristig sind also während der Dauertropfinfusion 100 mg des Medikamentes im Blut.

Dies stimmt mit den numerischen Ergebnissen aus Teilaufgabe 1 überein.

3. Zunächst werden die Daten für eine Restmenge von 20 mg dargestellt, die Medikamentenmenge erreicht hier auf lange Sicht 100 mg:

Der Prozess des Medikamentenaufbaus beginnt jetzt mit 20 (eingetragen in Zelle B1).

F1 File | F2 Plot | F3 Edit | F4 Undo | F5 $ | F6 Funcs | F7 Stat | F8 ReCalc

tro	A	B	C	D	E	F
1	0.	20.	4.	24.		
2	1.	24.	3.8	27.8		
3	2.	27.8	3.61	31.41		
4	3.	31.41	3.4295	34.84		
5	4.	34.84	3.258	38.098		
6	5.	38.098	3.0951	41.193		
7	6.	41.193	2.9404	44.133		

B2: =d1

MAIN RAD APPROX FUNC

Man erkennt, dass sich der Medikamentenspiegel bei 100 einpendelt.

F1 File | F2 Plot | F3 Edit | F4 Undo | F5 $ | F6 Funcs | F7 Stat | F8 ReCalc

tro	A	B	C	D	E	F
115	114.	99.769	.01155	99.781		
116	115.	99.781	.01097	99.792		
117	116.	99.792	.01042	99.802		
118	117.	99.802	.0099	99.812		
119	118.	99.812	.00941	99.821		
120	119.	99.821	.00894	99.83		
121	120.	99.83	.00849	99.839		

B121: =D120

MAIN RAD APPROX FUNC

Dies ist zunächst einmal überraschend, deshalb werden nun die anderen Restmengen experimentell getestet.

Auch wenn man mit 40 startet (Zelle B1),

F1 File | F2 Plot | F3 Edit | F4 Undo | F5 $ | F6 Funcs | F7 Stat | F8 ReCalc

tro	A	B	C	D	E	F
1	0.	40.	3.	43.		
2	1.	43.	2.85	45.85		
3	2.	45.85	2.7075	48.558		
4	3.	48.558	2.5721	51.13		
5	4.	51.13	2.4435	53.573		
6	5.	53.573	2.3213	55.894		
7	6.	55.894	2.2053	58.1		

B2: =d1

MAIN RAD APPROX FUNC

pendeln sich die Werte bei 100 ein.

F1 File | F2 Plot | F3 Edit | F4 Undo | F5 $ | F6 Funcs | F7 Stat | F8 ReCalc

tro	A	B	C	D	E	F
115	114.	99.827	.00866	99.835		
116	115.	99.835	.00823	99.844		
117	116.	99.844	.00782	99.851		
118	117.	99.851	.00743	99.859		
119	118.	99.859	.00706	99.866		
120	119.	99.866	.0067	99.873		
121	120.	99.873	.00637	99.879		

B115: =D114

MAIN RAD APPROX FUNC

Schließlich untersucht man einen Startwert von 60.

F1 File | F2 Plot | F3 Edit | F4 Undo | F5 $ | F6 Funcs | F7 Stat | F8 ReCalc

tro	A	B	C	D	E	F
1	0.	60.	2.	62.		
2	1.	62.	1.9	63.9		
3	2.	63.9	1.805	65.705		
4	3.	65.705	1.7148	67.42		
5	4.	67.42	1.629	69.049		
6	5.	69.049	1.5476	70.596		
7	6.	70.596	1.4702	72.067		

B2: =d1

MAIN RAD APPROX FUNC

Auch dieser führt zu einem Pegelstand von 100.

F1 File | F2 Plot | F3 Edit | F4 Undo | F5 $ | F6 Funcs | F7 Stat | F8 ReCalc

tro	A	B	C	D	E	F
115	114.	99.885	.00577	99.89		
116	115.	99.89	.00549	99.896		
117	116.	99.896	.00521	99.901		
118	117.	99.901	.00495	99.906		
119	118.	99.906	.0047	99.911		
120	119.	99.911	.00447	99.915		
121	120.	99.915	.00424	99.919		

B121: =D120

MAIN RAD APPROX FUNC

Wir vermuten, dass die erreichte Endmenge von der vorhandenen Restmenge unabhängig ist. Dazu untersuchen wir den Grenzwert der in Teilaufgabe 2 bestimmten Wachstumsgleichung

$M(x) = 100 - a \cdot e^{-0,05x}$,

diesmal für eine beliebige Anfangsmenge $M(0) = M_0$.
Aus $M(0) = M_0$ folgt $a = 100 - M_0$ und deshalb

$M(x) = 100 - (100 - M_0)e^{-0,05x}$.

Die langfristige Entwicklung erkennt man durch Betrachtung der Grenzwerte:

$$\lim_{x \to \infty} M(x) = \lim_{x \to \infty} (100 - (100 - M_0)e^{-0,05x})$$

$$= \lim_{x \to \infty} \left(100 - \frac{100}{e^{0,05x}} + \frac{M_0}{e^{0,05x}}\right) = 100, \text{ denn } \lim_{x \to \infty} \frac{1}{e^{0,05x}} = 0$$

Das zeigt, dass die erreichte Endmenge tatsächlich unabhängig von der Anfangsmenge ist. Ausschlaggebend für den erreichten Pegelstand ist vielmehr die Ausscheidungsmenge.

Nordrhein-Westfalen – Mathematik Leistungskurs
Analysis: Übungsaufgabe 12

Lernprozess

y(x) sei die in x Stunden gelernte Stoffmenge eines Lernbereiches in Prozent. Für ein Modell aus der Lerntheorie gilt:

$y' = c \cdot (1 - y); \quad y(0) = 0$

mit einer individuellen Lernkonstante $c > 0$.

1. Interpretieren Sie das Anfangswertproblem.

2. Ermitteln Sie die Lösung der Differenzialgleichung ohne Hilfe des CAS.

In den folgenden Aufgaben ist $c = 0{,}4$.

3. Skizzieren Sie den Funktionsgraphen.
   Wann sind 80 % der Stoffmenge gelernt?
   Berechnen Sie dies zunächst analytisch und überprüfen Sie anschließend Ihr Ergebnis mithilfe des CAS.
   Ermitteln sie, wann die größte Lerngeschwindigkeit erreicht wird.

4. Wie muss das Anfangswertproblem geändert werden, wenn 40 % der Stoffmenge des Lernbereiches als Vorkenntnisse und eine Vergessensrate von 20 % zu berücksichtigen sind?
   Zeigen Sie, dass $y(x) = \frac{1}{6}(4 - 1{,}6 \cdot e^{-0{,}6x})$ hierzu die Lösung darstellt.

5. Passen Sie das gegebene Anfangswertproblem der Hypothese an, dass sich mithilfe von „Superlearning" beim Lernprozess die Lernkonstante $c = 0{,}4$ stetig um 10 % steigern lässt.

6. Vergleichen Sie in einer Skizze die Lösungen der angesprochenen Modelle.

Hinweise und Tipps

Teilaufgabe 1

- Untersuchen Sie, wie sich y' entwickelt, wenn y(x) von 0 auf 1 wächst und beschreiben Sie dies.

Teilaufgabe 2

- Führen Sie eine Trennung der Variablen durch und verwenden Sie dann die logarithmische Integration.
- Sie können Ihr Ergebnis mithilfe des CAS überprüfen.

Teilaufgabe 3

- Verwenden Sie für die Skizze einen CAS.
- Wenn 80 % der Stoffmenge gelernt ist, gilt $y(x) = 0{,}8$.
- Um die größte Lerngeschwindigkeit zu ermitteln, muss der größte Wert von y'(x) berechnet werden.

Teilaufgabe 4

- Vergessener Stoff muss vom gelernten Stoff wieder subtrahiert werden.
- Der neue Anfangswert der DGL entspricht den Vorkenntnissen.
- Lösen Sie die angepasste DGL mit einem CAS.

Teilaufgabe 5

- Finden Sie eine Funktion in Abhängigkeit von x, die die stetige Steigerung der Lernkonstanten c ausdrückt.
- Ersetzen Sie die Lernkonstante c in y'(x) durch diese Funktion.
- Lösen Sie die neue DGL mithilfe des CAS.

Teilaufgabe 6

- Verwenden Sie den Funktionenplotter des CAS.
- Vergleichen Sie den Anstieg der Lernfunktionen und ihre langfristigen Werte.

Lösung

1. (*) $y' = c \cdot (1-y)$, $y(0)=0$, $c>0$

   Die Gleichung (*) ist die DGL des beschränkten Wachstums. Die Menge des zu lernenden Stoffs ist $1\ (\mathrel{\hat{=}} 100\,\%)$ und stellt die Obergrenze der zu lernenden Materie dar. $y(x)$ ist die zum Zeitpunkt x bereits gelernte Menge Stoff, $1-y(x)$ ist dann der zum Zeitpunkt x noch zu bewältigende Stoff, $y(0)=0$ besagt, dass zu Beginn der Lernperiode $(x=0)$ der Stoff unbekannt ist. Die Gleichung (*) drückt nun aus, dass die Veränderung des gelernten Stoffs (Zuwachs aber auch Abnahme von Wissen) proportional ist zur Menge des noch zu lernenden Stoffs.

   Zu Beginn ist noch kein bzw. noch wenig Stoff gelernt, folglich ist die Differenz $1-y(x)$ noch sehr groß, damit ist auch der Lernzuwachs groß. Im Laufe der Zeit nimmt die gelernte Stoffmenge immer mehr zu, entsprechend wird die Differenz $1-y(x)$ immer kleiner, d. h. auch der Lernzuwachs wird entsprechend kleiner.

   Zusammengefasst:
   Je mehr man gelernt hat, umso geringer wird der Lernzuwachs (pro Zeiteinheit).

2. Die Lösung der DGL erhält man mittels Trennung der Variablen:

$$
\begin{aligned}
y' &= c(1-y) && y(0)=0 \\
\frac{y'}{1-y} &= c && \text{(Trennung der Variablen)} \\
\int \frac{y'}{1-y}\,dx &= \int c\,dx \\
-\ln(|y(x)-1|) &= c\cdot x + k \\
\ln(|y(x)-1|) &= -cx - k \\
\ln(1-y(x)) &= -cx - k && (y(x) \le 1) \\
1-y(x) &= e^{-cx-k} \\
y(x) &= 1 - ae^{-cx} && \text{mit } a = e^{-k} \\
y(0) &= 1 - ae^{0} = 0 \\
a &= 1 \\
\Rightarrow \quad y(x) &= 1 - e^{-cx}
\end{aligned}
$$

   Die Überprüfung mit dem TI-Voyage führt zum gleichen Ergebnis:

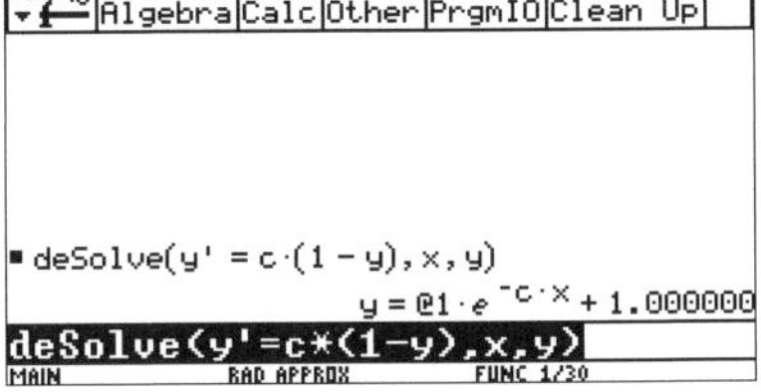

$$
\begin{aligned}
y(x) &= 1 + ae^{-c\cdot x} \\
y(0) &= 1 + a = 0 \\
a &= -1
\end{aligned}
$$

   und damit $y(x) = 1 - e^{-c\cdot x}$

3. 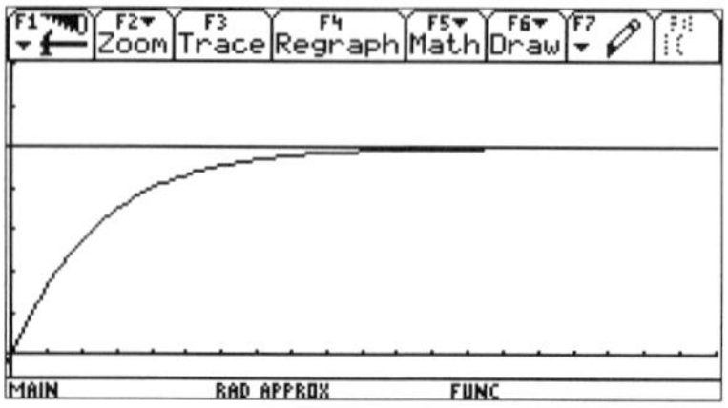

$$y(x) = 1 - e^{-0,4x}$$

Der Graph nähert sich asymptotisch der Geraden $y = 1$. Nach ca. 12 Stunden ist nahezu der gesamte Stoff gelernt.

Um den Zeitpunkt zu bestimmen, zu dem 80 % des Stoffes gelernt sind, ist folgende Gleichung zu lösen:

$$y(x) = 1 - e^{-0,4x} = 0,8$$
$$e^{-0,4x} = 0,2$$
$$\frac{1}{e^{0,4x}} = 0,2$$
$$e^{0,4x} = \frac{1}{0,2} = 5$$
$$0,4x = \ln 5$$
$$x = \ln 5 : 0,4 \approx 4,02$$

Die Überprüfung mit dem TI-Voyage führt zum gleichen Ergebnis:

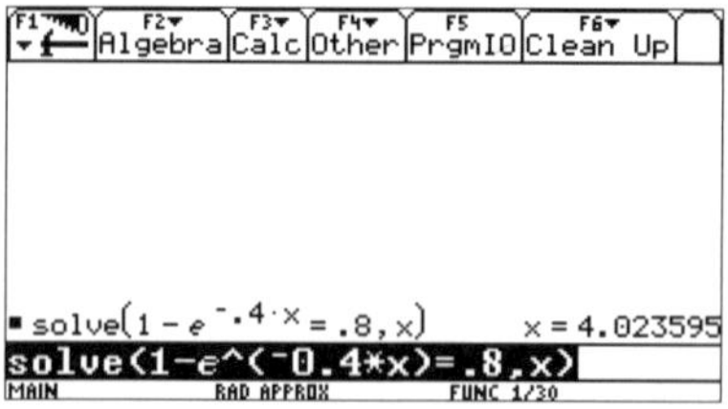

Fazit: Nach ca. 4 Stunden sind 80 % des zu lernenden Stoffs bewältigt.

Um die größte Lerngeschwindigkeit zu ermitteln, ist der größte Wert von $y'(x)$ zu berechnen.

Man bestimmt zunächst die Ableitungen:

$$y(x) = 1 - e^{-0,4x}$$
$$y'(x) = \frac{2}{5} e^{-\frac{2}{5}x}$$
$$y''(x) = -\frac{4}{25} e^{-\frac{2}{5}x} < 0$$

$\Rightarrow$ $y'(x)$ ist monoton fallend.

D. h. der größte Wert im betrachteten Bereich $[0, \infty]$ wird an der Stelle $x = 0$ angenommen, die größte Lerngeschwindigkeit wird gleich zu Beginn erzielt. Danach nimmt der Lernzuwachs kontinuierlich ab.

4. Da 20 % des gelernten Stoffes wieder vergessen werden, muss dies im ursprünglichen Modell Berücksichtigung finden, indem diese Menge Stoff auf der rechten Seite subtrahiert wird. Man erhält also die neue DGL:

   $y' = 0{,}4(1-y) - 0{,}2y$

   Da 40 % der Stoffmenge als Vorwissen vorhanden ist, lautet die Anfangsbedingung:

   $y(0) = 0{,}4$

   Lösung mithilfe des TI-Voyage:

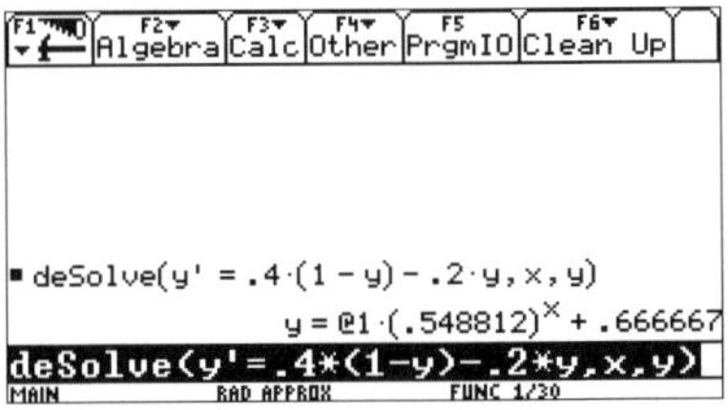

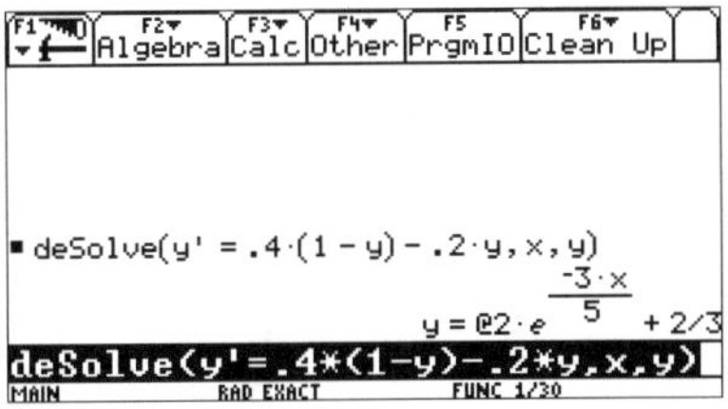

Mithilfe der Einstellung „Exact/Approx“ in „Mode“ kann man bestimmen, ob die genauen Werte mit e bzw. die approximierten Werte angegeben werden sollen.

D. h.: $y(x) = \frac{2}{3} + ae^{-\frac{3}{5}x}$

$y(0) = 0{,}4$ führt auf:

$$\frac{2}{3} + a = 0{,}4 = \frac{4}{10}$$

$$a = \frac{4}{10} - \frac{2}{3} = -\frac{8}{30} = -\frac{4}{15}$$

und somit: $$y(x) = \frac{2}{3} - \frac{4}{15}e^{-\frac{3}{5}x}$$

$$= \frac{1}{6}(4 - 1{,}6e^{-0{,}6x})$$

5. Die stetige Steigerung der Lernkonstanten c um 10 % erreicht man durch die Funktion $h(x) = c \cdot 1{,}1^x$. Damit lautet die zugehörige DGL:

   $y' = c \cdot 1{,}1^x(1-y)$ mit $y(0) = 0$; $c = 0{,}4$

   $y' = 0{,}4 \cdot 1{,}1^x(1-y)$

Mithilfe des TI-Voyage lässt sich die DGL folgendermaßen lösen:

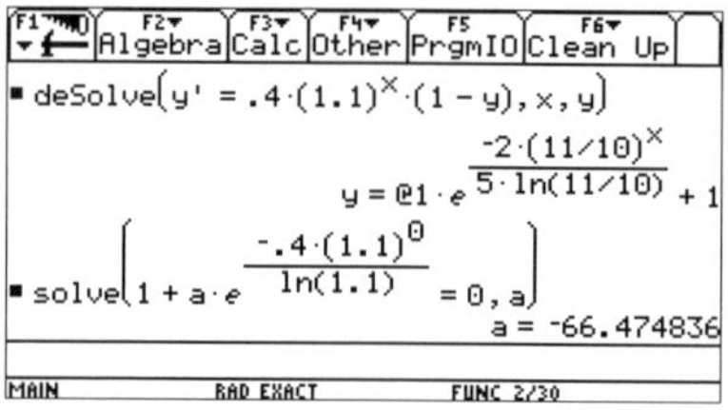

Es ergibt sich die Lösung:

$$y(x) = 1 + ae^{\frac{-2\cdot 1,1^x}{5\ln(1,1)}}$$

Die Anfangsbedingung $y(0)=0$ führt auf $a=-66,475$ (Lösung mit TI-Voyage, siehe oben).
Also lautet die Lernfunktion:

$$y(x) = 1 - 66,475\, e^{\frac{-0,4\cdot 1,1^x}{\ln 1,1}}$$

6.

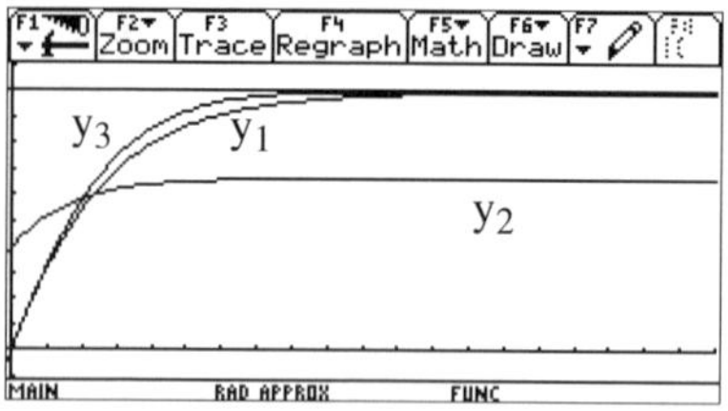

$y_1(x)$ ist die „normale“ Lernfunktion (vgl. (1)).
$y_2(x)$ ist die Lernfunktion mit „Anfangswissen“ und „Vergessensanteilen“ (vgl. (3)).
$y_3(x)$ ist die Lernfunktion mit „Superlearning“ (vgl. (5)).

Es zeigt sich, dass „Superlearning“ nur zu Beginn eine Beschleunigung des Lernprozesses bringt. Nach 10 Stunden führen beide Vorgehensweisen zum gleichen Wissenstand.

Der Graph von $y_2(x)$ macht deutlich, dass selbst bei einer „Vergessensrate“ von nur 20 % wesentlich weniger Stoff als erwartet auf Dauer erlernt werden kann.

Nordrhein-Westfalen – Mathematik Leistungskurs
Analysis: Übungsaufgabe 13

Computernetzwerke

Computernetzwerke sind heute in vielen Firmen für die Bewältigung der anfallenden Arbeiten selbstverständliche Realität. Aber auch in der Schule hat der Computer längst Einzug gehalten und in einigen Städten sind die Schulen schon vollständig vernetzt. Wir vergleichen in dieser Aufgabe das Einwählverhalten in einer Schule mit drei Notebookklassen mit dem einer mittelständischen Firma mit Gleitzeit.

1. Eine mittelständische Firma verfügt über 90 Computerarbeitsplätze, die per Netzwerk miteinander verbunden sind. Da für die Mitarbeiter Gleitzeit möglich ist, treffen diese in einem bestimmten Zeitfenster an ihrem Arbeitsplatz ein.
   Die folgende Tabelle gibt wieder, wie viele Mitarbeiter sich zu einem bestimmten Zeitpunkt mit ihrem PC im Netz eingeloggt haben.

Zeit	7.30	7.43	7.58	8.10	8.25	8.40	8.52	9.02
Anzahl PC	1	3	11	26	55	77	85	88

   Modellieren Sie diese Situation mithilfe des TI-Voyage. Wählen Sie die Einheiten so, dass Sie den Vorgang mit dem aus Aufgabe 3 vergleichen können.

2. Zeigen Sie, dass sich der Vorgang aus Aufgabe 1 durch eine Funktion f beschreiben lässt, die die DGL $f'(x) = k[G - f(x)] \cdot f(x)$ erfüllt.
   Ermitteln Sie eine solche Funktion mithilfe der gegebenen Daten, diesmal aber ohne CAS.
   Interpretieren Sie Ihr Ergebnis.
   Bestimmen Sie, wann der größte Zuwachs an Einloggvorgängen ins Netzwerk erfolgt.

3. Eine modern ausgerüstete Schule ist mit einem Funknetzwerk (LAN) ausgestattet worden. Drei Anfangsklassen mit insgesamt 90 Schülern sind vollständig mit Notebooks ausgerüstet. Zu Unterrichtsbeginn um 8.00 Uhr loggen sich die Schüler im Netzwerk ein. Die folgende Tabelle gibt an, wie viele Schüler sich zu einem bestimmten Zeitpunkt im Netz angemeldet haben:

Zeit	8.00	8.01	8.03	8.05	8.08	8.10	8.15	8.20
Anzahl PC	0	19	47	64	78	84	88	89

   Modellieren Sie diese Situation mithilfe des TI-Voyage.
   Wählen Sie die Einheiten so, dass Sie den Vorgang mit dem aus Aufgabe 1 vergleichen können.
   Interpretieren Sie Ihr Ergebnis.

4. Ein Vorgang wie in Aufgabe 3 beschrieben lässt sich auch durch eine DGL der Form $g'(x) = k(G - g(x))$; $g(0) = 0$ beschreiben.
Ermitteln Sie eine geeignete Funktion g mithilfe der gegebenen Daten.

Hinweise und Tipps

Teilaufgabe 1

- Erfassen Sie die Daten mit einem CAS.
- Rechnen Sie die x-Werte in Minuten um, um die Daten später mit denen aus Aufgabe 3 vergleichen zu können.
- Führen Sie eine geeignete Regression durch.

Teilaufgabe 2

- Gehen Sie von der allgemeinen Funktionsgleichung des logistischen Wachstums $f(x) = \frac{G}{1 + e^{-G(kx+c)}}$ aus.
- Ermitteln Sie die Werte der Parameter durch geeignetes Einsetzen der gegebenen Daten.
- Für den größten Einloggzuwachs berechnen Sie das lokale Maximum von $f'(x)$.

Teilaufgabe 3

- Erfassen Sie die Daten wieder mit einem CAS und führen Sie eine geeignete Regression durch.
- Beachten Sie, dass der CAS keine Regression für beschränktes Wachstum kennt, sondern nur für exponentielles Wachstum.
- Statt der Funktion $g(x) = G - ae^{-kx}$ kann man auch $h(x) = ae^{-kx}$ durch eine Regressionskurve annähern.

Teilaufgabe 4

- Führen Sie eine Trennung der Variablen durch und wenden Sie dann die logarithmische Integration an.
- Ermitteln Sie die Werte der Parameter durch geeignetes Einsetzen der gegebenen Daten.

Lösung

1. Man erfasst die gegebenen Daten im Data-Matrix-Editor und stellt die Daten durch ein Streudiagramm dar:

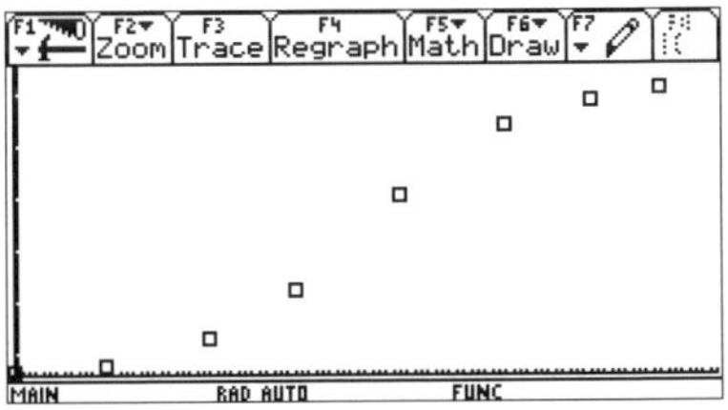

Um die Einloggzeiten vergleichen zu können, sind die x-Werte in Minuten umgerechnet. Dabei wurde 7:30 Uhr als Startwert genommen.

Das Diagramm lässt erkennen, dass die Anzahl der angemeldeten PCs einem logistischen Wachstum entspricht. Mithilfe des TI-Voyage führen wir eine logistische Regression durch und erhalten als Regressionsfunktion:

$$y = \frac{90{,}015594}{1 + 87{,}664304\, e^{-0{,}089529x}} - 0{,}087911$$

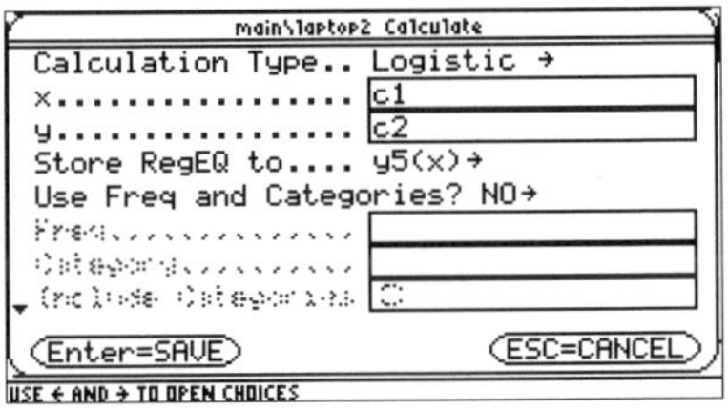

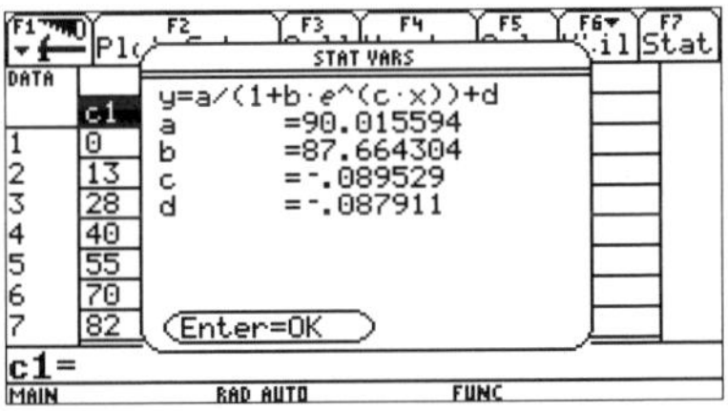

Wie die geplottete Regressionskurve zeigt, werden die gegebenen Daten sehr gut angenähert.

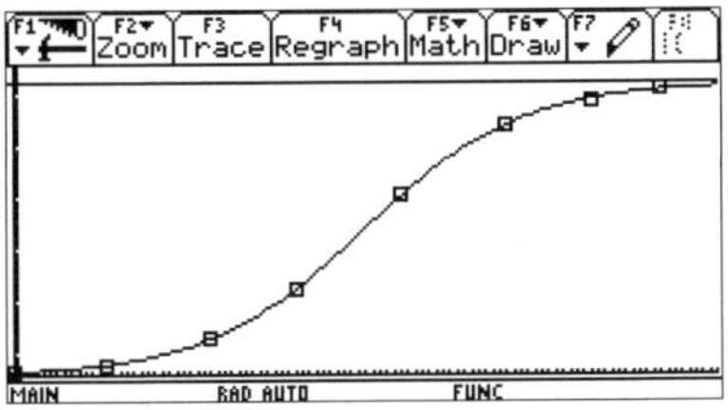

2. Die Funktionsgleichung des logistischen Wachstums lautet:

$$f(x)=\frac{G}{1+e^{-G(kx+c)}}$$

Dabei ist G die Obergrenze des Wachstums, in diesem Fall also G = 90 (Maximalzahl der sich einloggenden PCs). Die Parameter k und c sind mithilfe der gegebenen Daten zu ermitteln.

Man beginnt mit der Information f(0) = 1. Daraus ergibt sich:

$$f(0)=\frac{90}{1+e^{-90(k\cdot 0+c)}}=1$$

$$\Leftrightarrow \quad \frac{90}{1+e^{-90c}}=1 \quad \Leftrightarrow \quad 90=1+e^{-90c}$$

$$\Leftrightarrow \quad 89=\frac{1}{e^{90c}} \quad \Leftrightarrow \quad e^{90c}=\frac{1}{89} \quad \Leftrightarrow \quad 90c=\ln\frac{1}{89}$$

$$\Leftrightarrow \quad c=\frac{\ln\frac{1}{89}}{90}\approx -0{,}049874$$

Als nächstes nutzt man die Information f(92) = 88. Hieraus ergibt sich folgende Gleichung:

$$f(92)=\frac{90}{1+e^{-90(92k-0{,}049874)}}=88$$

$$\Leftrightarrow \quad 90=88+88\,e^{-90(92k-0{,}049874)}$$

$$\Leftrightarrow \quad \frac{2}{88}=\frac{1}{e^{90(92k-0{,}049874)}}$$

$$\Leftrightarrow \quad e^{90(92k-0{,}049874)}=44$$

$$\Leftrightarrow \quad 90(92k-0{,}049874)=\ln 44$$

$$\Leftrightarrow \quad 92k=\frac{\ln 44}{90}+0{,}049874$$

$$\Leftrightarrow \quad k=\frac{\frac{\ln 44}{90}+0{,}049874}{92}\approx 0{,}000999$$

$$\Rightarrow \quad f(x)=\frac{90}{1+e^{-90(0{,}000999x-0{,}049874)}} \qquad (*)$$

Die Überprüfung der DGL $f'(x)=k[G-f(x)]\cdot f(x)$ erfolgt mit dem TI-Voyage. Man setzt k = 0,000999, c = –0,049874 und G = 90 und erhält:

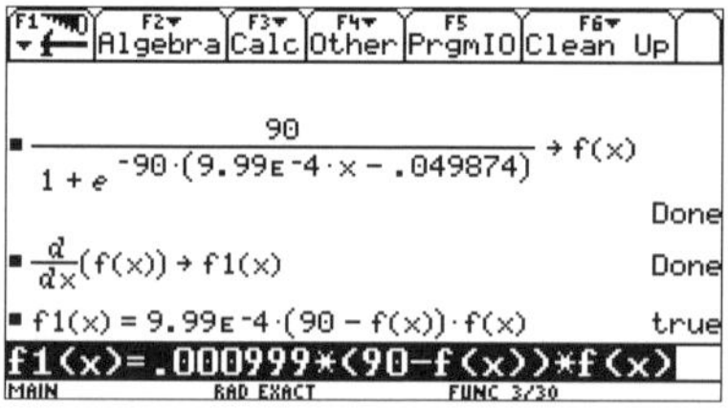

Der ermittelte Funktionsterm (*) wird f(x) zugeordnet, die 1. Ableitung von f(x) wird $f_1(x)$ zugeordnet. Die DGL $f_1(x) = 0{,}000999(90 - f(x)) \cdot f(x)$ wird zur Prüfung eingegeben, die Ausgabe „true“ bestätigt die Richtigkeit dieser Gleichung.

Die größte Zunahme an Einloggvorgängen erfolgt beim lokalen Maximum von $f'(x)$ $(= f_1(x))$. Also ermittelt man die Nullstellen der Ableitungsfunktion von $f_1(x)$ (notwendiges Kriterium für lokale Extrema) und erhält $x = 49{,}92$. Die Funktion fMax bestätigt diese Stelle als lokales Maximum.

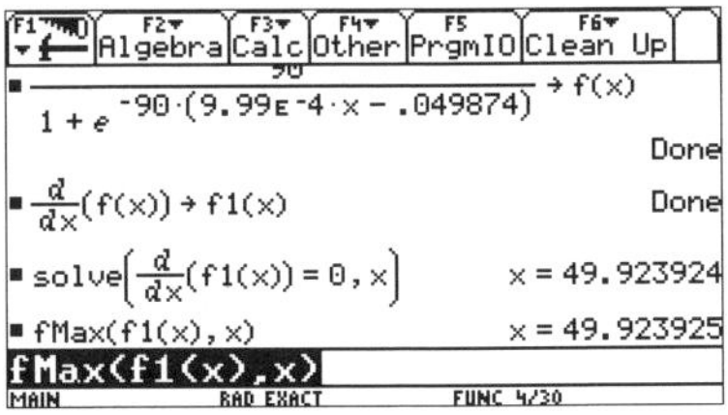

Die DGL $f'(x) = k[G - f(x)] \cdot f(x)$ drückt aus, dass die Änderung des Einwahlverhaltens proportional ist zur Anzahl der bereits eingeloggten Mitarbeiter (f(x)) und zur Anzahl der noch nicht eingeloggten Mitarbeiter $(G - f(x))$: Zu Beginn steigt die Zahl der sich einloggenden Mitarbeiter nur langsam, nimmt dann immer mehr zu und erreicht nach ca. 50 Minuten den größten Zuwachs an Einloggvorgängen, um dann allmählich wieder abzunehmen, bis sich nach 90 Minuten niemand mehr einloggt.

3. Mit dem TI-Voyage, lassen sich zunächst die Daten im Data-Matrix-Editor erfassen und im Streudiagramm darstellen:

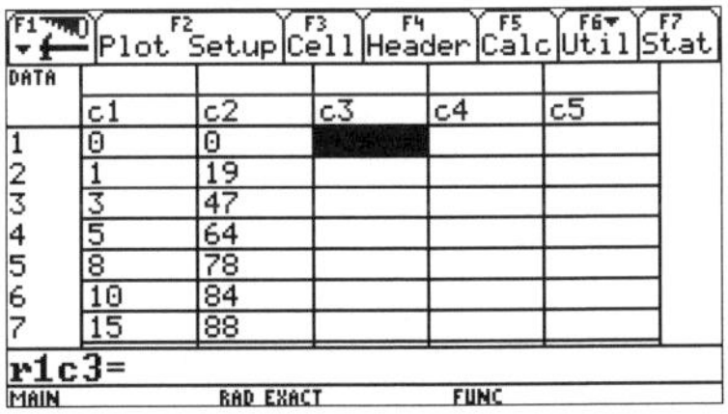

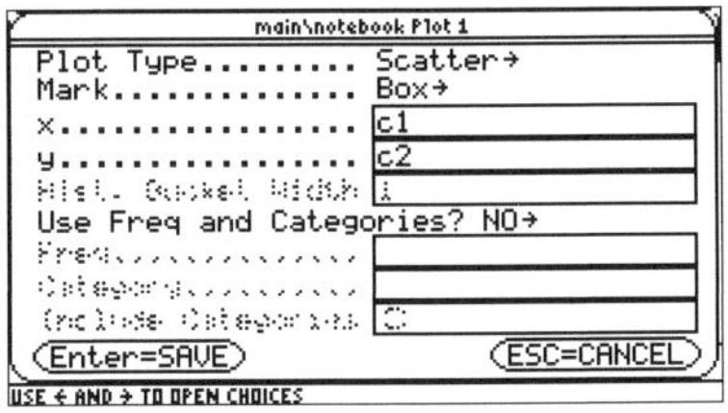

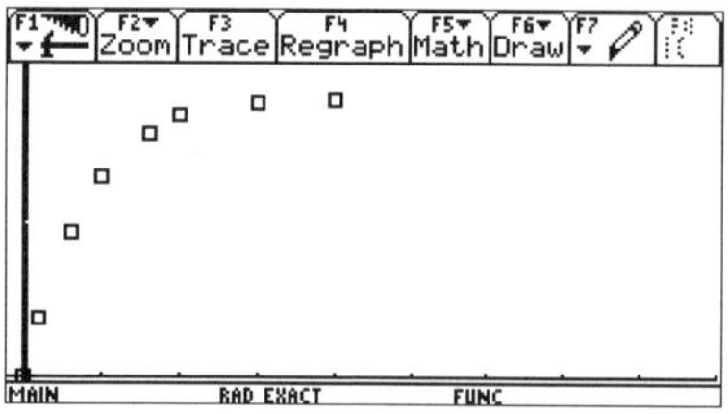

Die x-Werte sind so gewählt, dass sie die Zeit von 8.00 Uhr an in Minuten wiedergeben. Dies entspricht der Darstellung aus Aufgabe 1. Das Streudiagramm lässt bei dem Vorgang einen Wachstumsprozess mit oberer Grenze 90 vermuten. Wir versuchen, die Daten durch eine Regressionskurve darzustellen, wobei beschränkte Wachstumsprozesse allgemein durch Funktionen vom Typ

$y(x) = G - a\,e^{-cx}$

dargestellt werden.

Da der TI-Voyage keine Regression für beschränktes Wachstum, sondern nur für exponentielles Wachstum kennt, rechnet man in Spalte 3 des Data-Matrix-Editors den Grenzwert 90 aus und ermittelt die Regression für den verbleibenden Anteil:

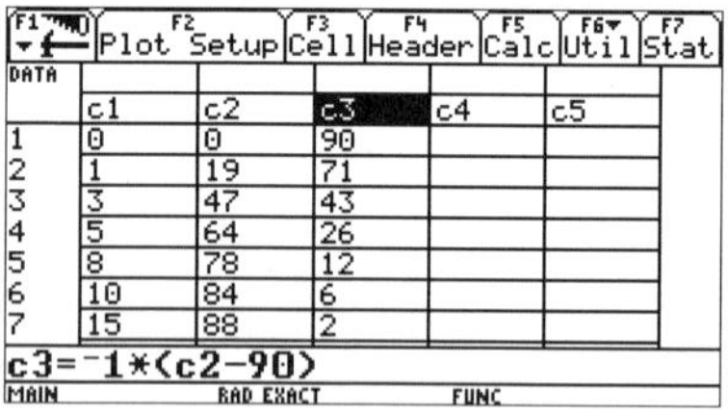

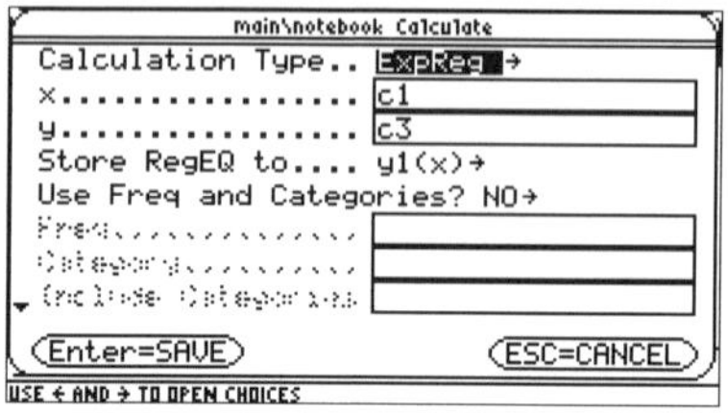

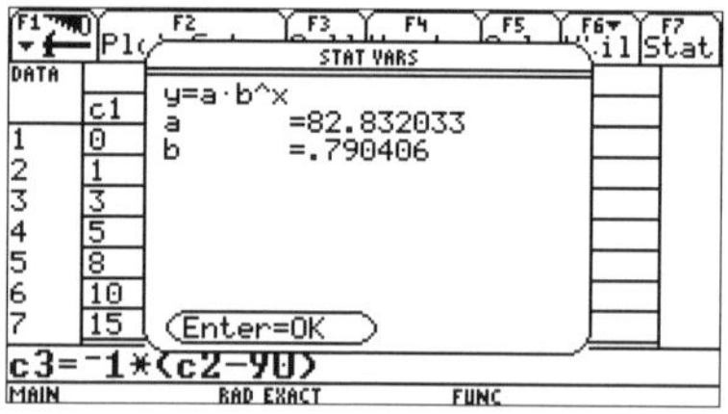

Der Rechner ermittelt die Funktion:

$$y(x) = 82{,}832033 \cdot 0{,}790406^{x} = 82{,}832033 \cdot e^{x \cdot \ln 0{,}790406}$$
$$= 82{,}832033 \cdot e^{-0{,}235209 \cdot x}$$

Nachdem die Funktion wieder zurück zu einer Funktion des beschränkten Wachstums transformiert wurde, erhält man:
$F(x) = 90 - 82{,}832033 \cdot e^{-0{,}235209 \cdot x}$
Wie die Grafik zeigt, ist damit der Einloggvorgang in den drei Klassen sehr gut dargestellt:

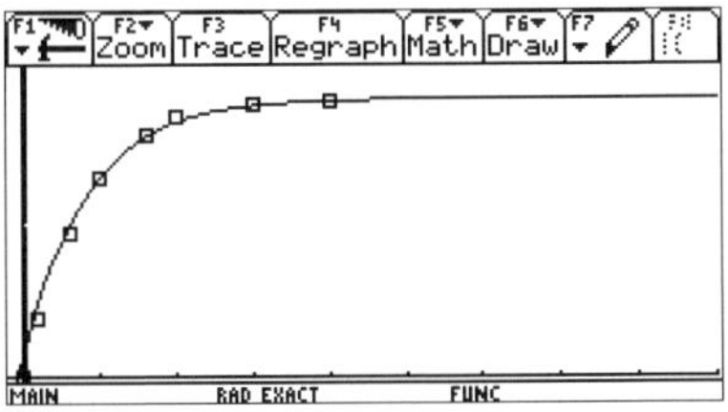

Der Vergleich mit der Grafik aus Aufgabe 1 lässt sehr gut die unterschiedliche Situation in den beiden Netzwerken deutlich werden:

- In der Firma mit Gleitzeit treffen die Mitarbeiter allmählich im vorgesehenen Zeitfenster an ihrem Arbeitsplatz ein und loggen sich dann im Netzwerk ein. Hier verteilt sich der Einwählvorgang über einen längeren Zeitraum, wobei die Spitzenwerte in der Mitte des Zeitfensters von 90 Minuten liegen.
- In der Schule beginnt der Unterricht für alle Schüler zur gleichen Zeit um 8.00 Uhr und folglich wollen alle Schüler auch gleichzeitig ins Netz. Hier liegen die höchsten Anmeldezahlen gleich um 8.00 Uhr, nur wenige Nachzügler melden sich später an.

4. Man löst zunächst die gegebene DGL mittels Trennung der Variablen:

$$g'(x) = k(G - g(x))$$

$$\frac{g'(x)}{G - g(x)} = k \qquad \text{(Trennung der Variablen)}$$

$$\int \frac{g'(x)}{G - g(x)} dx = \int k\, dx$$

$$-\ln(|g(x) - G|) = kx + c$$

$$\ln(|g(x) - G|) = -kx - c$$

$$|g(x) - G| = e^{-kx-c} = a\, e^{-kx} \qquad \text{mit } a = e^{-c}$$

$$G - g(x) = a \cdot e^{-kx} \qquad (g(x) \leq G, \text{ da G Obergrenze für } g(x))$$

$$\Rightarrow \qquad g(x) = G - a\, e^{-kx}$$

$$\text{mit} \qquad g(0) = 0 \qquad \text{(zum Zeitpunkt 0 ist noch niemand eingeloggt)}$$

Nun lassen sich die Parameter der DGL mithilfe der gegebenen Daten bestimmen:
$G = 90$, da die gesamte Anzahl der sich einloggenden Schüler 90 beträgt.

Aus der Anfangsbedingung $g(0) = 0$ ergibt sich:

$$g(0) = 90 - a \cdot e^0 = 0$$

$$\Rightarrow \quad \underline{\underline{a = 90}}$$

Den Parameter k ermittelt man ebenfalls mithilfe der gegebenen Daten. Man z. B. wählt $g(20) = 89$ (siehe Aufgabe 3) und erhält:

$$g(20) = 90 - 90e^{-20k} = 89$$

$$90e^{-20k} = 1$$

$$e^{-20k} = \frac{1}{90}$$

$$-20k = \ln\frac{1}{90}$$

$$k = \frac{\ln\frac{1}{90}}{-20} \approx 0{,}225$$

Folglich: $g(x) = 90 - 90e^{-0{,}225x}$

(Anmerkung: Die Wahl eines anderen Zahlenpaares $[x \mid g(x)]$ hätte zu einem anderen Wert für k und somit zu einer anderen Funktion g geführt.)

Wie der nachfolgende Plot zeigt, wird der Vorgang durch beide Näherungen gut modelliert.

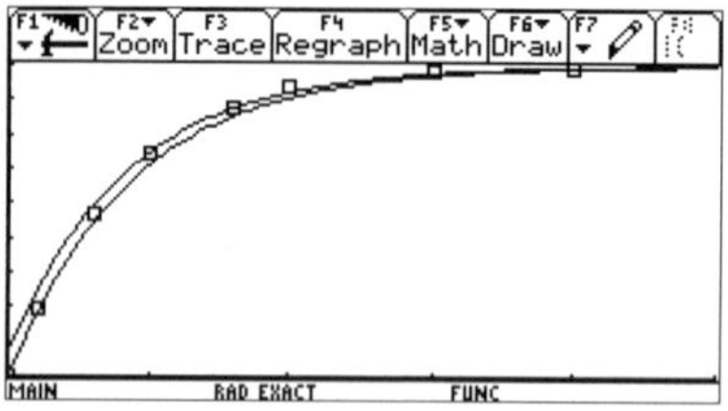

Nordrhein-Westfalen – Mathematik Leistungskurs
Analytische Geometrie: Übungsaufgabe 1

Plakatierung von Werbung

Zur Plakatierung von Werbung soll eine quadratische Säule mit einer Grundkante von 80 cm und einer Höhe von 2 m aufgebaut werden.
Das Grundgerüst dieser Säule besteht aus einer Eisenkonstruktion. Einige Verstrebungen dieses Grundgerüstes sind nebenstehend skizziert.

Benutzen Sie für die Teilaufgaben 1 – 3:
1 LE = 1 dm

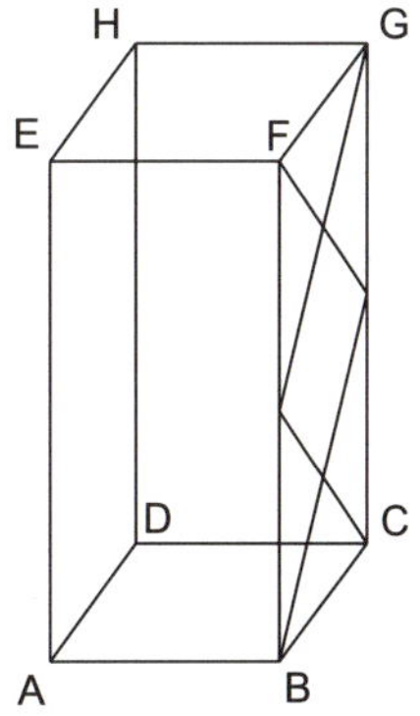

1. Die Seitenfläche BCGF der Säule wird durch gleich lange Querstreben stabilisiert.
   Bestimmen Sie die Länge der Streben und den Winkel, den die sich kreuzenden Querstreben einschließen.

Festlegung: Bei den Teilaufgaben 2 und 3 liegt die Grundfläche ABCD in der x-y-Ebene und die Kante [AD] verläuft parallel zur x-Achse.

Der Supermarkt Q mietet mehrere dieser Reklamesäulen, um in Altstadt großflächig zu werben.

2. Eine der gemieteten Reklamesäulen wurde in einem Gelände, das durch eine Ebene E_G beschrieben werden kann, aufgestellt. Die Eckpunkte E, F und G der Deckfläche werden durch die mit dem Richtungsvektor $\vec{v} = \begin{pmatrix} 1 \\ -2 \\ -1{,}5 \end{pmatrix}$ einfallenden Sonnenstrahlen auf die Punkte $E_p(21{,}12\,|\,-26{,}24\,|\,0{,}32)$, $F_p(21{,}44\,|\,-18{,}88\,|\,-0{,}16)$ und $G_p(13{,}12\,|\,-18{,}24\,|\,0{,}32)$ des Geländes projiziert.
   a) Bestimmen Sie die Ebenengleichung für das Gelände in Koordinatenform.
   b) Bestimmen Sie den Projektionspunkt des Punktes H.

3. Zum Ausrichten der Reklamesäule beim Aufstellen in unebenem Gelände ist die Säule an den Eckpunkten A, B, C bzw. D der Grundfläche mit Füßen versehen, die herausgedreht werden können.
   Berechnen Sie, um wie viele cm man die Füße mindestens herausdrehen muss, wenn das Gelände, auf dem die Säule aufgestellt werden soll, durch die Ebenengleichung E: $x + y + 16z = 0$ gegeben ist.

Legt man die Untersuchungen aus anderen Städten zugrunde, so kommt es zwischen den zwei vorhandenen Discountern P und R und dem Supermarkt Q aufgrund der wöchentlich wechselnden Angebote zu folgenden Käuferwanderungen:
(In den Kreisen sind die durchschnittlichen täglichen Kundenzahlen der verschiedenen Märkte in der 21. Kalenderwoche angegeben. Die Kundenzahl insgesamt ist als konstant anzusehen.)

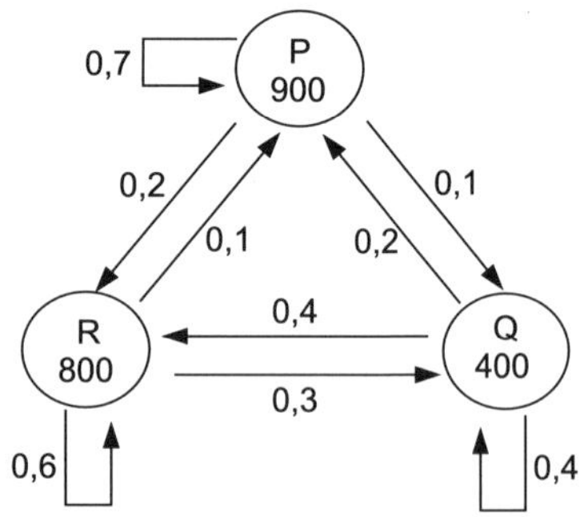

4. Stellen Sie die Übergangsmatrix K auf.

5. a) Bestimmen Sie die Anzahl der Kunden, die in der 22. Kalenderwoche in den verschiedenen Märkten einkaufen.
   b) Bestimmen Sie den Anteil der Kunden, die innerhalb von 2 Wochen von P nach Q oder R wechseln.

6. Bestimmen Sie das Kaufverhalten in der 20. Kalenderwoche und nennen Sie mögliche Gründe, warum Supermarkt Q großflächig wirbt.
   (Zur Kontrolle: Der Kundenvektor für die 20. Woche ist $\vec{k}_{20} = \begin{pmatrix} 1150 \\ 0 \\ 950 \end{pmatrix}$.)

7. Bestimmen Sie den prozentualen Anteil der Kunden, die langfristig in den einzelnen Märkten einkaufen.

Hinweise und Tipps

Teilaufgabe 1

Alle Querstreben besitzen die gleiche Länge, daher trifft jede Querstrebe entweder auf den Mittelpunkt der Strecke [BF] oder auf den der Strecke [CG].

Zur Berechnung der Länge und des Schnittwinkels der Querstreben benötigt man zumindest die Koordinaten der Endpunkte zweier sich schneidender Querstreben.

Möglichst einfache Koordinaten ergeben sich, wenn die Grundfläche ABCD in der x-y-Ebene liegt, ein Eckpunkt mit dem Ursprung zusammenfällt und die Kanten parallel zu den Koordinatenachsen ausgerichtet sind.

Bestimmen Sie nun anhand geeigneter Vektoren die gesuchten Größen.

Benutzen Sie $\vec{u} \circ \vec{v} = |\vec{u}| \cdot |\vec{v}| \cdot \cos\sphericalangle(\vec{u}; \vec{v})$ zur Bestimmung des Schnittwinkels.

Teilaufgabe 2

a) Stellen Sie zunächst die Drei-Punkteform der Ebene $E_{E_p F_p G_p}$ auf.

Sind $\vec{u}$ und $\vec{v}$ die Spannvektoren einer Ebene, so steht der Normalenvektor der Ebene senkrecht zu diesen Vektoren (alternativ: Vektorprodukt der Spannvektoren).

Ermitteln Sie mithilfe eines Normalenvektors die Punkt-Normalenform der Ebene $E_{E_p F_p G_p}$ und überführen Sie diese durch Ausmultiplizieren der enthaltenen Skalarprodukte in die Koordinatenform.

b) Das Viereck $E_pF_pG_pH_p$ entsteht durch Parallelprojektion des Quadrats EFGH auf eine Ebene und ist daher ein Parallelogramm.

Benutzen Sie zur Bestimmung der Punktes H_p die Beziehungen $\vec{h}_p = \vec{g}_p + \overrightarrow{G_pH_p}$ und $\overrightarrow{G_pH_p} = \overrightarrow{F_pE_p}$.

Teilaufgabe 3

Der Ursprung liegt offenbar in der Ebene E. Wählen Sie daher ein Koordinatensystem, in dem einer der Eckpunkte der Grundfläche ABCD mit dem Ursprung zusammenfällt.

Die Füße der Plakatsäule erhält man durch geradlinige Verlängerung der Seitenkanten [AE], [BF], [CG] und [DH] nach unten hin.

Die Füße berühren das Gelände (Ebene E) in den Durchstoßpunkten der Geraden AE, BF, CG bzw. DH und der Ebene E.

Um herauszufinden, wie weit man die Füße herausdrehen muss, betrachten Sie den Abstand der Durchstoßpunkte von den Eckpunkten der Grundfläche.

Teilaufgabe 4

Wegen der 3 Supermärkte ist die Übergangsmatrix K eine 3×3-Matrix.

K ist eine stochastische Matrix, die Zeilen- und Spaltensummen sind immer 1.

Das Element in der Zeile i und der Spalte j von K beschreibt den Anteil der Kunden, welcher von j nach i wechselt.

Teilaufgabe 5

a) Benutzen Sie die Übergangsmatrix K und die Kundenverteilung in der 21. Kalenderwoche (Kundenvektor $\vec{k}_{21}$), um auf die Verteilung in der folgenden Woche (Kundenvektor $\vec{k}_{22}$) schließen zu können.

$\vec{k}_{22}$ ist das Produkt der Übergangsmatrix K mit dem Vektor $\vec{k}_{21}$.

b) Die zweite Potenz (das Quadrat) der Übergangsmatrix K^2 beschreibt einen 2-stufigen Übergang, in diesem Fall die Entwicklung des Käuferverhaltens über einen Zeitraum von 2 Wochen hinweg.

Machen Sie sich die genaue Bedeutung der Einträge von K^2 nochmals klar.

Der gesuchte Prozentsatz ist die Summe der Einträge von K^2, welche den Übergang von P nach Q bzw. von P nach R beschreiben (Spalte 1, Zeile 2 bzw. 3).

Alternativ können Sie die gesuchten Übergänge anhand eines 2-stufigen Baumdiagramms veranschaulichen und durch Pfadmultiplikation ermitteln.

Teilaufgabe 6

Die Kundenvektoren $\vec{k}_{21}$ und $\vec{k}_{22}$ sind Ihnen bereits bekannt. Überlegen Sie, wie man mithilfe der Übergangsmatrix K auf $\vec{k}_{20}$ „rückschließen" könnte.

Stellen Sie eine Gleichung auf, die den gesuchten Kundenvektor $\vec{k}_{20}$, den bereits bekannten Kundenvektor $\vec{k}_{21}$ und die Übergangsmatrix K miteinander verknüpft und versuchen Sie, diese nach $\vec{k}_{20}$ umzustellen (aufzulösen).

$\vec{k}_{20}$ ist das Produkt von K^{-1} (inverse Matrix von K) und $\vec{k}_{21}$.

Bestimmen Sie K^{-1}, indem Sie K und die 3×3-Einheitsmatrix nebeneinander hinschreiben und die Matrix K durch simultane Zeilenumformungen (Gauß-Verfahren) in die 3×3-Einheitsmatrix überführen.

Alternativ lässt sich die Gleichung $\vec{k}_{21} = K \cdot \vec{k}_{20}$ mithilfe der Setzung $\vec{k}_{20} = \begin{pmatrix} a \\ b \\ c \end{pmatrix}$ in ein Gleichungssystem überführen. Daraus ergeben sich dann a, b und c.

Teilaufgabe 7

Überführen Sie die Vektorgleichung $K \cdot \begin{pmatrix} a \\ b \\ c \end{pmatrix} = \begin{pmatrix} a \\ b \\ c \end{pmatrix}$ in ein Gleichungssystem und versuchen Sie, dieses zu lösen.

Das entstehende Gleichungssystem ist nicht eindeutig lösbar. Was wissen Sie über die Summe $a + b + c$? Versuchen Sie damit, die Lösung zu bestimmen.

Betrachten Sie den Zusammenhang $a + b + c = 1$ als zusätzliche Gleichung und lösen Sie damit das Gleichungssystem.

Lösung

1. Günstig ist es, die Säule so ins Koordinatensystem zu stellen, dass die Grundfläche ABCD in der x-y-Ebene liegt, die Kante [AD] auf der x-Achse verläuft und ein Eckpunkt, z. B. D, mit dem Ursprung zusammenfällt.

Stellt man die Säule wie in nebenstehender Skizze ins Koordinatensystem und wählt als Längeneinheit 1 dm, so haben die Eckpunkte der Säule folgende Koordinaten:
A(8 | 0 | 0); B(8 | 8 | 0); C(0 | 8 | 0);
D(0 | 0 | 0); E(8 | 0 | 20); F(8 | 8 | 20);
G(0 | 8 | 20); H(0 | 0 | 20)

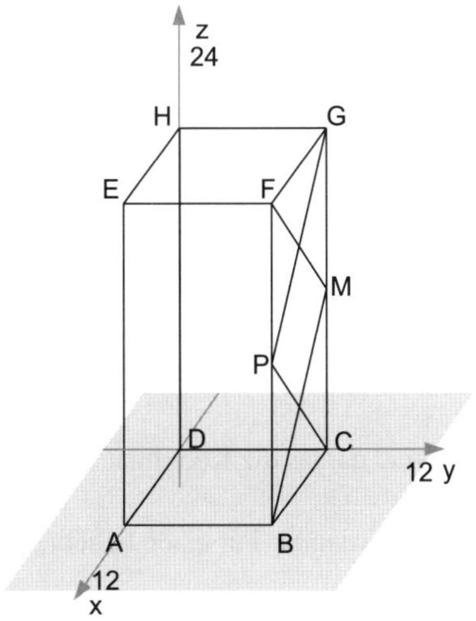

Da die Querverstrebungen der Seitenfläche BCGF alle gleich lang sind, ist der Punkt P der Mittelpunkt der Seite [BF].

Es ist P(8 | 8 | 10) und $|\overrightarrow{PC}| = \left|\begin{pmatrix} -8 \\ 0 \\ -10 \end{pmatrix}\right| = \sqrt{164} \approx 12{,}81\,[\text{LE}]$.

Die Streben sind ca. 128 cm lang.

Es ist M(0 | 8 | 10). Die von B bzw. C ausgehenden Streben haben die Gleichung:

$$s_{BM}\colon\ \vec{x} = \begin{pmatrix} 8 \\ 8 \\ 0 \end{pmatrix} + \lambda \begin{pmatrix} -8 \\ 0 \\ 10 \end{pmatrix} \quad \text{bzw.} \quad s_{CP}\colon\ \vec{x} = \begin{pmatrix} 0 \\ 8 \\ 0 \end{pmatrix} + \lambda \begin{pmatrix} 8 \\ 0 \\ 10 \end{pmatrix}.$$

$$\alpha = \arccos \frac{\left|\begin{pmatrix} -8 \\ 0 \\ 10 \end{pmatrix} \circ \begin{pmatrix} 8 \\ 0 \\ 10 \end{pmatrix}\right|}{\sqrt{164} \cdot \sqrt{164}} = \arccos \frac{36}{164} \approx 77{,}32^\circ$$

Die Streben schneiden sich unter dem Winkel von 77,32°.

2. a) Mit den Punkten E_p, F_p und G_p lautet die Drei-Punkteform der Ebenengleichung:

$$E_G:\ \vec{x} = \begin{pmatrix} 21{,}12 \\ -26{,}24 \\ 0{,}32 \end{pmatrix} + \lambda \begin{pmatrix} 0{,}32 \\ 7{,}36 \\ -0{,}48 \end{pmatrix} + \mu \begin{pmatrix} -8 \\ 8 \\ 0 \end{pmatrix}$$

Ist $\vec{n} = \begin{pmatrix} n_1 \\ n_2 \\ n_3 \end{pmatrix}$ ein Normalenvektor der Ebene, so gilt:

I $\quad 0{,}32n_1 + 7{,}36n_2 - 0{,}48n_3 = 0$

II $\quad -8n_1 + 8n_2 = 0 \quad \Rightarrow \quad n_1 = n_2$

Wählt man $n_1 = 1$, so ist $n_2 = 1$ und $n_3 = 16$.

(alternativ: Bestimmung des Normalenvektors mithilfe des Vektorprodukts der Spannvektoren: $\begin{pmatrix} 0{,}32 \\ 7{,}36 \\ -0{,}48 \end{pmatrix} \times \begin{pmatrix} -1 \\ 1 \\ 0 \end{pmatrix} = \begin{pmatrix} 0{,}48 \\ 0{,}48 \\ 7{,}68 \end{pmatrix} = 0{,}48 \cdot \begin{pmatrix} 1 \\ 1 \\ 16 \end{pmatrix}$)

Mit $\vec{n} = \begin{pmatrix} 1 \\ 1 \\ 16 \end{pmatrix}$ erhält man die Punkt-Normalenform $\begin{pmatrix} 1 \\ 1 \\ 16 \end{pmatrix} \circ \vec{x} - \begin{pmatrix} 1 \\ 1 \\ 16 \end{pmatrix} \circ \begin{pmatrix} 21{,}12 \\ -26{,}24 \\ 0{,}32 \end{pmatrix} = 0$

und daraus die Koordinatenform $E_G:\ x + y + 16z = 0$.

b) *Konvention:* Für einen beliebigen Punkt X bezeichnet $\vec{x}$ den Ortsvektor $\overrightarrow{OX}$ von X.

Die Projektionsfläche der quadratischen Deckfläche hat die Form eines Parallelogramms. Für den Eckpunkt H_p gilt:

$$\vec{h}_p = \vec{g}_p + \overrightarrow{G_pH_p} = \vec{g}_p + \overrightarrow{F_pE_p} \quad \text{bzw.} \quad \vec{h}_p = \vec{e}_p + \overrightarrow{E_pH_p} = \vec{e}_p + \overrightarrow{F_pG_p}$$

$$\Rightarrow \quad \overrightarrow{h_p} = \begin{pmatrix} 13{,}12 \\ -18{,}24 \\ 0{,}32 \end{pmatrix} + \begin{pmatrix} -0{,}32 \\ -7{,}36 \\ 0{,}48 \end{pmatrix} = \begin{pmatrix} 12{,}8 \\ -25{,}6 \\ 0{,}8 \end{pmatrix}$$

Der Eckpunkt H wird auf den Punkt H_p (12,8 | –25,6 | 0,8) projiziert.

Alternativer Rechenweg (zeitaufwändiger):

Denkt man sich die Plakatsäule um einen beliebigen Vektor verschoben, so wird auch die Schattenfigur E'F'G'H' der Deckfläche um denselben Vektor verschoben (Parallelprojektion!). Dadurch kann man von den Schattenpunkten E' und H' der verschobenen Säule auf den Schattenpunkt H_p schließen.

Man weiß lediglich, dass die Punkte der Grund- und Deckflächen der Plakatsäule in Ebenen parallel zur x-y-Ebene liegen und dass die Kante [AD] parallel zur x-Achse verläuft. Man kann z. B. A(4 | –4 | 0) wählen, dann ist E(4 | –4 | 20) und H(–4 | –4 | 20). Die durch die Punkte E bzw. H einfallenden Sonnenstrahlen haben damit die Gleichungen

$$g_E\colon \vec{x} = \begin{pmatrix} 4 \\ -4 \\ 20 \end{pmatrix} + \lambda \begin{pmatrix} 1 \\ -2 \\ -1{,}5 \end{pmatrix} \quad \text{bzw.} \quad g_H\colon \vec{x} = \begin{pmatrix} -4 \\ -4 \\ 20 \end{pmatrix} + \lambda \begin{pmatrix} 1 \\ -2 \\ -1{,}5 \end{pmatrix}.$$

Die Sonnenstrahlen treffen die Ebene E_G in den Punkten E' und H':

$g_E \cap E_G = \{E'\}$	$g_H \cap E_G = \{H'\}$
$4 + \lambda - 4 - 2\lambda + 320 - 24\lambda = 0$	$-4 + \lambda - 4 - 2\lambda + 320 - 24\lambda = 0$
$25\lambda = 320$	$25\lambda = 312$
$\lambda = 12{,}8$	$\lambda = 12{,}48$
$\Rightarrow$ E'(16,8 | –29,6 | 0,8)	$\Rightarrow$ H'(8,48 | –28,96 | 1,28)

Wegen der Parallelprojektion ist nun

$$\overrightarrow{H'H_p} = \overrightarrow{E'E_p} = \begin{pmatrix} 4{,}32 \\ 3{,}36 \\ -0{,}48 \end{pmatrix}$$

und somit

$$\vec{h}_p = \vec{h}' + \overrightarrow{H'H_p} = \vec{h}' + \overrightarrow{E'E_p} = \begin{pmatrix} 8{,}48 \\ -28{,}96 \\ 1{,}28 \end{pmatrix} + \begin{pmatrix} 4{,}32 \\ 3{,}36 \\ -0{,}48 \end{pmatrix} = \begin{pmatrix} 12{,}8 \\ -25{,}6 \\ 0{,}8 \end{pmatrix}.$$

3. Welcher Eckpunkt von ABCD mit dem Koordinatenursprung zusammenfallen soll, ist willkürlich. Die Rechnung und der Antwortsatz können daher dementsprechend variieren. In der folgenden Lösung wird der Punkt D in den Ursprung gelegt.

Steht die Säule in der x-y-Ebene und fällt der Punkt D mit dem Koordinatenursprung zusammen, so liegt dieser offenbar in der Gelände-Ebene E. Verlängert man die Seitenkanten [AE], [BF], und [CG] bis zur Ebene E, so kann man anhand der dritten Komponenten der Durchstoßpunkte ermitteln, wie weit man die Füße herausdrehen muss. Die Verlängerungen haben die Gleichungen:

$$\ell_A\colon \vec{x} = \begin{pmatrix} 8 \\ 0 \\ 0 \end{pmatrix} + \lambda \begin{pmatrix} 0 \\ 0 \\ 1 \end{pmatrix}; \quad \ell_B\colon \vec{x} = \begin{pmatrix} 8 \\ 8 \\ 0 \end{pmatrix} + \lambda \begin{pmatrix} 0 \\ 0 \\ 1 \end{pmatrix}; \quad \ell_C\colon \vec{x} = \begin{pmatrix} 0 \\ 8 \\ 0 \end{pmatrix} + \lambda \begin{pmatrix} 0 \\ 0 \\ 1 \end{pmatrix}$$

Bringt man diese Geraden mit der Ebene E zum Schnitt, so erhält man:

$\ell_A \cap E$: $8 + 16\lambda = 0$	$\Rightarrow \lambda = -0{,}5$	$L_A(8 \mid 0 \mid -0{,}5)$	$\lvert\overrightarrow{AL_A}\rvert = 0{,}5\,[LE]$
$\ell_B \cap E$: $8 + 8 + 16\lambda = 0$	$\Rightarrow \lambda = -1$	$L_B(8 \mid 8 \mid -1)$	$\lvert\overrightarrow{BL_B}\rvert = 1\,[LE]$
$\ell_C \cap E$: $8 + 16\lambda = 0$	$\Rightarrow \lambda = -0{,}5$	$L_C(0 \mid 8 \mid -0{,}5)$	$\lvert\overrightarrow{CL_C}\rvert = 0{,}5\,[LE]$

Die Füße bei A und C sind jeweils 5 cm, der Fuß bei B 10 cm herauszudrehen.

Alternativer Lösungsweg:

In obigem Lösungsweg führte die Wahl des Ursprungs zu einer besonders einfachen Rechnung. Grundsätzlich genügt es aber, wenn ein Eckpunkt der Grundfläche ABCD mit einem beliebigen Punkt der Gelände-Ebene E zusammentrifft. Im Folgenden wird dieser Fall kurz skizziert.

Wählt man nicht den Punkt D als Punkt der Ebene E, sondern einen anderen Punkt, z. B. A(8 | 8 | –1), so haben die anderen Eckpunkte der Grundfläche die Koordinaten B(8 | 16 | –1), C(0 | 16 | –1) und D(0 | 8 | –1). Die Grundfläche der Säule liegt in der Ebene E_H: z = –1. Beachten Sie, dass Punkt C ebenso wie Punkt A in der Ebene E liegt.
Die Verlängerungsgeraden der Seitenkanten [BF], [CG] und [DH] haben die Gleichungen:

$$\ell_B\colon \vec{x} = \begin{pmatrix} 8 \\ 16 \\ -1 \end{pmatrix} + \lambda \begin{pmatrix} 0 \\ 0 \\ 1 \end{pmatrix}; \quad \ell_C\colon \vec{x} = \begin{pmatrix} 0 \\ 16 \\ -1 \end{pmatrix} + \lambda \begin{pmatrix} 0 \\ 0 \\ 1 \end{pmatrix}; \quad \ell_D\colon \vec{x} = \begin{pmatrix} 0 \\ 8 \\ -1 \end{pmatrix} + \lambda \begin{pmatrix} 0 \\ 0 \\ 1 \end{pmatrix}$$

und durchdringen die Ebene E in den Punkten L_B(8 | 16 | –1,5), L_C(0 | 16 | –1) und L_D(0 | 8 | – 0,5). Die Länge der Lote beträgt zwar jeweils 0,5 LE, die Punkte L_B und L_D liegen aber auf verschiedenen Seiten der Ebene E_H. Möchte man den Fuß bei D nicht um 5 cm kürzen, so sind die Füße bei A bzw. C um 5 cm und der Fuß bei B um 10 cm herauszudrehen.

4. Für eine klare Darstellung wird die Übergangstabelle inkl. Randbeschriftungen mit angegeben, was jedoch nicht verlangt ist. Die Teilaufgabe ist durch Angabe der Übergangsmatrix K bereits vollständig gelöst.

Die Übergangstabelle lautet:

nach \ von	P	Q	R
P	0,7	0,2	0,1
Q	0,1	0,4	0,3
R	0,2	0,4	0,6

Somit ist die Übergangsmatrix $K = \begin{pmatrix} 0,7 & 0,2 & 0,1 \\ 0,1 & 0,4 & 0,3 \\ 0,2 & 0,4 & 0,6 \end{pmatrix}$.

5. a) *Zur Erinnerung:* Bei der Multiplikation einer Matrix mit einem Vektor berechnet man die „Skalarprodukte“ der einzelnen Zeilen der Matrix mit dem Vektor und schreibt die Ergebnisse geordnet in den „Ergebnisvektor“.
Gibt $\vec{k}_{21}$ die Anzahl der Kunden in der 21. Woche an, so berechnet man $\vec{k}_{22}$ als Produkt der Übergangsmatrix K mit dem Vektor $\vec{k}_{21}$:

$$\vec{k}_{22} = K \cdot \vec{k}_{21}$$

$$\vec{k}_{22} = \begin{pmatrix} 0,7 & 0,2 & 0,1 \\ 0,1 & 0,4 & 0,3 \\ 0,2 & 0,4 & 0,6 \end{pmatrix} \cdot \begin{pmatrix} 900 \\ 400 \\ 800 \end{pmatrix} = \begin{pmatrix} 790 \\ 490 \\ 820 \end{pmatrix}$$

In der 22. Kalenderwoche besuchen 790 Kunden Markt P, 490 Kunden Markt Q und 820 Kunden Markt R.

b) *Zur Erinnerung:* Bei der Multiplikation einer Matrix mit einer zweiten Matrix berechnet man die „Skalarprodukte" der einzelnen Zeilen ($i = 1, 2, 3, \ldots$) der ersten Matrix mit den einzelnen Spalten ($j = 1, 2, 3, \ldots$) der zweiten Matrix und schreibt die Ergebnisse in die Zeile i und Spalte j der „Ergebnismatrix".

Quadriert man die Übergangsmatrix K, so gibt die Summe der Elemente k_{QP} und k_{RP} der Ergebnismatrix den Prozentsatz der Kunden an, die von P nach Q bzw. R wechseln.

$$\begin{pmatrix} 0,7 & 0,2 & 0,1 \\ 0,1 & 0,4 & 0,3 \\ 0,2 & 0,4 & 0,6 \end{pmatrix} \cdot \begin{pmatrix} 0,7 & 0,2 & 0,1 \\ 0,1 & 0,4 & 0,3 \\ 0,2 & 0,4 & 0,6 \end{pmatrix} = \begin{pmatrix} 0,53 & 0,26 & 0,19 \\ \mathbf{0,17} & 0,3 & 0,31 \\ \mathbf{0,3} & 0,44 & 0,5 \end{pmatrix}$$

$$k_{QP} + k_{RP} = 0,17 + 0,3 = 0,47$$

Genau 47 Prozent der Kunden wechseln innerhalb von 2 Wochen von P nach Q oder R.

Alternativer Lösungsweg:
Die Teilaufgabe kann auch ohne die Matrizenrechnung gelöst werden, indem man die entsprechenden Übergangswahrscheinlichkeiten in ein zweistufiges Baumdiagramm einträgt und die Wahrscheinlichkeiten der einzelnen Pfadprodukte aufsummiert.

Zeichnet man einen zweistufigen Baum mit den Übergängen von P nach Q oder R, so erhält man den Prozentsatz p.

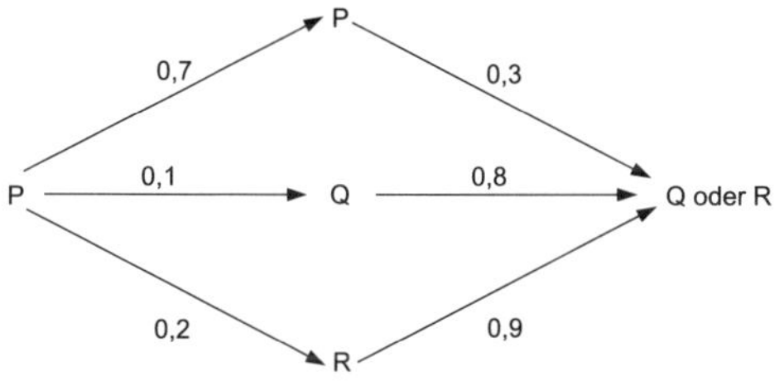

$$p = 0,7 \cdot 0,3 + 0,1 \cdot 0,8 + 0,2 \cdot 0,9 = 0,47$$

6. Der Schlüssel zur Lösung $\vec{x}$ einer Vektorgleichung der Form $\vec{y} = M \cdot \vec{x}$ ist die Berechnung der zu M inversen Matrix M^{-1}. Simultane Zeilenumformungen nach dem Gauß-Verfahren führen systematisch zum gewünschten Ergebnis.
Es ist $\vec{k}_{21} = K \cdot \vec{k}_{20} \Rightarrow \vec{k}_{20} = K^{-1} \cdot \vec{k}_{21}$

Berechnung der Inversen der Übergangsmatrix:

$$\begin{pmatrix} 0{,}7 & 0{,}2 & 0{,}1 \\ 0{,}1 & 0{,}4 & 0{,}3 \\ 0{,}2 & 0{,}4 & 0{,}6 \end{pmatrix} \quad \begin{matrix} I = 10 \cdot I \\ II = 10 \cdot II \\ III = 10 \cdot III \end{matrix} \quad \begin{pmatrix} 1 & 0 & 0 \\ 0 & 1 & 0 \\ 0 & 0 & 1 \end{pmatrix}$$

$$\begin{pmatrix} 7 & 2 & 1 \\ 1 & 4 & 3 \\ 2 & 4 & 6 \end{pmatrix} \quad \begin{matrix} I = II \\ II = III \\ III = I \end{matrix} \quad \begin{pmatrix} 10 & 0 & 0 \\ 0 & 10 & 0 \\ 0 & 0 & 10 \end{pmatrix}$$

$$\begin{pmatrix} 1 & 4 & 3 \\ 2 & 4 & 6 \\ 7 & 2 & 1 \end{pmatrix} \quad \begin{matrix} \\ II = II - 2 \cdot I \\ III = III - 7 \cdot I \end{matrix} \quad \begin{pmatrix} 0 & 10 & 0 \\ 0 & 0 & 10 \\ 10 & 0 & 0 \end{pmatrix}$$

$$\begin{pmatrix} 1 & 4 & 3 \\ 0 & -4 & 0 \\ 0 & -26 & -20 \end{pmatrix} \quad \begin{matrix} I = I + II \\ II = II : (-4) \\ \end{matrix} \quad \begin{pmatrix} 0 & 10 & 0 \\ 0 & -20 & 10 \\ 10 & -70 & 0 \end{pmatrix}$$

$$\begin{pmatrix} 1 & 0 & 3 \\ 0 & 1 & 0 \\ 0 & -26 & -20 \end{pmatrix} \quad \begin{matrix} \\ \\ III = III + 26 \cdot II \end{matrix} \quad \begin{pmatrix} 0 & -10 & 10 \\ 0 & 5 & -2{,}5 \\ 10 & -70 & 0 \end{pmatrix}$$

$$\begin{pmatrix} 1 & 0 & 3 \\ 0 & 1 & 0 \\ 0 & 0 & -20 \end{pmatrix} \quad \begin{matrix} \\ \\ III = III : (-20) \end{matrix} \quad \begin{pmatrix} 0 & -10 & 10 \\ 0 & 5 & -2{,}5 \\ 10 & 60 & -65 \end{pmatrix}$$

$$\begin{pmatrix} 1 & 0 & 3 \\ 0 & 1 & 0 \\ 0 & 0 & 1 \end{pmatrix} \quad \begin{matrix} I = I - 3 \cdot III \\ \\ \end{matrix} \quad \begin{pmatrix} 0 & -10 & 10 \\ 0 & 5 & -2{,}5 \\ -0{,}5 & -3 & 3{,}25 \end{pmatrix}$$

$$\begin{pmatrix} 1 & 0 & 0 \\ 0 & 1 & 0 \\ 0 & 0 & 1 \end{pmatrix} \quad \begin{pmatrix} 1{,}5 & -1 & 0{,}25 \\ 0 & 5 & -2{,}5 \\ -0{,}5 & -3 & 3{,}25 \end{pmatrix}$$

$$\vec{k}_{20} = K^{-1} \cdot \vec{k}_{21} = \begin{pmatrix} 1{,}5 & -1 & 0{,}25 \\ 0 & 5 & -2{,}5 \\ -0{,}5 & -3 & 3{,}25 \end{pmatrix} \cdot \begin{pmatrix} 900 \\ 400 \\ 800 \end{pmatrix} = \begin{pmatrix} 1150 \\ 0 \\ 950 \end{pmatrix}$$

Alternativer Rechenweg (über ein Gleichungssystem):

Die Bestimmung der Lösung auf „klassische Art und Weise" mithilfe eines Gleichungssystems ist ebenfalls möglich. Diese Methode kann mit geringerem Rechenaufwand verbunden sein, ist durch die geringere Systematik aber fehleranfälliger als das Gauß-Verfahren.

Ist $\vec{k}_{20} = \begin{pmatrix} a \\ b \\ c \end{pmatrix}$, so gilt: $K \cdot \vec{k}_{20} = \vec{k}_{21}$

$$\begin{pmatrix} 0{,}7 & 0{,}2 & 0{,}1 \\ 0{,}1 & 0{,}4 & 0{,}3 \\ 0{,}2 & 0{,}4 & 0{,}6 \end{pmatrix} \cdot \begin{pmatrix} a \\ b \\ c \end{pmatrix} = \begin{pmatrix} 900 \\ 400 \\ 800 \end{pmatrix}$$

Nach Multiplikation der Übergangsmatrix mit dem Kundenvektor der 20. Woche, erhält man folgendes Gleichungssystem:

$$\begin{array}{lll}
\text{I} & 0{,}7a+0{,}2b+0{,}1c & =900 \\
\text{II} & 0{,}1a+0{,}4b+0{,}3c & =400 \\
\text{III} & 0{,}2a+0{,}4b+0{,}6c & =800
\end{array}$$

$$\begin{array}{llll}
2\cdot\text{I}-\text{II} & 1{,}3a-0{,}1c & =1\,400 & (\text{I}') \\
\text{III}-\text{II} & 0{,}1a+0{,}3c & =400 & (\text{II}')
\end{array}$$

$$\begin{array}{llll}
\text{II}'+3\cdot\text{I}' & 4a=4\,600 & \Rightarrow & a=1150 \\
a \text{ in II}' & 115+0{,}3c=400 & \Rightarrow & c=950 \\
a \text{ und } c \text{ in I} & 805+0{,}2b+95=900 & \Rightarrow & b=0
\end{array}$$

Da in der 20. Kalenderwoche keine Kunden im Supermarkt Q einkaufen, kann es sich um eine Neueröffnung, evtl. nach einem Umbau, handeln. Mit der großflächigen Werbung soll dies den Kunden bekannt gemacht werden.

7. Gesucht ist ein „langfristig stabiler Kundenvektor" $\vec{k}$ zur Übergangsmatrix K. Dies ist ein Vektor, der durch einen Übergang (Multiplikation mit K) nicht verändert wird, d. h. es gilt $K\cdot\vec{k}=1\cdot\vec{k}=\vec{k}$. Man sagt dazu auch „$\vec{k}$ ist invariant unter K" oder „$\vec{k}$ ist Eigenvektor von K zum Eigenwert 1". Die Bestimmungsgleichung für $\vec{k}$ führt wieder auf ein lineares Gleichungssystem.
Bei der langfristigen Anzahl der Kunden treten keine Änderungen mehr auf bzgl. der Anzahl. Ist $\vec{k}=\begin{pmatrix}a\\b\\c\end{pmatrix}$ der langfristige prozentuale Kundenvektor, so gilt:

$$\begin{pmatrix}0{,}7 & 0{,}2 & 0{,}1\\ 0{,}1 & 0{,}4 & 0{,}3\\ 0{,}2 & 0{,}4 & 0{,}6\end{pmatrix}\cdot\begin{pmatrix}a\\b\\c\end{pmatrix}=\begin{pmatrix}a\\b\\c\end{pmatrix}$$

Nach Multiplikation der Übergangsmatrix mit dem langfristigen prozentualen Kundenvektor erhält man folgendes Gleichungssystem:

$$\begin{array}{ll}
\text{I} & 0{,}7a+0{,}2b+0{,}1c=a \\
\text{II} & 0{,}1a+0{,}4b+0{,}3c=b \\
\text{III} & 0{,}2a+0{,}4b+0{,}6c=c
\end{array}$$

$$\begin{array}{ll}
\text{I}' & -0{,}3a+0{,}2b+0{,}1c=0 \\
\text{II}' & 0{,}1a-0{,}6b+0{,}3c=0 \\
\text{III}' & 0{,}2a+0{,}4b-0{,}4c=0
\end{array}$$

$$\begin{array}{llll}
\text{I}'+3\cdot\text{II}' & -1{,}6b+c=0 & \Rightarrow & c=1{,}6b \\
2\cdot\text{II}'-\text{III}' & -1{,}6b+c=0 & & \\
c \text{ in II}' & 0{,}1a-0{,}6b+0{,}48b=0 & \Rightarrow & a=1{,}2b
\end{array}$$

Da die Summe der prozentualen Anteile 1 ergibt, gilt:

$$1{,}2b+b+1{,}6b=1 \quad\Rightarrow b=\frac{5}{19}\approx 0{,}263,\quad a=\frac{6}{19}\approx 0{,}316 \quad\text{und}\quad c=\frac{8}{19}\approx 0{,}421$$

Langfristig kaufen 31,6 % der Kunden im Markt P, 26,3 % der Kunden in Markt Q und 42,1 % der Kunden in Markt R.

Warenverteilzentrum

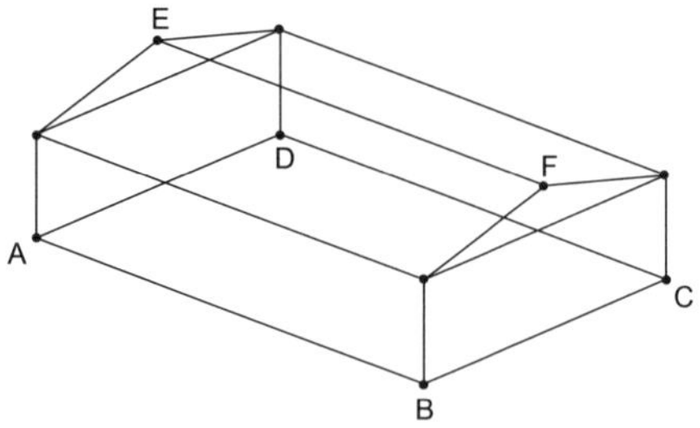

Ein Logistikkonzern hat in Adorf ein neues Warenverteilzentrum errichtet. Die unteren Eckpunkte des Gebäudes haben die Koordinaten A(7 | 1 | 6), B(–4 | 3 | 16), C(–10 | 0 | 10) und D(1 | –2 | 0). Das Gebäude besteht aus einer Halle, die von einem Satteldach (der Querschnitt des Daches ist ein gleichschenkliges Dreieck) bedeckt ist. Halle und Dachboden sind durch eine Zwischendecke in 6 m Höhe voneinander getrennt. Für die Aufgabenteile 1–4 gilt: 1 LE = 3 m.

1. Zeigen Sie, dass die Grundfläche des Gebäudes rechteckig ist.
2. Der Dachfirst EF ist 9 m vom Boden des Gebäudes entfernt. Zeigen Sie, dass der Dachfirst Teil der Geraden mit der Gleichung $g_{EF}\colon \vec{x} = \begin{pmatrix} -1{,}1 \\ -2{,}3 \\ 9 \end{pmatrix} + \lambda \begin{pmatrix} -11 \\ 2 \\ 10 \end{pmatrix}$ ist.

   (benutzen Sie evtl. diese Geradengleichung für die Aufgabenteile 3 und 4)
3. Bestimmen Sie den Neigungswinkel der Dachfläche. (Winkel zwischen der Dachfläche und der Zwischendecke in 6 m Höhe)
4. Auf der Dachfläche wurde im Punkt $P\left(\frac{1}{3} \,\middle|\, -\frac{13}{12} \,\middle|\, \frac{31}{3}\right)$ senkrecht zur Grundfläche eine 5 m lange Mobilfunkantenne errichtet.
   a) Bestimmen Sie den Abstand der Antenne zum Dachfirst.
   b) Geben Sie die Länge an, um die die Antenne den Dachfirst überragt.

Die Belieferung des Warenverteilzentrums geschieht früh morgens. Für die Anlieferung und Verteilung der Waren gilt Folgendes:

- Es können nur die Waren von maximal 2 Anlieferungen angenommen werden; die restlichen werden in ein benachbartes Verteilzentrum geleitet.
- An jedem Tag werden die Waren von genau einer Anlieferung weiter verteilt.
- Falls am frühen Morgen noch die Waren von 3 Anlieferungen im Verteilzentrum sind, wird höchstens noch eine Lieferung entgegengenommen.
- Die Wahrscheinlichkeit für keine (eine; zwei) Anlieferungen ist 0,1 (0,5; 0,4).

5. Begründen Sie, warum $A = \begin{pmatrix} 0{,}6 & 0{,}1 & 0 & 0 \\ 0{,}4 & 0{,}5 & 0{,}1 & 0 \\ 0 & 0{,}4 & 0{,}5 & 0{,}1 \\ 0 & 0 & 0{,}4 & 0{,}9 \end{pmatrix}$ die zugehörige Übergangsmatrix für die vor der Anlieferung und nach Arbeitsende vorhandenen Waren ist.

6. Bestimmen Sie die Wahrscheinlichkeit, dass bei Arbeitsende des 2. Tages die Waren von höchstens 2 Anlieferungen im Verteilzentrum liegen, wenn vor der Anlieferung der Waren am Morgen des 1. Tages die Waren von genau zwei Lieferung vorhanden waren.

7. Ist die Wahrscheinlichkeit, dass sich, langfristig gesehen, morgens noch die Waren von 3 Anlieferungen im Zentrum befinden, größer als 90 %, so plant die Firma eine Vergrößerung des Zentrums. Überprüfen Sie, ob das Zentrum erweitert werden muss, wenn sich an der Wahrscheinlichkeit für die Anlieferung nichts ändert.

Hinweise und Tipps

Teilaufgabe 1

- Ein Viereck ist rechteckig, wenn die gegenüberliegenden Seiten parallel sind und ein Winkel 90° beträgt.
- Geraden sind parallel, wenn die Richtungsvektoren linear abhängig sind.
- Zwei Vektoren $\vec{u}$ und $\vec{v}$ stehen genau dann senkrecht aufeinander, wenn $\vec{u} \circ \vec{v} = 0$.

Teilaufgabe 2

- Der Dachfirst EF verläuft parallel zu den Grundkanten AB bzw. DC des Gebäudes.
- Die Lotfußpunkte von den Dachfirsten E bzw. F auf die Grundflächenebene treffen diese in den Mittelpunkten der Grundkanten BC bzw. AD.
- Ist $\vec{n}$ ein Normalenvektor zu einer Ebene E und sind $\vec{u}$ und $\vec{v}$ die Spannvektoren dieser Ebene, so steht der Normalenvektor senkrecht auf den Spannvektoren.
- Ist g: $\vec{x} = \vec{p} + \lambda\vec{v}$ die Gleichung einer Geraden und A ein Punkt der Geraden, dann sind die Punkte $P_{1,2}$ mit $\overrightarrow{p_{1,2}} = \vec{a} \pm d \cdot \overrightarrow{v_e}$ ($\overrightarrow{v_e}$ Richtungsvektor der Länge 1) d Längeneinheiten von A entfernt.
- Führen Sie zur Kontrolle, welcher der bestimmten Punkte P_1 bzw. P_2 auf dem Dachfirst liegt, eine Punktprobe mit der vorgegebenen Gleichung durch.

Teilaufgabe 3

- Der Querschnitt des Satteldaches ist ein gleichschenkliges Dreieck, dessen Höhe bekannt und dessen Basis berechnet werden kann. (Beachten Sie: 1 LE = 3 m)
- Verwenden Sie eine Winkelfunktion, um die Dachneigung zu berechnen. **oder**
- Bestimmen Sie einen weiteren Punkt der Dachfläche, z. B. den Eckpunkt des Daches, dessen Lot auf die Grundfläche diese im Punkt A trifft.
- Bestimmen Sie mit diesem Punkt und den Dachfirstendpunkten E und F über den Zwischenschritt der Drei-Punkteform der Ebenengleichung die Normalenform der Dachflächenebene.

Die Zwischendecke ist parallel zur Grundfläche.

Der Schnittwinkel zweier Ebenen $E_1: \overrightarrow{n_1} \circ \vec{x} - d_1 = 0$ und $E_2: \overrightarrow{n_2} \circ \vec{x} - d_2 = 0$ kann berechnet werden mithilfe der Formel: $\cos\varphi = \frac{|\overrightarrow{n_1} \circ \overrightarrow{n_2}|}{|\overrightarrow{n_1}| \cdot |\overrightarrow{n_2}|}$.

Teilaufgabe 4a

a) Bestimmen Sie die Gleichung einer zur Grundfläche parallelen Ebene, in der der Dachfirst liegt, in Hesse'scher Normalenform.

Bestimmen Sie die Gleichung einer zur Grundfläche parallelen Ebene, in der der Punkt P liegt, in Hesse'scher Normalenform.

Ermitteln Sie durch Vergleich dieser beiden parallelen Ebenen den Abstand der Ebenen.

Bestimmen Sie mithilfe des Abstandes und des Neigungswinkels der Dachfläche (Teilaufgabe 3) den Abstand der Antenne zum Dachfirst.
oder

Stellen Sie die Gleichung der Mittelebene in Hesse'scher Normalenform auf, in der der Dachfirst und z. B. der Mittelpunkt der Grundkante AD liegen.

Bestimmen Sie die Gleichung einer zur Mittelebene parallelen Ebene in Hesse'scher Normalenform durch den Punkt P.

Ermitteln Sie durch Vergleich dieser beiden parallelen Ebenen den Abstand der Ebenen.

b) Vergleichen Sie den Abstand der zur Grundfläche parallelen Ebene durch den Dachfirst bzw. den Antennenfußpunkt mit der Antennenlänge.

Teilaufgabe 5

Tragen Sie die Wahrscheinlichkeiten in eine Tabelle mit den folgenden Randbeschriftungen ein.

nach Arbeitsende vorhanden \ vor Anlieferung vorhanden	0	1	2	3
0				
1				
2				
3				

Beachten Sie, dass sich einige Wahrscheinlichkeiten aus den Wahrscheinlichkeiten für 2 Möglichkeiten zusammensetzen.

Teilaufgabe 6

Sind die Waren von genau 2 Anlieferungen im Lager, so entspricht dies dem

Vektor $\begin{pmatrix} 0 \\ 0 \\ 1 \\ 0 \end{pmatrix}$

Benutzen Sie diesen Vektor, um den Warenbestand am Ende des 1. Tages zu berechnen.

Benutzen Sie den Vektor, der den Warenbestand am Ende des 1. Tages angibt, um den Warenbestand am Ende des 2. Tages zu berechnen.

Alternativ können Sie die gesuchten Übergänge anhand eines 2-stufigen Baumdiagramms veranschaulichen und durch Pfadmultiplikation ermitteln.

Teilaufgabe 7

Bestimmen Sie einen stabilen Vektor und geben Sie mithilfe des stabilen Vektors die Grenzmatrix an: $A \cdot \begin{pmatrix} a \\ b \\ c \end{pmatrix} = \begin{pmatrix} a \\ b \\ c \end{pmatrix}$

Betrachten Sie den Zusammenhang $a + b + c + d = 1$ als zusätzliche Gleichung dieses Gleichungssystems und lösen Sie das Gleichungssystem.

Vergleichen Sie die Wahrscheinlichkeit, dass am Ende des Arbeitstages die Waren von genau 3 Lieferungen im Verteilzentrum sind, mit 90 %.

Lösungen

1. Ein Rechteck ist ein rechtwinkliges Parallelogramm. Um nachzuweisen, dass das Viereck ABCD ein Rechteck ist, reicht es, zu zeigen, dass gegenüberliegende Seiten parallel verlaufen und ein Innenwinkel 90° beträgt.

   Es ist $\overrightarrow{AB} = \begin{pmatrix} -11 \\ 2 \\ 10 \end{pmatrix}$, $\overrightarrow{BC} = \begin{pmatrix} -6 \\ -3 \\ -6 \end{pmatrix}$, $\overrightarrow{CD} = \begin{pmatrix} 11 \\ -2 \\ -10 \end{pmatrix}$ und $\overrightarrow{AD} = \begin{pmatrix} -6 \\ -3 \\ -6 \end{pmatrix}$.

   Die Vektoren $\overrightarrow{AB}$ und $\overrightarrow{CD}$ sowie $\overrightarrow{AD}$ und $\overrightarrow{BC}$ sind linear abhängig. Die gegenüberliegenden Grundkanten des Gebäudes sind somit parallel.
   Zwei Vektoren stehen dann senkrecht aufeinander, wenn das Skalarprodukt null ergibt.

   $$\overrightarrow{AB} \circ \overrightarrow{BC} = \begin{pmatrix} -11 \\ 2 \\ 10 \end{pmatrix} \circ \begin{pmatrix} -6 \\ -3 \\ -6 \end{pmatrix} = 0$$

   Da die Grundkanten [AB] und [AD] einen rechten Winkel bilden und die gegenüberliegenden Kanten parallel sind, hat die Grundfläche Rechteckform.

2. Da die vorgegebene Gerade g_{EF} parallel zu den Grundkanten [AB] und [CD] verläuft, genügt es, zu zeigen, dass der Firstpunkt E auf g_{EF} liegt. Zur Bestimmung der Koordinaten von E wird die Ebene ABCD in Normalenform dargestellt und die Lotgerade durch die Seitenmitte von [AD] bestimmt. Einsetzen der Parameter $\lambda = \pm 3$ (9 m = 3 LE) liefert die möglichen Positionen $E_{1/2}$ von E.

Da das Dach ein Satteldach ist, trifft das Lot vom Ende E des Dachfirsts die Grundkante [AD] in der Mitte.

$$\overrightarrow{m_{AD}} = \frac{1}{2}\left(\begin{pmatrix}7\\1\\6\end{pmatrix} + \begin{pmatrix}1\\-2\\0\end{pmatrix}\right) = \begin{pmatrix}4\\-0{,}5\\3\end{pmatrix}$$

Die Lotrichtung ist parallel zu einem Normalenvektor der Grundebene des Gebäudes. Mit den Vektoren $\overrightarrow{AB}$ und $\overrightarrow{AC}$ erhält man die Drei-Punkteform der Ebenengleichung:

$$E_{ABC}\colon\ \vec{x} = \begin{pmatrix}7\\1\\6\end{pmatrix} + \lambda\begin{pmatrix}-11\\2\\10\end{pmatrix} + \mu\begin{pmatrix}-6\\-3\\-6\end{pmatrix}$$

Ist $\vec{n} = \begin{pmatrix}n_1\\n_2\\n_3\end{pmatrix}$ ein Normalenvektor der Ebene, so gilt:

I $\qquad -11n_1 + 2n_2 + 10n_3 = 0$

II $\qquad -6n_1 - 3n_2 - 6n_3 = 0$

$3 \cdot I + 2 \cdot III\colon\ -45n_1 + 18n_3 = 0 \;\Rightarrow\; 2n_3 = 5n_1$

Wählt man $n_3 = 5$, so ist $n_1 = 2$ und $n_2 = -14$.

(alternativ: Bestimmung des Normalenvektors mithilfe des Vektorprodukts der Spannvektoren: $\begin{pmatrix}-11\\2\\10\end{pmatrix} \times \begin{pmatrix}-6\\-3\\-6\end{pmatrix} = \begin{pmatrix}18\\-126\\45\end{pmatrix} = 9\begin{pmatrix}2\\-14\\5\end{pmatrix}$)

Mit $\vec{n} = \begin{pmatrix}2\\-14\\5\end{pmatrix}$ erhält man die Normalenformen

$\begin{pmatrix}2\\-14\\5\end{pmatrix} \circ \vec{x} - \begin{pmatrix}2\\-14\\5\end{pmatrix} \circ \begin{pmatrix}7\\1\\6\end{pmatrix} = 0 \;\Rightarrow\; \begin{pmatrix}2\\-14\\5\end{pmatrix} \circ \vec{x} - 30 = 0$ mit dem Einheitsnormalenvektor

$\overrightarrow{n_e} = \frac{1}{15}\begin{pmatrix}2\\-14\\5\end{pmatrix}$.

Die Lotgerade von E auf die Kante [AD] hat somit die Gleichung:

$$\ell\colon\ \vec{x} = \begin{pmatrix}4\\-0{,}5\\3\end{pmatrix} + \lambda\begin{pmatrix}2\\-14\\5\end{pmatrix}$$

Das Ende des Dachfirsts E ist 9 m vom Lotfußpunkt entfernt; dies entspricht 3 LE.

$$\overrightarrow{e_1} = \begin{pmatrix} 4 \\ -0,5 \\ 3 \end{pmatrix} + 3 \cdot \frac{1}{15}\begin{pmatrix} 2 \\ -14 \\ 5 \end{pmatrix} = \begin{pmatrix} 4,4 \\ -3,3 \\ 4 \end{pmatrix} \quad \text{und} \quad \overrightarrow{e_2} = \begin{pmatrix} 4 \\ -0,5 \\ 3 \end{pmatrix} - 3 \cdot \frac{1}{15}\begin{pmatrix} 2 \\ -14 \\ 5 \end{pmatrix} = \begin{pmatrix} 3,6 \\ 2,3 \\ 2 \end{pmatrix}$$

Überprüfung, ob der Punkt E_1 auf der vorgegebenen Firstgeraden liegt.

Die Vektorgleichung $\begin{pmatrix} 4,4 \\ -3,3 \\ 4 \end{pmatrix} = \begin{pmatrix} -1,1 \\ -2,3 \\ 9 \end{pmatrix} + \lambda \begin{pmatrix} -11 \\ 2 \\ 10 \end{pmatrix}$ ist erfüllt für $\lambda = -0,5$.

Da der Punkt E auf der vorgegebenen Geraden liegt und der First parallel zur Grundkante [AB] verläuft (Richtungsvektoren sind linear abhängig), ist der Dachfirst Teil der vorgegebenen Geraden.

Alternativer Rechenweg:

Der Dachfirst [EF] liegt (nach Konstruktion) in der Mittelebene E_M der Kante [AD] bzw. [BC] und in einer der Parallelebenen $E_{1/2}$ zu E_{ABCD}, die in 9m (3 LE) Entfernung verlaufen. Im Folgenden wird gezeigt, dass eine der Schnittgeraden $g_{1/2} = E_M \cap E_{1/2}$ identisch zu g_{EF} ist.

Die zur Grundfläche parallelen Ebenen im Abstand 3 LE haben die Gleichungen

$$E_1 : \frac{1}{15}\begin{pmatrix} 2 \\ -14 \\ 5 \end{pmatrix} \circ \vec{x} - 5 = 0 \quad \text{bzw.} \quad E_2 : \frac{1}{15}\begin{pmatrix} 2 \\ -14 \\ 5 \end{pmatrix} \circ \vec{x} + 1 = 0.$$

Die Mittelebene E_M geht durch den Mittelpunkt $M_{AD}(4\,|-0,5\,|\,3)$. Wählt man als Normalenvektor der Ebene einen zu $\overrightarrow{AD} = \begin{pmatrix} -6 \\ -3 \\ -6 \end{pmatrix}$ linear abhängigen Vektor, so erhält man die allgemeine Normalenform $\begin{pmatrix} 2 \\ 1 \\ 2 \end{pmatrix} \circ \vec{x} - 13,5 = 0$.

$E_1 \cap E_M = \{g\}$

I $\quad 2x - 14y + 5z = 75$

II $\quad 2x + y + 2z = 13,5$

$\text{I} - \text{II} \quad -15y + 3z = 61,5 \qquad\qquad 2 \cdot \text{I} - 5 \cdot \text{II} \quad -6x - 33y = 82,5$

$\qquad z = 5y + 20,5 \qquad\qquad\qquad x = -5,5y - 13,75$

$$g\colon \vec{x} = \begin{pmatrix} -13,75 \\ 0 \\ 20,5 \end{pmatrix} + \lambda \begin{pmatrix} -5,5 \\ 1 \\ 5 \end{pmatrix}$$

Die Richtungsvektoren von g_{EF} und g sind linear abhängig, die Geraden somit parallel.

$P(-13,75\,|\,0\,|\,20,5) \in g_{EF}$?

Die Vektorgleichung $\begin{pmatrix} -13,75 \\ 0 \\ 20,5 \end{pmatrix} = \begin{pmatrix} -1,1 \\ -2,3 \\ 9 \end{pmatrix} + \lambda \begin{pmatrix} -11 \\ 2 \\ 10 \end{pmatrix}$ ist erfüllt für $\lambda = 1,15$.

Der Dachfirst liegt auf der vorgegebenen Geraden.

3. Die Betrachtung des Dachquerschnitts (gleichschenkliges Dreieck) und Verwendung des Tangens ermöglicht es, die räumliche Problemstellung elementargeometrisch zu lösen.

Der Querschnitt des Daches ist ein gleichschenkliges Dreieck mit der Höhe $h = 3$ m. Die Basis des Dreiecks hat die Länge $|\overline{AD}| \cdot 3\text{ m} = \left|\begin{pmatrix} -6 \\ -3 \\ -6 \end{pmatrix}\right| \cdot 3\text{ m} = 27\text{ m}.$

$$\tan\alpha = \frac{h}{\frac{c}{2}}$$

$$\tan\alpha = \frac{3\text{ m}}{13{,}5\text{ m}}$$

$$\alpha \approx 12{,}53°$$

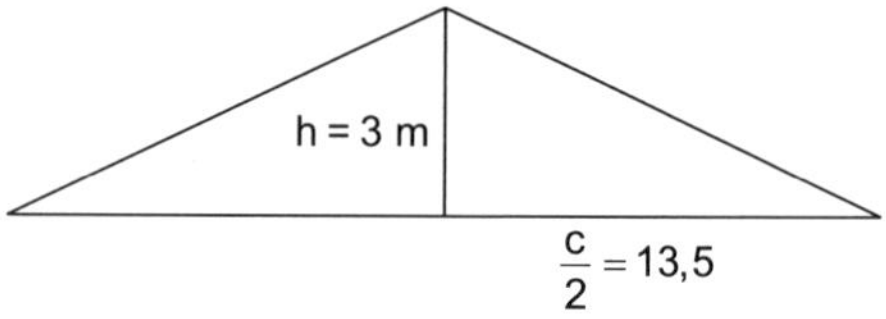

Alternativer Rechenweg (zeitaufwändig):

Die Dachfläche und die Zwischendecke sind Teil von Ebenen, der Schnittwinkel dieser Ebenen kann mithilfe des Skalarprodukts der Normalenvektoren bestimmt werden.

Der Abstand zwischen Boden und Decke beträgt 6 m (2 LE). Die Decke liegt somit auf der Ebene

$$E_D\colon \frac{1}{15}\begin{pmatrix} 2 \\ -14 \\ 5 \end{pmatrix} \circ \vec{x} - 4 = 0.$$

Ein Punkt der Dachfläche ist der Punkt D_A 6 m (2 LE) oberhalb von A.

$$\overrightarrow{d_A} = \begin{pmatrix} 7 \\ 1 \\ 6 \end{pmatrix} + 2 \cdot \frac{1}{15}\begin{pmatrix} 2 \\ -14 \\ 5 \end{pmatrix} = \begin{pmatrix} 7\frac{4}{15} \\ -\frac{13}{15} \\ 6\frac{2}{3} \end{pmatrix}$$

(Der Punkt D_A kann auch berechnet werden als Durchstoßpunkt der Lotgeraden $\ell\colon \vec{x} = \begin{pmatrix} 7 \\ 1 \\ 6 \end{pmatrix} + \lambda\begin{pmatrix} 2 \\ -14 \\ 5 \end{pmatrix}$ durch die Ebene E_D.)

Die Dachflächenebene ist festgelegt durch den Dachfirst und den Eckpunkt D_A (2. Spannvektor ist $\overrightarrow{ED_A}$).

$$E_{Dach}\colon \vec{x} = \begin{pmatrix} -1{,}1 \\ -2{,}3 \\ 9 \end{pmatrix} + \lambda\begin{pmatrix} -11 \\ 2 \\ 10 \end{pmatrix} + \mu\begin{pmatrix} \frac{43}{15} \\ \frac{73}{30} \\ \frac{8}{3} \end{pmatrix}$$

Ein Normalenvektor der Ebene ist $\vec{n} = \begin{pmatrix} 38 \\ -116 \\ 65 \end{pmatrix}$.

Der Neigungswinkel des Daches ist gleich dem Winkel zwischen den Normalenvektoren der Ebenen E_D und E_{Dach}. (Möglich ist auch, den Winkel zwischen g_{EDA} und E_D zu bestimmen.)

$$\cos\alpha = \frac{\begin{pmatrix}38\\-116\\65\end{pmatrix}\circ\begin{pmatrix}2\\-14\\5\end{pmatrix}}{\left|\begin{pmatrix}38\\-116\\65\end{pmatrix}\right|\cdot\left|\begin{pmatrix}2\\-14\\5\end{pmatrix}\right|} = \frac{2\,025}{\sqrt{19\,125\cdot 15}} \approx 0{,}976 \;\Rightarrow\; \alpha \approx 12{,}53^\circ$$

4. a) Der Fußpunkt P der Mobilfunkantenne und der Dachfirst liegen in Ebenen parallel zur Grundfläche ABCD der Halle. Mithilfe des Abstands dieser Ebenen und dem Tangens des Neigungswinkels des Daches lässt sich der gesuchte Abstand Antenne – First elementargeometrisch ermitteln.

Die zur Grundfläche parallele Ebene E_{EF} im Abstand 9 m (3 LE) hat die Gleichung

$$E_{EF}: \frac{1}{15}\begin{pmatrix}2\\-14\\5\end{pmatrix}\circ\vec{x} - 5 = 0.$$

Die zur Grundfläche parallele Ebene E_P durch den Punkt P hat folgende Gleichung:

$$E_P: \begin{pmatrix}2\\-14\\5\end{pmatrix}\circ\vec{x} - \begin{pmatrix}2\\-14\\5\end{pmatrix}\circ\begin{pmatrix}\frac{1}{3}\\-\frac{13}{12}\\\frac{31}{3}\end{pmatrix} = 0 \;\Rightarrow\; \begin{pmatrix}2\\-14\\5\end{pmatrix}\circ\vec{x} - 67{,}5 = 0$$

$$\frac{1}{15}\begin{pmatrix}2\\-14\\5\end{pmatrix}\circ\vec{x} - 4{,}5 = 0$$

Der Abstand der Ebenen beträgt 0,5 LE bzw. 1,5 m.

Für den Abstand der Antenne zum Dachfirst gilt nun:

$$\tan\alpha = \frac{h}{a} \;\Rightarrow a = \frac{h}{\tan\alpha}$$

$$a = \frac{1{,}5\text{ m}}{\tan 12{,}53^\circ} = 6{,}75\text{ m}$$

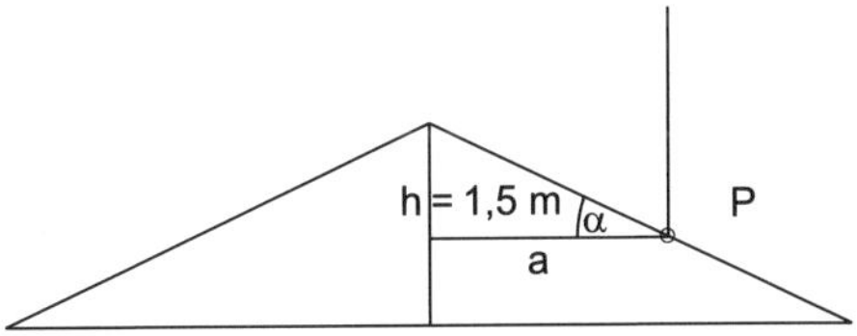

Der Abstand der Antenne zum Dachfirst beträgt 6,75 m.

Alternative 1:

Der Dachfirst und die Mobilfunkantenne liegen auf (windschiefen) Geraden, der Abstand dieser Geraden entspricht daher dem Abstand von Antenne und Dachfirst. Die Abstandsberechnung erfolgt mithilfe geeigneter Ebenen.

Die Mittelebene durch den Dachfirst hat folgende Gleichung (vgl. alternativen Rechenweg zu Aufgabe 2):

$$E_M: \begin{pmatrix}2\\1\\2\end{pmatrix}\circ\vec{x} - \begin{pmatrix}2\\1\\2\end{pmatrix}\circ\begin{pmatrix}4\\-0{,}5\\3\end{pmatrix} = 0 \;\Rightarrow\; \frac{1}{3}\begin{pmatrix}2\\1\\2\end{pmatrix}\circ\vec{x} - 4{,}5 = 0$$

Die parallele Ebene durch den Punkt P hat die Punkt-Normalenform

$$\begin{pmatrix}2\\1\\2\end{pmatrix}\circ\vec{x}-\begin{pmatrix}2\\1\\2\end{pmatrix}\circ\begin{pmatrix}\frac{1}{3}\\-\frac{13}{12}\\\frac{31}{3}\end{pmatrix}=0$$

und die Hesse'sche Normalenform $\frac{1}{3}\begin{pmatrix}2\\1\\2\end{pmatrix}\circ\vec{x}-6,75=0.$

Der Abstand der Ebenen beträgt 2,25 LE. Der Abstand der Antenne vom Dachfirst ist 6,75 m.

Alternative 2 (zeitaufwändig):

Durch senkrechte Projektion der „Firstgeraden" g_{EF} und des Fußpunktes der Antenne P auf die Grundfläche ABCD kann man den gesuchten Abstand bestimmen, indem man den Abstand des projizierten Punktes P' von der projizierten Geraden g'_{EF} berechnet.

Der Dachfirst wird senkrecht auf die Mittellinie projiziert.

$$g_{M_{AD}M_{BC}}:\ \vec{x}=\begin{pmatrix}4\\-0,5\\3\end{pmatrix}+\lambda\begin{pmatrix}-11\\2\\10\end{pmatrix}$$

Den Projektionspunkt des Punktes P auf die Ebene E_{ABC} erhält man, indem man die Lotgerade ℓ_1 zu E durch P

$$\ell_1:\vec{x}=\begin{pmatrix}\frac{1}{3}\\-\frac{13}{12}\\\frac{31}{3}\end{pmatrix}+\lambda\begin{pmatrix}2\\-14\\5\end{pmatrix}$$

mit der Ebene E_{ABC}: $2x-14y+5z=30$ zum Schnitt bringt.

$$2\cdot\left(\frac{1}{3}+2\lambda\right)-14\cdot\left(-\frac{13}{12}-14\lambda\right)+5\cdot\left(\frac{31}{3}+5\lambda\right)=30$$

$$225\lambda+67,5=30$$

$$225\lambda=-37,5$$

$$\lambda=-\frac{1}{6}$$

Setzt man $\lambda=-\frac{1}{6}$ in die Gleichung der Lotgeraden ein, so erhält man als Projektionspunkt P'(0 | 1,25 | 9,5). Da die Grundfläche rechtwinklig ist, hat eine Lotgerade ℓ_2 zur Mittellinie einen zu $\overrightarrow{AD}$ linear abhängigen Richtungsvektor.

$$\ell_2:\ \vec{x}=\begin{pmatrix}0\\1,25\\9,5\end{pmatrix}+\lambda\begin{pmatrix}2\\1\\2\end{pmatrix}$$

$$g_{M_{AD}M_{BC}}\cap\ell_2=\{Q\}$$

$$\begin{array}{lll} \text{I} & 0+2\lambda = 4-11\mu & \Rightarrow \lambda = 2-5{,}5\mu \\ \text{II} & 1{,}25+\lambda = -0{,}5+2\mu & \\ \text{III} & 9{,}5+2\lambda = 3-10\mu & \end{array}$$

λ in II: $1{,}25+2-5{,}5\mu = -0{,}5+2\mu \quad \Rightarrow \quad \mu = 0{,}5 \quad \lambda = -0{,}75$

Probe mit III: $9{,}5-1{,}5 = 3+5$ (w)

Der Punkt Q hat die Koordinaten $Q(-1{,}5\,|\,0{,}5\,|\,8)$.

$$\overrightarrow{P'Q} = \begin{pmatrix} -1{,}5 \\ -0{,}75 \\ -1{,}5 \end{pmatrix} \text{ und } |\overrightarrow{P'Q}| = 2{,}25\,[\text{LE}].$$

Die Antenne hat einen Abstand von $2{,}25 \cdot 3\text{m} = 6{,}75$ m vom Dachfirst.

b) Die Überlegungen in der Lösung von Teilaufgabe 4 a lassen das Ergebnis ohne zusätzliche Rechnung offensichtlich werden. Ist die Lösung von Teilaufgabe 4 a jedoch gemäß der Alternativen 1 oder 2 erfolgt, so müssen zuerst noch entsprechende Überlegungen angestellt werden.

Da der vertikale Abstand zwischen Dachfirst und Antennenfußpunkt 1,5 m beträgt, überragt die Antennenspitze den Dachfirst um 3,5 m.

5. Die angegebene Übergangsmatrix ist eine 4×4-Matrix, welche die tägliche Entwicklung des Lagerbestands (0, 1, 2 oder 3) beschreibt. Nimmt man die Spalten- und Zeilenbeschriftung zur Matrix hinzu, so geben die Spaltenköpfe die Anzahl der noch vorhandenen Warenlieferungen (vor weiteren Anlieferungen) am Morgen an, die Zeilenköpfe die Anzahl der (noch vorhandenen) Warenlieferungen nach Arbeitsende.

vor Anlieferung vorhanden / nach Arbeitsende vorhanden	0	1	2	3
0	$0{,}1+0{,}5$	0,1	0	0
1	0,4	0,5	0,1	0
2	0	0,4	0,5	0,1
3	0	0	0,4	$0{,}5+0{,}4$

Sind vor der Anlieferung 0 Warenlieferungen vorhanden, so können keine oder eine Lieferung am Zentrum ankommen und bei Arbeitsende sind alle Waren ausgeliefert. Bei 2 Anlieferungen bleiben die Waren einer Anlieferung im Zentrum. Sind die Waren von 1 Anlieferung vorhanden, so werden diese Waren verteilt und die Wahrscheinlichkeiten in der Spalte entsprechen den Wahrscheinlichkeiten der Anzahl der Anlieferungen.
Sind die Waren von 2 Anlieferungen vorhanden, so werden die Waren einer Lieferung verteilt und es bleiben die Waren von 1(2, 3) Anlieferungen über, je nachdem ob 0 (1, 2) Anlieferungen am Tag erfolgten.

Sind die Waren von 3 Anlieferungen vorhanden, so bleiben noch die Waren von 2 Anlieferungen im Lager, falls keine neue Anlieferung erfolgt. Ansonsten bleiben die Waren von 3 Lieferungen im Lager, da bei 2 Anlieferungen eine weitergeleitet wird.

6. Die Wahrscheinlichkeiten für die Anzahl nicht verteilter Anlieferungen bei Arbeitsende erhält man, indem man den Anfangsvektor mit der Übergangsmatrix multipliziert und den Ergebnisvektor nochmals multipliziert (d. h. der Ausgangsvektor wird mit dem Quadrat der Übergangsmatrix multipliziert).
Bei einem Anfangsbestand von 2 ist die Verteilung am Ende des ersten Tages

$$\begin{pmatrix} 0,6 & 0,1 & 0 & 0 \\ 0,4 & 0,5 & 0,1 & 0 \\ 0 & 0,4 & 0,5 & 0,1 \\ 0 & 0 & 0,4 & 0,9 \end{pmatrix} \cdot \begin{pmatrix} 0 \\ 0 \\ 1 \\ 0 \end{pmatrix} = \begin{pmatrix} 0 \\ 0,1 \\ 0,5 \\ 0,4 \end{pmatrix}$$

und daraus kann die Verteilung am Ende des zweiten Tages durch erneute Multiplikation mit der Übergangsmatrix bestimmt werden:

$$\begin{pmatrix} 0,6 & 0,1 & 0 & 0 \\ 0,4 & 0,5 & 0,1 & 0 \\ 0 & 0,4 & 0,5 & 0,1 \\ 0 & 0 & 0,4 & 0,9 \end{pmatrix} \cdot \begin{pmatrix} 0 \\ 0,1 \\ 0,5 \\ 0,4 \end{pmatrix} = \begin{pmatrix} 0,01 \\ 0,1 \\ 0,33 \\ 0,56 \end{pmatrix}$$

Die Wahrscheinlichkeit, dass bei Arbeitsende des 2. Tages die Waren von maximal zwei Anlieferungen im Zentrum sind, beträgt 0,44.

Alternativer Rechenweg:

Die Teilaufgabe kann auch ohne die Matrizenrechnung gelöst werden, indem man die entsprechenden Übergangswahrscheinlichkeiten in ein zweistufiges Baumdiagramm einträgt und die Wahrscheinlichkeiten für die einzelnen Pfade „aufsummiert".

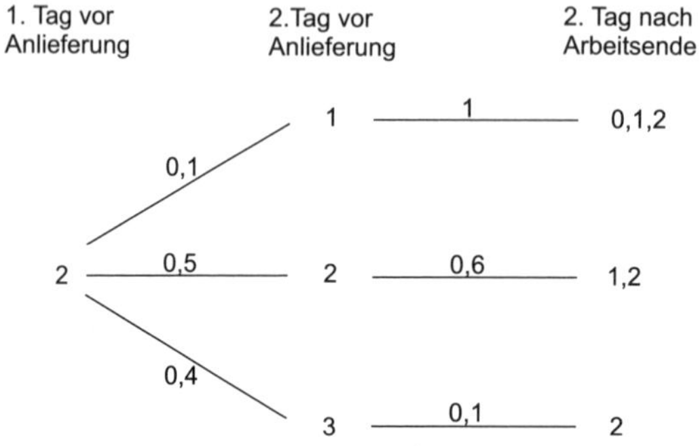

$$P(\text{maximal die Waren von zwei Anlieferungen}) = 0,1 + 0,5 \cdot 0,6 + 0,4 \cdot 0,1 = 0,44$$

7. Gesucht ist die langfristig stabile Verteilung zur Übergangsmatrix A. Dies ist ein Wahrscheinlichkeitsvektor (Summe aller Komponenten ist 1), der durch einen Übergang (Multiplikation mit A) nicht verändert wird; die Bestimmung dieses stabilen Vektors läuft auf die Lösung eines linearen Gleichungssystems hinaus. Die Multiplikation des stabilen Vektors mit der Übergangsmatrix führt zu keiner Änderung der Verteilung.

D. h. man erhält den Ansatz

$$\begin{pmatrix} 0{,}6 & 0{,}1 & 0 & 0 \\ 0{,}4 & 0{,}5 & 0{,}1 & 0 \\ 0 & 0{,}4 & 0{,}5 & 0{,}1 \\ 0 & 0 & 0{,}4 & 0{,}9 \end{pmatrix} \cdot \begin{pmatrix} a \\ b \\ c \\ d \end{pmatrix} = \begin{pmatrix} a \\ b \\ c \\ d \end{pmatrix}$$

und daraus folgendes lineares Gleichungssystem:

$$\begin{array}{lll} \text{I} & -0{,}4a + 0{,}1b & = 0 \quad \Rightarrow \quad b = 4a \\ \text{II} & 0{,}4a - 0{,}5b + 0{,}1c & = 0 \\ \text{III} & 0{,}4b - 0{,}5c + 0{,}1d & = 0 \\ \text{IV} & 0{,}4c - 0{,}1d & = 0 \quad \Rightarrow \quad d = 4c \end{array}$$

Gleichzeitig gilt noch die Gleichung

$$\text{V} \quad a + b + c + d \quad = 1$$

b und d in II, III

$$\begin{array}{lll} \text{II} & 0{,}4a - 2a + 0{,}1c & = 0 \quad \Rightarrow c = 16a \\ \text{III} & 0{,}4b - 0{,}5c + 0{,}4c & = 0 \quad \Rightarrow c = 4b \end{array}$$

b, c und d in V:

$$a + 4a + 16a + 4 \cdot 16a = 1$$

$$85a = 1 \quad \Rightarrow \quad a = \frac{1}{85}, \ b = \frac{4}{85}, \ c = \frac{16}{85} \ \text{und} \ d = \frac{64}{85}$$

Das Verteilzentrum muss noch nicht erweitert werden, da nur mit einer Wahrscheinlichkeit von $\frac{64}{85} = 75{,}3\,\%$ die Waren von 3 Anlieferungen noch im Lager liegen.

Nordrhein-Westfalen – Mathematik Leistungskurs
Analytische Geometrie: Übungsaufgabe 3

Flugroute und Landung

1. Zwei Flugzeuge F_1 und F_2 fliegen mit gleich bleibender Geschwindigkeit auf einem geraden Kurs. F_1 befindet sich zum Zeitpunkt $t=0$ im Punkt $A(1|3|40)$ und zum Zeitpunkt $t=3$ im Punkt $B(4|7|40)$. Zu den entsprechenden Zeiten befindet sich F_2 in $C(28|-20|11)$ bzw. in $D(25|-18|14)$.
   Die Koordinaten sind in Einheiten von 100 m, die Zeitpunkte in Sekunden angegeben.
   a) Berechnen Sie die Geschwindigkeit von Flugzeug F_1.
   b) Von einem „Beinahezusammenstoß" spricht man, wenn der Abstand zweier Flugzeuge weniger als eine Längeneinheit beträgt.
   Überprüfen Sie, ob es bei den Flugbahnen zu einem „Beinahezusammenstoß" kommen kann.
   c) Bestimmen Sie die Positionen, bei denen sich die Flugzeuge am nächsten sind und geben Sie die minimale Entfernung an.

2. Bei Punkt $E(70|95|40)$ beginnt Flugzeug F_1 den Landeanflug. Der Pilot wählt für den Landeanflug die Richtung $\vec{v}=\begin{pmatrix}13\\10\\-2\end{pmatrix}$. Beim Landeanflug fliegt das Flugzeug durch eine Wolkenschicht, die obere Grenze der Wolkenschicht liegt in der Ebene W_o: $x-10z+198=0$ und das Flugzeug verlässt die Wolkenschicht im Punkt $P_u(141{,}5|150|29)$.
   Bestimmen Sie den Winkel, in dem das Flugzeug in die Wolkenschicht eindringt, die Länge der Strecke, die das Flugzeug in der Wolkenschicht zurücklegt, sowie die Dicke der Wolkenschicht.

3. Der Flughafen liegt in der Ebene L: $x-10z=0$, die Landebahn sei die Strecke mit der Gleichung
   $$s:\ \vec{x}=\begin{pmatrix}201{,}3\\196\\20{,}13\end{pmatrix}+\lambda\cdot\begin{pmatrix}13\\10\\1{,}3\end{pmatrix};\ \lambda\in[0;1].$$
   Nach dem Verlassen der Wolkenschicht nimmt der Pilot nochmals eine Richtungsänderung vor.
   Begründen Sie dies.

4. Bei den 3 Terminals A, B und C des Flughafens befinden sich Gepäckwagen, sogenannte Kofferkulis, mit denen man das Gepäck bei der Ankunft zum Ausgang oder beim Abflug zum Terminal bringen kann. Eine Übergangsmatrix gibt die Wahrscheinlichkeit für einen Ortswechsel innerhalb der nächsten Stunde an.

   a) Berechnen Sie die fehlenden Übergangswahrscheinlichkeiten, wenn die Übergangsmatrix

   $$A = \begin{pmatrix} a & b & 0{,}1 \\ c & d & 0{,}2 \\ 0{,}5 & a & 0{,}7 \end{pmatrix}$$

   und die stationäre Verteilung

   $$\vec{s} = \frac{1}{56} \cdot \begin{pmatrix} 9 \\ 16 \\ 31 \end{pmatrix}$$

   ist. Zeichnen Sie das dazugehörige Übergangsdiagramm.

   b) Insgesamt gibt es bei den Terminals 728 Gepäckwagen.
   Bestimmen Sie die langfristige Verteilung auf die 3 Terminals.

Hinweise und Tipps

Teilaufgabe 1

a) Die Geschwindigkeit ist definiert als Quotient aus zurückgelegter Wegstrecke und benötigter Zeit.

Der zurückgelegte Weg ist die Länge des Verbindungsvektors von A und B.

Achten Sie auf die Angabe der korrekten physikalischen Einheiten.

b) Fassen Sie die Flugbahnen als windschiefe Geraden auf.

Bestimmen Sie den Abstand der Geraden, indem Sie die Gleichung der Ebene bestimmen, die eine der Geraden enthält und zur anderen parallel ist.

Die Parameterform der Ebenengleichung gewinnen Sie aus den Richtungsvektoren der beiden Geraden und aus einem Aufpunkt der Ebene. Aus der Parameterform können Sie die Hesse'sche Normalenform bestimmen und damit den Abstand der Ebene zur parallelen Gerade berechnen.

c) Stellen Sie für beide Flugzeuge die Positionen mithilfe der Geradengleichungen der Flugbahnen in Abhängigkeit von der Zeit auf.

Verwenden Sie die Punkt-Richtungsform der Geradengleichung mit der Positionsänderung der Flugzeuge als Richtungsvektor und der Zeit t als Parameter. Die Position ist durch den Ortsvektor gegeben, der längs dieser Geraden läuft.

Der Abstand d ist gegeben durch die Differenz der Positionsvektoren.

Berechnen Sie das Minimum der Abstandsfunktion d(t). Einsetzen der Minimalstelle t in die Positionsgleichungen liefert die gesuchten Positionen, Einsetzen in die Abstandsfunktion den Minimalabstand.

Teilaufgabe 2

Fertigen Sie eine Skizze zur Veranschaulichung an. Tragen Sie die gegebenen Punkte und Vektoren ein.

Stellen Sie die Geradengleichung für die Flugbahn durch die Wolkenschicht auf.

Bestimmen Sie den Schnittwinkel der Bahn mit W_0 mithilfe des Richtungsvektors $\vec{u}$ der Geraden und des Normalenvektors $\vec{n}$ der Ebene mit der Formel $\sin\rho = \frac{\vec{u} \circ \vec{n}}{|\vec{u}| \cdot |\vec{n}|}$.

Zur Berechnung der Länge der Strecke innerhalb der Wolkenschicht benötigen Sie den Differenzvektor der beiden Durchstoßpunkte (oberer Durchstoßpunkt: Schnittpunkt der Geraden mit W_0).

Die Dicke lässt sich auf verschiedene Weise berechnen: Entweder über das Lot auf W_0 **oder** über den Abstand der parallelen Grenzebenen **oder** über Winkelbeziehungen im rechtwinkligen Dreieck (Skizze!).

Teilaufgabe 3

Berechnen Sie den Landepunkt bei unveränderter Richtung und überprüfen Sie, ob dieser Landepunkt auf der Landebahn liegt.

Der Landepunkt ist der Schnittpunkt der Flugbahn mit der Ebene L.

Beachten Sie den zulässigen Bereich des Geradenparameters der Landebahn s.

Teilaufgabe 4

a) Die Übergangsmatrix ist eine stochastische Matrix. Die Summe der Spaltenelemente der Matrix ist daher gleich eins.

Multipliziert man die Übergangsmatrix mit dem stabilen (stationären) Vektor, so erhält man wieder den stabilen Vektor. Aus diesen Bedingungen folgt ein Gleichungssystem, aus dem die fehlenden Matrixelemente bestimmt werden können.

b) Die Anzahl der Gepäckwagen an den Terminals verhält sich anteilsmäßig zu den Koordinaten des stabilen Vektors.

Lösungen

1. a) In der Zeit $t = 3$ Sekunden ändert sich die Position des Flugzeugs F_1 um den Verbindungsvektor $\overrightarrow{AB}$ der beiden Punkte A und B:

$$\overrightarrow{AB} = \overrightarrow{OB} - \overrightarrow{OA} = \begin{pmatrix} 4 \\ 7 \\ 40 \end{pmatrix} - \begin{pmatrix} 1 \\ 3 \\ 40 \end{pmatrix} = \begin{pmatrix} 3 \\ 4 \\ 0 \end{pmatrix}$$

Die gesuchte Geschwindigkeit v ist der Quotient aus der Länge $\overline{AB} = |\overrightarrow{AB}|$ dieses Vektors und der Zeit t. Für die Länge ergibt sich:

$$\overline{AB} = \left|\begin{pmatrix} 3 \\ 4 \\ 0 \end{pmatrix}\right| = \sqrt{3^2 + 4^2 + 0^2} = 5$$

Da Längen in Einheiten von 100 m angegeben sind, gilt $\overline{AB} = 500$ m und somit für die Geschwindigkeit:

$$v = \frac{\overline{AB}}{t} = \frac{500}{3}\frac{m}{s} \approx \underline{\underline{167\frac{m}{s}}} \quad \text{bzw.} \quad v = \frac{500}{3} \cdot 3{,}6\frac{km}{h} = \underline{\underline{600\frac{km}{h}}}$$

Das Flugzeug F_1 hat eine Geschwindigkeit von $600\frac{km}{h}$.

b) **Abstand der beiden Flugzeuge**

Die Flugbahnen $f_{1/2}$ der Flugzeuge sind windschiefe Geraden. Ihr Abstand ist gleich dem Abstand von f_2 zu der Ebene E_1, die f_1 enthält und parallel zu f_2 verläuft. Mithilfe der Hesse'schen Normalenform von E_1 wird der gesuchte Abstand durch Einsetzen eines Punktes $P \in f_2$ in E_1 bestimmt.

Die Zwei-Punkteformen der Flugbahnen f_1 und f_2 der Flugzeuge lassen sich aus den Angaben ermitteln, man erhält:

$$f_1\colon\ \vec{x} = \overrightarrow{OA} + \lambda \cdot (\overrightarrow{OB} - \overrightarrow{OA}) = \begin{pmatrix} 1 \\ 3 \\ 40 \end{pmatrix} + \lambda \begin{pmatrix} 3 \\ 4 \\ 0 \end{pmatrix} \quad (\lambda \in \mathbb{R})$$

$$f_2\colon\ \vec{x} = \overrightarrow{OC} + \lambda \cdot (\overrightarrow{OD} - \overrightarrow{OC}) = \begin{pmatrix} 28 \\ -20 \\ 11 \end{pmatrix} + \mu \begin{pmatrix} -3 \\ 2 \\ 3 \end{pmatrix} \quad (\mu \in \mathbb{R})$$

Die Parameterform der Ebene E_1, die zu beiden Geraden parallel ist und f_1 enthält (gemeinsame Richtungsvektoren aus f_1 und f_2) lautet:

$$E_1\colon\ \vec{x} = \overrightarrow{OA} + \lambda \cdot (\overrightarrow{OB} - \overrightarrow{OA}) + \mu \cdot (\overrightarrow{OD} - \overrightarrow{OC})$$

$$= \begin{pmatrix} 1 \\ 3 \\ 40 \end{pmatrix} + \lambda \begin{pmatrix} 3 \\ 4 \\ 0 \end{pmatrix} + \mu \begin{pmatrix} -3 \\ 2 \\ 3 \end{pmatrix} \quad (\lambda, \mu \in \mathbb{R})$$

Ist $\vec{n} = \begin{pmatrix} n_1 \\ n_2 \\ n_3 \end{pmatrix}$ ein Normalenvektor der Ebene, so gilt:

I $\qquad 3n_1+4n_2=0 \qquad \Rightarrow \quad n_2=-\frac{3}{4}n_1$

II $\qquad -3n_1+2n_2+3n_3=0$

Wählt man $n_1=4$, so ist $n_2=-3$ und $n_3=6$.

(alternativ: Bestimmung des Normalenvektors mithilfe des Vektorprodukts der Spannvektoren: $\begin{pmatrix}3\\4\\0\end{pmatrix}\times\begin{pmatrix}-3\\2\\3\end{pmatrix}=\begin{pmatrix}12\\-9\\18\end{pmatrix}=3\begin{pmatrix}4\\-3\\6\end{pmatrix}$)

Aus $\vec{n}=\begin{pmatrix}4\\-3\\6\end{pmatrix}$ erhält man den Einheitsnormalenvektor

$$\vec{n}_e=\frac{1}{\sqrt{4^2+(-3)^2+6^2}}\cdot\begin{pmatrix}4\\-3\\6\end{pmatrix}=\frac{1}{\sqrt{61}}\cdot\begin{pmatrix}4\\-3\\6\end{pmatrix}$$

Aus der Hesse'schen Normalenform für die erste Ebene

$E_1: \vec{n}_e \circ \vec{x}-\vec{n}_e \circ \overrightarrow{OA}=0$

erhält man den gesuchten Abstand d durch Einsetzen des Ortsvektors von $C \in f_2$ in E_1 gemäß der Beziehung:

$$d=\left|\vec{n}_e \circ \overrightarrow{OC}-\vec{n}_e \circ \overrightarrow{OA}\right| \quad \Rightarrow \quad d=\left|\frac{1}{\sqrt{61}}\cdot\left(\begin{pmatrix}4\\-3\\6\end{pmatrix}\circ\begin{pmatrix}28\\-20\\11\end{pmatrix}-\begin{pmatrix}4\\-3\\6\end{pmatrix}\circ\begin{pmatrix}1\\3\\40\end{pmatrix}\right)\right|$$

$$\Rightarrow \quad d=\left|\frac{1}{\sqrt{61}}(238-235)\right|=\frac{3}{\sqrt{61}}$$

Der Abstand beträgt rund 38,4 m und somit weniger als eine Längeneinheit. Die Gefahr eines Zusammenstoßes besteht.

c) **Minimaler Abstand der Flugzeuge**

Zunächst müssen für beide Flugzeuge die Positionen in Abhängigkeit von der Zeit bestimmt werden. Die Flugzeuge bewegen sich geradlinig mit konstanten Geschwindigkeiten $\vec{v}_1$ bzw. $\vec{v}_2$. Die Positionsgleichungen sind die Punkt-Richtungs-Formen der Bahngeraden, in denen der Startpunkt der Aufpunkt, der Richtungsvektor die Positionsänderung (in einem festem Zeitintervall) und die Zeit t der Geradenparameter ist.

Für die Position P(t) längs der Flugbahn von F_1 zu einem bestimmten Zeitpunkt t gilt wegen

$$\vec{v}_1\cdot 3\,[s]=\overrightarrow{AB}=\overrightarrow{OB}-\overrightarrow{OA} \quad \Rightarrow \quad \vec{v}_1=\frac{1}{3}\cdot\left(\begin{pmatrix}4\\7\\40\end{pmatrix}-\begin{pmatrix}1\\3\\40\end{pmatrix}\right)=\frac{1}{3}\cdot\begin{pmatrix}3\\4\\0\end{pmatrix}$$

der Zusammenhang (ausgehend von Startpunkt bei $t=0$):

$$\overrightarrow{OP}=\overrightarrow{OA}+\vec{v}_1\cdot t=\begin{pmatrix}1\\3\\40\end{pmatrix}+\frac{1}{3}\cdot\begin{pmatrix}3\\4\\0\end{pmatrix}\cdot t=\begin{pmatrix}1+t\\3+\frac{4}{3}t\\40\end{pmatrix} \qquad (*)$$

Entsprechend folgt für die Position Q(t) von F_2 mit der Geschwindigkeit

$$\vec{v}_2 \cdot 3\,[s] = \overrightarrow{CD} = \overrightarrow{OD} - \overrightarrow{OC} \quad \Rightarrow \quad \vec{v}_2 = \frac{1}{3} \cdot \left(\begin{pmatrix} 25 \\ -18 \\ 14 \end{pmatrix} - \begin{pmatrix} 28 \\ -20 \\ 11 \end{pmatrix} \right) = \frac{1}{3} \cdot \begin{pmatrix} -3 \\ 2 \\ 3 \end{pmatrix}$$

die Beziehung:

$$\overrightarrow{OQ} = \overrightarrow{OC} + \vec{v}_2 \cdot t = \begin{pmatrix} 28 \\ -20 \\ 11 \end{pmatrix} + \frac{1}{3} \cdot \begin{pmatrix} -3 \\ 2 \\ 3 \end{pmatrix} \cdot t = \begin{pmatrix} 28 - t \\ -20 + \frac{2}{3}t \\ 11 + t \end{pmatrix} \qquad (**)$$

Anmerkung: Der oben angegebene Weg ist der allgemeine Weg, der auch gilt, wenn die Positionsänderungen der Flugzeuge zu nicht gleichen Zeitintervallen angegeben sind. Da dies hier jedoch nicht der Fall ist, kann auch mit den Richtungsvektoren $\overrightarrow{AB}$ und $\overrightarrow{CD}$ direkt gerechnet werden (d. h. der Faktor $\frac{1}{3}$ bei $\vec{v}_1$ bzw. $\vec{v}_2$ könnte weggelassen werden).

Der Abstand der beiden Flugzeuge ist durch den Betrag der Differenz der Ortsvektoren dieser Positionen gegeben. Da der Abstand von t abhängt, lässt er sich durch eine Abstandsfunktion d(t) beschreiben:

$$d(t) = |\overrightarrow{QP}| = |\overrightarrow{OP} - \overrightarrow{OQ}| = \left| \begin{pmatrix} 1 + t \\ 3 + \frac{4}{3}t \\ 40 \end{pmatrix} - \begin{pmatrix} 28 - t \\ -20 + \frac{2}{3}t \\ 11 + t \end{pmatrix} \right| = \left| \begin{pmatrix} 2t - 27 \\ \frac{2}{3}t + 23 \\ -t + 29 \end{pmatrix} \right|$$

$$\Rightarrow \quad d(t) = \sqrt{(4t^2 - 108 \cdot t + 27^2 + \frac{4}{9}t^2 + \frac{92}{3} \cdot t + 23^2 + t^2 - 58 \cdot t + 29^2}$$

$$= \sqrt{\frac{49}{9}t^2 - \frac{406}{3}t + 2\,099}$$

Wir müssen nun das Minimum dieser Funktion berechnen.

Die Abstandsfunktion d(t) hat genau dort Extremstellen, an denen auch der Radikand Extremstellen hat (dieser Zusammenhang gilt für jede Wurzelfunktion). Daher genügt es, den Radikanden zu untersuchen. Es wäre auch in Ordnung, die vollständige Funktion d(t) abzuleiten; die Rechnung ist aber aufwändiger, fehleranfälliger und für die Extremstellensuche unnötig.

Der Radikand r(t) und seine ersten beiden Ableitungen lauten:

$$r(t) = \frac{49}{9}t^2 - \frac{406}{3}t + 2\,099$$

$$\Rightarrow \quad r'(t) = \frac{98}{9}t - \frac{406}{3}$$

$$\Rightarrow \quad r''(t) = \frac{98}{9}$$

Notwendige Bedingung für Extremstellen: $r'(t) = 0$

$$\frac{98}{9}t - \frac{406}{3} = 0 \quad \Leftrightarrow \quad t = \frac{406 \cdot 9}{3 \cdot 98} = \frac{87}{7}$$

Hinreichende Bedingung für Extremstellen: $r'(t) = 0 \wedge r''(t) \neq 0$

$$r''\left(\frac{87}{7}\right) = \frac{98}{9} \neq 0$$

Wegen $r''\left(\frac{87}{7}\right) > 0$ liegt an der Stelle $t = \frac{87}{7}$ ein Minimum vor. Setzt man $t = \frac{87}{7}$ in die Positionsgleichungen (∗) und (∗∗) der Flugbahnen ein, so erhält man:

$$\overrightarrow{OP} = \begin{pmatrix} 1+\frac{87}{7} \\ 3+\frac{4}{3}\cdot\frac{87}{7} \\ 40 \end{pmatrix} = \frac{1}{7}\cdot\begin{pmatrix} 94 \\ 137 \\ 280 \end{pmatrix} \qquad \overrightarrow{OQ} = \begin{pmatrix} 28-\frac{87}{7} \\ -20+\frac{2}{3}\cdot\frac{87}{7} \\ 11+\frac{87}{7} \end{pmatrix} = \frac{1}{7}\cdot\begin{pmatrix} 109 \\ -82 \\ 164 \end{pmatrix}$$

Einsetzen von $t = \frac{87}{7}$ in d(t) liefert den minimalen Abstand der Flugzeuge:

$$d\left(\frac{87}{7}\right) = \sqrt{\frac{49}{9}\cdot\left(\frac{87}{7}\right)^2 - \frac{406}{3}\cdot\frac{87}{7} + 2\,099} = \sqrt{1\,258} \approx \underline{\underline{35{,}47\,[\text{LE}]}}$$

Ergebnis: Zu der Zeit, zu der die Flugzeuge minimalen Abstand von rund 3,5 km haben, befinden sich die Flugzeuge F_1 und F_2 an den Positionen $P_{F_1}\left(\frac{94}{7} \,\middle|\, \frac{137}{7} \,\middle|\, 40\right)$ und $P_{F_2}\left(\frac{109}{7} \,\middle|\, \frac{-82}{7} \,\middle|\, \frac{164}{7}\right)$.

2. Die Erstellung einer Skizze ist in der Aufgabenstellung zwar nicht verlangt, kann aber durch Veranschaulichung der räumlichen Situation das Auffinden einer passenden Lösungsidee wesentlich erleichtern.

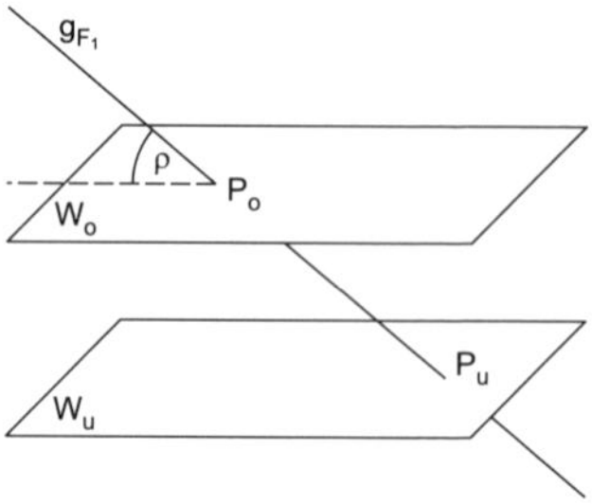

Nach Änderung der Flugrichtung fliegt das Flugzeug F_1 auf einem Kurs, der durch die Gerade

$$g_{F_1}:\ \vec{x} = \overrightarrow{OE} + \lambda\cdot\vec{v} = \begin{pmatrix} 70 \\ 95 \\ 40 \end{pmatrix} + \lambda\cdot\begin{pmatrix} 13 \\ 10 \\ -2 \end{pmatrix}$$

angegeben werden kann. Der Winkel ρ, in dem das Flugzeug in die Wolkendecke eindringt, lässt sich aus dem Richtungsvektor $\vec{v}$ und einem Normalenvektor $\vec{n}_W$ zu W_o berechnen:

$$W_o:\ x-10z+198=0 \ \Rightarrow\ \vec{n}_W=\begin{pmatrix}1\\0\\-10\end{pmatrix}$$

$$\sin\rho=\frac{\vec{v}\circ\vec{n}_W}{|\vec{v}|\cdot|\vec{n}_W|}=\frac{\begin{pmatrix}13\\10\\-2\end{pmatrix}\circ\begin{pmatrix}1\\0\\-10\end{pmatrix}}{\left|\begin{pmatrix}13\\10\\-2\end{pmatrix}\right|\cdot\left|\begin{pmatrix}1\\0\\-10\end{pmatrix}\right|}=\frac{33}{\sqrt{273}\cdot\sqrt{101}} \ \Rightarrow\ \underline{\underline{\rho\approx 11{,}46°}}$$

Den Punkt P_o, an dem das Flugzeug in die Wolken eindringt, erhält man, indem die Geradengleichung g_{F_1} mit der Ebenengleichung W_o geschnitten wird. Dazu setzt man die Koordinaten der Geradengleichung in die Ebenengleichung ein und löst nach λ auf:

$$\begin{aligned}(70+13\lambda)-10\cdot(40-2\lambda)+198&=0\\ 33\lambda&=132\\ \lambda&=4\end{aligned}$$

Einsetzen von $\lambda=4$ in die Geradengleichung liefert:

$$\overrightarrow{OP_o}=\begin{pmatrix}70\\95\\40\end{pmatrix}+4\cdot\begin{pmatrix}13\\10\\-2\end{pmatrix}=\begin{pmatrix}122\\135\\32\end{pmatrix} \ \Rightarrow\ \underline{\underline{P_o(122|135|32)}}$$

Die Länge der Strecke, die das Flugzeug in der Wolke zurücklegt, ist gleich dem Betrag des Verbindungsvektors von P_o und P_u:

$$|\overrightarrow{P_oP_u}|=\left|\begin{pmatrix}19{,}5\\15\\-3\end{pmatrix}\right|=\sqrt{614{,}25}\approx\underline{\underline{24{,}78\,[\text{LE}]}}$$

Für die Berechnung der Dicke der Wolkendecke gibt es verschiedene Lösungswege, die sich im Rechenaufwand teilweise deutlich unterscheiden (vergleiche Lösungsweg 3 mit den beiden anderen). Durch geschicktes Vorgehen und Ausnutzen aller bekannten Größen lässt sich hier viel Zeit sparen!

Lösungsweg 1: Bestimmung der Wolkendicke über das Lot auf W_o

Fällt man das Lot von P_u auf die Wolkendecke W_o, so hat die Lotgerade ℓ die Gleichung:

$$\ell:\ \vec{x}=\overrightarrow{OP_u}+\lambda\cdot\vec{n}_W=\begin{pmatrix}141{,}5\\150\\29\end{pmatrix}+\lambda\begin{pmatrix}1\\0\\-10\end{pmatrix}$$

Die Wolkendicke ist der Abstand zwischen P_u und dem Fußpunkt F des Lotes auf W_o, also dem Schnittpunkt der Lotgeraden mit der Ebene:

$$\overrightarrow{OF}=\overrightarrow{OP_u}+\lambda_F\cdot\vec{n}_W \ \Rightarrow\ d(P_u,W_o)=|\overrightarrow{OF}-\overrightarrow{OP_u}|=|\lambda_F\cdot\vec{n}_W| \qquad (***)$$

Die Koordinaten des Lotfußpunktes F müssen nicht explizit berechnet werden.

Den Parameter λ_F erhalten wir durch Einsetzen der Geradengleichung von ℓ in die Ebenengleichung W_o:

$$(141{,}5+\lambda_F)-10\cdot(29-10\lambda_F)+198=0$$
$$101\lambda_F=-49{,}5$$
$$\lambda_F=-\frac{495}{1010}=-\frac{99}{202}$$

Mit der Beziehung (***) folgt:

$$d(P_u, W_o)=\left|\frac{-99}{202}\cdot\begin{pmatrix}1\\0\\-10\end{pmatrix}\right|=\frac{1}{202}\sqrt{989901}\approx\underline{\underline{4{,}93\,[LE]}}$$

Die Wolkendecke ist ca. 500 m dick.

Lösungsweg 2: Wolkendicke als Abstand der Ebenen W_o und W_u
Die Höhe der Wolkenschicht ist gleich dem Abstand der parallelen Ebenen W_o und W_u, wobei W_u die zu W_o parallele Ebene durch den Punkt P_u ist.

Die Punkt-Normalenformen der beiden Ebenen lauten:

$$W_u:\ \vec{n}_W\circ\vec{x}-\vec{n}_W\circ\overrightarrow{OP_u}=\begin{pmatrix}1\\0\\-10\end{pmatrix}\circ\vec{x}-\begin{pmatrix}1\\0\\-10\end{pmatrix}\circ\begin{pmatrix}141{,}5\\150\\29\end{pmatrix}=0$$

$$W_o:\ \vec{n}_W\circ\vec{x}-\vec{n}_W\circ\overrightarrow{OP_o}=\begin{pmatrix}1\\0\\-10\end{pmatrix}\circ\vec{x}-\begin{pmatrix}1\\0\\-10\end{pmatrix}\circ\begin{pmatrix}122\\135\\32\end{pmatrix}=0$$

Daraus ergeben sich für die Hesse'schen Normalenformen ($|\vec{n}_W|=\sqrt{101}$):

$$W_u:\ \frac{1}{\sqrt{101}}\cdot\begin{pmatrix}1\\0\\-10\end{pmatrix}\circ\vec{x}+\frac{148{,}5}{\sqrt{101}}=0$$

$$W_o:\ \frac{1}{\sqrt{101}}\cdot\begin{pmatrix}1\\0\\-10\end{pmatrix}\circ\vec{x}+\frac{198}{\sqrt{101}}=0$$

Aus der Differenz erhält man den gesuchten Abstand:

$$d(W_o; W_u)=\frac{1}{\sqrt{101}}(198-148{,}5)\approx\underline{\underline{4{,}93\,[LE]}}$$

Die Wolkendecke ist ca. 500 m dick.

Lösungsweg 3: Winkelbeziehungen im rechtwinkligen Dreieck

Die räumliche Situation kann um eine Dimension reduziert und die Lösung elementargeometrisch bestimmt werden. Die Anfertigung einer Skizze ist vorteilhaft, wird in der Aufgabenstellung jedoch nicht verlangt.

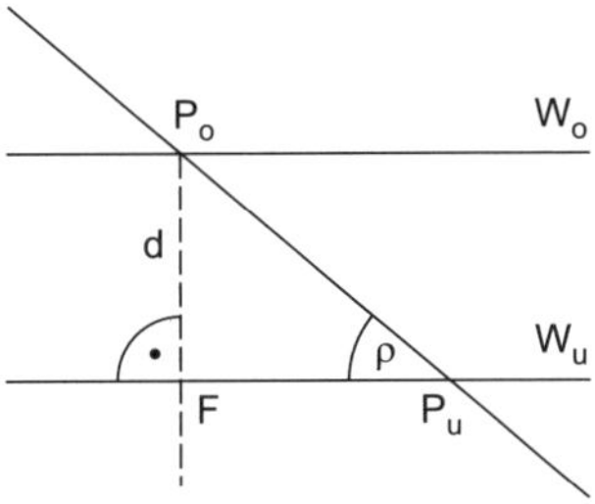

Die gesuchte Dicke d bildet die Kathete $\overline{P_oF}$ in dem rechtwinkligen Dreieck P_uP_oF. Da zudem der Schnittwinkel ρ und die Hypotenuse $\overline{P_uP_o}$ bekannt sind, folgt:

$$\sin\rho = \frac{\overline{P_oF}}{\overline{P_uP_o}} \quad\Rightarrow\quad \overline{P_oF} = \overline{P_uP_o}\cdot\sin\rho = 24{,}78\cdot\sin 11{,}46° \approx \underline{\underline{4{,}92\,[\text{LE}]}}$$

Die Wolkendecke ist ca. 500 m dick.

3. Es ist wichtig, den zulässigen Parameterbereich $\lambda \in [0; 1]$, der die Landebahn als Streckenabschnitt auf der Geraden s definiert, zu beachten. Die Tatsache, dass P_L auf der Geraden s liegt (also das Gleichungssystem für λ sich lösen lässt), genügt für die Überprüfung des Kurses *nicht.*

   Wir prüfen, ob bei unveränderter Flugrichtung der Landepunkt P_L auf der Landebahn s liegt. P_L ist der Schnittpunkt der Geraden g_{F_1} und der Ebene L. Um ihn zu bestimmen, setzt man die Koordinaten der Geradengleichung in die Ebenengleichung ein. Man erhält dann für den Geradenparameter λ_L:

$$(70+13\lambda)-10(40-2\lambda_L)=0$$
$$33\lambda_L = 330$$
$$\lambda_L = 10$$

Einsetzen von λ_L in die Geradengleichung ergibt P_L:

$$\overrightarrow{OP_L} = \begin{pmatrix}70\\95\\40\end{pmatrix} + 10\begin{pmatrix}13\\10\\-2\end{pmatrix} = \begin{pmatrix}200\\195\\20\end{pmatrix} \quad\Rightarrow\quad P_L(200|195|20)$$

Einsetzen von P_L in die Gleichung s der Landebahn liefert schließlich:

$$\begin{pmatrix}200\\195\\20\end{pmatrix} = \begin{pmatrix}201{,}3\\196\\20{,}13\end{pmatrix} + \lambda\begin{pmatrix}13\\10\\-1{,}3\end{pmatrix} \quad\Rightarrow\quad \lambda = -0{,}1 \notin [0; 1]$$

Das Flugzeug würde bei unveränderter Richtung *vor* der Landebahn aufsetzen. Der Pilot muss daher einen Kurswechsel vornehmen.

4. a) Da es sich um eine stochastische Matrix handelt, gilt für die Spaltensummen:

I $a + c + 0{,}5 = 1$

II $a + b + d = 1$

Multipliziert man den stabilen (stationären) Vektor mit der Übergangsmatrix, so ist das Ergebnis wieder der stabile Vektor, sodass gilt:

$$\begin{pmatrix} a & b & 0{,}1 \\ c & d & 0{,}2 \\ 0{,}5 & a & 0{,}7 \end{pmatrix} \cdot \frac{1}{56} \cdot \begin{pmatrix} 9 \\ 16 \\ 31 \end{pmatrix} = \frac{1}{56} \cdot \begin{pmatrix} 9 \\ 16 \\ 31 \end{pmatrix}$$

Wir kürzen den Faktor $\frac{1}{56}$ auf beiden Seiten und führen die Matrixmultiplikation aus. Aus den resultierenden Gleichungen III bis V sowie den Gleichungen I und II lassen sich die unbekannten Matrixelemente bestimmen:

III $9a + 16b + 3{,}1 = 9$

IV $9c + 16d + 6{,}2 = 16$

V $4{,}5 + 16a + 21{,}7 = 31 \;\Rightarrow\; a = 0{,}3$

a in I:	$0{,}3 + c + 0{,}5 = 1$	$\Rightarrow$	$c = 0{,}2$
a in III:	$2{,}7 + 16b + 3{,}1 = 9$	$\Rightarrow$	$b = 0{,}2$
a und b in II:	$0{,}3 + 0{,}2 + d = 1$	$\Rightarrow$	$d = 0{,}5$
Probe mit IV:	$1{,}8 + 8 + 6{,}2 = 16$		wahre Aussage

Die Übergangsmatrix lautet somit:

$$\underline{\underline{\begin{pmatrix} 0{,}3 & 0{,}2 & 0{,}1 \\ 0{,}2 & 0{,}5 & 0{,}2 \\ 0{,}5 & 0{,}3 & 0{,}7 \end{pmatrix}}}$$

Wichtig zur Erstellung des Übergangsdiagramms: Die Einträge der Übergangsmatrix bezeichnen die Übergänge in der folgenden Weise.

$$\begin{pmatrix} A \to A & B \to A & C \to A \\ A \to B & B \to B & C \to B \\ A \to C & B \to C & C \to C \end{pmatrix}$$

Die nebenstehende Abbildung zeigt das Übergangsdiagramm zur Übergangsmatrix A.

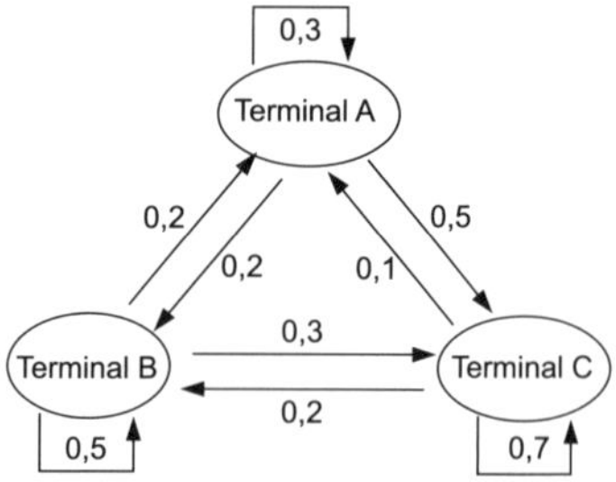

b) Die aus Teilaufgabe a bekannte stationäre Verteilung gibt an, wie viel *Prozent* der Kofferkulis sich langfristig an einem der drei Terminals befinden. Mithilfe dieser Angaben kann durch Multiplikation der Gesamtanzahl mit den jeweiligen Prozentsätzen auf die gesuchte Verteilung „hochgerechnet" werden.

Die Anzahl der Gepäckwagen an den Terminals verhält sich wie die Koordinaten des stabilen Vektors $9:16:31$. Daraus folgt für die Verteilung der Kulis auf die Terminals:

Terminal	Anzahl Gepäckwagen
A	$\frac{9}{9+16+31}\cdot 728 = \frac{9}{56}\cdot 728 = 117$
B	$\frac{16}{56}\cdot 728 = 208$
C	$\frac{31}{56}\cdot 728 = 403$

Nordrhein-Westfalen – Mathematik Leistungskurs
Analytische Geometrie: Übungsaufgabe 4

Schornstein / Wasserdampfwolke

Der bei der Produktion von Spanplatten entstehende Wasserdampf wird über einen Schornstein abgeleitet. Die Schornsteinspitze P besitzt die Koordinaten P(–12 | 7,3 | –3,5). Zur Stabilisierung wurde der Schornstein mit Seilen an den Punkten A(–9,6 | 4 | 2,8), B(–8 | 2 | 0) und C(–11,2 | 1,5 | 1,1) befestigt.

Benutzen Sie bei der Berechnung der folgenden Aufgaben: 1 LE = 15 m.

1. Der Fuß des Schornsteins und die Punkte A, B und C liegen in einer Ebene E_G, der Schornstein steht senkrecht auf dieser Ebene.
   a) Bestimmen Sie die Gleichung der Ebene E_G in allgemeiner Normalenform.
   b) Bestimmen Sie die Höhe des Schornsteins.
   c) Zeigen Sie, dass der Fußpunkt des Schornsteins gleich dem Schwerpunkt S des Dreiecks ABC ist. (Benutzen Sie hierbei *nicht*: Für den Schwerpunkt S eines Dreiecks mit den Eckpunkten A, B und C gilt: $\vec{s} = \frac{1}{3}(\vec{a} + \vec{b} + \vec{c})$)

2. Im Gebiet der Firma ist es windstill oder der Wind kommt aus nordöstlicher bzw. westlicher Richtung. Die Höhe einer zur Ebene E_G parallel gelegenen Luftschicht, bis zu der sich die Wasserdampfwolke aufgelöst hat, ist abhängig von der Windrichtung.
   a) Ist es windstill, so steigt die Wasserdampfwolke senkrecht nach oben und hat sich in einer Höhe von 240 m über dem Gelände aufgelöst.
   Geben Sie die Gleichung der Luftschicht an, bei der sich der Wasserdampf aufgelöst hat.
   b) Kommt der Wind aus nordöstlicher Richtung, so wird die Wasserdampfwolke in die Richtung $\vec{v}_{NO} = \begin{pmatrix} -4 \\ -3 \\ 4 \end{pmatrix}$ fortgeweht und hat sich bis zur Luftschicht mit der Ebenengleichung E_{NO}: $-x + 2y - 2z = 54$ aufgelöst.
   Bestimmen Sie die Länge der Wasserdampfwolke.
   c) Kommt der Wind aus westlicher Richtung, so wird die Wolke in Richtung $\vec{v}_W = \begin{pmatrix} -1 \\ 2 \\ v_3 \end{pmatrix}$ fortgeweht und geht bis zur Ebene E_W: $\frac{1}{3}\begin{pmatrix} -1 \\ 2 \\ -2 \end{pmatrix} \circ \vec{x} - f(g) = 0$.
   Dabei ist g die Windgeschwindigkeit und f eine quadratische Funktion der Form $f(g) = a \cdot g^2 + a \cdot g + b$.

Die Komponente v_3 des Richtungsvektors $\vec{v}_W$ hängt von der Windgeschwindigkeit g ab:

- Bei einer Windgeschwindigkeit von $0\,\frac{km}{h}$ steigt die Wolke senkrecht nach oben.
- Bei einer Windgeschwindigkeit von $50\,\frac{km}{h}$ wird die Wolke parallel zum Gelände E_g fortgeweht.
- v_3 und die Windgeschwindigkeit stehen in einem linearen Zusammenhang.

Die Windgeschwindigkeit wird in Einheiten zu $5\,\frac{km}{h}$ angegeben.

Bestimmen Sie v_3 und die Gleichung der Ebenenschar E_W.

3. Die Änderung der Windrichtung ist in nebenstehendem Diagramm dargestellt. Bestimmen Sie die durchschnittliche Höhe der Luftschicht über dem Gelände, bei der sich die Wasserdampfwolke aufgelöst hat. Nehmen Sie für die westliche Luftschichtebene

$$E_W: \frac{1}{3}\begin{pmatrix}-1\\2\\-2\end{pmatrix}\circ\vec{x}-15=0.$$

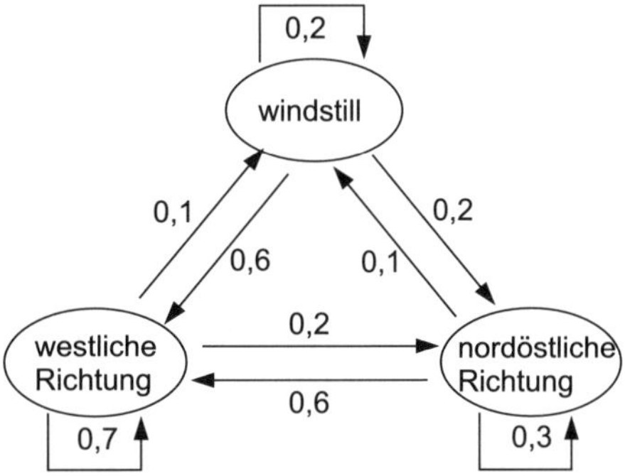

Hinweise und Tipps

Teilaufgabe 1

a) Stellen Sie mithilfe der Punkte A, B, bzw. C die Drei-Punkteform der Ebenengleichung $E_G = E_{ABC}$ auf.

Ein Normalenvektor steht senkrecht zu den Spannvektoren der Ebene (alternativ: Das Kreuzprodukt der Spannvektoren ist linear abhängig zu den Normalenvektoren der Ebene).

Ermitteln Sie mithilfe des Normalenvektors die Punkt-Normalenform der Ebenengleichung.

b) Der Schornstein steht senkrecht auf der Ebene E_G. Beachten Sie beim Aufstellen der Gleichung der Lotgeraden den Zusammenhang zwischen dem Normalenvektor der Ebene und dem Richtungsvektor der Geraden.

Bestimmen Sie den Fußpunkt des Schornsteins, indem Sie die Lotgerade und die Ebene E_G zum Schnitt bringen.

Der Abstand zweier Punkte $P(p_1 | p_2 | p_3)$ und $Q(q_1 | q_2 | q_3)$ kann berechnet werden durch die Abstandsformel: $d(P; Q) = \sqrt{(p_1 - q_1)^2 + (p_2 - q_2)^2 + (p_3 - q_3)^2}$

c) Der Schwerpunkt des Dreiecks ist der Schnittpunkt der Seitenhalbierenden (Schwerlinien). Die Seitenhalbierenden gehen durch den Eckpunkt des Dreiecks und den Mittelpunkt der gegenüberliegenden Seite.

Ein Punkt liegt auf einer Geraden, wenn seine Koordinaten die Geradengleichung erfüllen (Punktprobe).

Der Fußpunkt des Schornsteins muss auf allen Seitenhalbierenden liegen.

Teilaufgabe 2

a) Formen Sie die Ebene E_G um in die Hesse'sche Normalenform.

Rechnen Sie den Abstand von 240 m um in Längeneinheiten. Bestimmen Sie die Gleichung einer zur Ebene E_G parallelen Ebene im Abstand 240 m.

Überprüfen Sie, ob der Schornstein zwischen E_G und der von Ihnen bestimmten Ebene liegt.

b) Stellen Sie die Gleichung der Geraden auf, auf der die Wolke fortgeweht wird (Anbindungspunkt ist der Schornstein).

Berechnen Sie die Koordinaten des Schnittpunkts dieser Geraden mit der vorgegebenen Ebene.

Berechnen Sie den Abstand zwischen dem Schnittpunkt und der Schornsteinspitze mithilfe der Abstandsformel.

c) Vergleichen Sie bei der Windgeschwindigkeit 0 km/h Vektor $\vec{v}_w$ mit dem Normalenvektor der Ebene E_G. → 1. Wertepaar.

Beachten Sie bei einer Windgeschwindigkeit von 50 km/h den Zusammenhang zwischen dem Normalenvektor der Ebene E_G und dem Vektor $\vec{v}_w$. → 2. Wertepaar.

Bestimmen Sie mithilfe der beiden Wertepaare die Gleichung einer Geraden für die 3. Komponente v_3 des Vektors $\vec{v}_w$.

Bei einer Windgeschwindigkeit von 0 km/h ist es windstill. Beachten Sie das Ergebnis aus Aufgabenteil 2a. → 1. Wertepaar

Bei einer Windgeschwindigkeit von 50 km/h liegt die Wolke in der Ebene parallel zu der Ebene, in der auch die Schornsteinspitze liegt. → 2. Wertepaar

Bestimmen Sie mithilfe der beiden Wertepaare die Gleichung der quadratischen Funktion f(g).

Teilaufgabe 3

Aufgrund der 3 unterschiedlichen Windrichtungen ist die Übergangsmatrix eine 3×3-Matrix. Tragen Sie die Übergangswahrscheinlichkeiten in eine Tabelle der folgenden Form ein:

nach \ von	windstill	West	Nordost
windstill			
West			
Nordost			

Bestimmen Sie den stabilen (stationären) Vektor, in dem die langfristige Wahrscheinlichkeit für die Windrichtungen angegeben ist.

Lösen Sie hierzu das Gleichungssystem $A \cdot \begin{pmatrix} a \\ b \\ c \end{pmatrix} = \begin{pmatrix} a \\ b \\ c \end{pmatrix}$.

Beachten Sie: $a + b + c = 1$.

Berechnen Sie mithilfe des stabilen Vektors und der Höhe, in der sich die Wolke aufgelöst hat, die durchschnittliche Höhe.

Lösung

1. a) Die Drei-Punkteform der durch die Punkte A, B und C gegebenen Ebene lautet:

$$E_G = E_{ABC}\colon\ \vec{x} = \begin{pmatrix} -9{,}6 \\ 4 \\ 2{,}8 \end{pmatrix} + \lambda \begin{pmatrix} 1{,}6 \\ -2 \\ -2{,}8 \end{pmatrix} + \mu \begin{pmatrix} -1{,}6 \\ -2{,}5 \\ -1{,}7 \end{pmatrix}$$

Ist $\vec{n} = \begin{pmatrix} n_1 \\ n_2 \\ n_3 \end{pmatrix}$ ein Normalenvektor der Ebene, so gilt:

$$\begin{array}{ll} \text{I} & 1{,}6n_1 - 2n_2 - 2{,}8n_3 = 0 \\ \text{II} & -1{,}6n_1 - 2{,}5n_2 - 1{,}7n_3 = 0 \end{array}$$

$$\text{I}+\text{II} \quad -4{,}5n_2 - 4{,}5n_3 = 0 \qquad \Rightarrow \quad n_3 = -n_2$$

Wählt man $n_2 = 2$, so ist $n_3 = -2$ und $n_1 = -1$.

(alternativ: Bestimmung des Normalenvektors mithilfe des Vektorprodukts der Spannvektoren: $\begin{pmatrix} 1{,}6 \\ -2 \\ -2{,}8 \end{pmatrix} \times \begin{pmatrix} -1{,}6 \\ -2{,}5 \\ -1{,}7 \end{pmatrix} = \begin{pmatrix} -3{,}6 \\ 7{,}2 \\ -7{,}2 \end{pmatrix} = 3{,}6 \begin{pmatrix} -1 \\ 2 \\ -2 \end{pmatrix}$)

Mit $\vec{n} = \begin{pmatrix} -1 \\ 2 \\ -2 \end{pmatrix}$ und dem Anbindungspunkt der Ebene E_G erhält man die Punkt-Normalenform $\begin{pmatrix} -1 \\ 2 \\ -2 \end{pmatrix} \circ \vec{x} - \begin{pmatrix} -1 \\ 2 \\ -2 \end{pmatrix} \circ \begin{pmatrix} -9{,}6 \\ 4 \\ 2{,}8 \end{pmatrix} = 0$ und daraus die allgemeine Normalenform $\begin{pmatrix} -1 \\ 2 \\ -2 \end{pmatrix} \circ \vec{x} - 12 = 0$.

b) Der Schornstein steht senkrecht auf der Ebene E_G, daher liegt der Schornstein auf dem Lot zu E_G durch die Schornsteinspitze P; der Lotfußpunkt F entspricht dem Schornsteinfußpunkt. Die Höhe des Schornsteins lässt sich auf mehrere Arten ermitteln, z. B. durch Bestimmung der Länge $\overline{FP}$ oder die Berechnung des Abstands $P - E_G$ mithilfe der Hesse'schen Normalenform.

Fällt man das Lot von der Schornsteinspitze auf die Ebene E_G, so hat die Lotgerade die Gleichung:

$$\ell\colon\ \vec{x} = \begin{pmatrix} -12 \\ 7{,}3 \\ -3{,}5 \end{pmatrix} + \lambda \begin{pmatrix} -1 \\ 2 \\ -2 \end{pmatrix}$$

Zum Aufstellen der Gleichung der Lotgeraden wurde der aus Teilaufgabe a bekannte Normalenvektor der Ebene E_G benutzt.

Bringt man die Lotgerade ℓ und die Ebenengleichung E_G zum Schnitt, indem man die Koordinaten der Lotgeraden in die Ebenengleichung einsetzt,

$$\begin{aligned} -(-12-\lambda) + 2(7{,}3+2\lambda) - 2(-3{,}5-2\lambda) &= 12 \\ 9\lambda + 21{,}6 &= 0 \\ \lambda &= -2{,}4 \end{aligned}$$

so erhält man mit $\lambda = -2{,}4$ den Lotfußpunkt $F(-9{,}6 \mid 2{,}5 \mid 1{,}3)$ des Schornsteins.

Der Betrag des Vektors $|\overrightarrow{FP}| = \left|\begin{pmatrix} -2,4 \\ 4,8 \\ -4,8 \end{pmatrix}\right| = 7,2\,[\text{LE}]$ gibt den Abstand des Fußpunktes zur Spitze des Schornsteins an. Der Schornstein hat eine Höhe von $7,2 \cdot 15\text{ m} = 108\text{ m}$.

Alternativer Rechenweg:

Die Hesse'sche Normalenform der Ebene E_G lautet $\frac{1}{3}\begin{pmatrix} -1 \\ 2 \\ -2 \end{pmatrix} \circ \vec{x} - 4 = 0$.

Legt man eine zu E_G parallele Ebene E_H durch die Schornsteinspitze P, so lautet die Punkt-Normalenform der Ebene

$$E_H\colon\ \vec{x} = \begin{pmatrix} -1 \\ 2 \\ -2 \end{pmatrix} \circ \vec{x} - \begin{pmatrix} -1 \\ 2 \\ -2 \end{pmatrix} \circ \begin{pmatrix} -12 \\ 7,3 \\ -3,5 \end{pmatrix} = 0$$

und die Hesse'sche Normalenform $E_H\colon\ \frac{1}{3}\begin{pmatrix} -1 \\ 2 \\ -2 \end{pmatrix} \circ \vec{x} - 11,2 = 0$.

Die parallelen Ebenen haben einen Abstand von 7,2 LE, die Höhe des Schornsteins ist daher 108 m.

Setzt man den Ortsvektor des Punktes P in die Hesse'sche Normalenform der Ebene E_G ein und bildet den Betrag, so ergibt sich ebenfalls die Höhe des Schornsteins.

$$d(P; E_a) = \left| \frac{1}{3}\begin{pmatrix} -1 \\ 2 \\ -2 \end{pmatrix} \circ \begin{pmatrix} -12 \\ 7,3 \\ -3,5 \end{pmatrix} - 4 \right| = |11,2 - 4| = 7,2 \quad [\text{LE}]$$

c) Für die Seitenmittelpunkte des Dreiecks ABC gilt:

$$\vec{m}_{AB} = \frac{1}{2}(\overrightarrow{OA} + \overrightarrow{OB}) = \frac{1}{2}\left(\begin{pmatrix} -9,6 \\ 4 \\ 2,8 \end{pmatrix} + \begin{pmatrix} -8 \\ 2 \\ 0 \end{pmatrix}\right) = \begin{pmatrix} -8,8 \\ 3 \\ 1,4 \end{pmatrix}$$

$$\vec{m}_{AC} = \frac{1}{2}(\overrightarrow{OA} + \overrightarrow{OC}) = \frac{1}{2}\left(\begin{pmatrix} -9,6 \\ 4 \\ 2,8 \end{pmatrix} + \begin{pmatrix} -11,2 \\ 1,5 \\ 1,1 \end{pmatrix}\right) = \begin{pmatrix} -10,4 \\ 2,75 \\ 1,95 \end{pmatrix}$$

$$\vec{m}_{BC} = \frac{1}{2}(\overrightarrow{OB} + \overrightarrow{OC}) = \frac{1}{2}\left(\begin{pmatrix} -8 \\ 2 \\ 0 \end{pmatrix} + \begin{pmatrix} -11,2 \\ 1,5 \\ 1,1 \end{pmatrix}\right) = \begin{pmatrix} -9,6 \\ 1,75 \\ 0,55 \end{pmatrix}$$

Der Schwerpunkt ist der Schnittpunkt der Seitenhalbierenden, diese besitzen die Gleichungen:

$$s_a\colon\ \vec{x} = \overrightarrow{OA} + \mu \cdot (\vec{m}_{BC} - \overrightarrow{OA}) = \begin{pmatrix} -9,6 \\ 4 \\ 2,8 \end{pmatrix} + \mu\begin{pmatrix} 0 \\ -2,25 \\ -2,25 \end{pmatrix} = \begin{pmatrix} -9,6 \\ 4 \\ 2,8 \end{pmatrix} + \lambda\begin{pmatrix} 0 \\ 1 \\ 1 \end{pmatrix}$$

$$s_b\colon\ \vec{x} = \overrightarrow{OB} + \mu \cdot (\vec{m}_{AC} - \overrightarrow{OB}) = \begin{pmatrix} -8 \\ 2 \\ 0 \end{pmatrix} + \mu\begin{pmatrix} -2,4 \\ 0,75 \\ 1,95 \end{pmatrix} = \begin{pmatrix} -8 \\ 2 \\ 0 \end{pmatrix} + \lambda\begin{pmatrix} -16 \\ 5 \\ 13 \end{pmatrix}$$

$$s_c\colon\ \vec{x} = \overrightarrow{OC} + \mu\cdot(\vec{m}_{AB} - \overrightarrow{OC}) = \begin{pmatrix} -11{,}2 \\ 1{,}5 \\ 1{,}1 \end{pmatrix} + \mu \begin{pmatrix} 2{,}4 \\ 1{,}5 \\ 0{,}3 \end{pmatrix} = \begin{pmatrix} -11{,}2 \\ 1{,}5 \\ 1{,}1 \end{pmatrix} + \lambda \begin{pmatrix} 8 \\ 5 \\ 1 \end{pmatrix}$$

Wurde Teilaufgabe b ohne Bestimmung des Lotfußpunkts F gelöst, z. B. auf dem alternativen Rechenweg, so muss zunächst F berechnet werden.
Punktprobe mit dem Lotfußpunkt $F(-9{,}6\,|\,2{,}5\,|\,1{,}3)$:
$F \in s_a$ ist erfüllt für $\lambda = -1{,}5$
$F \in s_b$ ist erfüllt für $\lambda = 0{,}1$
$F \in s_c$ ist erfüllt für $\lambda = 0{,}2$

Der Lotfußpunkt F liegt auf den 3 Seitenhalbierenden und ist somit der Schwerpunkt des Dreiecks ABC.

2. a) Die Luftschichtebene E_L hat von der Ebene E_G den Abstand 240 m (16 LE). Da die Luftschicht parallel zur Ebene E_G liegt, haben die beiden Ebenen den gleichen Normalenvektor. Die Ebene

$$E_H\colon\ \frac{1}{3}\begin{pmatrix} -1 \\ 2 \\ -2 \end{pmatrix} \circ \vec{x} - 11{,}2 = 0$$

verläuft parallel zu E_G durch die Schornsteinspitze P und muss zwischen den Ebenen E_G und E_L liegen (vgl. alternative Lösung zur Teilaufgabe 1 b). Damit erhält man als Gleichung für E_L:

$$E_L\colon\ \frac{1}{3}\begin{pmatrix} -1 \\ 2 \\ -2 \end{pmatrix} \circ \vec{x} - 4 - 16 = \frac{1}{3}\begin{pmatrix} -1 \\ 2 \\ -2 \end{pmatrix} \circ \vec{x} - 20 = 0$$

Wurde Teilaufgabe 1 b auf dem normalen Rechenweg, also ohne Bestimmung der Ebene E_H gelöst, so betrachtet man die beiden Ebenen

$$E_{L_{1/2}}\colon\ \frac{1}{3}\begin{pmatrix} -1 \\ 2 \\ -2 \end{pmatrix} \circ \vec{x} - 4 \pm 16 = 0,$$

welche parallel zu E_G im Abstand von 16 LE verlaufen. Durch anschließende Lageuntersuchungen kann die passende Ebene E_L ermittelt werden (die Schornsteinspitze P muss zwischen den Ebenen E_G und E_L liegen).

b) Die Gerade, die den Weg der fortwehenden Wasserdampfwolke angibt, hat die Gleichung

$$g_W\colon\ \vec{x} = \overrightarrow{OP} + \lambda\cdot\vec{v}_{NO} = \begin{pmatrix} -12 \\ 7{,}3 \\ -3{,}5 \end{pmatrix} + \lambda\cdot\begin{pmatrix} -4 \\ -3 \\ 4 \end{pmatrix}.$$

Bringt man die Gerade und die zugehörige Luftschichtebene E_{NO} zum Schnitt, indem man die Koordinaten der Geraden in die Ebenengleichung einsetzt,

$$\begin{aligned} -(-12-4\lambda) + 2(7{,}3-3\lambda) - 2(-3{,}5+4\lambda) &= 54 \\ -10\lambda &= 20{,}4 \\ \lambda &= -2{,}04 \end{aligned}$$

so erhält man mit $\lambda = -2{,}04$ den Punkt $P_{NO}(-3{,}84\,|\,13{,}42\,|\,-11{,}66)$, bis zu dem sich die Wolke aufgelöst hat.

Der Betrag des Vektors $\left|\overrightarrow{PP_{NO}}\right| = \left|\begin{pmatrix} 8{,}16 \\ 6{,}12 \\ -8{,}16 \end{pmatrix}\right| = \sqrt{170{,}6256} \approx 13{,}06\,[\text{LE}]$ gibt die Länge der Wolke bis zur Auflösung an.
Die Wolke hat eine ungefähre Länge von 196 m.

c) Bei einer Windgeschwindigkeit von $0\,\frac{\text{km}}{\text{h}}$ (Windstille) steigt die Wolke senkrecht nach oben, d. h. sie verlässt den Schornstein in Richtung $\overrightarrow{FP} = \begin{pmatrix} -1 \\ 2 \\ -2 \end{pmatrix}$.
Da in diesem Fall $\vec{v}_W$ und $\overrightarrow{FP}$ parallel sein müssen, folgt $v_3 = -2$.
Bei einer Windgeschwindigkeit von $50\,\frac{\text{km}}{\text{h}}$ wird die Wolke parallel zum Gelände und senkrecht zum Normalenvektor der Geländeebene fortgeweht. Das Skalarprodukt des Normalenvektors der Ebene und des Richtungsvektors der Wolke hat daher den Wert null:

$$\begin{pmatrix} -1 \\ 2 \\ -2 \end{pmatrix} \circ \begin{pmatrix} -1 \\ 2 \\ v_3 \end{pmatrix} = 0 \quad \Rightarrow \quad v_3 = 2{,}5$$

v_3 und g stehen in einem linearen Zusammenhang, daher gibt es reelle Zahlen m, t mit $v_3 = t + m \cdot g$. Da man v_3 für die Windgeschwindigkeiten $g = 0\,\frac{\text{km}}{\text{h}}$ und $g = 50\,\frac{\text{km}}{\text{h}}$ bereits kennt, kann man t und m daraus bestimmen (man erhält zwei Gleichungen mit zwei Unbekannten).
Mit den Wertepaaren $(0\,|\,-2)$ und $(10\,|\,2{,}5)$ erhält man die lineare Zuordnung $v_3 = -2 + 0{,}45 \cdot g$.
Bei einer Geschwindigkeit von $0\,\frac{\text{km}}{\text{h}}$ hat die Luftschicht, bis zu der sich die Wolke aufgelöst hat, nach Teilaufgabe 2 a die Gleichung:

$$E_L\colon\ \frac{1}{3}\begin{pmatrix} -1 \\ 2 \\ -2 \end{pmatrix} \circ \vec{x} - 20 = 0 \quad \Rightarrow \quad f(0) = 20$$

Bei einer Geschwindigkeit von $50\,\frac{\text{km}}{\text{h}}$ wird die Wolke waagerecht zur Grundfläche, d. h. in Höhe der Schornsteinspitze fortgeweht. Die Luftschicht, bis zu der sich die Wolke aufgelöst hat, besitzt daher die Gleichung:

$$E_H\colon\ \frac{1}{3}\begin{pmatrix} -1 \\ 2 \\ -2 \end{pmatrix} \circ \vec{x} - 11{,}2 = 0 \quad \Rightarrow \quad f(10) = 11{,}2$$

E_H ist die Ebene parallel zum Gelände E_G durch die Schornsteinspitze P, vgl. dazu Teilaufgabe 1 b (alternativer Rechenweg).

Mit den Wertepaaren (0 | 20) und (10 | 11,2) erhält man folgendes Gleichungssystem:

$$\begin{array}{ll} \text{I} & b = 20 \\ \text{II} & 100a + 10a + b = 11{,}2 \;\Rightarrow\; a = -0{,}08 \end{array}$$

Die Gleichung der Ebenenschar lautet: $\frac{1}{3}\begin{pmatrix}-1\\2\\-2\end{pmatrix} \circ \vec{x} = -0{,}08g^2 - 0{,}08g + 20$

3. Die Übergangsmatrix zur Änderung der Windrichtung ist $A = \begin{pmatrix}0{,}2 & 0{,}1 & 0{,}1\\0{,}6 & 0{,}7 & 0{,}6\\0{,}2 & 0{,}2 & 0{,}3\end{pmatrix}$.

Beim Aufstellen der Übergangsmatrix können durch Mitführen von Randbeschriftungen Fehler systematisch vermieden und eine gute Übersicht bewahrt werden, grundsätzlich reicht jedoch die korrekte Angabe der Übergangsmatrix aus.

Um die durchschnittliche Höhe der Luftschicht zu bestimmen, muss zuerst der stabile Vektor (stationäre Verteilung) berechnet werden:

$$\begin{pmatrix}0{,}2 & 0{,}1 & 0{,}1\\0{,}6 & 0{,}7 & 0{,}6\\0{,}2 & 0{,}2 & 0{,}3\end{pmatrix} \cdot \begin{pmatrix}a\\b\\c\end{pmatrix} = \begin{pmatrix}a\\b\\c\end{pmatrix}$$

a entspricht der langfristigen Wahrscheinlichkeit für „windstill“, b der für „westliche Richtung“ und c der für „nordöstliche Richtung“.

Durch Ausmultiplizieren und Umformung erhält man folgendes Gleichungssystem:

$$\begin{array}{ll} \text{I} & -0{,}8a + 0{,}1b + 0{,}1c = 0 \\ \text{II} & 0{,}6a - 0{,}3b + 0{,}6c = 0 \\ \text{III} & 0{,}2a + 0{,}2b - 0{,}7c = 0 \end{array}$$

$$\begin{array}{ll} \text{I} + 4 \cdot \text{III} & 0{,}9b - 2{,}7c = 0 \;\Rightarrow\; b = 3c \\ \text{II} - 3 \cdot \text{III} & -0{,}9b + 2{,}7c = 0 \;\Rightarrow\; b = 3c \end{array}$$

b in III $0{,}2a + 0{,}6c - 0{,}7c = 0 \;\Rightarrow\; a = 0{,}5c$

Gleichzeitig gilt noch die Gleichung:

IV $a + b + c = 1$

$0{,}5c + 3c + c = 1 \;\Rightarrow\; c = \frac{2}{9},\;\; b = \frac{2}{3}$ und $a = \frac{1}{9}$

Die zugehörigen „Wolken-Auflösungsebenen“ sind:

„windstill“: $E_L: \frac{1}{3}\begin{pmatrix}-1\\2\\-2\end{pmatrix} \circ \vec{x} - 20 = 0$

„westlich“: $E_W: \frac{1}{3}\begin{pmatrix}-1\\2\\-2\end{pmatrix} \circ \vec{x} - 15 = 0$

„nordöstlich“: E_{NO}: $-x + 2y - 2z = 54 \quad \Rightarrow \quad E_{NO}: \frac{1}{3}\begin{pmatrix} -1 \\ 2 \\ -2 \end{pmatrix} \circ \vec{x} - 18 = 0$

Hat die Luftschicht, bei der sich die Wolke im Durchschnitt auflöst, die Gleichung $\frac{1}{3}\begin{pmatrix} -1 \\ 2 \\ -2 \end{pmatrix} \circ \vec{x} - d = 0$, so folgt insgesamt $d = \frac{1}{9} \cdot 20 + \frac{2}{3} \cdot 15 + \frac{2}{9} \cdot 18 = 16\frac{2}{9}$.

Die Grundflächenebene hat die Gleichung $E_G: \frac{1}{3}\begin{pmatrix} -1 \\ 2 \\ -2 \end{pmatrix} \circ \vec{x} - 4 = 0$.

Der Abstand zur Luftschicht beträgt $12\frac{2}{9}$ [LE] oder ca. 183 m über dem Gelände.

Nordrhein-Westfalen – Mathematik Leistungskurs
Analytische Geometrie: Übungsaufgabe 5

Geradenschar

Gegeben ist die Geradenschar g_a: $\vec{x} = \begin{pmatrix} 1 \\ -3 \\ 4 \end{pmatrix} + \lambda \begin{pmatrix} a \\ a-3 \\ 1 \end{pmatrix}$

1. Bestimmen Sie die Beziehung zwischen den Parametern zweier Geraden der Schar so, dass sich die Geraden rechtwinklig schneiden.
2. Die Geraden der Schar bilden eine Ebene E.
   Bestimmen Sie die Ebenengleichung dieser Ebene.
   (zur Kontrolle: E: $-x + y + 3z = 8$)
3. Die Schnittpunkte der Ebene E mit den Koordinatenachsen und der Ursprung bilden eine Pyramide.
   Bestimmen Sie das Volumen dieser Pyramide.
4. Bestimmen Sie a so, dass die zugehörige Gerade g_a die z-Achse schneidet.
   Zeichnen Sie diese Gerade in ein räumliches Koordinatensystem.
5. Zeigen Sie, dass die Gerade g': $y = -3x$ die senkrechte Projektion der Geraden mit der Gleichung $g: \vec{x} = \begin{pmatrix} 1 \\ -3 \\ 4 \end{pmatrix} + \gamma \begin{pmatrix} 3 \\ -9 \\ 4 \end{pmatrix}$ in die x-y-Ebene ist. Zeichnen Sie die Gerade g' in das in Aufgabe 4 erstellte Koordinatensystem.
6. Der Punkt P(2 | 1) wird zuerst an der Geraden g' und anschließend wird der Bildpunkt an der y-Achse gespiegelt. Man erhält den Punkt P''.
   a) Berechnen Sie die Koordinaten des Punktes P''.
   b) Bestimmen Sie die Abbildungsmatrix T, die bei der Verkettung der Spiegelungen entsteht. (zur Kontrolle: $T = \begin{pmatrix} 0{,}8 & 0{,}6 \\ -0{,}6 & 0{,}8 \end{pmatrix}$)
   c) Begründen Sie, warum T die zu einer Drehung gehörige Abbildungsmatrix ist, und bestimmen Sie den Drehwinkel.

Hinweise und Tipps

Teilaufgabe 1

- Beachten Sie den gemeinsamen Anbindungspunkt aller Geraden.
- Betrachten Sie zwei beliebige Schargeraden g_{a_1} und g_{a_2}, $a_1 \neq a_2$.
- Zwei Geraden der Schar stehen genau dann senkrecht aufeinander, wenn dass Skalarprodukt der Richtungsvektoren der beiden Geraden den Wert null ergibt.
- Beachten Sie den Definitionsbereich.

Teilaufgabe 2

- Bestimmen Sie mithilfe des Anbindungspunktes der Geradenschar und zweier Richtungsvektoren der Schar die Parameterform der Ebenengleichung.
- Der Normalenvektor der Ebene E steht senkrecht auf den Spannvektoren der Ebene. (alternativ: Das Kreuzprodukt der Spannvektoren ist linear abhängig zu einem Normalenvektor der Ebene.)
- Ermitteln Sie mithilfe des Normalenvektors der Ebene die Punkt-Normalenform der Ebene und formen Sie diese um in die Koordinatenform.

Teilaufgabe 3

- Bei den Punkten auf den Koordinatenachsen sind jeweils 2 der 3 Koordinaten null. Wählen Sie als Grundfläche eine Dreiecksseite, die in einer Koordinatenebene liegt.
- Der Flächeninhalt eines rechtwinkligen Dreiecks kann berechnet werden durch die Formel: $A = \frac{1}{2} \cdot \text{Kathete 1} \cdot \text{Kathete 2}$
- Bestimmen Sie die Höhe der Pyramide mithilfe des Schnittpunkts, der nicht in der Grundfläche liegt.
- Das Volumen der Pyramide berechnet sich nach der Formel: $V = \frac{1}{3} \cdot G \cdot h$

oder

- Der Flächeninhalt des Dreiecks ist gleich dem halben Produkt der Längen zweier Seiten und dem Sinus des eingeschlossenen Winkels.
- Ist φ ein von den Vektoren $\vec{u}$ und $\vec{v}$ eingeschlossener Winkel, so kann φ berechnet werden durch die Formel: $\cos\varphi = \frac{\vec{u} \circ \vec{v}}{|\vec{u}| \cdot |\vec{v}|}$
- Bestimmen Sie die Gleichung einer Lotgeraden vom Ursprung auf die Ebene E.
- Berechnen Sie die Koordinaten des Schnittpunkts F von Lotgerade und Ebene E.
- Die Höhe ist gleich dem Abstand des Punktes F vom Ursprung. (Stellen Sie die Ebenengleichung um in die Hesse'sche Normalenform. Lesen Sie aus dieser Entfernung zum Ursprung die Höhe der Pyramide ab.)
- Das Volumen der Pyramide berechnet sich nach der Formel: $V = \frac{1}{3} \cdot G \cdot h$

Teilaufgabe 4

Kombinieren Sie die Gleichung der z-Achse mit der Gleichung der Geradenschar.

Stellen Sie ein Gleichungssystem auf und bestimmen Sie den Parameter a.

Bestimmen Sie zum Einzeichnen der Gerade ins Koordinatensystem 2 Punkte der Gerade.

Teilaufgabe 5

Bei einer senkrechten Projektion in die x-y-Ebene wird die 3. Koordinate null.
Beachten Sie nur die x- und y-Koordinate der Geradengleichung.
Eliminieren Sie λ und stellen Sie die Gleichung nach y um.

Teilaufgabe 6

a) Bestimmen Sie einen Normalenvektor zur Ursprungsgerade g'.

Spiegeln Sie einen beliebigen Punkt $P(x_1|x_2)$ an g'.

Schreiben Sie die Koordinaten des Spiegelpunktes P' in der Form
$\vec{p}\,' = \begin{pmatrix} a & b \\ c & d \end{pmatrix} \cdot \begin{pmatrix} x_1 \\ x_2 \end{pmatrix}$ und setzen Sie die Koordinaten von P ein.

oder

Bestimmen Sie den Winkel φ, den die Gerade g' mit der x-Achse einschließt ($m = \tan(\varphi)$).

Die Abbildungsmatrix zu einer Spiegelung an einer Ursprungsgeraden hat die Form $\begin{pmatrix} \cos(2\varphi) & \sin(2\varphi) \\ \sin(2\varphi) & -\cos(2\varphi) \end{pmatrix}$.

Vergleichen Sie die x- und die y-Koordinate von Punkt und Spiegelpunkt nach der Spiegelung an der y-Achse.

Schreiben Sie die Koordinaten des Spiegelpunktes P' in der Form
$\vec{p}\,' = \begin{pmatrix} a & b \\ c & d \end{pmatrix} \cdot \begin{pmatrix} x_1 \\ x_2 \end{pmatrix}$.

Multiplizieren Sie den Ortsvektor des Punktes P schrittweise mit den zuvor bestimmten Abbildungsmatrizen, um die Koordinaten des Punktes P'' zu erhalten.

b) Multiplizieren Sie die Abbildungsmatrizen der Spiegelungen im Aufgabenteil 6 a miteinander, um die Abbildungsmatrix T zu erhalten.

Beachten Sie die Reihenfolge bei der Multiplikation.

c) Vergleichen Sie die Abbildungsmatrix T mit der allgemeinen Matrix $\begin{pmatrix} \cos(\varphi) & \sin(\varphi) \\ \sin(\varphi) & -\cos(\varphi) \end{pmatrix}$ bei einer Drehung um den Ursprung.

Lösung

1. Es ist zu untersuchen, für welche Scharparameter sich zwei Schargeraden schneiden **und** der Schnittwinkel 90° beträgt.

   Da alle Geraden der Schar den gleichen Anbindungspunkt A(1|–3|4) haben, schneiden sich alle Geraden in diesem Punkt. Zwei Geraden der Schar schneiden sich rechtwinklig, wenn das Skalarprodukt der Richtungsvektoren der Schar den Wert null ergibt.

   Ansatz: $\begin{pmatrix} a_1 \\ a_1-3 \\ 1 \end{pmatrix} \circ \begin{pmatrix} a_2 \\ a_2-3 \\ 1 \end{pmatrix} = 0;\ a_1, a_2 \in \mathbb{R},\quad a_1 \neq a_2$

$$a_1a_2 + a_1a_2 - 3a_1 - 3a_2 + 9 + 1 = 0$$
$$2a_1a_2 - 3a_1 = 3a_2 - 10$$
$$a_1(2a_2 - 3) = 3a_2 - 10$$
$$a_1 = \frac{3a_2 - 10}{2a_2 - 3};\ a_2 \neq 1{,}5$$

   Für den Fall $a_2 = 1{,}5$ folgt aus obigem Ansatz $5{,}5 = 0$ (Widerspruch), daher steht keine Schargerade senkrecht auf $g_{1,5}$.

   Zwei Geraden g_{a_1} und g_{a_2} der Schar schneiden sich genau dann rechtwinklig, wenn gilt:

$$a_1 = \frac{3a_2 - 10}{2a_2 - 3};\ a_2 \neq 1{,}5$$

2. Zum Aufstellen der Ebenengleichung werden zwei verschiedene Schargeraden benötigt. Da es mehrere Wahlmöglichkeiten gibt, kann der Rechenweg variieren.

   Die Gleichung der Ebene kann z. B. mithilfe der Schargeraden g_0 und g_3 bestimmt werden:

$$E: \vec{x} = \begin{pmatrix} 1 \\ -3 \\ 4 \end{pmatrix} + \lambda \begin{pmatrix} 0 \\ -3 \\ 1 \end{pmatrix} + \mu \begin{pmatrix} 3 \\ 0 \\ 1 \end{pmatrix};\ \lambda, \mu \in \mathbb{R}$$

   Ist $\vec{n} = \begin{pmatrix} n_1 \\ n_2 \\ n_3 \end{pmatrix}$ ein Normalenvektor der Ebene, so gilt:

   I $\quad -3n_2 + n_3 = 0 \quad \Rightarrow \quad n_3 = 3n_2$
   II $\quad 3n_1 + n_3 = 0$
   Wählt man $n_2 = 1$, so ist $n_3 = 3$ und $n_1 = -1$.
   (alternativ: Bestimmung des Normalenvektors mithilfe des Vektorprodukts der Spannvektoren: $\begin{pmatrix} 0 \\ -3 \\ 1 \end{pmatrix} \times \begin{pmatrix} 3 \\ 0 \\ 1 \end{pmatrix} = \begin{pmatrix} -3 \\ 3 \\ 9 \end{pmatrix} = 3\begin{pmatrix} -1 \\ 1 \\ 3 \end{pmatrix}$)

Mit $\vec{n} = \begin{pmatrix} -1 \\ 1 \\ 3 \end{pmatrix}$ erhält man die Punkt-Normalenform $E: \begin{pmatrix} -1 \\ 1 \\ 3 \end{pmatrix} \circ \vec{x} - \begin{pmatrix} -1 \\ 1 \\ 3 \end{pmatrix} \circ \begin{pmatrix} 1 \\ -3 \\ 4 \end{pmatrix} = 0$

bzw. die Koordinatenform $-x + y + 3z = 8$.

Eine Überprüfung, ob alle Geraden der Schar in der Ebene E liegen (Einsetzen der einzelnen Koordinaten der Geraden in die Ebenengleichung) ergibt:

$$-(1+\lambda a) + (-3 + \lambda a - 3\lambda) + 3(4+\lambda) = 8$$
$$8 = 8 \quad \text{(wahre Aussage)}$$

Die Geraden der Schar liegen in der Ebene E: $-x + y + 3z = 8$.

Alternative Herleitung der Koordinatenform:

Durch zeilenweises Auslesen der Parameterform der Ebenengleichung

$E: \vec{x} = \begin{pmatrix} 1 \\ -3 \\ 4 \end{pmatrix} + \lambda \begin{pmatrix} 0 \\ -3 \\ 1 \end{pmatrix} + \mu \begin{pmatrix} 3 \\ 0 \\ 1 \end{pmatrix}$ ergeben sich drei Gleichungen für die Komponenten x, y und z von $\vec{x}$, die sogenannten Koordinatengleichungen.

Die Koordinatengleichungen der Ebene E sind:

$$\text{I} \quad x = 1 + 3\mu \quad \Rightarrow \quad \mu = \frac{1}{3}(x-1)$$
$$\text{II} \quad y = -3 - 3\lambda \quad \Rightarrow \quad \lambda = -\frac{1}{3}(y+3)$$
$$\text{III} \quad z = 4 + \lambda + \mu$$

λ und μ in III: $z = 4 - \frac{1}{3}(y+3) + \frac{1}{3}(x-1)$

$$-\frac{1}{3}x + \frac{1}{3}y + z = \frac{8}{3} \quad \Rightarrow \quad \text{E: } -x + y + 3z = 8$$

3. Um die Schnittpunkte mit den Koordinatenachsen zu erhalten, werden je zwei der drei Variablen x, y, z in der Koordinatenform der Ebene gleich null gesetzt.

Die Ebene E schneidet die Koordinatenachsen in den Punkten $S_x(-8\,|\,0\,|\,0)$, $S_y(0\,|\,8\,|\,0)$ und $S_z\left(0\,\middle|\,0\,\middle|\,\frac{8}{3}\right)$.

Wählt man als Grundfläche der Pyramide eine Dreiecksfläche, die in einer der Koordinatenebenen liegt, so ist das Dreieck rechtwinklig. Die Höhe der Pyramide ist gleich dem Abstand des nicht in der Grundfläche liegenden Schnittpunkts der Ebene mit den Koordinatenachsen zum Ursprung.

Bilden z. B. der Ursprung O, S_x und S_y die Grundfläche, so beträgt der Flächeninhalt $A = \frac{1}{2} \cdot 8 \cdot 8 = 32\,[\text{FE}]$.

Mit einer Pyramidenhöhe von $\frac{8}{3}$LE erhält man für das Volumen der Pyramide

$$V = \frac{1}{3} \cdot 32 \cdot \frac{8}{3} = \frac{256}{9} = 28\frac{4}{9}\,[\text{VE}].$$

Alternative Berechnung (zeitaufwändiger, aber auch möglich, wenn der Ursprung kein Punkt der Pyramide ist):
Die dreieckige Grundfläche der Pyramide wird aufgespannt von den Vektoren

$$\overrightarrow{S_xS_y} = \begin{pmatrix} 8 \\ 8 \\ 0 \end{pmatrix} \text{ und } \overrightarrow{S_xS_z} = \begin{pmatrix} 8 \\ 0 \\ \frac{8}{3} \end{pmatrix}.$$

Der Flächeninhalt des Dreiecks ist gleich dem halben Produkt der Längen zweier Seiten und dem Sinus des eingeschlossenen Winkels.

Ist φ der Winkel zwischen den Vektoren $\overrightarrow{S_xS_y}$ und $\overrightarrow{S_xS_z}$, so ist

$$\cos\varphi = \frac{\begin{pmatrix} 8 \\ 8 \\ 0 \end{pmatrix} \circ \begin{pmatrix} 8 \\ 0 \\ \frac{8}{3} \end{pmatrix}}{\left|\begin{pmatrix} 8 \\ 8 \\ 0 \end{pmatrix}\right| \cdot \left|\begin{pmatrix} 8 \\ 0 \\ \frac{8}{3} \end{pmatrix}\right|} = \frac{64}{8\sqrt{2} \cdot \frac{8}{3}\sqrt{10}} \approx 0{,}671 \quad \Rightarrow \quad \varphi \approx 47{,}87° \text{ und damit}$$

$$A = \frac{1}{2} \cdot 8\sqrt{2} \cdot \frac{8}{3}\sqrt{10} \cdot \sin 47{,}87° \approx 35{,}38\,[\text{FE}]$$

(falls das Vektorprodukt bekannt ist:

Der Flächeninhalt des Dreiecks ist gleich dem halben Produkt des Betrages des Vektorprodukts der Vektoren, die das Dreieck aufspannen.

$$A = \frac{1}{2}\left|\begin{pmatrix} 8 \\ 8 \\ 0 \end{pmatrix} \times \begin{pmatrix} 8 \\ 0 \\ \frac{8}{3} \end{pmatrix}\right| = \frac{1}{2}\left|\begin{pmatrix} \frac{64}{3} \\ -\frac{64}{3} \\ -64 \end{pmatrix}\right| = \frac{1}{2} \cdot 64\sqrt{\frac{1}{9} + \frac{1}{9} + 1} = \frac{32}{3}\sqrt{11}\ [\text{FE}])$$

Fällt man das Lot ℓ von O auf die Ebene und durchdringt das Lot die Ebene im Punkt F, so ist $|\overrightarrow{OF}|$ gleich der Höhe der Pyramide.

$$\ell\colon\ \vec{x} = \begin{pmatrix} 0 \\ 0 \\ 0 \end{pmatrix} + \lambda \begin{pmatrix} -1 \\ 1 \\ 3 \end{pmatrix}$$

Der Nullvektor kann in der Parametergleichung von ℓ natürlich auch weggelassen werden. Den Durchstoßpunkt F erhält man durch Einsetzen von ℓ in die Koordinatenform von E.

$$\ell \cap E = \{F\}$$
$$-(-\lambda) + \lambda + 3 \cdot 3\lambda = 8$$
$$\lambda = \frac{8}{11}$$

Es ist $F\left(-\frac{8}{11} \mid \frac{8}{11} \mid \frac{24}{11}\right)$ und $|\overrightarrow{OF}| = \frac{8}{11}\sqrt{11} \approx 2{,}41$ [LE].

Das Volumen der Pyramide berechnet sich nach der Formel $V = \frac{1}{3} \cdot G \cdot h$.

$$V = \frac{1}{3} \cdot 35{,}38 \cdot 2{,}41 = 28{,}42 \text{ [VE]}$$

(mit dem Vektorprodukt: $V = \frac{1}{3} \cdot \frac{32}{3}\sqrt{11} \cdot \frac{8}{\sqrt{11}} = \frac{256}{9} = 28\frac{4}{9}$ [VE])

Die Pyramide hat ein Volumen von $28\frac{4}{9}$ Volumeneinheiten.

Alternative Berechnung der Höhe der Pyramide:

Die Hesse'sche Normalenform lässt sich direkt (durch geeignetes „Umstellen" und „Normieren") aus der Punkt-Richtungsform bzw. der Koordinatenform ermitteln.

Die Hesse'sche Normalenform der Ebene E lautet:

$$E: \frac{1}{\sqrt{11}}\begin{pmatrix}-1\\1\\3\end{pmatrix} \circ \vec{x} - \frac{8}{\sqrt{11}} = 0$$

In der Hesse'schen Normalenform $\vec{n} \circ \vec{x} - d = 0$ gibt der Parameter d den Abstand der Ebene zum Ursprung an.

Die gesuchte Höhe ist der Abstand der Ebene E zum Ursprung, die Höhe der Pyramide ist daher $\frac{8}{\sqrt{11}}$ LE.

4. Setzt man die Parameterform der z-Achse $\vec{x} = \mu\begin{pmatrix}0\\0\\1\end{pmatrix}$ und die Geradenschar g_a gleich, so erhält man folgendes Gleichungssystem:

I $\quad 0 = 1 + \lambda \cdot a$
II $\quad 0 = -3 + \lambda \cdot a - 3\lambda$
III $\quad \mu = 4 + \lambda$

$\lambda \cdot a = -1$ in II: $0 = -3 - 1 - 3\lambda \;\Rightarrow\; \lambda = -\frac{4}{3},\; a = \frac{3}{4}$

Die Gerade $g_{0,75}: \vec{x} = \begin{pmatrix}1\\-3\\4\end{pmatrix} + \lambda\begin{pmatrix}0{,}75\\-2{,}25\\1\end{pmatrix} = \begin{pmatrix}1\\-3\\4\end{pmatrix} + \gamma\begin{pmatrix}3\\-9\\4\end{pmatrix}$ schneidet die z-Achse im Punkt $P_z\left(0 \mid 0 \mid \frac{8}{3}\right)$.

Mit $\lambda = 0$ und $\lambda = -4$ erhält man die zwei Punkte $P_0(1\,|-3\,|\,4)$ und $P_{-4}(-2\,|\,6\,|\,0)$ der Geraden $g_{0,75}$.

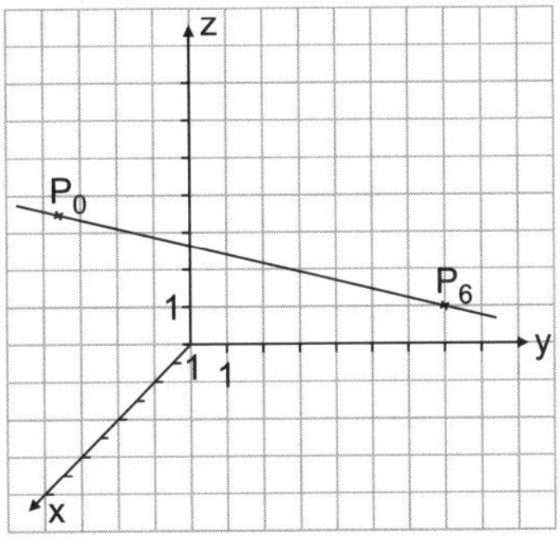

5. Bei der senkrechten Projektion in die x-y-Ebene wird die z-Koordinate zu null.

Die Gleichung der Projektionsgeraden g' von g lautet daher $g'\!: \vec{x} = \begin{pmatrix} 1 \\ -3 \\ 0 \end{pmatrix} + \lambda \begin{pmatrix} 3 \\ -9 \\ 0 \end{pmatrix}$.

Die Projektionsgerade verläuft in der (zweidimensionalen) x-y-Ebene und lässt sich daher auch parameterfrei schreiben (was im Dreidimensionalen allgemein nicht möglich ist). Dazu wird aus den beiden Koordinatengleichungen von g' der Parameter λ eliminiert.

Die Koordinatengleichungen von g' sind:

I $\quad x = 1 + 3\lambda \quad \Rightarrow \quad 3\lambda = x - 1$

II $\quad y = -3 - 9\lambda$

3λ in II: $y = -3 - 3(x-1) = -3x$

Die Gleichung der Projektionsgeraden g' von g lautet $y = -3x$ (parameterfreie Darstellung).

Mit $\lambda = -\frac{1}{3}$ und $\lambda = -1$ erhält man die zwei Punkte $P(0\,|\,0\,|\,0)$ und $Q(-2\,|\,6\,|\,0)$ der Geraden g'.

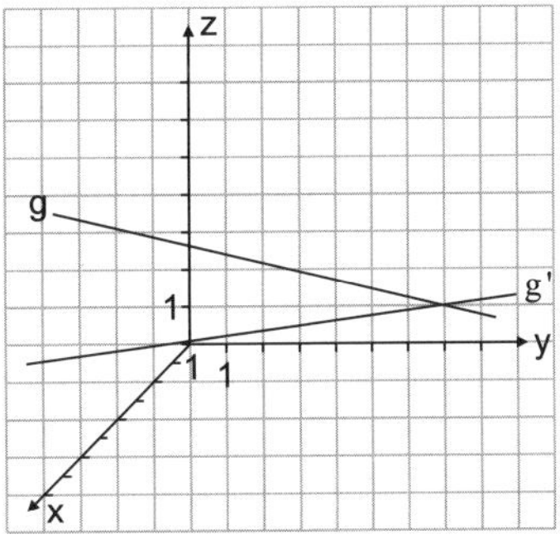

6. a) Hierbei handelt es sich um eine zweidimensionale Problemstellung. Die Lösungsfindung erfolgt analog zum Dreidimensionalen, die auftretenden Vektoren besitzen lediglich eine Komponente weniger.

Die Parameterform der Projektionsgeraden g' lautet: $g': \vec{x} = \mu\begin{pmatrix}1\\-3\end{pmatrix}$. Um den Punkt $P(x_1 \mid x_2)$ an der Geraden g' zu spiegeln, bestimmt man die Gleichung der Lotgeraden zu g' durch P.

$\ell: \vec{x} = \begin{pmatrix}x_1\\x_2\end{pmatrix} + \lambda\begin{pmatrix}3\\1\end{pmatrix}$.

Der Spiegelpunkt P' von P liegt auf dem Lot ℓ zur „Spiegelachse“ g'. Hat man den zum Lotfußpunkt gehörenden Parameter λ ermittelt, dann ergibt sich der Spiegelpunkt P' durch Einsetzen des „doppelten Parameters“ 2λ in die Geradengleichung von ℓ.

Kombiniert man die Gleichungen der Geraden g' und h, so erhält man:

$$\begin{aligned} &\text{I} \quad \mu = x_1 + 3\lambda \\ &\text{II} \quad -3\mu = x_2 + \lambda \end{aligned}$$

$$\mu \text{ in II}: -3 \cdot (x_1 + 3\lambda) = x_2 + \lambda$$

$$\lambda = -0{,}3x_1 - 0{,}1x_2$$

Für den Spiegelpunkt P' gilt

$$\vec{p}\,' = \begin{pmatrix}x_1\\x_2\end{pmatrix} + 2 \cdot (-0{,}3x_1 - 0{,}1x_2) \cdot \begin{pmatrix}3\\1\end{pmatrix} = \begin{pmatrix}x_1 - 1{,}8x_1 - 0{,}6x_2\\x_2 - 0{,}6x_1 - 0{,}2x_2\end{pmatrix} =$$

$$= \begin{pmatrix}-0{,}8x_1 - 0{,}6x_2\\-0{,}6x_1 + 0{,}8x_2\end{pmatrix} = \begin{pmatrix}-0{,}8 & -0{,}6\\-0{,}6 & 0{,}8\end{pmatrix}\begin{pmatrix}x_1\\x_2\end{pmatrix}$$

Setzt man für x_1 bzw. x_2 die Koordinaten des Punktes $P(2 \mid 1)$ ein, so ist

$$\vec{p}\,' = \begin{pmatrix}-0{,}8 & -0{,}6\\-0{,}6 & 0{,}8\end{pmatrix} \cdot \begin{pmatrix}2\\1\end{pmatrix} = \begin{pmatrix}-2{,}2\\-0{,}4\end{pmatrix}.$$

Spiegelt man einen Punkt an der y-Achse, so erhält man den Bildpunkt, indem man die x-Koordinate des Punktes durch sein Negatives ersetzt. Die Abbildungsmatrix bei einer Spiegelung an der y-Achse ist $\begin{pmatrix}-1 & 0\\0 & 1\end{pmatrix}$.

Spiegelt man P' an der y-Achse, so ist

$$\vec{p}\,'' = \begin{pmatrix}-1 & 0\\0 & 1\end{pmatrix} \cdot \begin{pmatrix}-2{,}2\\-0{,}4\end{pmatrix} = \begin{pmatrix}2{,}2\\-0{,}4\end{pmatrix}.$$

Es ist $P''(2{,}2 \mid -0{,}4)$.

b) Sind lineare Abbildungen durch Matrizen gegeben, so entspricht der Verkettung dieser Abbildungen die Multiplikation der zugehörigen Abbildungsmatrizen.

Werden die Abbildungsmatrizen der beiden Spiegelungen aus Teilaufgabe a miteinander multipliziert, so ergibt sich:

$$T = \begin{pmatrix}-1 & 0\\0 & 1\end{pmatrix} \cdot \begin{pmatrix}-0{,}8 & -0{,}6\\-0{,}6 & 0{,}8\end{pmatrix} = \begin{pmatrix}0{,}8 & 0{,}6\\-0{,}6 & 0{,}8\end{pmatrix}$$

Kontrolle: $\vec{p}'' = T \cdot \vec{p} = \begin{pmatrix} 0{,}8 & 0{,}6 \\ -0{,}6 & 0{,}8 \end{pmatrix} \cdot \begin{pmatrix} 2 \\ 1 \end{pmatrix} = \begin{pmatrix} 1{,}6+0{,}6 \\ -1{,}2+0{,}8 \end{pmatrix} = \begin{pmatrix} 2{,}2 \\ -0{,}4 \end{pmatrix}$

in Übereinstimmung mit dem Ergebnis aus Teilaufgabe a.

Alternative Berechnung der Abbildungsmatrix bei Spiegelung an einer Ursprungsgeraden:

(1) Für den Bildpunkt P' bei Spiegelung eines Punktes P an der Geraden g, die mit der x-Achse einen Winkel φ einschließt, gilt:

$$\vec{p}' = \begin{pmatrix} \cos(2\varphi) & \sin(2\varphi) \\ \sin(2\varphi) & -\cos(2\varphi) \end{pmatrix} \cdot \vec{p}$$

Für g': $y = -3x$ ist $\varphi = \arctan(-3) \approx 108{,}435°$. Die Abbildungsmatrix ist

$$\begin{pmatrix} \cos(216{,}87°) & \sin(216{,}87°) \\ \sin(216{,}87°) & -\cos(216{,}87°) \end{pmatrix} = \begin{pmatrix} -0{,}8 & -0{,}6 \\ -0{,}6 & 0{,}8 \end{pmatrix}.$$

(2) Ist g: $\vec{x} = \lambda \begin{pmatrix} u \\ v \end{pmatrix}$ die Gleichung einer Ursprungsgeraden, so gilt für den Bildpunkt P' bei Spiegelung eines Punktes P an der Geraden:

$$\vec{p}' = \frac{1}{u^2 + v^2} \begin{pmatrix} u^2 - v^2 & 2uv \\ 2uv & v^2 - u^2 \end{pmatrix} \cdot \vec{p}$$

Für g': $\vec{x} = \mu \begin{pmatrix} 1 \\ -3 \end{pmatrix}$ erhält man somit die Abbildungsmatrix $\frac{1}{10} \begin{pmatrix} -8 & -6 \\ -6 & 8 \end{pmatrix}$.

c) Die zu einer Drehung um den Ursprung gehörende Abbildungsmatrix hat die allgemeine Form

$T = \begin{pmatrix} a & b \\ -b & a \end{pmatrix}$ mit $a = \cos(\varphi)$ und $b = \sin(\varphi)$.

Vergleicht man diese allgemeine Form mit der Abbildungsmatrix

$\begin{pmatrix} 0{,}8 & 0{,}6 \\ -0{,}6 & 0{,}8 \end{pmatrix}$, so ist $\cos(\varphi) = 0{,}8$ und $\sin(\varphi) = 0{,}6$. Daher erhält man

$\varphi = 36{,}87°$.

Alternative Berechnung des Drehwinkels:

Bei einer Doppelspiegelung ist der Drehwinkel doppelt so groß wie der zwischen den Geraden eingeschlossene Winkel.

Die Winkelgröße zwischen der x-Achse und der Geraden g beträgt ca. 108,4°, der Winkel zwischen x- und y-Achse 90°. Der zwischen den Geraden liegende Winkel ist daher ca. 18,4° groß und der Drehwinkel somit ca. 36,8°. Der Zwischenwinkel kann auch direkt mithilfe der Richtungsvektoren der Geraden bestimmt werden.

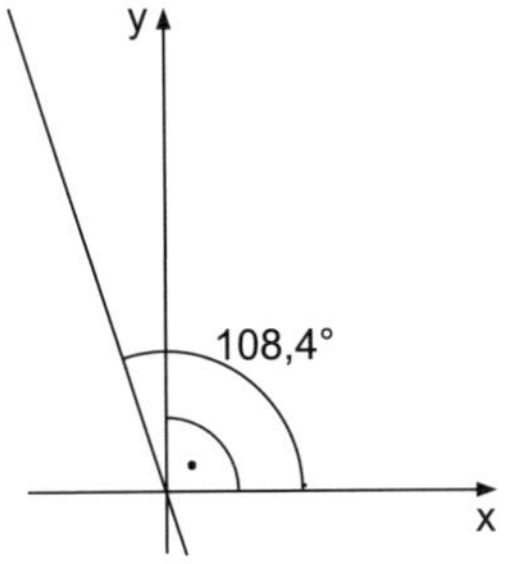

Abteilungen eines Unternehmens

1. Die 3 Abteilungen eines Unternehmens liegen, bei einem geeignet gewählten Koordinatensystem, auf einem ebenen Gelände an den Standorten $A(11 \mid -1 \mid 3)$, $B(8 \mid 5 \mid -2)$ und $C(3 \mid 5 \mid 1)$. Da sich die 3 Abteilungen gegenseitig beliefern, soll auf dem Firmengelände ein Lager errichtet werden, das von allen 3 Abteilungen gleich weit entfernt ist.

   a) Zeigen Sie, dass der Standort $M(7 \mid 2 \mid 2)$ diese Bedingung erfüllt.

   b) Beschreiben Sie detailliert, wie man die Koordinaten dieses Standorts berechnen kann.

2. Ein Teil der Produktion der einzelnen Abteilungen wird in der Abteilung selbst verbraucht. Gleichzeitig beliefern sich die Abteilungen gegenseitig und der Markt wird beliefert. Der interne Verbrauch, die Abgaben an die anderen Abteilungen und an den Markt sind in der nebenstehenden Tabelle angegeben. (Angaben in Mengeneinheiten – ME)*

	A	B	C	Markt
A	1	2	6	1
B	3	4	3	10
C	4	2	9	15

   a) Bestimmen Sie den Produktionsvektor $\vec{x} = \begin{pmatrix} x_A \\ x_B \\ x_C \end{pmatrix}$, der die von den Abteilungen zu produzierenden Mengen angibt.

   b) Es ist $A = \begin{pmatrix} 0{,}1 & 0{,}1 & 0{,}2 \\ 0{,}3 & 0{,}2 & 0{,}1 \\ 0{,}4 & 0{,}1 & 0{,}3 \end{pmatrix}$ die so genannte Inputmatrix und $\vec{y} = \begin{pmatrix} 1 \\ 10 \\ 15 \end{pmatrix}$ der Marktvektor.

   Zeigen Sie: Ist E die Einheitsmatrix so gilt: $(E - A) \cdot \vec{x} = \vec{y}$

3. Gehen Sie bei den folgenden Aufgaben von der in Aufgabenteil 2 b vorgegebenen Matrix A und der allgemeinen Beziehung $(E - A) \cdot \vec{x} = \vec{y}$ zwischen Inputmatrix, Produktions- und Marktvektor aus.

   a) Für die nächste Periode ist geplant, in Abteilung A 10 ME, in Abteilung B 30 ME und in Abteilung C 10 ME herzustellen.
   Berechnen Sie die Abgabe der einzelnen Abteilungen an den Markt.

* Anmerkung: Wird ein Teil der Produktion von den einzelnen Abteilungen selbst verbraucht und werden zugleich andere Abteilungen bzw. der Markt beliefert, so sagt man auch, dass die Abteilungen nach dem Leontief-Modell miteinander verflochten sind.

b) In der vergangenen Periode wurden von der Abteilung A 2 ME, von der Abteilung B 19 ME und von der Abteilung C 7 ME vom Markt nachgefragt. Bestimmen Sie die Produktionsmengen der einzelnen Abteilungen.

Zur Kontrolle: $(E-A)^{-1} = \frac{1}{40}\begin{pmatrix} 55 & 9 & 17 \\ 25 & 55 & 15 \\ 34 & 13 & 69 \end{pmatrix}$

c) Begründen Sie mithilfe der Inversen zur Matrix $(E-A)$, dass eine beliebige Nachfrage nach Produkten der 3 Abteilungen von der Firma beliefert werden kann.

d) Berechnen Sie die Steigerung der Produktion (in ME) in den einzelnen Abteilungen, wenn die Nachfrage des Marktes $(y_A \; y_B \; y_C)$ nach Produkten der Abteilung A um 8 ME steigt und die Nachfrage nach Produkten der Abteilungen B und C konstant bleibt.

Hinweise und Tipps

Teilaufgabe 1

a) Stellen Sie mithilfe der Punkte A, B und C die Drei-Punkteform der Ebenengleichung auf.

Überprüfen Sie, ob der Punkt M in dieser Ebene liegt.

Der Abstand zweier Punkte $P(p_1 | p_2 | p_3)$ und $Q(q_1 | q_2 | q_3)$ kann berechnet werden durch die Abstandsformel:

$d(P; Q) = \sqrt{(p_1 - q_1)^2 + (p_2 - q_2)^2 + (p_3 - q_3)^2}$

Berechnen Sie den Abstand von M zu allen Eckpunkten.

b) Alle Punkte, die von 2 vorgegebenen Punkten A und B gleich weit entfernt sind, liegen auf der Mittelsenkrechten der Strecke AB.

Die Mittelsenkrechten schneiden sich im Umkreismittelpunkt.

Beachten Sie, dass es zu einer Geraden im Raum beliebig viele Normalenvektoren gibt.

Der Punkt M ist der Umkreismittelpunkt des Dreiecks ABC, den man als Schnittpunkt der Mittelsenkrechten des Dreiecks erhält.

Die Mittelsenkrechten des Dreiecks stehen nicht nur senkrecht auf der Geraden, die die Dreiecksseite enthält, sondern sie liegt auch in der Ebene E_{ABC}.
oder

Der Richtungsvektor der Mittelsenkrechten ist linear abhängig (kollinear) zum Richtungsvektor des Lotes von einem Eckpunkt auf die gegenüberliegende Seite.
oder

Zeigen Sie, dass das Dreieck rechtwinklig ist und beachten Sie die besondere Lage des Umkreismittelpunktes im rechtwinkligen Dreieck (Thalessatz).

Teilaufgabe 2

a) Addieren Sie die Mengeneinheiten, die die einzelnen Abteilungen selbst verbrauchen bzw. an die anderen Abteilungen oder an den Markt liefern.

b) Berechnen Sie den Marktvektor, indem Sie die Werte in die vorgegebene Matrixgleichung einsetzen.

Teilaufgabe 3

a) Bestimmen Sie den Marktvektor und berechnen Sie den Produktionsvektor, indem Sie die Werte in die Matrixgleichung einsetzen.

b) Stellen Sie die Matrixgleichung um nach dem Produktionsvektor $\vec{x}$ (linksseitige Multiplikation mit $(E-A)^{-1}$).

Berechnen Sie die Inverse $(E-A)^{-1}$ durch schrittweise Zeilenumformung. Multiplizieren Sie die Inverse mit dem vorgegebenen Produktionsvektor.
oder

Stellen Sie mithilfe der Matrixgleichung ein Gleichungssystem mit den 3 Variablen x_A, x_B und x_C auf. Lösen Sie dieses Gleichungssystem.

c) Die Nachfrage kann so lange befriedigt werden, wie die Produktion der einzelnen Abteilungen nicht negativ wird.

d) Multiplizieren Sie die beliebigen Nachfragevektoren $\begin{pmatrix} y_A \\ y_B \\ y_C \end{pmatrix}$ und $\begin{pmatrix} y_A+8 \\ y_B \\ y_C \end{pmatrix}$ mit der Inputmatrix A und bilden sie die Differenz (das Anwenden des Distributivgesetzes erleichtert das Rechnen).

Lösung

1. a) Standort M(7 | 2| 2) muss in der von den Punkten A, B und C aufgespannten Ebene liegen und die Entfernung zu den 3 Punkten muss gleich sein.

Die Drei-Punkteform der Ebenengleichung lautet:

$$E_{ABC}: \vec{x} = \begin{pmatrix} 11 \\ -1 \\ 3 \end{pmatrix} + \lambda \begin{pmatrix} -3 \\ 6 \\ -5 \end{pmatrix} + \mu \begin{pmatrix} -8 \\ 6 \\ -2 \end{pmatrix}$$

Der Nachweis, dass der Punkt in der Ebene liegt, erfolgt, indem man den Ortsvektor des Punktes mit der Parametergleichung der Ebene „gleichsetzt" und das durch zeilenweises Auslesen entstandene Gleichungssystem (drei Gleichungen, zwei Unbekannte) auf Lösbarkeit überprüft.

Setzt man für $\vec{x}$ die Koordinaten des Standorts M ein,

$$\begin{pmatrix} 7 \\ 2 \\ 2 \end{pmatrix} = \begin{pmatrix} 11 \\ -1 \\ 3 \end{pmatrix} + \lambda \begin{pmatrix} -3 \\ 6 \\ -5 \end{pmatrix} + \mu \begin{pmatrix} -8 \\ 6 \\ -2 \end{pmatrix}$$

so erhält man die Koordinatengleichungen:

$$\begin{array}{ll} \text{I} & 7 = 11 - 3\lambda - 8\mu \\ \text{II} & 2 = -1 + 6\lambda + 6\mu \\ \text{III} & 2 = 3 - 5\lambda - 2\mu \end{array}$$

$$\begin{array}{lll} 2 \cdot \text{I} + \text{II} & 16 = 21 - 10\mu & \Rightarrow \quad \mu = 0,5 \\ \mu \text{ in II} & 2 = -1 + 6\lambda + 3 & \Rightarrow \quad \lambda = 0 \end{array}$$

Probe mit III: $2 = 3 - 0 - 1$ (w)

Der Standort M liegt auf dem Gelände (in der Ebene E_{ABC}).

Es ist

$$|\overrightarrow{MA}| = \left|\begin{pmatrix} 4 \\ -3 \\ 1 \end{pmatrix}\right| = \sqrt{26} \text{ [LE]}, \quad |\overrightarrow{MB}| = \left|\begin{pmatrix} 1 \\ 3 \\ -4 \end{pmatrix}\right| = \sqrt{26} \text{ [LE] und}$$

$$|\overrightarrow{MC}| = \left|\begin{pmatrix} -4 \\ 3 \\ -1 \end{pmatrix}\right| = \sqrt{26} \text{ [LE]}.$$

Der Standort ist von allen 3 Abteilungen gleich weit entfernt.

b) Da der Standort M von den Standorten der drei Abteilungen A, B und C gleich weit entfernt ist, ist M der Umkreismittelpunkt des Dreiecks ABC. Diesen Punkt erhält man als Schnittpunkt der Mittelsenkrechten. Diese Mittelsenkrechten sind jedoch im Raum nicht eindeutig festgelegt, da es beliebig viele Normalenvektoren zu den Geraden durch die Dreiecksseiten gibt.

Im Folgenden werden vier Vorschläge zur Bestimmung der Mittelsenkrechten aufgezeigt. Die Beispielrechnungen dienen dem besseren Verständnis, sind aber zur Lösung der Aufgabe nicht notwendig.

1. Möglichkeit:
Sei $\vec{v}$ Richtungsvektor einer Geraden durch eine Dreiecksseite und $\vec{n}_s$ ein Vektor senkrecht dazu (d. h. $\vec{n}_s \circ \vec{v} = 0$). Der Vektor $\vec{n}_s$ kann so gewählt werden, dass die durch den Mittelpunkt der Dreiecksseite und den Richtungsvektor $\vec{n}_s$ festgelegte Gerade m in der durch die Eckpunkte A, B und C verlaufenden Ebene E_{ABC} liegt, und somit eine Mittelsenkrechte festlegt (d. h. die Koordinaten von m müssen die Ebenengleichung erfüllen).
Beide Bedingungen führen zu einem unterbestimmten Gleichungssystem (2 Gleichungen, 3 Variablen), durch Lösen dieses Gleichungssystems erhält man den Normalenvektor $\vec{n}_s$ und damit die Gleichung der Mittelsenkrechten m, die in der Ebene E_{ABC} liegt.

Beispielrechnung:

Es ist $\overrightarrow{AB} = \begin{pmatrix} -3 \\ 6 \\ -5 \end{pmatrix}$, $M_{AB}(9{,}5|2|0{,}5)$ und die Ebene E_{ABC} besitzt die Koordinatenform E_{ABC}: $9x + 17y + 15z = 127$.

Ist $\vec{n}_s = \begin{pmatrix} a \\ b \\ c \end{pmatrix}$ ein zur Geraden g_{AB} senkrechter Vektor, so lautet die Gleichung der Mittelsenkrechten m_c: $\vec{x} = \vec{m}_{AB} + \lambda\vec{n}_s = \begin{pmatrix} 9{,}5 \\ 2 \\ 0{,}5 \end{pmatrix} + \lambda \begin{pmatrix} a \\ b \\ c \end{pmatrix}$.

$$\vec{n}_s \circ \overrightarrow{AB} = 0 \quad \Rightarrow \quad \text{(I)} \quad -3a + 6b - 5c = 0$$
$$m_c \subset E_{ABC} \quad \Rightarrow \quad \text{(II)} \quad 9(9{,}5 + a) + 17(2 + b) + 15(0{,}5 + c) = 127$$
$$9a + 17b + 15c = 0$$

Mit $b = 0$ erhält man $c = -\frac{3}{5}a$, $\vec{n}_s = \begin{pmatrix} -5 \\ 0 \\ 3 \end{pmatrix}$ und m_c: $\vec{x} = \begin{pmatrix} 9{,}5 \\ 2 \\ 0{,}5 \end{pmatrix} + \lambda \begin{pmatrix} -5 \\ 0 \\ 3 \end{pmatrix}$.

2. Möglichkeit:
Fällt man das Lot von einem Eckpunkt, z. B. C, auf die gegenüberliegende Dreiecksseite, so erhält man den Lotfußpunkt F als Schnittpunkt der Lotgeraden mit der Geraden, auf der die Dreiecksseite liegt. Bestimmt man die Gleichung einer Geraden parallel zu g_{CF} durch den Mittelpunkt der Dreiecksseite, so erhält man die Mittelsenkrechte.

Beispielrechnung:

Es ist g_{AB}: $\vec{x} = \begin{pmatrix} 11 \\ -1 \\ 3 \end{pmatrix} + \lambda \begin{pmatrix} 3 \\ -6 \\ 5 \end{pmatrix}$. Die Gerade durchdringt eine Ebene E_H senkrecht zu g_{AB} durch C im Lotfußpunkt F.

$$E_H: \begin{pmatrix} 3 \\ -6 \\ 5 \end{pmatrix} \circ \vec{x} - \begin{pmatrix} 3 \\ -6 \\ 5 \end{pmatrix} \circ \begin{pmatrix} 3 \\ 5 \\ 1 \end{pmatrix} = 0$$

$g_{AB} \cap E_H$:
$3(11+3\lambda)-6(-1-6\lambda)+5(3+5\lambda)+16=0$

Mit $\lambda=-1$ erhält man $F(8|5|-2)$,
$\ell_c\colon\ \vec{x}=\begin{pmatrix}3\\5\\1\end{pmatrix}+\lambda\begin{pmatrix}5\\0\\-3\end{pmatrix}$ und $m_c\colon\ \vec{x}=\begin{pmatrix}9{,}5\\2\\0{,}5\end{pmatrix}+\lambda\begin{pmatrix}-5\\0\\3\end{pmatrix}$.

3. Möglichkeit:
Betrachtet man eine Gerade, auf der eine Dreiecksseite liegt, und wählt man einen beliebigen Vektor senkrecht zum Richtungsvektor dieser Geraden, der ungleich dem Normalenvektor der Ebene E_{ABC} ist, so wird durch diesen Vektor und den Mittelpunkt der Dreiecksseite eine Mittelsenkrechte festgelegt. Projiziert man diese Mittelsenkrechte in die Ebene E_{ABC}, so erhält man eine Mittelsenkrechte des Dreiecks ABC.

Beispielrechnung:
Ein zu $\overrightarrow{AB}=\begin{pmatrix}-3\\6\\5\end{pmatrix}$ senkrechter Vektor ist $\begin{pmatrix}2\\1\\0\end{pmatrix}$. Daher ist die Gleichung einer

Mittelsenkrechten m: $\vec{x}=\begin{pmatrix}9{,}5\\2\\0{,}5\end{pmatrix}+\lambda\begin{pmatrix}2\\1\\0\end{pmatrix}$. Projiziert man einen Punkt der Geraden, z. B. $P(11{,}5|3|0{,}5)$, in die Ebene E_{ABC}, so erhält man $P'\left(\frac{373}{34}\,\middle|\,2\,\middle|\,-\frac{13}{34}\right)$

und damit die Gleichung der Mittelsenkrechten m_c: $\vec{x}=\begin{pmatrix}9{,}5\\2\\0{,}5\end{pmatrix}+\lambda\begin{pmatrix}-\frac{50}{34}\\0\\\frac{30}{34}\end{pmatrix}$.

4. Möglichkeit
Das Dreieck ABC ist rechtwinklig und hat einen rechten Winkel bei B.
$\overrightarrow{BA}\circ\overrightarrow{BC}=\begin{pmatrix}3\\-6\\5\end{pmatrix}\circ\begin{pmatrix}-5\\0\\3\end{pmatrix}=0$

Der Umkreismittelpunkt eines rechtwinkligen Dreiecks liegt im Mittelpunkt der Seite, die dem rechten Winkel gegenüberliegt (Stichwort „Thaleskreis“). Dies ist $M_{AC}(7|2|2)$.

2. a) Der Produktionsvektor $\vec{x}$ ergibt sich aus den Zeilensummen der Tabelle, also
$$\vec{x}=\begin{pmatrix}1+2+6+1\\3+4+3+10\\4+2+9+15\end{pmatrix}=\begin{pmatrix}10\\20\\30\end{pmatrix}$$

b) Streicht man den Marktvektor aus der angegebenen Tabelle, so verbleibt eine 3×3-Matrix V (Matrix der innerbetrieblichen Verflechtung). Die Inputmatrix erhält man, indem die Einträge der Spalte A, B bzw. C der Matrix V durch die 1., 2. bzw. 3. Komponente des Produktionsvektors dividiert werden.

$$(E-A)\cdot\vec{x}=\left[\begin{pmatrix}1&0&0\\0&1&0\\0&0&1\end{pmatrix}-\begin{pmatrix}0{,}1&0{,}1&0{,}2\\0{,}3&0{,}2&0{,}1\\0{,}4&0{,}1&0{,}3\end{pmatrix}\right]\cdot\begin{pmatrix}10\\20\\30\end{pmatrix}=$$

$$=\begin{pmatrix}0{,}9&-0{,}1&-0{,}2\\-0{,}3&0{,}8&-0{,}1\\-0{,}4&-0{,}1&0{,}7\end{pmatrix}\cdot\begin{pmatrix}10\\20\\30\end{pmatrix}=\begin{pmatrix}1\\10\\15\end{pmatrix}$$

Der mit der angegebenen Matrixgleichung berechnete und der vorgegebene Marktvektor stimmen überein.

3. Der Produktionsvektor $\vec{x}$ und der Marktvektor $\vec{y}$ sind über die lineare Gleichung $(E-A)\cdot\vec{x}=\vec{y}$ (Grundgleichung des Leontief-Modells) eng miteinander verknüpft, äquivalent dazu ist $(E-A)^{-1}\cdot\vec{y}=\vec{x}$. Eine Änderung von $\vec{x}$ führt daher stets zu einer Änderung von $\vec{y}$ und umgekehrt.

a) Der Produktionsvektor ist jetzt $\vec{x}=\begin{pmatrix}10\\30\\10\end{pmatrix}$. Setzt man diesen Produktionsvektor in die Gleichung $(E-A)\cdot\vec{x}=\vec{y}$ ein, so erhält man den Marktvektor:

$$(E-A)\cdot\vec{x}=\begin{pmatrix}0{,}9&-0{,}1&-0{,}2\\-0{,}3&0{,}8&-0{,}1\\-0{,}4&-0{,}1&0{,}7\end{pmatrix}\cdot\begin{pmatrix}10\\30\\10\end{pmatrix}=\begin{pmatrix}4\\20\\0\end{pmatrix}$$

Abteilung A liefert 4 ME und Abteilung B 20 ME an den Markt. Die Produkte von Abteilung C werden vollständig zu den anderen Abteilungen geliefert.

b) Bei vorgegebenem Nachfragevektor erhält man den Produktionsvektor, indem man die Gleichung $(E-A)\cdot\vec{x}=\vec{y}$ nach $\vec{x}$ umstellt.

$$(E-A)\cdot\vec{x}=\vec{y}\quad\Leftrightarrow\quad\vec{x}=(E-A)^{-1}\cdot\vec{y}$$

Berechnung der Inversen zu (E – A) durch simultane Zeilenumformungen (Gauß-Verfahren):

$$\begin{pmatrix}0{,}9&-0{,}1&-0{,}2\\-0{,}3&0{,}8&-0{,}1\\-0{,}4&-0{,}1&0{,}7\end{pmatrix}\quad\begin{matrix}\text{I}&=10\cdot\text{I}\\\text{II}&=10\cdot\text{II}\\\text{III}&=10\cdot\text{III}\end{matrix}\quad\begin{pmatrix}1&0&0\\0&1&0\\0&0&1\end{pmatrix}$$

$$\begin{pmatrix}9&-1&-2\\-3&8&-1\\-4&-1&7\end{pmatrix}\quad\begin{matrix}\\\text{II}=3\cdot\text{II}+\text{I}\\\text{III}=9\cdot\text{III}+4\cdot\text{I}\end{matrix}\quad\begin{pmatrix}10&0&0\\0&10&0\\0&0&10\end{pmatrix}$$

$$\begin{pmatrix}9&-1&-2\\0&23&-5\\0&-13&55\end{pmatrix}\quad\begin{matrix}\text{I}=23\cdot\text{I}+\text{II}\\\\\text{III}=23\cdot\text{III}+13\cdot\text{II}\end{matrix}\quad\begin{pmatrix}10&0&0\\10&30&0\\40&0&90\end{pmatrix}$$

$$\begin{pmatrix}207&0&-51\\0&23&-5\\0&0&1\,200\end{pmatrix}\quad\begin{matrix}\\\\\text{III}=\text{III}/1\,200\end{matrix}\quad\begin{pmatrix}240&30&0\\10&30&0\\1\,050&390&2\,070\end{pmatrix}$$

$$\begin{pmatrix} 207 & 0 & -51 \\ 0 & 23 & -5 \\ 0 & 0 & 1 \end{pmatrix} \quad \begin{matrix} I = I + 51 \cdot III \\ II = II + 5 \cdot III \\ \end{matrix} \quad \begin{pmatrix} 240 & 30 & 0 \\ 10 & 30 & 0 \\ 0{,}875 & 0{,}325 & 1{,}725 \end{pmatrix}$$

$$\begin{pmatrix} 207 & 0 & 0 \\ 0 & 23 & 0 \\ 0 & 0 & 1 \end{pmatrix} \quad \begin{matrix} I = I/207 \\ II = II/23 \\ \end{matrix} \quad \begin{pmatrix} 284{,}625 & 46{,}575 & 87{,}975 \\ 14{,}375 & 31{,}625 & 8{,}625 \\ 0{,}875 & 0{,}325 & 1{,}725 \end{pmatrix}$$

$$\begin{pmatrix} 1 & 0 & 0 \\ 0 & 1 & 0 \\ 0 & 0 & 1 \end{pmatrix} \quad \begin{pmatrix} 1{,}375 & 0{,}225 & 0{,}425 \\ 0{,}625 & 1{,}375 & 0{,}375 \\ 0{,}875 & 0{,}325 & 1{,}725 \end{pmatrix}$$

Es ist nun

$$\vec{x} = (E - A)^{-1} \cdot \vec{y} = \begin{pmatrix} 1{,}375 & 0{,}225 & 0{,}425 \\ 0{,}625 & 1{,}375 & 0{,}375 \\ 0{,}875 & 0{,}325 & 1{,}725 \end{pmatrix} \cdot \begin{pmatrix} 2 \\ 19 \\ 7 \end{pmatrix} = \begin{pmatrix} 10 \\ 30 \\ 20 \end{pmatrix}$$

Damit der Markt wie in der Aufgabenstellung beschrieben beliefert werden kann, muss Abteilung A 10 ME, Abteilung B 30 ME und Abteilung C 20 ME produzieren.

Alternativer Rechenweg (mithilfe eines Gleichungssystems):

Die Bestimmung der Lösung auf „klassische Art und Weise" mithilfe eines Gleichungssystems ist ebenfalls möglich. Diese Methode kann mit geringerem Rechenaufwand verbunden sein, ist durch die geringere Systematik aber fehleranfälliger als das Gauß-Verfahren.

Nach dem Ausmultiplizieren von $\begin{pmatrix} 0{,}9 & -0{,}1 & -0{,}2 \\ -0{,}3 & 0{,}8 & -0{,}1 \\ -0{,}4 & -0{,}1 & 0{,}7 \end{pmatrix} \cdot \begin{pmatrix} x_A \\ x_B \\ x_C \end{pmatrix} = \begin{pmatrix} 2 \\ 19 \\ 7 \end{pmatrix}$ erhält man

das Gleichungssystem:

$$\begin{array}{lll} I & 0{,}9x_A - 0{,}1x_B - 0{,}2x_C & = 2 \\ II & -0{,}3x_A + 0{,}8x_B - 0{,}1x_C & = 19 \\ III & -0{,}4x_A - 0{,}1x_B + 0{,}7x_C & = 7 \end{array}$$

$$\begin{array}{lll} I - III: & 1{,}3x_A - 0{,}9x_C & = -5 \text{ (I')} \\ 8 \cdot I + II & 6{,}9x_A - 1{,}7x_C & = 35 \text{ (II')} \end{array}$$

$$\begin{array}{llll} 17 \cdot I' - 9 \cdot II': & -40x_A = -400 & \Rightarrow & x_A = 10 \\ x_A \text{ in } I': & 13 - 0{,}9x_C = -5 & \Rightarrow & x_C = 20 \\ x_A \text{ und } x_C \text{ in } I: & 9 - 0{,}1x_B - 4 = 2 & \Rightarrow & x_B = 30 \end{array}$$

c) Bei vorgegebener Nachfrage erhält man die zur Produktion benötigten Mengen durch Multiplikation von $(E - A)^{-1}$ mit dem Nachfragevektor:

$$\vec{x} = (E - A)^{-1} \cdot \vec{y} = \begin{pmatrix} 1{,}375 & 0{,}225 & 0{,}425 \\ 0{,}625 & 1{,}375 & 0{,}375 \\ 0{,}875 & 0{,}325 & 1{,}725 \end{pmatrix} \cdot \begin{pmatrix} y_A \\ y_B \\ y_C \end{pmatrix} =$$

$$= \begin{pmatrix} 1{,}375y_A + 0{,}225y_B + 0{,}425y_C \\ 0{,}625y_A + 1{,}375y_B + 0{,}375y_C \\ 0{,}875y_A + 0{,}325y_B + 1{,}725y_C \end{pmatrix}$$

Der Nachfragevektor enthält nur nichtnegative Mengenangaben y_A, y_B und y_C, daher sind alle Komponenten des Produktionsvektors $\vec{x}$ nicht negativ. Das bedeutet, dass jede beliebige Nachfrage entsprechend beliefert werden kann.

Nachgefragte Mengen könnten dann nicht ausgeliefert werden, wenn eine entsprechende Produktion nicht möglich wäre, d. h. wenn negative Mengen produziert werden müssten.

d) Der beliebige Nachfragevektor des Marktes $\vec{y} = \begin{pmatrix} y_A \\ y_B \\ y_C \end{pmatrix}$ verändert sich zu $\vec{y} = \begin{pmatrix} y_A + 8 \\ y_B \\ y_C \end{pmatrix}$.

Multipliziert man diese beiden Marktvektoren mit der Matrix $(E-A)^{-1}$ so erhält man die zugehörigen Produktionsvektoren. Die Differenz der Produktionsvektoren ergibt die Produktionssteigerung in den einzelnen Abteilungen:

$$\begin{pmatrix} 1{,}375 & 0{,}225 & 0{,}425 \\ 0{,}625 & 1{,}375 & 0{,}375 \\ 0{,}875 & 0{,}325 & 1{,}725 \end{pmatrix} \cdot \begin{pmatrix} y_A + 8 \\ y_B \\ y_C \end{pmatrix} - \begin{pmatrix} 1{,}375 & 0{,}225 & 0{,}425 \\ 0{,}625 & 1{,}375 & 0{,}375 \\ 0{,}875 & 0{,}325 & 1{,}725 \end{pmatrix} \cdot \begin{pmatrix} y_A \\ y_B \\ y_C \end{pmatrix} =$$

Die beiden Produktterme könnten separat berechnet und dann subtrahiert werden, jedoch vereinfacht die Anwendung des Distributivgesetzes der Matrizenmultiplikation die Rechnung wesentlich.

$$= \begin{pmatrix} 1{,}375 & 0{,}225 & 0{,}425 \\ 0{,}625 & 1{,}375 & 0{,}375 \\ 0{,}875 & 0{,}325 & 1{,}725 \end{pmatrix} \cdot \left[\begin{pmatrix} y_A + 8 \\ y_B \\ y_C \end{pmatrix} - \begin{pmatrix} y_A \\ y_B \\ y_C \end{pmatrix} \right] =$$

$$= \begin{pmatrix} 1{,}375 & 0{,}225 & 0{,}425 \\ 0{,}625 & 1{,}375 & 0{,}375 \\ 0{,}875 & 0{,}325 & 1{,}725 \end{pmatrix} \cdot \begin{pmatrix} 8 \\ 0 \\ 0 \end{pmatrix} = \begin{pmatrix} 1{,}375 \cdot 8 \\ 0{,}625 \cdot 8 \\ 0{,}875 \cdot 8 \end{pmatrix} = \begin{pmatrix} 11 \\ 5 \\ 7 \end{pmatrix}$$

Um der erhöhten Nachfrage entgegenzukommen, muss die Produktion in Abteilung A um 11 ME, in Abteilung B um 5 ME, und in Abteilung C um 7 ME gesteigert werden.

Firma Drohler

1. Auf einem größeren Firmengelände befinden sich – bezogen auf ein geeignetes Koordinatensystem – die beiden Werke der Firma Drohler an den Standorten $A(1\,|\,10\,|\,0)$ und $B(21\,|\,9\,|\,0)$. Der Austausch von Materialien zwischen den beiden Werken erfolgt durch Schienenfahrzeuge.

   a) Die Firma errichtet auf dem Firmengelände am Standort $C\left(\frac{11}{2}\,\middle|\,-\frac{1}{4}\,\middle|\,\frac{3}{4}\right)$ ein weiteres Werk, das an das vorhandene Gleis angebunden werden soll. Aus Kostengründen soll die Länge der Anbindungsstrecke möglichst gering sein. Bestimmen Sie die Stelle auf der Strecke $\overline{AB}$, an der das Schienennetz zu C abzweigen muss.

   b) Die vorhandenen Schienenfahrzeuge bewältigen eine Steigung von bis zu 5°. Überprüfen Sie, ob mit den vorhandenen Schienenfahrzeugen die neue Strecke befahren werden kann (Betrachten Sie die Neigung des Geländes bzgl. der x-y-Ebene als Steigung).

Ein Teil der Produktion der einzelnen Werke wird innerhalb des Werkes selbst verbraucht. Gleichzeitig beliefern sich die Werke aber auch gegenseitig und der Markt wird beliefert. Diese Beziehung zwischen den innerbetrieblichen Materiallieferungen, der Lieferung an den Markt und der Produktion insgesamt wird dargestellt durch die Matrixgleichung $(E - A) \cdot \vec{x} = \vec{y}$. Hierbei ist E die Einheitsmatrix und A die sogenannte Inputmatrix. Der Vektor $\vec{x} = \begin{pmatrix} x_A \\ x_B \\ x_C \end{pmatrix}$ ist der Produktionsvektor, der die in den Werken A, B bzw. C produzierten Mengeneinheiten angibt. Mit $\vec{y} = \begin{pmatrix} y_A \\ y_B \\ y_C \end{pmatrix}$ wird der Marktvektor bezeichnet, der ausdrückt, wie viele Mengeneinheiten nachgefragt werden. Die Mengen werden in Mengeneinheiten [ME] angegeben.

2. Es ist $A = \begin{pmatrix} 0{,}2 & 0{,}2 & 0{,}3 \\ 0{,}2 & b & 0{,}1 \\ 0{,}4 & 0{,}2 & 0{,}2 \end{pmatrix}$, $\vec{x} = \begin{pmatrix} 500 \\ 400 \\ c \end{pmatrix}$ und $\vec{y} = \begin{pmatrix} a \\ 200 \\ 200 \end{pmatrix}$. Berechnen Sie a, b und c.

Für die folgenden Aufgaben ist $b = 0{,}1$ und $c = 600$.

3. Es wird erwartet, dass die Nachfrage nach Produkten des Werkes A stark ansteigt.

   a) Berechnen Sie die maximal mögliche Produktionssteigerung in Werk A, wenn die Produktion in den Werken B und C gleich bleibt.

b) Man beabsichtigt die Produktion in Werk A auf 745 Einheiten zu erhöhen und die Produktion in den anderen Werken entsprechend anzupassen. Ebenfalls wird erwartet, dass die Nachfrage nach Produkten in den Werken B und C gleich bleibt. Berechnen Sie den Prozentsatz, der angibt, wie viel Prozent der Produktionssteigerung in Werk A an den Markt weitergegeben werden.

4. Die Produktionskosten für die Produkte der Werke betragen

Werk	A	B	C
Kosten je ME	320 €	190 €	149 €

Im aktuellen Produktionszeitraum ist $\vec{y} = \begin{pmatrix} 200 \\ 200 \\ 200 \end{pmatrix}$. Am Markt erzielen die Produkte des Werkes A 820 €/ME und die Produkte des Werkes C 400 €/ME. Bestimmen Sie den Preis für eine ME des Produktes von Werk B, damit die Produktion kostendeckend ist.

Verwenden Sie: $(E - A)^{-1} = \frac{1}{40}\begin{pmatrix} 70 & 22 & 29 \\ 20 & 52 & 14 \\ 40 & 24 & 68 \end{pmatrix}$

5. Für die mittelfristige Planung wird der Produktionsvektor $\vec{x} = \begin{pmatrix} 450 \\ 300\sqrt{t} \\ \frac{600}{\sqrt{t}} \end{pmatrix}$, $t \in [1; 2]$ zugrunde gelegt. Bestimmen Sie t so, dass die Summe der Marktanteile aller 3 Werke minimal wird.

Hinweise und Tipps

Teilaufgabe 1

a) Da die Anbindungsstrecke möglichst kurz sein soll, steht sie senkrecht zur Verbindungsstrecke der Standorte A und B. Die Abzweigstelle ist daher der Lotfußpunkt des Lotes von C auf die Gerade g_{AB}.

Stellen Sie zur Bestimmung des Lotfußpunktes die Gleichung einer Ebene auf, die senkrecht zur Geraden g_{AB} steht und den Punkt C enthält.

Der Schnittpunkt dieser Ebene mit der Geraden g_{AB} ist der Lotfußpunkt.

b) Bestimmen Sie mithilfe der Punkte A, B und C die Parameterform der Ebenengleichung der Ebene E_{ABC}.

Sind $\vec{u}$ und $\vec{v}$ Spannvektoren einer Ebene, so steht der Normalenvektor der Ebene senkrecht zu diesen Vektoren (alternativ: Vektorprodukt der Spannvektoren).

Ein Normalenvektor zur x-y-Ebene verläuft parallel zur z-Achse des Koordinatensystems.

Der Winkel φ zwischen den Ebenen E_1: $\vec{n}_1 \circ \vec{x} - d_1 = 0$ und E_2: $\vec{n}_2 \circ \vec{x} - d_2 = 0$ kann berechnet werden durch dir Formel $\cos\varphi = \frac{|\vec{n}_1 \circ \vec{n}_2|}{|\vec{n}_1| \cdot |\vec{n}_2|}$.

Teilaufgabe 2

Setzen Sie die vorgegebene Inputmatrix und den Markt- bzw. Produktionsvektor in die Gleichung $(E - A) \cdot \vec{x} = \vec{y}$ ein.

Multiplizieren Sie die linke Seite der Matrixgleichung.

Lösen Sie das entstehende Gleichungssystem.

Teilaufgabe 3

a) Stellen sie einen neuen Produktionsvektor $\vec{x}$ auf, in dem Sie die Produktionssteigerung in Prozent einbauen.

Ermitteln Sie den neuen Marktvektor mithilfe der Matrixgleichung.

Beachten Sie, dass der Marktvektor nur nichtnegative Komponenten enthalten darf.

b) Mit der Produktionserhöhung in Werk A ändert sich auch die Produktion in den beiden anderen Werken.

Ein Teil der Mehrproduktion von Werk A wird von den Werken B und C verbraucht. Die Produktionsmengen der Werke B und C sind somit ebenso wie der Absatz von Werk A an den Markt unbekannt.

Bestimmen Sie diese unbekannten Größen durch die Matrixgleichung.

Setzen Sie die Mehrabgabe von Werk A an den Markt ins Verhältnis zur Mehrproduktion von Werk A.

Teilaufgabe 4

Berechnen Sie den Produktionsvektor, indem Sie die Matrixgleichung nach $\vec{x}$ auflösen.

Die Kosten erhält man, indem man den Kostenvektor mit dem Produktionsvektor multipliziert, den Umsatz durch Multiplikation des Preisvektors mit dem Marktvektor (Reihenfolge bei der Multiplikation beachten).

Das Unternehmen arbeitet dann kostendeckend, wenn der Umsatz größer oder gleich den Kosten ist.

Teilaufgabe 5

Berechnen Sie mithilfe der Gleichung $(E - A) \cdot \vec{x} = \vec{y}$ den Marktvektor.

Definieren Sie eine Funktion, deren Funktionsterm die Summe der Marktanteile ist. Bestimmen Sie das Minimum dieser Funktion.

Untersuchen Sie die Funktion auf mögliche Randextrema.

Lösung

1. a) Die bisherige Strecke liegt auf der Geraden $g_{AB}: \vec{x} = \begin{pmatrix} 1 \\ 10 \\ 0 \end{pmatrix} + \lambda \begin{pmatrix} 20 \\ -1 \\ 0 \end{pmatrix}$.

Da die Kosten der Anbindungsstrecke möglichst gering sein sollen, ist die kürzeste Anbindung zu nehmen. Dies ist die Lotstrecke von C auf g_{AB}. Der Lotfußpunkt kann bestimmt werden mithilfe einer zur Geraden g_{AB} senkrechten Hilfsebene E_H (der Normalenvektor der Ebene ist linear abhängig vom Richtungsvektor der Geraden), die den Punkt C enthält. Die Gerade g_{AB} durchdringt die Hilfsebene E_H

$$E_H: \begin{pmatrix} 20 \\ -1 \\ 0 \end{pmatrix} \circ \vec{x} - \begin{pmatrix} 20 \\ -1 \\ 0 \end{pmatrix} \circ \begin{pmatrix} 5{,}5 \\ -0{,}25 \\ 0{,}75 \end{pmatrix} = 0 \quad \Rightarrow \quad 20x - y = 110{,}25$$

im Lotfußpunkt F der Geraden.

Durch Einsetzen von g_{AB} in E_H erhält man den Lotfußpunkt F:

$$E_H \cap g_{AB} = \{F\}$$

$$20(1+20\lambda) - (10-\lambda) - 110{,}25 = 0$$

$$401\lambda = 100{,}25$$

$$\lambda = \frac{1}{4} \quad \Rightarrow \quad F(6 \mid 9{,}75 \mid 0)$$

b) Die Gleichung der x-y-Ebene (Grundrissebene) in Normalenform lautet:

$$\begin{pmatrix} 0 \\ 0 \\ 1 \end{pmatrix} \circ \vec{x} = 0$$

Das Firmengelände ist festgelegt durch die Standorte der 3 Werke. Die Drei-Punkteform der Ebenengleichung lautet

$$E: \vec{x} = \begin{pmatrix} 1 \\ 10 \\ 0 \end{pmatrix} + \lambda \begin{pmatrix} 20 \\ -1 \\ 0 \end{pmatrix} + \mu \begin{pmatrix} 4{,}5 \\ -10{,}25 \\ 0{,}75 \end{pmatrix}.$$

Ist $\vec{n} = \begin{pmatrix} n_1 \\ n_2 \\ n_3 \end{pmatrix}$ ein Normalenvektor der Ebene, so gilt:

I $\quad 20n_1 - n_2 = 0 \quad \Rightarrow \quad n_2 = 20n_1$

II $\quad 4{,}5n_1 - 10{,}25n_2 + 0{,}75n_3 = 0$

Wählt man $n_1 = 2$, so ist $n_2 = 40$ und zur Berechnung von n_3 erhält man die Gleichung

$$9 - 410 + 0{,}75n_3 = 0 \quad \Rightarrow \quad n_3 = \frac{1604}{3}$$

bzw. $n_1 = 3$, $n_2 = 60$ und $n_3 = 802$

(alternativ: Bestimmung des Normalenvektors mithilfe des Vektorprodukts der Spannvektoren: $\begin{pmatrix} 20 \\ -1 \\ 0 \end{pmatrix} \times \begin{pmatrix} 4{,}5 \\ -10{,}25 \\ 0{,}75 \end{pmatrix} = \begin{pmatrix} -0{,}75 \\ -15 \\ -200{,}5 \end{pmatrix} = -0{,}25 \begin{pmatrix} 3 \\ 60 \\ 802 \end{pmatrix}$)

Für die Größe des Winkels zwischen den Ebenen gilt:

$$\cos\varphi = \frac{\begin{pmatrix}0\\0\\1\end{pmatrix}\circ\begin{pmatrix}3\\60\\802\end{pmatrix}}{\left|\begin{pmatrix}0\\0\\1\end{pmatrix}\right|\cdot\left|\begin{pmatrix}3\\60\\802\end{pmatrix}\right|} = \frac{802}{1\cdot\sqrt{646\,813}} \approx 0{,}9972$$

$\varphi = \arccos(0{,}9972) \quad\Rightarrow\quad \varphi \approx 4{,}29°$

Mit den vorhandenen Schienenfahrzeugen kann die neue Strecke befahren werden, da das Gelände nur um 4,29° ansteigt.

2. Setzt man in die Gleichung $(E - A)\cdot\vec{x} = \vec{y}$ die vorgegebene Inputmatrix sowie den Markt- und Produktionsvektor ein, so erhält man die Matrixgleichung:

$$\left[\begin{pmatrix}1&0&0\\0&1&0\\0&0&1\end{pmatrix}-\begin{pmatrix}0{,}2&0{,}2&0{,}3\\0{,}2&b&0{,}1\\0{,}4&0{,}2&0{,}2\end{pmatrix}\right]\cdot\begin{pmatrix}500\\400\\c\end{pmatrix}=\begin{pmatrix}a\\200\\200\end{pmatrix}$$

$$\left[\begin{pmatrix}0{,}8&-0{,}2&-0{,}3\\-0{,}2&1-b&-0{,}1\\-0{,}4&-0{,}2&0{,}8\end{pmatrix}\right]\cdot\begin{pmatrix}500\\400\\c\end{pmatrix}=\begin{pmatrix}a\\200\\200\end{pmatrix}$$

Nach Multiplikation der linken Seite der Matrixgleichung und Umstellen erhält man folgendes Gleichungssystem:

$$\begin{array}{lll} \text{I} & a + 0{,}3c & = 320 \\ \text{II} & -400b - 0{,}1c & = -100 \\ \text{III} & 0{,}8c & = 480 \quad\Rightarrow\quad c = 600 \end{array}$$

$$\begin{array}{lll} c \text{ in I}: & a + 180 & = 320 \quad\Rightarrow\quad a = 140 \\ c \text{ in II}: & -400b - 60 & = -100 \quad\Rightarrow\quad b = 0{,}1 \end{array}$$

Werk C produziert 600 ME, Werk A liefert 140 ME an den Markt und b ist gleich 0,1.

3. a) Wird die Produktion in Werk A um p % gesteigert, so erhält man den neuen Produktionsvektor $\vec{x} = \begin{pmatrix}500\left(1+\frac{p}{100}\right)\\400\\600\end{pmatrix}$.

Einsetzen in die Matrixgleichung $(E - A)\cdot\vec{x}$ und Ausmultiplizieren führt zum neuen Marktvektor

$$\left[\begin{pmatrix}0{,}8&-0{,}2&-0{,}3\\-0{,}2&0{,}9&-0{,}1\\-0{,}4&-0{,}2&0{,}8\end{pmatrix}\right]\cdot\begin{pmatrix}500\cdot\left(1+\frac{p}{100}\right)\\400\\600\end{pmatrix}=\begin{pmatrix}4p+140\\200-p\\200-2p\end{pmatrix}.$$

Die Marktabgaben der Werke müssen nichtnegativ sein.
Daher gilt:

$4p + 140 \geq 0 \quad\Rightarrow\quad p \geq -35$

$200 - p \geq 0 \quad\Rightarrow\quad p \leq 200$

$200 - 2p \geq 0 \quad\Rightarrow\quad p \leq 100$

$\Rightarrow\quad p \leq 100$

Es ist höchstens eine Verdoppelung der Produktion in Werk A möglich, wenn die Produktion in den anderen beiden Werken gleich bleibt.

b) Da die Werke sich untereinander beliefern, ändert sich mit der Erhöhung der Produktion in Werk A auf 745 ME auch die Produktion in den Werken B und C. Die Produktion in den beiden Werken ist daher nicht bekannt.

Der neue Produktionsvektor ist daher $\vec{x} = \begin{pmatrix} 745 \\ b \\ c \end{pmatrix}$.

Die Nachfrage nach Produkten der Werke B und C bleibt gleich (200 ME). Ein Teil der in Werk A produzierten Materialien wird an die Werke B bzw. C geliefert, sodass die Abgabe von Werk A an den Markt ebenfalls nicht bekannt ist.

Der neue Marktvektor ist jetzt $\vec{y} = \begin{pmatrix} a \\ 200 \\ 200 \end{pmatrix}$.

Setzt man den neuen Produktions- und Marktvektor in die Matrixgleichung $(E - A) \cdot \vec{x} = \vec{y}$ ein

$$\begin{pmatrix} 0{,}8 & -0{,}2 & -0{,}3 \\ -0{,}2 & 0{,}9 & -0{,}1 \\ -0{,}4 & -0{,}2 & 0{,}8 \end{pmatrix} \cdot \begin{pmatrix} 745 \\ b \\ c \end{pmatrix} = \begin{pmatrix} a \\ 200 \\ 200 \end{pmatrix},$$

so erhält man nach dem Ausmultiplizieren und Zusammenfassen folgendes Gleichungssystem:

$$\begin{array}{lll} \text{I} & a + 0{,}2b + 0{,}3c & = 596 \\ \text{II} & 0{,}9b - 0{,}1c & = 349 \\ \text{III} & -0{,}2b + 0{,}8c & = 498 \end{array}$$

$$\begin{array}{llll} 8 \cdot \text{II} + \text{III}: & 7b = 3\,290 & \Rightarrow & b = 470 \\ b \text{ in II}: & 423 - 0{,}1c = 349 & \Rightarrow & c = 740 \\ b \text{ und } c \text{ in I}: & a + 94 + 222 = 596 & \Rightarrow & a = 280 \end{array}$$

Bei einer Produktionssteigerung um 245 ME (745 ME − 500 ME) werden 140 ME (280 ME − 140 ME) mehr an den Markt geliefert. Es werden somit $\frac{140}{245} \approx 57\ \%$ der Produktionssteigerung an den Markt weitergegeben.

4. Stellt man die Gleichung $(E - A) \cdot \vec{x} = \vec{y}$ nach $\vec{x}$ um, so erhält man $\vec{x} = (E - A)^{-1} \cdot \vec{y}$.

Multipliziert man die Inverse mit dem Marktvektor

$$\frac{1}{40} \begin{pmatrix} 70 & 22 & 29 \\ 20 & 52 & 14 \\ 40 & 24 & 68 \end{pmatrix} \cdot \begin{pmatrix} 200 \\ 200 \\ 200 \end{pmatrix} = \begin{pmatrix} 605 \\ 430 \\ 660 \end{pmatrix},$$

so erhält man die Produktion in den einzelnen Werken.

Die Produktionskosten bzw. den Umsatz berechnet man, indem man den Produktionsvektor mit dem Kostenvektor und den Marktvektor mit dem Preisvektor multipliziert. Da die Produktion kostendeckend sein soll, müssen die Produktionskosten kleiner sein als der Umsatz.

Ist p der Preis (in €) für eine ME des Produktes von Werk B, so gilt:

$$(320 \quad 190 \quad 149)\cdot\begin{pmatrix}605\\430\\660\end{pmatrix} \le (820 \quad p \quad 400)\cdot\begin{pmatrix}200\\200\\200\end{pmatrix}$$

$$373\,640 \le 200p + 244\,000$$

$$648{,}2 \le p$$

Der Preis für 1 ME des Produktes von Werk B muss mindestens 648,20 € betragen.

5. Durch Einsetzen in die Gleichung $(E - A)\cdot\vec{x} = \vec{y}$ kann der von t abhängige Marktvektor berechnet werden.

$$\begin{pmatrix}0{,}8 & -0{,}2 & -0{,}3\\-0{,}2 & 0{,}9 & -0{,}1\\-0{,}4 & -0{,}2 & 0{,}8\end{pmatrix}\cdot\begin{pmatrix}450\\300\sqrt{t}\\\frac{600}{\sqrt{t}}\end{pmatrix} = \begin{pmatrix}-60\sqrt{t} - \frac{180}{\sqrt{t}} + 360\\270\sqrt{t} - \frac{60}{\sqrt{t}} - 90\\-60\sqrt{t} + \frac{480}{\sqrt{t}} - 180\end{pmatrix}$$

Durch Addition der Marktanteile erhält man die Funktion f(t), die die Summe der Marktanteile wiedergibt:

$$f(t) = \left(-60\sqrt{t} - \frac{180}{\sqrt{t}} + 360\right) + \left(270\sqrt{t} - \frac{60}{\sqrt{t}} - 90\right) + \left(-60\sqrt{t} + \frac{480}{\sqrt{t}} - 180\right) =$$

$$= 150\sqrt{t} + \frac{240}{\sqrt{t}} + 90$$

Die notwendige Bedingung für eine Extremstelle ist: f'(t)=0

$$f'(t) = \frac{75}{\sqrt{t}} - \frac{120}{t\sqrt{t}}$$

$$\frac{75}{\sqrt{t}} - \frac{120}{t\sqrt{t}} = 0$$

$$75t = 120$$

$$t = 1{,}6$$

hinreichende Bedingung für ein Minimum: f'(t)=0 und f''(t) > 0

$$f''(t) = \frac{180}{t^2\sqrt{t}} - \frac{75}{2t\sqrt{t}}$$

$$f''(1{,}6) = \frac{180}{1{,}6^2\cdot\sqrt{1{,}6}} - \frac{75}{2\cdot 1{,}6\cdot\sqrt{1{,}6}} \approx 37{,}06 \quad > 0 \quad \Rightarrow \quad \text{Minimum}$$

$$f(1{,}6) = 150\sqrt{1{,}6} + \frac{240}{\sqrt{1{,}6}} + 90 \approx 469{,}47$$

Untersuchung auf Randextrema:

Es ist $f(1) = 150 + 240 + 90 = 480$,

$$f(2) = 150\sqrt{2} + \frac{240}{\sqrt{2}} + 90 \approx 471{,}84.$$

Für t = 1,6 ist die Summe der Marktanteile minimal.

Nordrhein-Westfalen – Mathematik Leistungskurs
Analytische Geometrie: Übungsaufgabe 8

Pultdach

Die Produktionshalle der Firma Küstert besitzt eine rechteckige Grundfläche und hat ein Pultdach (Ein Pultdach ist ein Dach mit nur einer geneigten Dachfläche).
In einem geeigneten Koordinatensystem ist $A(2|4|1)$, $B(26|22|1)$, $C(38|6|1)$, $E(2|4|5)$ und $H(14|-12|9)$.
(1 LE = 1 cm)

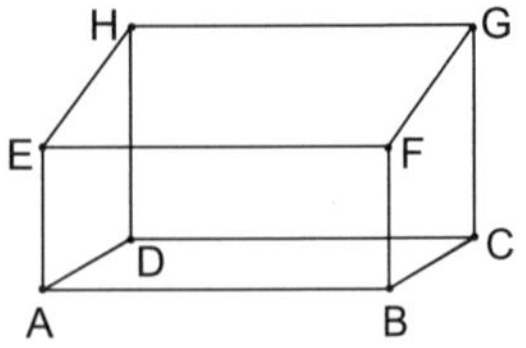

(Skizze nicht maßstäblich)

1. Bestimmen Sie die Koordinaten der Eckpunkte D, F und G.

2. Zur Wärmeisolierung soll das Dach der Halle mit schaumstoffgedämmten Platten versehen werden. Damit der Abfluss von Regenwasser gewährleistet ist, muss die Dachneigung wenigstens 10° betragen.
   a) Berechnen Sie die Größe der Dachfläche.
   b) Überprüfen Sie, ob die Dachneigung ausreichend ist.

3. Ein Strahler befindet sich 1 m oberhalb des Mittelpunktes des Dachfirstes GH. Eine Person mit 1,75 m Augenhöhe steht auf dem ebenen Gelände mitten vor der Vorderfront ABFE des Gebäudes.
   Bestimmen Sie die Entfernung, die die Person mindestens zurückgehen muss, um den Strahler zu sehen.

Die Firma Küstert produziert aus den 3 Vorprodukten V1, V2 und V3 die Zwischenprodukte Z1 und Z2. Aus diesen werden die Endprodukte E1, E2 und E3 hergestellt. Der Materialfluss ist durch folgende Tabellen dargestellt.

	Z1	Z2
V1	3	5
V2	4	1
V3	2	**x**

	E1	E2	E3
Z1	**y**	5	3
Z2	**z**	3	4

	E1	E2	E3
V1	36		
V2	14		
V3	22		

4. Berechnen Sie, wie viele Mengeneinheiten (ME) der Zwischenprodukte Z1 und Z2 für die Produktion 1 ME von E1 benötigt werden und wie viele ME von V3 notwendig sind zur Produktion von 1 ME von Z2.

Für die folgenden Aufgaben ist $x = 3$, $y = 2$ und $z = 6$.

5. Im Lager befinden sich 18 000 ME von V1, 9 000 ME von V2 und 11 000 ME von V3, die zu Endprodukten verarbeitet werden sollen. Es werden 200 ME von E3 hergestellt.
   Bestimmen Sie die Anzahl der produzierten Mengen von E1 bzw. E2, wenn die Vorprodukte V2 und V3 vollständig aufgebraucht werden sollen.
   Überprüfen Sie, ob die Anzahl der Vorprodukte V1, die sich im Lager befinden, ausreicht.

6. Die Vorproduktpreise je ME betragen 2 € für V1 und 1 € für V3.
   Bestimmen
   Sie den maximalen Preis für das Vorprodukt V2, wenn die Rohstoffkosten für E3 nicht mehr als 100 € betragen sollen.

7. Die Materialkosten für die Vorprodukte bzw. die Fertigungskosten in den beiden Produktionsstufen (Vorprodukt – Zwischenprodukt und Zwischenprodukt – Endprodukt) betragen:

V1	V2	V3	Z1	Z2	E1	E2	E3
2	1,5	1	5	6	12	8,5	9

   Eine Firma bestellt 10 Endprodukte E1, 14 Endprodukte E3 und 6 Zwischenprodukte Z2.
   Berechnen Sie die Gesamtkosten (ohne MwSt.), wenn die Firma Küstert 60 % auf die Produktionskosten aufschlägt.

Hinweise und Tipps

Teilaufgabe 1

Beachten Sie, dass die Grundfläche sowie die Vorder- und Rückseite der Halle rechtwinklig sind und benachbarte Kanten parallel und gleich lang sind.

Teilaufgabe 2

a) Mit der Grundfläche ist auch die Dachfläche rechtwinklig.

Der Flächeninhalt ist gleich dem Produkt der Beträge der die Dachfläche aufspannenden Vektoren.
oder

Der Flächeninhalt eines Parallelogramms (Rechtecks) ist gleich dem Betrag des Vektorprodukts der Vektoren, die das Parallelogramm aufspannen.

b) Betrachten Sie zum Aufstellen der Ebenengleichung der Grundfläche die z-Koordinate der Eckpunkte.

Ein Normalenvektor der Dachflächenebene steht senkrecht auf den die Dachfläche aufspannenden Vektoren.

Der Neigungswinkel der Dachfläche entspricht dem Winkel zwischen der Grundfläche und der Dachfläche.

Die Formel zur Berechnung des Winkels φ zwischen den Ebenen
E_1: $\vec{n}_1 \circ \vec{x} - d_1 = 0$ und E_2: $\vec{n}_2 \circ \vec{x} - d_2 = 0$ ist $\cos\varphi = \frac{|\vec{n}_1 \circ \vec{n}_2|}{|\vec{n}_1| \cdot |\vec{n}_2|}$.

Teilaufgabe 3

Die Gerade durch den Mittelpunkt der Strecke [GH] und den Strahler verläuft parallel zu den aufrechten Seitenkanten des Gebäudes.

Geht man vom Mittelpunkt der Strecke [HG] 1 LE in Richtung des Normalenvektors der Grundfläche, so erhält man die Position des Strahlers.

Bestimmen Sie eine Ebene E parallel zur Grundfläche im Abstand 1,75 m.

Der Sehstrahl der Person geht vom Auge über den Mittelpunkt der Dachtraufe [EF] zum Strahler. Das Auge liegt somit im Durchstoßpunkt von Sehstrahl und Ebene E.

oder

Bestimmen Sie die Gleichung einer Geraden, die die Position des Auges beim Weg von der Vorderseite des Gebäudes beschreibt. Bringen Sie diese Gerade mit dem Sehstrahl zum Schnitt.

Bestimmen Sie den Standort der Person auf der Grundflächenebene.

Berechnen Sie den Abstand des Standorts der Person zum Mittelpunkt der Strecke [AB].

Teilaufgabe 4

- Das Produkt aus der Vorprodukt-Zwischenprodukt-Matrix und der Zwischenprodukt-Endprodukt-Matrix ergibt die Vorprodukt-Endprodukt-Matrix.
- Stellen Sie mithilfe der 1. Spalte der Vorprodukt-Endprodukt-Matrix ein Gleichungssystem auf.
- Lösen Sie das entstehende Gleichungssystem nach x, y und z auf.

Teilaufgabe 5

- Setzen Sie im Produktionsvektor für die Anzahl der produzierten ME von E1 und die Anzahl der produzierten ME von E2 Variable ein.
- Das Produkt aus Vorprodukt-Endprodukt-Matrix und Produktionsvektor ergibt die Anzahl der Vorprodukte, die für die Produktion benötigt werden. Setzen Sie diese mit den von V2 und V3 im Lager vorhandenen ME gleich.
- Lösen Sie das entsprechende Gleichungssystem und vergleichen Sie mit der Anzahl der Vorprodukte V1.

Teilaufgabe 6

- Setzen Sie im Kostenvektor für den Preis des Vorproduktes V2 eine Variable ein.
- Das Produkt aus dem Kostenvektor für die Vorprodukte und der Vorprodukt-Endprodukt-Matrix ergibt den Gesamtpreis für die Endprodukte.
- Bestimmen Sie mithilfe des Gesamtpreises eine Ungleichung und lösen Sie diese nach dem Preis für das Vorprodukt V2 auf.

Teilaufgabe 7

- Die Kosten für die Zwischenprodukte setzen sich aus den Materialkosten der Vorprodukte und den Fertigungskosten der jeweiligen Zwischenprodukte zusammen.
- Die Kosten für die Endprodukte setzen sich aus den Preisen der Zwischenprodukte und den Fertigungskosten der jeweiligen Endprodukte zusammen.
- Die Gesamtkosten bestehen aus der Summe der Preise für die verschiedenen Produkte. Dieser Preis berechnet sich aus dem Einzelpreis und der Anzahl.
- Berechnen Sie 60 % der Gesamtkosten und erhöhen Sie die Gesamtkosten anschließend um diesen Betrag..

Lösung

1. Die Grundfläche der Halle sowie die Vorder- und Rückseite des Gebäudes sind rechteckig. Benachbarte Kanten sind daher gleich lang und parallel.
   Daher ist

   $\vec{d} = \vec{a} + \overrightarrow{BC}$

   $\vec{d} = \begin{pmatrix} 2 \\ 4 \\ 1 \end{pmatrix} + \begin{pmatrix} 12 \\ -16 \\ 0 \end{pmatrix} = \begin{pmatrix} 14 \\ -12 \\ 1 \end{pmatrix}$

   $\vec{f} = \vec{e} + \overrightarrow{AB}$

   $\vec{f} = \begin{pmatrix} 2 \\ 4 \\ 5 \end{pmatrix} + \begin{pmatrix} 24 \\ 18 \\ 0 \end{pmatrix} = \begin{pmatrix} 26 \\ 22 \\ 5 \end{pmatrix}$

   $\vec{g} = \vec{h} + \overrightarrow{AB}$

   $\vec{g} = \begin{pmatrix} 14 \\ -12 \\ 9 \end{pmatrix} + \begin{pmatrix} 24 \\ 18 \\ 0 \end{pmatrix} = \begin{pmatrix} 38 \\ 6 \\ 9 \end{pmatrix}$

   Die Koordinaten der Eckpunkte sind $C(14|-12|1)$, $F(26|22|5)$ und $G(38|6|9)$.

2. a) Die Dachfläche ist rechtwinklig und wird aufgespannt von den Vektoren $\overrightarrow{EF}$ und $\overrightarrow{EH}$.

   $A = |\overrightarrow{EF}| \cdot |\overrightarrow{EH}|$

   $A = \left|\begin{pmatrix} 24 \\ 18 \\ 0 \end{pmatrix}\right| \cdot \left|\begin{pmatrix} 12 \\ -16 \\ 4 \end{pmatrix}\right| = 30 \cdot \sqrt{416} \approx 611{,}9\,[\text{m}^2]$

   Alternativer Rechenweg:

   Der Flächeninhalt ist gleich dem Betrag des Vektorprodukts der Vektoren $\overrightarrow{EF}$ und $\overrightarrow{EH}$.

   $A = \left|\begin{pmatrix} 24 \\ 18 \\ 0 \end{pmatrix} \times \begin{pmatrix} 12 \\ -16 \\ 4 \end{pmatrix}\right| = \left|\begin{pmatrix} 72 \\ -96 \\ -600 \end{pmatrix}\right| = \sqrt{374\,400} \approx 611{,}9\,[\text{m}^2]$

   Die Dachfläche hat eine Größe von ca. 612 m^2.

   b) Der Neigungswinkel ist der Winkel, den die Dachfläche mit der Grundfläche bzw. einer zur Grundfläche parallelen Ebene durch EF bildet.

   Die Punkte A, B, C und D liegen, da die z-Koordinate für alle Punkte den Wert 1 hat, in der Ebene E_G: $z = 1$ bzw. in der Normalenform $\begin{pmatrix} 0 \\ 0 \\ 1 \end{pmatrix} \circ \vec{x} - 1 = 0$.

Ist $\vec{n} = \begin{pmatrix} n_1 \\ n_2 \\ n_3 \end{pmatrix}$ ein Normalenvektor der Dachflächenebene, so steht $\vec{n}$ senkrecht auf den die Dachfläche aufspannenden Vektoren $\overrightarrow{EF} = \begin{pmatrix} 24 \\ 18 \\ 0 \end{pmatrix}$ und $\overrightarrow{EH} = \begin{pmatrix} 12 \\ -16 \\ 4 \end{pmatrix}$.

Es gilt:

I $\quad 24n_1 + 18n_2 = 0 \qquad \Rightarrow \quad 4n_1 = -3n_2$

II $\quad 12n_1 - 16n_2 + 4n_3 = 0$

Wählt man $n_2 = -4$, so ist $n_1 = 3$ und mit $36 + 64 + 4n_3 = 0$ erhält man $n_3 = -25$.

(alternativ: Bestimmung des Normalenvektors mithilfe des Vektorprodukts der Spannvektoren: $\vec{n} = \begin{pmatrix} 24 \\ 18 \\ 0 \end{pmatrix} \times \begin{pmatrix} 12 \\ -16 \\ 4 \end{pmatrix} = \begin{pmatrix} 72 \\ -96 \\ -600 \end{pmatrix} = 24 \begin{pmatrix} 3 \\ -4 \\ -25 \end{pmatrix}$)

Der Winkel φ zwischen den Ebenen E_1: $\vec{n}_1 \circ \vec{x} - d_1 = 0$ und E_2: $\vec{n}_2 \circ \vec{x} - d_2 = 0$ kann mithilfe der Formel $\cos\varphi = \frac{|\vec{n}_1 \circ \vec{n}_2|}{|\vec{n}_1| \cdot |\vec{n}_2|}$ berechnet werden.

$$\cos\varphi \frac{\left| \begin{pmatrix} 0 \\ 0 \\ 1 \end{pmatrix} \circ \begin{pmatrix} 3 \\ -4 \\ -25 \end{pmatrix} \right|}{\left| \begin{pmatrix} 0 \\ 0 \\ 1 \end{pmatrix} \right| \cdot \left| \begin{pmatrix} 3 \\ -4 \\ -25 \end{pmatrix} \right|} = \frac{25}{\sqrt{650}} \approx 0{,}98 \qquad \varphi = \arccos \frac{25}{\sqrt{650}} \approx 11{,}31^\circ$$

Die Dachfläche hat eine Neigung von ca. $11{,}31^\circ$ und ist daher ausreichend.

3. Zur Berechnung der Koordinaten des Strahlers S braucht man den Mittelpunkt der Strecke [GH].
   Es ist

   $$\vec{m}_{GH} = \frac{1}{2}(\vec{g} + \vec{h}) = \frac{1}{2}\left[\begin{pmatrix} 38 \\ 6 \\ 9 \end{pmatrix} + \begin{pmatrix} 14 \\ -12 \\ 9 \end{pmatrix}\right] = \begin{pmatrix} 26 \\ -3 \\ 9 \end{pmatrix}.$$

   Die Gerade durch den Mittelpunkt der Strecke [GH] und den Strahler verläuft parallel zu den aufrechten Seitenkanten des Gebäudes, so dass der Richtungsvektor der Geraden linear abhängig ist zu dem Normalenvektor der Grundfläche. Der Strahler S befindet sich 1 m (1 LE) oberhalb des Mittelpunktes. Ausgehend vom Mittelpunkt der Strecke [HG] 1 LE in Richtung des Normalenvektors der Grundfläche erhält man die Position des Strahlers.

   $$\vec{s} = \begin{pmatrix} 26 \\ -3 \\ 9 \end{pmatrix} + 1 \cdot \begin{pmatrix} 0 \\ 0 \\ 1 \end{pmatrix} = \begin{pmatrix} 26 \\ -3 \\ 10 \end{pmatrix}$$

Die Augenhöhe der Person befindet sich 1,75 m (1,75 LE) oberhalb der Grundfläche, also in der Ebene E_{Auge}: z = 2,75.
Ist der Weg der Person senkrecht zur Mitte des Gebäudes, so geht der Sehstrahl über den Mittelpunkt der Dachtraufe [EF] zum Strahler.

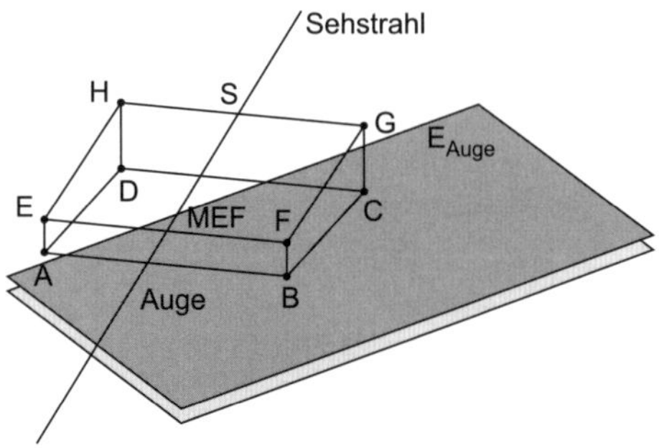

Es ist

$$\vec{m}_{EF} = \begin{pmatrix} 14 \\ 13 \\ 5 \end{pmatrix} \text{ und}$$

$$g_{SM_{EF}}: \vec{x}: \begin{pmatrix} 26 \\ -3 \\ 10 \end{pmatrix} + \lambda \begin{pmatrix} 12 \\ -16 \\ 5 \end{pmatrix}.$$

Bringt man den Sehstrahl mit der Ebene E_{Auge} zum Schnitt, so erhält man die Position des Auges.

$$g_{SM_{EF}} \cap E_{Auge} = \{Auge\}$$

$$10 + 5\lambda = 2,75 \;\Rightarrow\; \lambda = -1,45$$

$$\vec{P}_{Auge} = \begin{pmatrix} 26 \\ -3 \\ 10 \end{pmatrix} - 1,45 \begin{pmatrix} 12 \\ -16 \\ 5 \end{pmatrix} = \begin{pmatrix} 8,6 \\ 20,2 \\ 2,75 \end{pmatrix}$$

Fällt man das Lot von der Position des Auges in die Ebene E_G (die z-Koordinate wird eins), so erhält man den Standort P der Person. Die Entfernung zum Mittelpunkt der Grundkante [AB] ist die Entfernung, die die Person zurückgehen muss, um den Strahler zu sehen.

Es ist P(8,6 | 20,2 | 1) und M_{AB}(14 | 13 | 1).

$$d(P; M_{AB}) = |\overrightarrow{PM_{AB}}| = \left| \begin{pmatrix} 5,4 \\ -7,2 \\ 0 \end{pmatrix} \right| = \sqrt{5,4^2 + 7,2^2} = 9[LE]$$

Die Person muss mindestens 9 m zurückgehen, um den Strahler zu sehen.

Alternativer Rechenweg A zur Berechnung der Position des Auges:

Geht die Person von der Vorderfront zurück, so bewegt sich das Auge auf der Geraden

$$g_{Auge}: \vec{x} = \vec{m}_{AB} + \overrightarrow{CB} = \begin{pmatrix} 14 \\ 13 \\ 2,75 \end{pmatrix} + \mu \begin{pmatrix} -12 \\ 16 \\ 0 \end{pmatrix}.$$

Bringt man diese Gerade mit dem Sehstrahl zum Schnitt, so erhält man die Position des Auges.

$$\begin{pmatrix}26\\-3\\10\end{pmatrix}+\lambda\begin{pmatrix}12\\-16\\5\end{pmatrix}=\begin{pmatrix}14\\13\\2{,}75\end{pmatrix}+\mu\begin{pmatrix}-12\\16\\0\end{pmatrix}$$

Aus der Vektorgleichung erhält man die 3 Koordinatengleichungen:

$$\begin{array}{lll} \text{I} & 26+12\lambda=14-12\mu & \\ \text{II} & -3-16\lambda=13+16\mu & \\ \text{III} & 10+5\lambda=2{,}75 & \Rightarrow\ \lambda=-1{,}45 \end{array}$$

$$\begin{array}{lll} \lambda \text{ in II}: & -3+23{,}2=13+16\mu & \Rightarrow\ \mu=0{,}45 \\ \lambda \text{ und } \mu \text{ in I}: & 26-17{,}4=14-5{,}4\,(\text{w}) & \end{array}$$

Das Auge befindet sich an der Position $P_{Auge}(8{,}6\,|\,20{,}2\,|\,2{,}75)$.

Alternativer Rechenweg B (elementargeometrisch):

Bezogen auf die Grundflächenebene $(z=1)$ befindet sich das Auge an der Stelle $P(x\,|\,y\,|\,2{,}75)$. Die vordere Dachkante EF (die z-Koordinate beider Punkte ist gleich 5) befindet sich 2,25 LE, der Strahler (die z-Koordinate ist gleich 10) 7,25 LE über der Augenhöhe. Die Tiefe des Gebäudes ist gleich

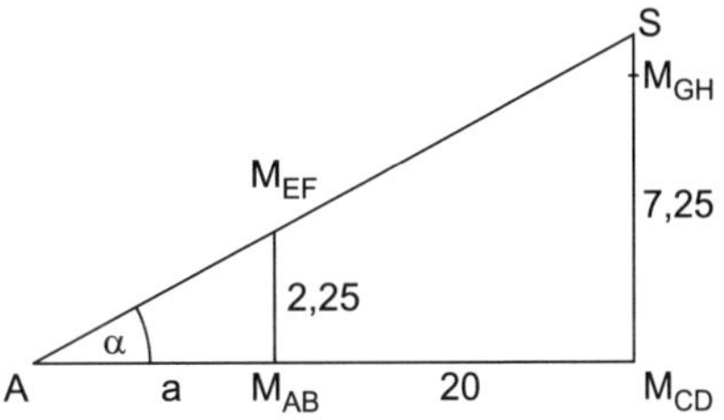

$$|\overrightarrow{BC}|=\left|\begin{pmatrix}12\\-16\\0\end{pmatrix}\right|=20\,[\text{LE}].$$

Nach dem 2. Strahlensatz bzw. mithilfe des Tangens gilt nun:

$$\frac{a}{2{,}25}=\frac{a+20}{7{,}25}$$

$$7{,}25a=2{,}25a+45$$

$$a=9\,[\text{LE}]$$

4. Multipliziert man die Vorprodukt-Zwischenprodukt-Matrix mit der 1. Spalte der Zwischenprodukt-Endprodukt-Matrix, so erhält man die 1. Spalte der Vorprodukt-Endprodukt-Matrix.

   Multipliziert man $\begin{pmatrix}3&5\\4&1\\2&x\end{pmatrix}\cdot\begin{pmatrix}y\\z\end{pmatrix}=\begin{pmatrix}36\\14\\22\end{pmatrix}$, so erhält man folgendes Gleichungssystem:

$$\begin{array}{ll} \text{I} & 3y+5z=36 \\ \text{II} & 4y+z=14 \\ \text{III} & 2y+xz=22 \end{array}$$

$$\begin{array}{lll} 5\cdot\text{II}-\text{I}: & 17y=34 & \Rightarrow\ y=2 \\ y \text{ in II}: & 8+z=14 & \Rightarrow\ z=6 \\ y \text{ und } z \text{ in III}: & 4+6x=22 & \Rightarrow\ x=3 \end{array}$$

Zur Produktion von 1 ME Z2 benötigt man 3 ME des Vorprodukts V3 und zur Produktion von 1 ME E1 benötigt man 2 ME Z1 und 6 ME Z2.

5. Es ist $\begin{pmatrix} 3 & 5 \\ 4 & 1 \\ 2 & 3 \end{pmatrix} \cdot \begin{pmatrix} 2 & 5 & 3 \\ 6 & 3 & 4 \end{pmatrix} = \begin{pmatrix} 36 & 30 & 29 \\ 14 & 23 & 16 \\ 22 & 19 & 18 \end{pmatrix}$.

Multipliziert man die Vorprodukt-Endprodukt-Matrix mit dem Produktionsvektor $\vec{x} = \begin{pmatrix} x_1 \\ x_2 \\ 200 \end{pmatrix}$, so erhält man die verbrauchten Rohstoffe. x_1 ist hierbei die Anzahl der produzierten ME von E1, x_2 die Anzahl der produzierten ME von E2.

$$\begin{pmatrix} 36 & 30 & 29 \\ 14 & 23 & 16 \\ 22 & 19 & 18 \end{pmatrix} \cdot \begin{pmatrix} x_1 \\ x_2 \\ 200 \end{pmatrix} = \begin{pmatrix} 36x_1+30x_2+5\,800 \\ 14x_1+23x_2+3\,200 \\ 22x_1+19x_2+3\,600 \end{pmatrix}$$

Da die Vorprodukte V2 und V3 vollständig aufgebraucht werden sollen, gilt:

$$\begin{array}{ll} \text{I} & 14x_1+23x_2+3\,200=9\,000 \\ \text{II} & 22x_1+19x_2+3\,600=11\,000 \end{array}$$

$$\begin{array}{lll} 11\cdot\text{I}-7\cdot\text{II}: & 120\cdot x_2=12\,000 & \Rightarrow\ x_2=100 \\ x_2 \text{ in I}: & 14\cdot x_1+2\,300+3\,200=9\,000 & \Rightarrow\ x_1=250 \end{array}$$

Die Überprüfung, ob genügend Vorprodukte V1 im Lager sind, geschieht durch Einsetzen in die Gleichung $36\cdot x_1+30\cdot x_2+5\,800$.
$36\cdot 250+30\cdot 100+5\,800=17\,800$.

Es sind ausreichend Vorprodukte im Lager. 200 ME der Vorprodukte V1 bleiben bei der Produktion von 250 ME E1 und 100 ME E2 übrig.

6. Ist p der Preis für das Vorprodukt V2, dann erhält man die Kosten für das Endprodukt E3, indem man den Kostenvektor $\vec{k} = \begin{pmatrix} 2 \\ p \\ 1 \end{pmatrix}$ für die Vorprodukte mit der 3. Spalte der Vorprodukt-Endprodukt-Matrix multipliziert.

$$\begin{pmatrix} 2 & p & 1 \end{pmatrix} \cdot \begin{pmatrix} 29 \\ 16 \\ 18 \end{pmatrix} = (58+16p+18) = 76+16p$$

Die Kosten für das Produkt E3 sollen maximal 100 € betragen.

$$76 + 16p \leq 100$$
$$p \leq 1{,}5$$

Das Vorprodukt V2 darf maximal 1,50 € kosten.

7. Um die Gesamtkosten zu ermitteln, müssen zunächst die Einzelkosten für die Zwischen- und Endprodukte berechnet werden.

Die Kosten für die Zwischenprodukte berechnen sich aus den Kosten für die verwendeten Vorprodukte und den Fertigungskosten für die Zwischenprodukte.

$$(2 \quad 1{,}5 \quad 1) \cdot \begin{pmatrix} 3 & 5 \\ 4 & 1 \\ 2 & 3 \end{pmatrix} + (5 \quad 6) = (14 \quad 14{,}5) + (5 \quad 6) = (19 \quad 20{,}5)$$

Die Kosten für die Endprodukte berechnen sich aus den Kosten für die verwendeten Zwischenprodukte und den Fertigungskosten für die Endprodukte.

$$(19 \quad 20{,}5) \cdot \begin{pmatrix} 2 & 5 & 3 \\ 6 & 3 & 4 \end{pmatrix} + (12 \quad 8{,}5 \quad 9) = (161 \quad 156{,}5 \quad 139) + (12 \quad 8{,}5 \quad 9) =$$
$$= (173 \quad 165 \quad 148)$$

Alternative Berechnung der Kosten für die Zwischen- bzw. Endprodukte:

Der Gozintograph enthält die Vorproduktpreise bzw. die Fertigungskosten für die Zwischen- und Endprodukte (in €) sowie die Mengenbeziehungen zwischen den einzelnen Produktebenen. Am Gozintograph lassen sich nun die Preise wie in der folgenden Abbildung dargestellt berechnen.

$2 \cdot 19 + 6 \cdot 20{,}5 + 12 = 173$ $\quad 5 \cdot 19 + 3 \cdot 20{,}5 + 8{,}5 = 165$ $\quad 3 \cdot 19 + 4 \cdot 20{,}5 + 9 = 148$

$3 \cdot 2 + 4 \cdot 1{,}5 + 2 \cdot 1 + 5 = 19$ $\quad 5 \cdot 2 + 1 \cdot 1{,}5 + 3 \cdot 1 + 6 = 20{,}5$

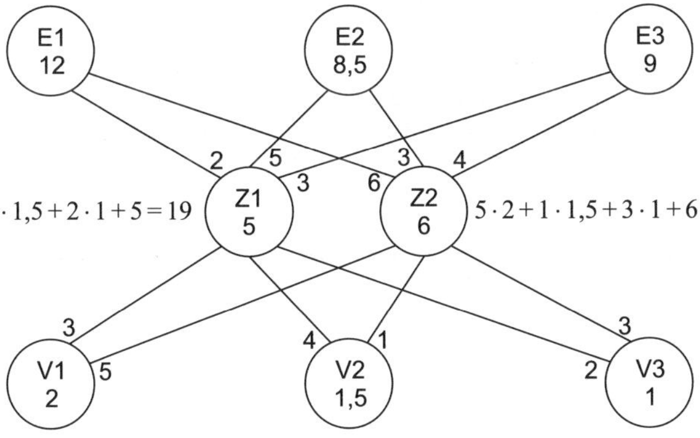

Die Gesamtkosten K für die Bestellung betragen:

$K = 1{,}6 \cdot (6 \cdot 20{,}5\ € + 10 \cdot 173\ € + 14 \cdot 148\ €) = 1{,}6 \cdot 3\,925\ € = 6\,280\ €$

Für die Bestellung werden von der Firma Küstert 6 280 € berechnet.

Pyramide

Gegeben sind die Punkte A(1 | 2 | –1), B(–3 | 6 | –3), C(–1 | 10 | 1), D(3 | 6 | 3) und S(–5 | 3,5 | 5).

1. Zeichnen Sie die Pyramide ABCDS in ein räumliches Koordinatensystem und zeigen Sie, dass es sich um eine gerade quadratische Pyramide handelt.

2. Es ist M_{CS} der Mittelpunkt der Pyramidenkante $\overline{CS}$, M_{DS} der Mittelpunkt der Pyramidenkante $\overline{DS}$.
   a) Zeichnen Sie die Punkte in die unter Aufgabenteil 1 erstellte Figur.
   b) Zeigen Sie, dass die Schnittfläche einer Ebene E_T durch die Punkte A, B, M_{CS} und M_{DS} mit der Pyramide ein symmetrisches Trapez ist, und bestimmen Sie den Flächeninhalt des Trapezes.

3. Die Ebene E_T unterteilt die Pyramide in 2 Teilkörper.
   In welchem Verhältnis stehen die Volumina dieser 2 Teilkörper?

4. Bei der Anfertigung eines Netzes der Pyramide ABCDS wird die Seitenfläche ABS nach außen in die Ebene E, die durch die Grundfläche der Pyramide festgelegt ist, geklappt. Dabei fällt S auf den Punkt S'.
   Bestimmen Sie S' (Runden Sie die Koordinaten von S' auf 2 Nachkommastellen).

5. Durch eine Zentralprojektion vom Punkt P in die x-z-Ebene wird B auf den Punkt B*(–3,5 | 0 | –4) und C auf C*(0,25 | 0 | 3,5) abgebildet.
   Bestimmen Sie den Projektionspunkt P und die zur Zentralprojektion gehörige Abbildungsmatrix.

Hinweise und Tipps

Teilaufgabe 1

- Eine quadratische Pyramide hat als Grundfläche ein Quadrat.
- Bei einem Quadrat sind alle Seiten gleich lang bzw. gegenüberliegende Seiten sind parallel. Ist ein Innenwinkel 90° groß, so sind alle Winkel 90° groß.
- Bei einer geraden (senkrechten) Pyramide trifft das Lot von der Spitze der Pyramide die Grundfläche im Mittelpunkt. Beim Quadrat ist dies der Schnittpunkt der Diagonalen, die sich im Quadrat halbieren.
- Bestimmen Sie mithilfe von 3 Punkten der quadratischen Grundfläche die Drei-Punkteform der Ebenengleichung E_{ABD}.
- Ein Normalenvektor zur Grundflächenebene steht senkrecht auf den Spannvektoren der Ebene E_{ABD}.
- Bestimmen Sie mithilfe des Normalenvektors die Gleichung einer Lotgerade von S zur Grundflächenebene.
- Bringen Sie die Grundflächenebene und die Lotgerade zum Schnitt.
- Vergleichen Sie diesen Schnittpunkt mit dem Mittelpunkt des Quadrates.

Teilaufgabe 2

- b) Bestimmen Sie die Koordinaten der Mittelpunkte M_{CS} und M_{DS}. Für den Mittelpunkt der Strecke [AB] gilt: $\overrightarrow{m_{AB}} = \frac{1}{2}(\vec{a} + \vec{b})$
- Ein symmetrisches Trapez hat zwei parallele Seiten, die Grundseiten. Die anderen beiden Seiten des Trapezes sind gleich lang. Die Gerade durch die Mittelpunkte der Grundseiten ist die Symmetrieachse.
- Bestimmen Sie die 4 Vektoren, die das Viereck begrenzen.
- Untersuchen Sie diese Vektoren auf lineare Abhängigkeit und auf gleiche Länge.
- Für den Flächeninhalt eines Trapezes gilt: $A = \frac{1}{2} \cdot (a + c) \cdot h$.
- Die Höhe des Trapezes ist gleich dem Abstand der Grundseiten. Dieser Abstand ist bei einem symmetrischen Trapez gleich dem Abstand der Mittelpunkte der Grundseiten.

Teilaufgabe 3

- Das Volumen einer Pyramide kann berechnet werden durch: $V = \frac{1}{3} \cdot G \cdot h$.
- Die Höhe der Gesamtpyramide ist gleich dem Abstand der Spitze vom Mittelpunkt der Grundfläche.
- Bestimmen Sie das Volumen der Gesamtpyramide.
- Bestimmen Sie mithilfe der Eckpunkte des Trapezes die Drei-Punkteform der Ebenengleichung der Ebene E_T.
- Formen Sie diese Gleichung um in die Punkt-Normalenform.

- Überführen Sie die Punkt-Normalenform der Ebenengleichung in die Hesse'sche Normalenform, indem Sie die Gleichung mit dem Kehrwert des Betrags des Normalenvektors multiplizieren.
- Bestimmen Sie die Gleichung einer zur Ebene E_T parallelen Ebene durch die Spitze der Pyramide in Hesse'scher Normalenform.
- Ermitteln Sie mithilfe der beiden parallelen Ebenen die Höhe der Restpyramide. (Beachten Sie, dass die Ebenen auf verschiedenen Seiten des Ursprungs liegen.)
  oder
- Für den Abstand d(E; P) eines Punktes P (mit dem Ortsvektor $\vec{p}$) von der Ebene E: $\overrightarrow{n_e} \cdot \vec{x} - d = 0$ gilt: $d(E; P) = |d - \overrightarrow{n_e} \cdot \vec{p}|$
- Berechnen Sie die Volumina der Restpyramide $ABM_{CS}M_{DS}S$ und des verbleibenden Pyramidenteils.

Teilaufgabe 4

- Klappt man die Seitenfläche so weit nach außen, dass die Seitenfläche in der Grundflächenebene liegt, so liegen die Mittellinie und die Dreieckshöhe auf derselben Geraden.
- Berechnen Sie die Länge der Dreieckshöhe.
- Bestimmen Sie die Gleichung der Gerade durch M_{AB} und M_{CD}.
- Ermitteln Sie mithilfe von Einheitsrichtungsvektoren (Vektoren der Länge 1, die eine bestimmte Richtung haben) die Koordinaten des Punktes S'. **oder**
- Der Punkt S' ist ein fester Punkt und liegt auf der Geraden, auf der auch die Mittellinie durch M_{AB} und M_{CD} liegt.
- Drücken Sie den Ortsvektor von S' mithilfe einer Variablen aus.
- Berechnen Sie den Abstand des Punktes S' zu M_{AB}.
- Setzen Sie den Abstand mit der Länge der Höhe der Dreiecksseite gleich und berechnen Sie die Variable.
- Überprüfen Sie Ihre Lösung, indem Sie den Abstand zu M_{CD} berechnen.

Teilaufgabe 5

- Das Projektionszentrum ist der Schnittpunkt der Geraden g_{BB^*} und g_{CC^*}.
- Um die Abbildungsmatrix der Zentralprojektion zu bestimmen, müssen die Bildpunkte der Einheitsvektoren bestimmt werden.
- Bei der Zentralprojektion in die x-z-Ebene bleibt die Lage aller Punkte dieser Ebene gleich, die Punkte sind daher Fixpunkte.
- Bestimmen Sie die Koordinaten des Bildpunktes des Punktes E_2.
- Die Ortsvektoren der Bildpunkte der Einheitsvektoren bilden die Spalten der Abbildungsmatrix.

Lösung

1. Eine gerade (senkrechte) quadratische Pyramide hat als Grundfläche ein Quadrat und das Lot von der Spitze der Pyramide trifft die Grundfläche im Mittelpunkt. Beim Quadrat ist dies der Schnittpunkt der Diagonalen, die sich im Quadrat halbieren. Ein Viereck ist ein Quadrat, wenn alle Seiten gleich lang sind und ein Innenwinkel die Größe 90° hat.

   Es ist

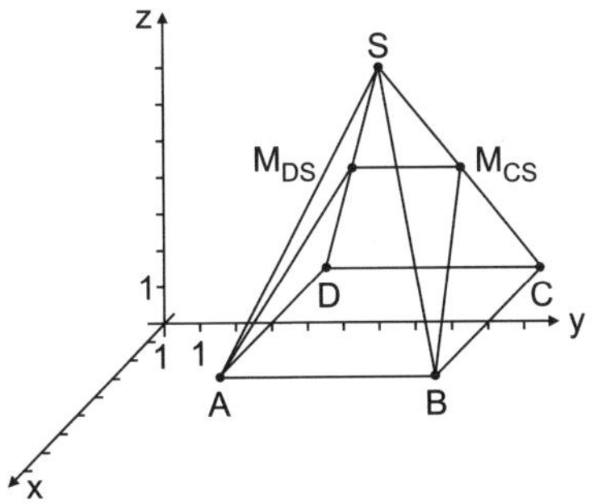

$$|\overrightarrow{AB}| = \left|\begin{pmatrix} -4 \\ 4 \\ -2 \end{pmatrix}\right| = 6\,[\text{LE}],$$

$$|\overrightarrow{BC}| = \left|\begin{pmatrix} 2 \\ 4 \\ 4 \end{pmatrix}\right| = 6\,[\text{LE}],$$

$$|\overrightarrow{CD}| = \left|\begin{pmatrix} 4 \\ -4 \\ 2 \end{pmatrix}\right| = 6\,[\text{LE}],$$

$$|\overrightarrow{AD}| = \left|\begin{pmatrix} 2 \\ 4 \\ 4 \end{pmatrix}\right| = 6\,[\text{LE}],$$

   und es gilt:

$$\overrightarrow{AB} \circ \overrightarrow{AD} = \begin{pmatrix} -4 \\ 4 \\ -2 \end{pmatrix} \circ \begin{pmatrix} 2 \\ 4 \\ 4 \end{pmatrix} = 0$$

   Die Seiten des Grundflächenvierecks sind gleich lang und das Viereck hat bei A einen rechten Winkel. Die Grundfläche ist daher quadratisch.

   Um zu überprüfen, ob der Lotfußpunkt gleich dem Mittelpunkt der Grundfläche ist, benötigt man die Grundflächenebene. Diese Ebene bringt man mit der Lotgeraden zum Schnitt und vergleicht den Schnittpunkt mit dem Mittelpunkt einer Diagonalen.

   Die Drei-Punkteform der Grundflächenebene, festgelegt durch die Punkte A, B und D, ist

$$E_{ABD}\colon\ \vec{x} = \begin{pmatrix} 1 \\ 2 \\ -1 \end{pmatrix} + \lambda \begin{pmatrix} -4 \\ 4 \\ -2 \end{pmatrix} + \mu \begin{pmatrix} 2 \\ 4 \\ 4 \end{pmatrix}.$$

   Der Normalenvektor steht senkrecht auf den Spannvektoren der Ebene.

   Ist $\vec{n} = \begin{pmatrix} n_1 \\ n_2 \\ n_3 \end{pmatrix}$ ein Normalenvektor der Ebene, so gilt:

$$\begin{array}{ll} \text{I} & -4n_1 + 4n_2 - 2n_3 = 0 \\ \text{II} & 2n_1 + 4n_2 + 4n_3 = 0 \\ \text{II} - \text{I}: & 6n_1 + 6n_3 = 0 \qquad \Rightarrow \quad n_3 = -n_1 \end{array}$$

Wählt man $n_1 = 2$, so ist $n_3 = -2$ und $n_2 = 1$.
(alternativ: Bestimmung des Normalenvektors mithilfe des Vektorprodukts der Spannvektoren: $\begin{pmatrix} -4 \\ 4 \\ -2 \end{pmatrix} \times \begin{pmatrix} 2 \\ 4 \\ 4 \end{pmatrix} = \begin{pmatrix} 24 \\ 12 \\ -24 \end{pmatrix} = 12 \cdot \begin{pmatrix} 2 \\ 1 \\ -2 \end{pmatrix}$)

Mit $\vec{n} = \begin{pmatrix} 2 \\ 1 \\ -2 \end{pmatrix}$ und dem Anbindungspunkt $A(1|2|-1)$ der Ebene E_{ABD} erhält man

die Punkt-Normalenform $\begin{pmatrix} 2 \\ 1 \\ -2 \end{pmatrix} \circ \vec{x} - \begin{pmatrix} 2 \\ 1 \\ -2 \end{pmatrix} \circ \begin{pmatrix} 1 \\ 2 \\ -1 \end{pmatrix} = 0$ und daraus die Koordinatenform $2x + y - 2z = 6$.

Das Lot ℓ von der Spitze S der Pyramide auf die Grundflächenebene

ℓ: $\vec{x} = \begin{pmatrix} -5 \\ 3{,}5 \\ 5 \end{pmatrix} + \lambda \begin{pmatrix} 2 \\ 1 \\ -2 \end{pmatrix}$ durchdringt die Grundfläche im Punkt P.

Durch Einsetzen der Koordinatengleichungen der Lotgeraden in die Ebenengleichung erhält man $2 \cdot (-5 + 2\lambda) + (3{,}5 + \lambda) - 2 \cdot (5 - 2\lambda) = 6 \;\Rightarrow\; \lambda = 2{,}5$ und nach Einsetzen von $\lambda = 2{,}5$ in die Geradengleichung von ℓ den Punkt $P(0|6|0)$.

Der Punkt P ist der Mittelpunkt der quadratischen Grundfläche, denn

$\vec{m} = \frac{1}{2}(\vec{a} + \vec{c}) = \frac{1}{2}\left[\begin{pmatrix} 1 \\ 2 \\ -1 \end{pmatrix} + \begin{pmatrix} -1 \\ 10 \\ 1 \end{pmatrix}\right] = \begin{pmatrix} 0 \\ 6 \\ 0 \end{pmatrix}$.

Die Pyramide ABCDS ist somit eine gerade (senkrechte) quadratische Pyramide.

2. a) siehe Aufgabe 1

b) Ein symmetrisches Trapez hat zwei parallele Seiten, die Grundseiten. Die anderen beiden Seiten des Trapezes sind gleich lang. Die Gerade durch die Mittelpunkte der Grundseiten ist die Symmetrieachse.

$$\vec{m}_{CS} = \frac{1}{2}\left[\begin{pmatrix} -1 \\ 10 \\ 1 \end{pmatrix} + \begin{pmatrix} -5 \\ 3{,}5 \\ 5 \end{pmatrix}\right] = \begin{pmatrix} -3 \\ 6{,}75 \\ 3 \end{pmatrix}$$

$$\vec{m}_{DS} = \frac{1}{2}\left[\begin{pmatrix} 3 \\ 6 \\ 3 \end{pmatrix} + \begin{pmatrix} -5 \\ 3{,}5 \\ 5 \end{pmatrix}\right] = \begin{pmatrix} -1 \\ 4{,}75 \\ 4 \end{pmatrix}$$

Es ist $M_{CS}(-3|6{,}75|3)$ und $M_{DS}(-1|4{,}75|4)$.

Die Seiten $\overline{AB}$ und $\overline{M_{CS}M_{DS}}$ sind die Grundseiten des Trapezes, denn die Richtungsvektoren der Geraden, auf denen diese Seiten liegen

$g_{AB}: \vec{x} = \begin{pmatrix} 1 \\ 2 \\ -1 \end{pmatrix} + \lambda \begin{pmatrix} -4 \\ 4 \\ -2 \end{pmatrix}$ und $g_{M_{CS}M_{DS}}: \vec{x} = \begin{pmatrix} -3 \\ 6,75 \\ 3 \end{pmatrix} + \lambda \begin{pmatrix} 2 \\ -2 \\ 1 \end{pmatrix}$ sind linear abhängig und damit parallel $\left(\begin{pmatrix} -4 \\ 4 \\ -2 \end{pmatrix} = -2 \cdot \begin{pmatrix} 2 \\ -2 \\ 1 \end{pmatrix} \right)$.

Die beiden anderen Seiten sind gleich lang, denn

$|\overrightarrow{AM}_{DS}| = \left| \begin{pmatrix} -2 \\ 2,75 \\ 5 \end{pmatrix} \right| = \sqrt{36,5625} \approx 6,05\,[LE]$ und

$|\overrightarrow{BM}_{CS}| = \left| \begin{pmatrix} 0 \\ 0,75 \\ 6 \end{pmatrix} \right| = \sqrt{36,5625} \approx 6,05\,[LE]$

Das Viereck $ABM_{CS}M_{DS}$ ist ein symmetrisches Trapez mit den Grundseiten $\overline{AB}$ und $\overline{M_{CS}M_{DS}}$ und den Schenkeln $\overline{AM_{DS}}$ und $\overline{BM_{CS}}$.

Für den Flächeninhalt eines Trapezes gilt: $A = \frac{1}{2} \cdot (a + c) \cdot h$, wobei a und c die Längen der Grundseiten und h die Länge der Höhe ist. Die Höhe ist gleich dem Abstand der Grundseiten. Dieser Abstand ist bei einem symmetrischen Trapez gleich dem Abstand der Mittelpunkte der Grundseiten.

Mit $M_{AB}(-1\,|\,4\,|\,-2)$ und $M_{M_{CS}M_{DS}}\,(-2\,|\,5,75\,|\,3,5)$ berechnet man

$h = \left| \begin{pmatrix} -1 \\ 1,75 \\ 5,5 \end{pmatrix} \right| = \left| \frac{1}{4} \begin{pmatrix} -4 \\ 7 \\ 22 \end{pmatrix} \right| = \frac{1}{4}\sqrt{16 + 49 + 484} = \frac{1}{4}\sqrt{549}\,[LE]$ und

$A = \frac{1}{2}\left(|\overrightarrow{AB}| + |\overrightarrow{M_{CS}M_{DS}}| \right) \cdot h = \frac{1}{2}(6 + 3) \cdot \frac{1}{4}\sqrt{549} \approx 26,36\,[FE]$.

Das Trapez hat eine Fläche von 26,36 FE.

3. Für das Volumen einer Pyramide gilt: $V = \frac{1}{3} \cdot G \cdot h$

Das Volumen der geraden Pyramide ABCDS ist daher:

$V = \frac{1}{3} G \cdot h = \frac{1}{3} \cdot |\overrightarrow{AB}|^2 \cdot |\overrightarrow{SM}| = \frac{1}{3} \cdot \left| \begin{pmatrix} -4 \\ 4 \\ -2 \end{pmatrix} \right|^2 \cdot \left| \begin{pmatrix} 5 \\ 2,5 \\ -5 \end{pmatrix} \right| = \frac{1}{3} \cdot 6^2 \cdot 7,5 = 90\,[VE]$

Der Körper $ABM_{CS}M_{DS}S$ ist eine schiefe Pyramide mit einem Trapez als Grundfläche. Die Höhe dieser Pyramide ist gleich dem Abstand der Grundflächenebene E_T und einer dazu parallelen Ebene durch S.

Die Drei-Punkteform der Grundflächenebene, festgelegt durch die Punkte A, B und M_{DS}, ist

$$E_{ABM_{DS}}: \vec{x} = \begin{pmatrix} 1 \\ 2 \\ -1 \end{pmatrix} + \lambda \begin{pmatrix} -4 \\ 4 \\ -2 \end{pmatrix} + \mu \begin{pmatrix} -2 \\ 2,75 \\ 5 \end{pmatrix}.$$

Ein Normalenvektor der Ebene steht senkrecht auf den Vektoren, die diese Ebene aufspannen.

Ist $\vec{n} = \begin{pmatrix} n_1 \\ n_2 \\ n_3 \end{pmatrix}$ ein Normalenvektor der Ebene, so gilt:

$$\begin{array}{ll} \text{I} & -4n_1 + 4n_2 - 2n_3 = 0 \\ \text{II} & -2n_1 + 2,75n_2 + 5n_3 = 0 \end{array}$$

$\text{I} - 2 \cdot \text{II} \quad -1,5n_2 - 12n_3 = 0 \qquad \Rightarrow \quad n_2 = -8n_3$

Wählt man $n_3 = -2$, so ist $n_2 = 16$ und mit $-4n_1 + 64 + 4 = 0$ ist $n_1 = 17$.

(alternativ: Bestimmung des Normalenvektors mithilfe des Vektorprodukts der Spannvektoren: $\begin{pmatrix} -4 \\ 4 \\ -2 \end{pmatrix} \times \begin{pmatrix} -2 \\ 2,75 \\ 5 \end{pmatrix} = \begin{pmatrix} 25,5 \\ 24 \\ -3 \end{pmatrix} = 1,5 \cdot \begin{pmatrix} 17 \\ 16 \\ -2 \end{pmatrix}$)

Mit $\vec{n} = \begin{pmatrix} 17 \\ 16 \\ -2 \end{pmatrix}$ und dem Anbindungspunkt A(1 | 2 | –1) der Ebene erhält man die

Punkt-Normalenform $\begin{pmatrix} 17 \\ 16 \\ -2 \end{pmatrix} \circ \vec{x} - \begin{pmatrix} 17 \\ 16 \\ -2 \end{pmatrix} \circ \begin{pmatrix} 1 \\ 2 \\ -1 \end{pmatrix} = 0$

Multipliziert man die Ebenengleichung mit dem Kehrwert des Betrags des Normalenvektors, so erhält man die Hesse'sche Normalenform der Ebenengleichung.

$$\frac{1}{\sqrt{549}} \begin{pmatrix} 17 \\ 16 \\ -2 \end{pmatrix} \circ \vec{x} - \frac{51}{\sqrt{549}} = 0$$

Die parallele Ebene durch den Punkt S hat die Gleichung:

$$\begin{pmatrix} 17 \\ 16 \\ -2 \end{pmatrix} \circ \vec{x} - \begin{pmatrix} 17 \\ 16 \\ -2 \end{pmatrix} \circ \begin{pmatrix} -5 \\ 3,5 \\ 5 \end{pmatrix} = 0 \quad \text{bzw.} \quad \frac{1}{\sqrt{549}} \begin{pmatrix} 17 \\ 16 \\ -2 \end{pmatrix} \circ \vec{x} - \left(-\frac{39}{\sqrt{549}} \right) = 0$$

Liegt die Gleichung einer Ebene in Hesse'scher Normalenform $\overrightarrow{n_e} \circ \vec{x} - d = 0$ vor, so gibt der Betrag des Parameters d den Abstand der Ebene zum Ursprung an.

Da der Parameter d bei den Ebenen unterschiedliche Vorzeichen hat, liegen die Ebenen auf verschiedenen Seiten des Ursprungs. Der Abstand der Ebenen zum Ursprung ist daher zu addieren.

$$d(S; E_{T_S}) = \frac{51}{\sqrt{549}} + \frac{39}{\sqrt{549}} = \frac{90}{\sqrt{549}} \text{ [LE]}$$

Die schiefe Pyramide $ABM_{CS}M_{DS}S$ hat eine Höhe von $\frac{90}{\sqrt{549}}$ [LE].

Das Volumen ist

$$V = \frac{1}{3} \cdot G \cdot h = \frac{1}{3} \cdot \frac{9}{8}\sqrt{549} \cdot \frac{90}{\sqrt{549}} = \frac{270}{8} \text{ [VE]}.$$

Der Restkörper der Pyramide hat ein Volumen von 90 VE – 33,75 VE = 56,25 VE.

Die Ebene E_T unterteilt die Pyramide daher im Verhältnis $\frac{33{,}75}{56{,}25} = \frac{3}{5}$.

4. In einer geraden (senkrechten) quadratischen Pyramide besteht die Mantelfläche aus 4 gleichschenkligen Dreiecken. Die Dreieckshöhe der Seitenfläche ist daher zugleich Mittelsenkrechte. In der quadratischen Grundfläche stehen die Mittellinien senkrecht auf den Seiten des Quadrates.
Klappt man daher die Seitenfläche so weit nach außen, dass die Seitenfläche in der Grundflächenebene liegt, so liegen die Mittellinie und die Dreieckshöhe auf derselben Geraden.

Der Punkt S' liegt auf der Geraden durch die Mittelpunkte $M_{AB}(-1\,|\,4\,|\,-2)$ und $M_{CD}(1\,|\,8\,|\,2)$ der Grundkanten [AB] bzw. [CD]. (Da die Mittelpunkte Punkte der Grundflächenebene sind, liegt auch die Gerade in der Grundflächenebene.) Der Abstand des Punktes S von M_{AB} ist gleich der Länge der Dreieckshöhe h_d der Seitenfläche ABS.

$$h_d = |\overrightarrow{SM}_{AB}| = \left|\begin{pmatrix} 4 \\ 0{,}5 \\ -7 \end{pmatrix}\right| = \sqrt{65{,}25} \text{ [LE]}$$

Es ist $\overrightarrow{M_{CD}M_{AB}} = \begin{pmatrix} -2 \\ -4 \\ -4 \end{pmatrix}$ und $\left|\begin{pmatrix} -2 \\ -4 \\ -4 \end{pmatrix}\right| = 6 \text{ [LE]}$.

S' ist $\sqrt{65{,}25}$ LE vom Mittelpunkt der Strecke AB in Richtung des Vektors $\overrightarrow{M_{CD}M_{AB}}$ entfernt. Ein Einheitsvektor (Vektor der Länge 1) mit der Richtung $\overrightarrow{M_{CD}M_{AB}}$ ist $\frac{1}{6} \cdot \begin{pmatrix} -2 \\ -4 \\ -4 \end{pmatrix}$.

Für den Punkt S' erhält man die Koordinaten:

$$\vec{s}\,' = \begin{pmatrix} -1 \\ 4 \\ -2 \end{pmatrix} + \sqrt{65{,}25} \cdot \frac{1}{6} \cdot \begin{pmatrix} -2 \\ -4 \\ -4 \end{pmatrix} \approx \begin{pmatrix} -3{,}69 \\ -1{,}39 \\ -7{,}39 \end{pmatrix}$$

Der Punkt S' hat die ungefähren Koordinaten S'(–3,69 | –1,39 | –7,39).

Alternativer Rechenweg (ohne Einheitsvektoren):

Der Punkt S' liegt auf der Geraden $g_{M_{CD}M_{AB}}$.

$$\vec{s}\,' = \begin{pmatrix} -1 \\ 4 \\ -2 \end{pmatrix} + \alpha \begin{pmatrix} -2 \\ -4 \\ -4 \end{pmatrix}, \ \alpha \text{ fest}$$

Es ist $|\overrightarrow{M_{AB}S'}| = \sqrt{65{,}25}$ und $|\overrightarrow{M_{AB}S'}| = \left|\begin{pmatrix} -1-2\alpha-(-1) \\ 4-4\alpha-4 \\ -2-4\alpha-(-2) \end{pmatrix}\right| = \pm 6\alpha.$

Durch Gleichsetzen der rechten Seiten erhält man die Lösung $\alpha_{1,2} = \pm\frac{1}{6}\sqrt{65{,}25}$

und nach Einsetzen von α die Punkte $S_1'(-3{,}69\,|\,-1{,}39\,|\,-7{,}39)$ und

$S_2'(1{,}69\,|\,9{,}39\,|\,3{,}39)$.

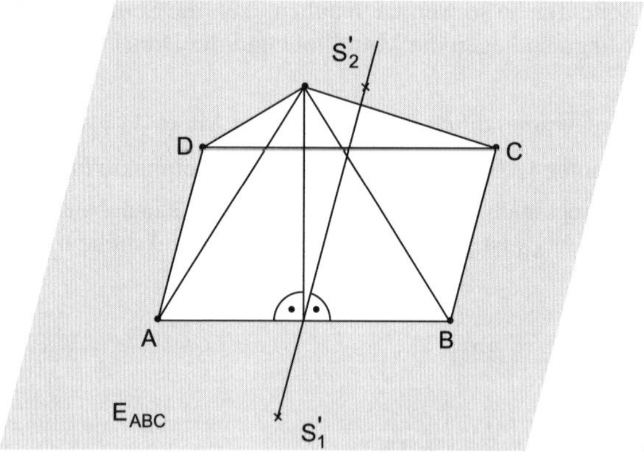

Skizze nicht maßstäblich

Es ist

$$d(S_1'; M_{CD}) = \left|\begin{pmatrix} 1 \\ 8 \\ 2 \end{pmatrix} - \begin{pmatrix} -3{,}69 \\ -1{,}39 \\ -7{,}39 \end{pmatrix}\right| = \left|\begin{pmatrix} 4{,}69 \\ 9{,}39 \\ 9{,}39 \end{pmatrix}\right| \approx 14{,}08\,[\text{LE}].$$

Dies entspricht in etwa der Summe der Längen einer Quadratseite und der Seitenhöhe ($\sqrt{65{,}25} \approx 8{,}08$).

$$d(S_2'; M_{CD}) = \left|\begin{pmatrix} 1 \\ 8 \\ 2 \end{pmatrix} - \begin{pmatrix} 1{,}69 \\ 9{,}39 \\ 3{,}39 \end{pmatrix}\right| = \left|\begin{pmatrix} -0{,}69 \\ -1{,}39 \\ -1{,}39 \end{pmatrix}\right| \approx 2{,}08\,[\text{LE}]$$

Dies entspricht in etwa der Differenz der Längen der Seitenhöhe und der Quadratseite.

Die Überprüfung des Abstandes von S_1' und S_2' zu $M_{CD}(1\,|\,8\,|\,2)$ ergibt, dass bei S_1' die Spitze der nach außen geklappten Dreiecksfläche ist.

5. Durch den Projektionspunkt gehen alle Geraden, auf denen Ur- und Bildpunkt liegen. Er lässt sich daher durch den Schnitt zweier Geraden berechnen.

Wir benutzen hierfür die Gerade, auf der B und B* bzw. C und C* liegen.

$$g_{BB^*}:\ \vec{x} = \begin{pmatrix} -3,5 \\ 0 \\ -4 \end{pmatrix} + \lambda \begin{pmatrix} 0,5 \\ 6 \\ 1 \end{pmatrix} \quad \text{und}$$

$$g_{CC^*}:\ \vec{x} = \begin{pmatrix} 0,25 \\ 0 \\ 3,5 \end{pmatrix} + \lambda \begin{pmatrix} -1,25 \\ 10 \\ -2,5 \end{pmatrix} = \begin{pmatrix} 0,25 \\ 0 \\ 3,5 \end{pmatrix} + \mu \begin{pmatrix} -1 \\ 8 \\ -2 \end{pmatrix}$$

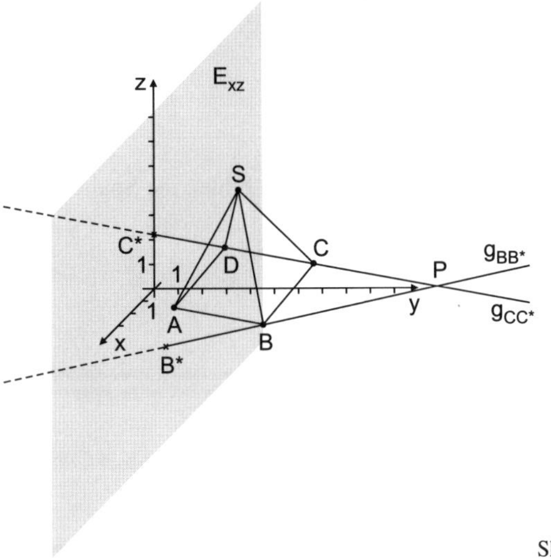

Skizze nicht maßstäblich

Kombiniert man die Geradengleichungen, so erhält man folgendes Gleichungssystem:

I $\quad -3,5 + 0,5\lambda = 0,25 - \mu$

II $\quad 6\lambda = 8\mu \quad \Rightarrow \quad \mu = \frac{3}{4}\lambda$

III $\quad -4 + \lambda = 3,5 - 2\mu$

μ in I $\quad -3,5 + 0,5\lambda = 0,25 - \frac{3}{4}\lambda \quad \Rightarrow \quad \lambda = 3,\ \mu = \frac{9}{4}$

Probe mit III: $-4 + 3 = 3,5 - 4,5$

Berechnen des Projektionszentrums durch Einsetzen von λ ergibt:

$$\vec{p} = \begin{pmatrix} -3,5 \\ 0 \\ -4 \end{pmatrix} + 3 \begin{pmatrix} 0,5 \\ 6 \\ 1 \end{pmatrix} = \begin{pmatrix} -2 \\ 18 \\ -1 \end{pmatrix}$$

Das Projektionszentrum liegt im Punkt $P(-2\,|\,18\,|\,-1)$.

Um die Abbildungsmatrix der Zentralprojektion zu bestimmen, müssen die Koordinaten der Bildpunkte der Einheitsvektoren berechnet werden. Bei der Zentralprojektion in die x-z-Ebene bleibt die Lage aller Punkte dieser Ebene gleich, die Punkte sind also Fixpunkte. Da die Punkte $E_1(1\,|\,0\,|\,0)$ und $E_3(0\,|\,0\,|\,1)$ Punkte der x-z-Ebene sind, sind sie somit Fixpunkte.

Der Punkt $E_2(0\,|\,1\,|\,0)$ wird abgebildet auf den Schnittpunkt der

Geraden $g_{PE_2}: \vec{x} = \begin{pmatrix} -2 \\ 18 \\ -1 \end{pmatrix} + \lambda \begin{pmatrix} 2 \\ -17 \\ 1 \end{pmatrix}$ und der x-z-Ebene.

Die x-z-Ebene hat die Gleichung $y = 0$. Setzt man die y-Koordinate der Geradengleichung gleich null, $18 - 17\lambda = 0$, so erhält man $\lambda = \frac{18}{17}$ und durch Einsetzen von

λ in die Geradengleichung $\vec{e}_2 = \begin{pmatrix} \frac{2}{17} \\ 0 \\ \frac{1}{17} \end{pmatrix}$.

Die Ortsvektoren der Bildpunkte der Einheitsvektoren bilden die Spalten der Abbildungsmatrix.

Man erhält somit die Abbildungsmatrix $P = \begin{pmatrix} 1 & \frac{2}{17} & 0 \\ 0 & 0 & 0 \\ 0 & \frac{1}{17} & 1 \end{pmatrix}$.

Nordrhein-Westfalen – Mathematik Leistungskurs
Analytische Geometrie: Übungsaufgabe 10

Ebenenschar

Gegeben sind die Ebenenschar E_t: $(t-1)x_1 + 2x_2 + 2tx_3 = 6$ sowie der Punkt $R(0|5|0)$.

1. Welche Bedingungen müssen die Parameter zweier Ebenen der Schar erfüllen, damit die Ebenen senkrecht aufeinander stehen?

2. Bestimmen Sie die Schnittgerade g und den Schnittwinkel α der Ebenen E_1 und E_{-1}.

   Zur Kontrolle: $g: \vec{x} = \begin{pmatrix} -2 \\ 2 \\ 1 \end{pmatrix} + \lambda \begin{pmatrix} 2 \\ 1 \\ -1 \end{pmatrix}$

3. Überprüfen Sie, ob g für alle $t \in \mathbb{R}$ in der Ebene E_t liegt.

4. Spiegeln Sie den Punkt R an der Geraden g und zeichnen Sie die Punkte sowie die Gerade in ein Koordinatensystem.

5. Bestimmen Sie die Scharebene, von welcher der Punkt R den größten Abstand d hat. Berechnen Sie den Abstand d.

6. Parallel zur Geraden findet eine Parallelprojektion in die x-z-Ebene statt.
   a) Bestimmen Sie die Abbildungsmatrix P zur Parallelprojektion und die Koordinaten des Bildpunktes von R.
   b) Bestimmen Sie die Eigenwerte der Parallelprojektion.

Hinweise und Tipps

Teilaufgabe 1

- Betrachten Sie 2 beliebige Ebenen E_a und E_b der Schar, $a \neq b$.
- Zwei Ebenen stehen dann senkrecht aufeinander, wenn das Skalarprodukt der Normalenvektoren der Ebenen gleich null ist.
- Beachten Sie den Definitionsbereich.

Teilaufgabe 2

- Formen Sie eine der Ebenen um in die Parameterform.
- Bestimmen Sie hierzu 3 Punkte der Ebene, die nicht auf einer Geraden liegen und bilden Sie anschließend die Drei-Punkteform der Ebenengleichung.

oder

- Stellen Sie die Ebenengleichung nach einer Variablen um, ersetzen die beiden anderen Variablen durch 2 Parameter und schreiben die 3 Koordinatengleichungen als Vektorgleichung.
- Setzen Sie die Koordinaten der umgeformten Ebenengleichung ein in die Gleichung der 2. Ebene.
- Lesen Sie aus den Koordinatengleichungen der Ebenen E_1 und E_{-1} die Normalenvektoren ab.
- Berechnen Sie den Schnittwinkel mithilfe der Formel $\cos\varphi = \frac{|\vec{n}_1 \circ \vec{n}_2|}{|\vec{n}_1| \cdot |\vec{n}_2|}$.

Teilaufgabe 3

- Setzen Sie die Koordinaten der Geradengleichung in die Ebenengleichung ein.

Teilaufgabe 4

- Konstruieren sie eine Hilfsebene, die senkrecht auf g steht und durch R geht.
- Schneiden sie diese Hilfsebene mit der Geraden g.
- Der Schnittpunkt entspricht dem Lotfußpunkt L des Lotes von R auf g.
- Tragen Sie von R den doppelten Vektor $\overrightarrow{RL}$ ab.

Teilaufgabe 5

- Bestimmen Sie den Abstand des Punktes R von der in die Hesse'sche Normalenform umgeformten Ebenenschar.
- Legen sie hierfür eine parallele Hilfsebene(nschar) durch R oder fällen Sie das Lot von R auf die Ebenenschar.
- Beachten Sie, dass eine Wurzel dann extremal wird, wenn der Radikand extremal wird.

Teilaufgabe 6

- a) Bestimmen Sie die Gleichung des Projektionsstrahls durch E_2.
- Beachten Sie, dass der Projektionsstrahl parallel zu g verläuft.
- Der Projektionsstrahl trifft die x-z-Ebene im Bildpunkt von E_2.
- Bei der Projektion in die x-z-Ebene sind alle Punkte dieser Ebene Fixpunkte.
- Die Ortsvektoren der Bildpunkte der Einheitsvektoren bilden die Spalten der Abbildungsmatrix.
- b) Die Determinate $\begin{vmatrix} a_1 & b_1 & c_1 \\ a_2 & b_2 & c_2 \\ a_3 & b_3 & c_3 \end{vmatrix}$ der Vektoren $\vec{a}$, $\vec{b}$ und $\vec{c}$ hat den Wert

$$a_1b_2c_3 + a_2b_3c_1 + a_3b_1c_2 - a_1b_3c_2 - a_2b_1c_3 - a_3b_2c_1.$$

- Sie kann berechnet werden durch das Schema:

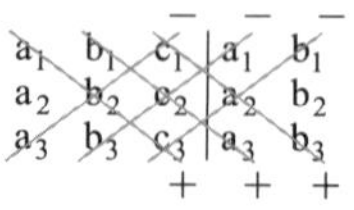

Lösung

1. Die Ebenen E_a und E_b, $a \neq b$ stehen dann senkrecht aufeinander, wenn das Skalarprodukt der Normalenvektoren der Ebenen gleich null ist.

$$\begin{pmatrix} a-1 \\ 2 \\ 2a \end{pmatrix} \circ \begin{pmatrix} b-1 \\ 2 \\ 2b \end{pmatrix} = 0 \;\Rightarrow\; ab - a - b + 1 + 4 + 4ab = 0 \;\Rightarrow\; a(5b-1) = b - 5$$

$$\Rightarrow\; a = \frac{b-5}{5b-1},\; b \neq \frac{1}{5}$$

Die Ebenen stehen dann senkrecht, wenn $a = \dfrac{b-5}{5b-1},\; b \neq \dfrac{1}{5}$.

2. Zur Bestimmung der Schnittgerade zweier Ebenen ist es günstig, wenn eine Ebene E_1 in Parameterform und die andere Ebene E_2 in Koordinatenform vorliegt. Setzt man die Koordinaten von E_1 in die Gleichung von E_2 ein, so entsteht eine Gleichung mit 2 Parametern. In dieser Gleichung drückt man einen Parameter durch den anderen aus und setzt diesen dann in die Parameterform von E_1 ein.
Liegt eine Ebene in Koordinatenform vor, so kann man mithilfe dreier Punkte, die in der Ebene und nicht auf einer Gerade liegen, die Drei-Punkteform der Ebenengleichung aufstellen. In den meisten Fällen ist es einfach, die Schnittpunkte mit den Koordinatenachsen zu bestimmen, da jeweils zwei Koordinaten gleich null sind.
Die Punkte $A(-3|0|0)$, $B(0|3|0)$, $C(0|0|-3)$ erfüllen die Ebenengleichung E_{-1}: $-2x_1 + 2x_2 - 2x_3 = 6$.
Stellt man mithilfe dieser 3 Punkte die Drei-Punkteform der Ebenengleichung

$$E_{-1}\colon\; \vec{x} = \begin{pmatrix} -3 \\ 0 \\ 0 \end{pmatrix} + \lambda \begin{pmatrix} 3 \\ 3 \\ 0 \end{pmatrix} + \mu \begin{pmatrix} 3 \\ 0 \\ -3 \end{pmatrix}$$

auf und setzt die Koordinaten von E_{-1} in die Koordinatenform der Ebenengleichung E_1: $2x_2 + 2x_3 = 6$ ein
$6\lambda - 6\mu = 6 \Rightarrow \lambda = \mu + 1$,
so erhält man durch Einsetzen von $\lambda = \mu + 1$ in die Parameterform von E_{-1} die Gleichung der Schnittgeraden

$$g\colon\; \vec{x} = \begin{pmatrix} -3 \\ 0 \\ 0 \end{pmatrix} + (\mu+1) \begin{pmatrix} 3 \\ 3 \\ 0 \end{pmatrix} + \mu \begin{pmatrix} 3 \\ 0 \\ -3 \end{pmatrix} = \begin{pmatrix} 0 \\ 3 \\ 0 \end{pmatrix} + \mu \begin{pmatrix} 6 \\ 3 \\ -3 \end{pmatrix} = \begin{pmatrix} 0 \\ 3 \\ 0 \end{pmatrix} + \mu' \begin{pmatrix} 2 \\ 1 \\ -1 \end{pmatrix}.$$

Setzt man in die Geradengleichung g: $\vec{x} = \begin{pmatrix} 0 \\ 3 \\ 0 \end{pmatrix} + \mu \begin{pmatrix} 2 \\ 1 \\ -1 \end{pmatrix}$ für μ den Wert –1 ein, so erhält man den Punkt P(–2 | 2 | 1). Die berechnete Gerade ist somit identisch zur vorgegebenen Geraden g: $\vec{x} = \begin{pmatrix} -2 \\ 2 \\ 1 \end{pmatrix} + \lambda \begin{pmatrix} 2 \\ 1 \\ -1 \end{pmatrix}$.

Alternativer Rechenweg zur Bestimmung der Parameterform von E_{-1}:

Stellt man die Gleichung nach x_2 um, $x_2 = 3 + x_1 + x_3$, und setzt $x_1 = \lambda$ und $x_3 = \mu$, so erhält man die Ebenengleichung

$$E_{-1}: \vec{x} = \begin{pmatrix} 0 \\ 3 \\ 0 \end{pmatrix} + \lambda \begin{pmatrix} 1 \\ 1 \\ 0 \end{pmatrix} + \mu \begin{pmatrix} 0 \\ 1 \\ 1 \end{pmatrix}.$$

Alternativer Rechenweg zur Bestimmung der Schnittgeraden:

$E_1 \cap E_{-1} = \{g\}$

$E_1: 2x_2 + 2x_3 = 6 \Rightarrow x_2 = 3 - x_3$ (I)

$E_{-1}: -2x_1 + 2x_2 - 2x_3 = 6$ (II)

I in II:

$-2x_1 + 6 - 2x_3 - 2x_3 = 6 \Rightarrow x_1 = -2x_3$

mit $x_3 = x_3$ erhält man die Koordinatengleichungen von g:

$$\begin{matrix} x_1 = 0 - 2x_3 \\ x_2 = 3 - x_3 \\ x_3 = 0 + x_3 \end{matrix} \quad \Leftrightarrow g: \vec{x} = \begin{pmatrix} 0 \\ 3 \\ 0 \end{pmatrix} + x_3 \begin{pmatrix} -2 \\ -1 \\ 1 \end{pmatrix}$$

Durch Ersetzen von x_3 durch λ erhält man

$$g: \vec{x} = \begin{pmatrix} 0 \\ 3 \\ 0 \end{pmatrix} + \lambda \begin{pmatrix} -2 \\ -1 \\ 1 \end{pmatrix}.$$

Setzt man die Normalenvektoren der Ebenen in die Formel $\cos\alpha = \frac{|\vec{n}_1 \circ \vec{n}_2|}{|\vec{n}_1| \cdot |\vec{n}_2|}$ ein, so erhält man:

$$\cos\alpha = \frac{\left| \begin{pmatrix} 0 \\ 2 \\ 2 \end{pmatrix} \circ \begin{pmatrix} -2 \\ 2 \\ -2 \end{pmatrix} \right|}{\sqrt{8} \cdot \sqrt{12}} = \frac{0}{\sqrt{96}} = 0.$$

Die Größe des Schnittwinkels der Ebenen beträgt 90°.

3. Setzt man die Koordinaten der Geradengleichung in die Ebenengleichung ein, so erhält man eine wahre Aussage.

$$(t-1)(-2+2\lambda)+2(2+\lambda)+2t(1-\lambda)=6$$
$$-2t+2+2\lambda t-2\lambda+4+2\lambda+2t-2\lambda t=6$$
$$6=6$$

$\Rightarrow$ g liegt für alle $t \in \mathbb{R}$ in der Ebene.

4. Bestimmt man die Gleichung einer Hilfsebene E_H, die senkrecht zur Geraden g steht (der Normalenvektor der Ebene ist gleich dem Richtungsvektor der Geraden) und den Punkt R enthält in Punkt-Normalenform und bringt diese mit der Geraden g zum Schnitt, so ist der Durchstoßpunkt der Geraden durch die Ebene gleich dem Lotfußpunkt des Lotes von R auf die Gerade.

$$E_H: \begin{pmatrix} 2 \\ 1 \\ -1 \end{pmatrix} \circ \vec{x} - \begin{pmatrix} 2 \\ 1 \\ -1 \end{pmatrix} \circ \begin{pmatrix} 0 \\ 5 \\ 0 \end{pmatrix} = 0 \Leftrightarrow \begin{pmatrix} 2 \\ 1 \\ -1 \end{pmatrix} \circ \vec{x} - 5 = 0 \Leftrightarrow 2x_1 + x_2 - x_3 = 5$$

Anschließend bringt man diese Ebene und die Gerade zum Schnitt $E_H \cap g = \{L\}$.

$$2(-2+2\lambda)+(2+\lambda)-(1-\lambda)=5$$
$$6\lambda=8$$
$$\lambda=\frac{4}{3}$$

Der Lotfußpunkt ist dann

$$\vec{\ell} = \begin{pmatrix} -2 \\ 2 \\ 1 \end{pmatrix} + \frac{4}{3}\begin{pmatrix} 2 \\ 1 \\ -1 \end{pmatrix} = \frac{1}{3}\begin{pmatrix} 2 \\ 10 \\ -1 \end{pmatrix}.$$

Den Spiegelpunkt erhält man, indem man vom Punkt R den doppelten Vektor $\overrightarrow{RL}$ abträgt.

$$\vec{r}\,' = \vec{r} + 2 \cdot \overrightarrow{RL};$$
$$\vec{r} = \begin{pmatrix} 0 \\ 5 \\ 0 \end{pmatrix} + \frac{2}{3}\begin{pmatrix} 2 \\ -5 \\ -1 \end{pmatrix} = \frac{1}{3}\begin{pmatrix} 4 \\ 5 \\ -2 \end{pmatrix}$$

Der Spiegelpunkt ist

$$R'\left(\frac{4}{3} \,\middle|\, \frac{5}{3} \,\middle|\, -\frac{2}{3}\right).$$

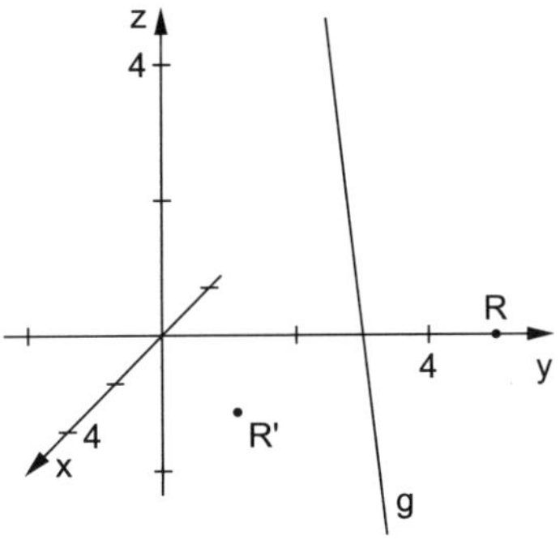

5. Formt man die Koordinatenform der Gleichung der Ebenenschar um in die allgemeine Normalenform, berechnet den Betrag des Normalenvektors und multipliziert die Ebenengleichung mit dem Kehrwert dieses Betrags, so erhält man die Hesse'sche Normalenform. Aus dieser Normalenform kann der Abstand der Ebene(nschar) zum Ursprung abgelesen werden.

Mit $\left|\begin{pmatrix} t-1 \\ 2 \\ 2t \end{pmatrix}\right| = \sqrt{5t^2-2t+5}$ erhält man die Gleichung

$$E_t\colon \frac{1}{\sqrt{5t^2-2t+5}}\begin{pmatrix} t-1 \\ 2 \\ 2t \end{pmatrix} \circ \vec{x} - \frac{6}{\sqrt{5t^2-2t+5}} = 0.$$

Eine parallele Hilfsebenenschar E_H durch R hat die Gleichung:

$$E_H\colon \frac{1}{\sqrt{5t^2-2t+5}}\begin{pmatrix} t-1 \\ 2 \\ 2t \end{pmatrix} \circ \vec{x} - \frac{1}{\sqrt{5t^2-2t+5}}\begin{pmatrix} t-1 \\ 2 \\ 2t \end{pmatrix} \circ \begin{pmatrix} 0 \\ 5 \\ 0 \end{pmatrix} = 0$$

$$E_H\colon \frac{1}{\sqrt{5t^2-2t+5}}\begin{pmatrix} t-1 \\ 2 \\ 2t \end{pmatrix} \circ \vec{x} - \frac{10}{\sqrt{5t^2-2t+5}} = 0$$

Der Abstand des Punktes R von der Ebenenschar ist somit:

$$d(R; E_t) = \frac{10}{\sqrt{5t^2-2t+5}} - \frac{6}{\sqrt{5t^2-2t+5}} = \frac{4}{\sqrt{5t^2-2t+5}}\ [\text{LE}]$$

Alternative Berechnung des Abstandes (mithilfe der Lotgeraden):
Fällt man das Lot von R auf die Ebenenschar, so hat die Lotgerade ℓ_t die Gleichung

$$\ell_t\colon \vec{x} = \begin{pmatrix} 0 \\ 5 \\ 0 \end{pmatrix} + \lambda\begin{pmatrix} t-1 \\ 2 \\ 2t \end{pmatrix}.$$

Die Lotgerade schneidet die Ebenenschar im Lotfußpunkt F_t. Diesen erhält man, indem man die Koordinaten der Geraden in die Gleichung der Ebenenschar einsetzt.

$$(t-1)\cdot\lambda\cdot(t-1) + 2\cdot(5+2\lambda) + 2t\cdot\lambda\cdot 2t = 6$$
$$\lambda\cdot(t-1)^2 + 10 + 4\lambda + 4t^2\cdot\lambda = 6$$

$$\lambda = \frac{-4}{5t^2-2t+5}$$

Es ist

$$\vec{f}_t = \begin{pmatrix} 0 \\ 5 \\ 0 \end{pmatrix} + \lambda\begin{pmatrix} t-1 \\ 2 \\ 2t \end{pmatrix} \text{ und}$$

$$\overrightarrow{RF_t} = \begin{pmatrix} 0 \\ 5 \\ 0 \end{pmatrix} + \lambda \begin{pmatrix} t-1 \\ 2 \\ 2t \end{pmatrix} - \begin{pmatrix} 0 \\ 5 \\ 0 \end{pmatrix} = \lambda \begin{pmatrix} t-1 \\ 2 \\ 2t \end{pmatrix}.$$

$$|\overrightarrow{RF_t}| = \left| \lambda \begin{pmatrix} t-1 \\ 2 \\ 2t \end{pmatrix} \right| = \sqrt{(t-1)^2 + 4 + 4t^2} \cdot \frac{4}{5t^2 - 2t + 5} = \frac{4}{\sqrt{5t^2 - 2t + 5}}$$

Der Abstand wird maximal, wenn der Nenner minimal wird. Der Nenner wird minimal, wenn der Radikand der Wurzel minimal wird.

$h(t) = 5t^2 - 2t + 5$

$h'(t) = 10t - 2$ Notwendige Bedingung $h'(t) = 0 \Rightarrow t = 0{,}2$

$h''(t) = 10$ Hinreichende Bedingung für Minimum immer erfüllt.

$$d(R; E_{0,2}) = \frac{4}{\sqrt{5 \cdot 0{,}2^2 - 2 \cdot 0{,}2 + 5}} = \sqrt{\frac{10}{3}} \text{ LE}$$

Der Punkt R hat von der Ebene $E_{0,2}$ den größten Abstand. Er beträgt

$\sqrt{\frac{10}{3}} \approx 1{,}826$ LE.

Zur Kontrolle (nicht verlangt):

$$d(R; E_{0,1}) = \frac{4}{\sqrt{5 \cdot 0{,}1^2 - 2 \cdot 0{,}1 + 5}} = \frac{4}{\sqrt{4{,}85}} \approx 1{,}816 \text{ LE}$$

$$d(R; E_{0,3}) = \frac{4}{\sqrt{5 \cdot 0{,}3^2 - 2 \cdot 0{,}3 + 5}} = \frac{4}{\sqrt{4{,}85}} \approx 1{,}816 \text{ LE}$$

6. a) Um die Abbildungsmatrix der Parallelprojektion zu bestimmen, müssen die Bildpunkte der Einheitsvektoren bestimmt werden.
Bei der Parallelprojektion in die x-z-Ebene bleibt die Lage aller Punkte dieser Ebene gleich, die Punkte sind also Fixpunkte. Da die Punkte $E_1(1\,|\,0\,|\,0)$ und $E_3(0\,|\,0\,|\,1)$ Punkte der x-z-Ebene sind, sind sie somit Fixpunkte.

Der Projektionsstrahl durch $E_2(0\,|\,1\,|\,0)$ ist parallel zu g und hat daher die Gleichung

$$g_P\colon\ \vec{x} = \begin{pmatrix} 0 \\ 1 \\ 0 \end{pmatrix} + \lambda \begin{pmatrix} 2 \\ 1 \\ -1 \end{pmatrix}.$$

Setzt man die y-Koordinate der Geradengleichung gleich null, $1 + \lambda = 0$, so erhält man durch Einsetzen von $\lambda = -1$ in die Geradengleichung

$$\vec{e}_2^{\,'} = \begin{pmatrix} 0 \\ 1 \\ 0 \end{pmatrix} - \begin{pmatrix} 2 \\ 1 \\ -1 \end{pmatrix} = \begin{pmatrix} -2 \\ 0 \\ 1 \end{pmatrix}.$$

Die Abbildungsmatrix lautet: $P = \begin{pmatrix} 1 & -2 & 0 \\ 0 & 0 & 0 \\ 0 & 1 & 1 \end{pmatrix}$.

Den Bildpunkt einer Parallelprojektion erhält man durch Multiplikation der Abbildungsmatrix mit den Koordinaten des Urpunktes.

Der Bildpunkt R' des Punktes R hat die Koordinaten

$$\begin{pmatrix} 1 & -2 & 0 \\ 0 & 0 & 0 \\ 0 & 1 & 1 \end{pmatrix} \cdot \begin{pmatrix} 0 \\ 5 \\ 0 \end{pmatrix} = \begin{pmatrix} -10 \\ 0 \\ 5 \end{pmatrix}.$$

b) Gibt es zu einer gegebenen Matrix $A = \begin{pmatrix} a_1 & b_1 & c_1 \\ a_2 & b_2 & c_2 \\ a_3 & b_3 & c_3 \end{pmatrix}$ einen Vektor $\vec{u} = \begin{pmatrix} u_1 \\ u_2 \\ u_3 \end{pmatrix}$,

$\vec{u} \neq \vec{0}$ und eine reelle Zahl λ, sodass gilt $A \cdot \vec{u} = \lambda \cdot \vec{u}$, dann nennt man λ einen Eigenwert und $\vec{u}$ einen zu λ gehörigen Eigenvektor.

Die Gleichung $A \cdot \vec{u} = \lambda \cdot \vec{u}$ lässt sich umformen zu $A \cdot \vec{u} - \lambda \cdot E \cdot \vec{u} = 0$, wobei E die 3×3 -Einheitsmatrix ist.

Die Matrixgleichung

$$A \cdot \vec{u} - \lambda \cdot E \cdot \vec{u} = 0 \quad \Leftrightarrow \quad \begin{pmatrix} a_1 - \lambda & b_1 & c_1 \\ a_2 & b_2 - \lambda & c_2 \\ a_3 & b_3 & c_3 - \lambda \end{pmatrix} \cdot \vec{u} = \vec{0}$$

hat, da $\vec{u} \neq \vec{0}$, dann eine Lösung, wenn die Determinante

$\begin{vmatrix} a_1 - \lambda & b_1 & c_1 \\ a_2 & b_2 - \lambda & c_2 \\ a_3 & b_3 & c_3 - \lambda \end{vmatrix}$ den Wert null hat.

$$\begin{vmatrix} 1-\lambda & -2 & 0 \\ 0 & -\lambda & 0 \\ 0 & 1 & 1-\lambda \end{vmatrix} = 0$$

$$-\lambda \cdot (1-\lambda)^2 = 0 \quad \Rightarrow \quad \lambda = 0 \vee \lambda = 1$$

Die Parallelprojektion hat die Eigenwerte 0 und 1.

Durch Punkte festgelegte Ebene

1. Eine Ebene E ist durch die Punkte A(3 | 1 | 4), B(7 | –1 | 1) und C(5 | 0 | 0) festgelegt.

   a) Bestimmen Sie die Gleichung der Ebene E in Koordinatenform.

   b) Bestimmen Sie die Gleichung der Spurgeraden der Ebene E mit der x-y-Ebene.

   c) Beschreiben Sie die Lage der Ebene E im Koordinatensystem.

2. Bei einer affinen Abbildung α wird der Ursprung O(0 | 0) auf den Punkt O'(1 | –0,5) und der Punkt $E_1(1\,|\,0)$ auf den Punkt $E_1'(1{,}8\,|\,-0{,}4)$ abgebildet.

   Der Punkt Q(3 | 1) ist Fixpunkt.
   Bestimmen Sie die Abbildungsmatrix A von α und geben Sie die Abbildungsgleichung an.

   Zur Kontrolle: $A = \begin{pmatrix} 0{,}8 & -0{,}4 \\ 0{,}1 & 1{,}2 \end{pmatrix}$

3. Der Punkt R'(5,4 | –3,7) ist Bildpunkt des Punktes R.
   Bestimmen Sie die Koordinaten des Punktes R.

4. Berechnen Sie die Eigenwerte sowie die zugehörigen Eigenvektoren der Abbildung.

   Überprüfen Sie, ob die Gerade g: $\vec{x} = \begin{pmatrix} 3 \\ 1 \end{pmatrix} + \lambda \begin{pmatrix} -2 \\ 1 \end{pmatrix}$ eine Fixpunktgerade ist.

5. Zeichnen Sie ein kartesisches Koordinatensystem, das Gitter, auf welches das kartesische Koordinatensystem abgebildet wird, und die Fixpunktgerade.

6. Es sei R(4 | –3) und P(5 | 0). In das Dreieck OPR soll ein Rechteck so gelegt werden, dass die Ecken D und C auf der Strecke $\overline{OP}$, der Eckpunkt A auf der Strecke $\overline{OR}$ und der Eckpunkt B auf der Strecke $\overline{PR}$ liegt.
   Berechnen Sie die Koordinaten der Eckpunkte A und B so, dass der Flächeninhalt des Rechtecks ABCD maximal wird.

7. Die in Aufgabe 2 ermittelte Abbildung ist eine Scherung. Das Rechteck ABCD aus Aufgabenteil 6 wird durch die Scherung abgebildet.
   Begründen Sie, warum die Bildfigur den gleichen Flächeninhalt hat.

Hinweise und Tipps

Teilaufgabe 1

a) Bestimmen Sie die Drei-Punkteform der Ebenengleichung.

Sind $\vec{u}$ und $\vec{v}$ die Spannvektoren einer Ebene, so steht der Normalenvektor der Ebene senkrecht zu diesen Vektoren (oder: Vektorprodukt der Spannvektoren).

Formen Sie die Drei-Punkteform der Ebenengleichung um in die Punkt-Normalenform und anschließend in die Koordinatenform.

b) Die Spurgerade mit der x-y-Ebene ist die Schnittgerade der x-y-Ebene mit der Ebene E. Sie verbindet die Durchstoßpunkte der x- bzw. y-Achse mit der Ebene E.

Alternativ kann die Spurgerade mit der x-y-Ebene bestimmt werden, indem die z-Koordinate der Drei-Punkteform der Ebene gleich null gesetzt wird.

c) Untersuchen sie, wie die Ebene zur x-y-Ebene liegt.

Beachten Sie, dass der Richtungsvektor der z-Achse senkrecht auf dem Normalenvektor der Ebene steht.

Teilaufgabe 2

Jede affine Abbildung α ist durch eine Abbildungsmatrix $A = \begin{pmatrix} a_1 & b_1 \\ a_2 & b_2 \end{pmatrix}$ und einen Vektor $\vec{c} = \begin{pmatrix} c_1 \\ c_2 \end{pmatrix}$ festgelegt.

Für einen beliebigen Punkt $X(x_1 \,|\, x_2)$ und seinen Bildpunkt $X'(x_1' \,|\, x_2')$ gilt:

$$\begin{pmatrix} x_1' \\ x_2' \end{pmatrix} = \begin{pmatrix} a_1 & b_1 \\ a_2 & b_2 \end{pmatrix} \cdot \begin{pmatrix} x_1 \\ x_2 \end{pmatrix} + \begin{pmatrix} c_1 \\ c_2 \end{pmatrix}$$

In der Abbildungsgleichung gibt $\vec{c}$ die Verschiebung des Ursprungs an.

Die 1. und 2. Spalte der Abbildungsmatrix sind die Ortsvektoren der Bilder der Einheitsvektoren.

Die Koordinaten eines Fixpunktes bleiben bei der Abbildung unverändert.

Teilaufgabe 3

Setzen Sie die Koordinaten des Bildpunktes in die Abbildungsgleichung ein und lösen Sie das entstehende Gleichungssystem.

Teilaufgabe 4

Zur Bestimmung der Eigenwerte der Abbildung α ist die charakteristische Gleichung

$\begin{vmatrix} a_1-\lambda & b_1 \\ a_2 & b_2-\lambda \end{vmatrix} = 0 \;\Leftrightarrow\; (a_1-\lambda)(b_2-\lambda) - a_2 b_1 = 0$ zu lösen.

Bestimmen Sie die zu den Eigenwerten gehörigen Eigenvektoren.

Die Eigenvektoren werden durch Lösen der Gleichung $A \cdot \vec{u} = \lambda \vec{u}$ berechnet.

Bilden Sie einen beliebigen Punkt der Geraden ab und vergleichen Sie die Koordinaten von Punkt und Bildpunkt.

Teilaufgabe 5

Berechnen Sie die Koordinaten des Bildpunktes von $E_2(0|1)$ und verbinden Sie entsprechende Bildpunkte.

Die Bildpunkte von Ursprung und Einheitsvektoren legen das neue Koordinatensystem fest.

Teilaufgabe 6

Fertigen Sie eine Skizze zur Veranschaulichung an.

Bestimmen Sie die Gleichung der Geraden, auf denen die Punkte A und B liegen, und beachten Sie, dass die y-Koordinate dieser Punkte gleich ist.

Stellen Sie den Flächeninhalt in Abhängigkeit von den x-Koordinaten der Punkte A oder B dar und maximieren Sie ihn.

Teilaufgabe 7

Wird eine Figur mit dem Flächeninhalt A durch eine affine Abbildung mit der Abbildungsmatrix $\begin{pmatrix} a_1 & b_1 \\ a_2 & b_2 \end{pmatrix}$ in eine Bildfigur abgebildet, so gilt für den Flächeninhalt der Bildfigur: $A' = |\Delta| \cdot A$ mit $|\Delta| = |a_1 b_2 - a_2 b_1|$

Alternativ können Sie die Bildpunkte bestimmen und daraus den Flächeninhalt des Parallelogramms mithilfe der Formel $A = \frac{1}{2} \cdot |\overrightarrow{AB}| \cdot |\overrightarrow{AD}| \cdot \sin\alpha$ berechnen.

Anmerkung:

Bei der in der Aufgabe behandelten Abbildung handelt es sich um eine Scherung. Sie ist festgelegt durch eine Achse a und einen Scherungswinkel ρ.

Es gilt die Abbildungsvorschrift:
Alle Punkte P auf der Achse sind Fixpunkte.
Liegt P nicht auf der Achse, so gilt für P': PP' ist parallel zur Achse a.
Ist F_p der Fußpunkt des Lotes von P auf die Achse a, so ist der $\sphericalangle P'F_pP = \rho$ fester Scherungswinkel.

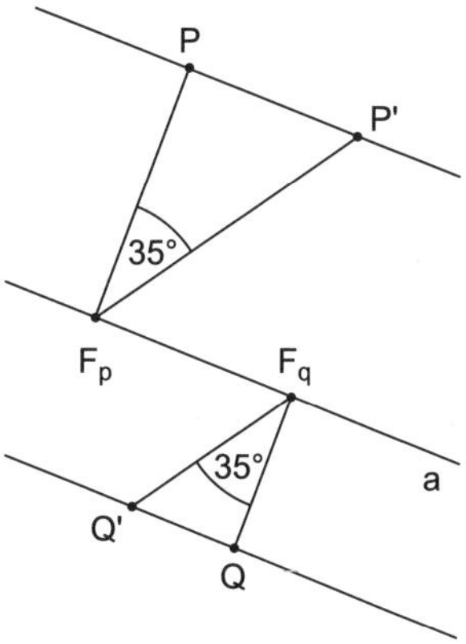

Lösung

1. a) Die Drei-Punkteform der Ebene ist E: $\vec{x} = \begin{pmatrix} 3 \\ 1 \\ 4 \end{pmatrix} + \lambda \begin{pmatrix} 4 \\ -2 \\ -3 \end{pmatrix} + \mu \begin{pmatrix} 2 \\ -1 \\ -4 \end{pmatrix}$.

Ist $\vec{n} = \begin{pmatrix} n_1 \\ n_2 \\ n_3 \end{pmatrix}$ ein Normalenvektor der Ebene, so gilt:

I $\quad 4n_1 - 2n_2 - 3n_3 = 0$
II $\quad 2n_1 - n_2 - 4n_3 = 0$
$I - 2 \cdot II$: $\quad 5n_3 = 0 \quad \Rightarrow \quad n_3 = 0, \quad n_2 = 2n_1$
Wählt man $n_1 = 1$, so ist $n_2 = 2$.
(alternativ: Bestimmung des Normalenvektors mithilfe des Vektorprodukts der Spannvektoren: $\begin{pmatrix} 4 \\ -2 \\ -3 \end{pmatrix} \times \begin{pmatrix} 2 \\ -1 \\ -4 \end{pmatrix} = \begin{pmatrix} 5 \\ 10 \\ 0 \end{pmatrix} = 5 \cdot \begin{pmatrix} 1 \\ 2 \\ 0 \end{pmatrix}$)

Mit $\vec{n} = \begin{pmatrix} 1 \\ 2 \\ 0 \end{pmatrix}$ und dem Anbindungspunkt der Ebene E erhält man die Punkt-Normalenform E: $\begin{pmatrix} 1 \\ 2 \\ 0 \end{pmatrix} \circ \vec{x} - \begin{pmatrix} 1 \\ 2 \\ 0 \end{pmatrix} \circ \begin{pmatrix} 3 \\ 1 \\ 4 \end{pmatrix} = 0$ bzw. die Koordinatenform

$x + 2y = 5$.

b) Berechnet man den Durchstoßpunkt S_x der x-Achse durch die Ebene E und den Durchstoßpunkt S_y der y-Achse durch die Ebene E, so liegt die Gerade $g_{S_xS_y}$ der Ebene E in der x-y-Ebene.

x-Achse $\cap$ E = $\{S_x\}$

Alle Punkte der x-Achse haben die Eigenschaft $y = z = 0$.
$x + 2 \cdot 0 = 5 \qquad x = 5 \qquad S_x(5\,|\,0\,|\,0)$

y-Achse $\cap$ E = $\{S_y\}$

Alle Punkte der y-Achse haben die Eigenschaft $x = z = 0$.
$0 + 2 \cdot y = 5 \qquad y = 2{,}5 \qquad S_y(0\,|\,2{,}5\,|\,0)$

Die Spurgerade hat die Gleichung:

$$g_{S_xS_y}: \vec{x} = \begin{pmatrix} 5 \\ 0 \\ 0 \end{pmatrix} + \lambda \begin{pmatrix} -5 \\ 2{,}5 \\ 0 \end{pmatrix} = \begin{pmatrix} 5 \\ 0 \\ 0 \end{pmatrix} + \lambda' \begin{pmatrix} -2 \\ 1 \\ 0 \end{pmatrix}$$

Alternative Berechnung:
Da bei allen Punkten der x-y-Ebene die z-Koordinate null ist, setzt man die z-Koordinate in der Drei-Punkteform der Ebene gleich null:

$$4 - 3\lambda - 4\mu = 0 \quad \Rightarrow \quad \mu = 1 - \frac{3}{4}\lambda$$

Man erhält die Gleichung der Spurgeraden s_{xy}, indem man μ durch $1-\frac{3}{4}\lambda$ ersetzt.

$$s_{xy}: \vec{x} = \begin{pmatrix} 3 \\ 1 \\ 4 \end{pmatrix} + \lambda \begin{pmatrix} 4 \\ -2 \\ -3 \end{pmatrix} + \left(1-\frac{3}{4}\lambda\right)\begin{pmatrix} 2 \\ -1 \\ -4 \end{pmatrix} = \begin{pmatrix} 3 \\ 1 \\ 4 \end{pmatrix} + \lambda \begin{pmatrix} 4 \\ -2 \\ -3 \end{pmatrix} + \begin{pmatrix} 2 \\ -1 \\ -4 \end{pmatrix} + \lambda \begin{pmatrix} -1,5 \\ 0,75 \\ 3 \end{pmatrix}$$

$$= \begin{pmatrix} 5 \\ 0 \\ 0 \end{pmatrix} + \lambda \begin{pmatrix} 2,5 \\ -1,25 \\ 0 \end{pmatrix} = \begin{pmatrix} 5 \\ 0 \\ 0 \end{pmatrix} + \lambda' \begin{pmatrix} 2 \\ -1 \\ 0 \end{pmatrix}$$

c) Der Normalenvektor der Ebene und der Richtungsvektor der z-Achse stehen senkrecht aufeinander, da $\begin{pmatrix} 1 \\ 2 \\ 0 \end{pmatrix} \circ \begin{pmatrix} 0 \\ 0 \\ 1 \end{pmatrix} = 0$. Die Ebene E liegt daher parallel zur z-Achse und geht durch die Punkte $S_x(5\,|\,0\,|\,0)$ und $S_y(0\,|\,2{,}5\,|\,0)$.

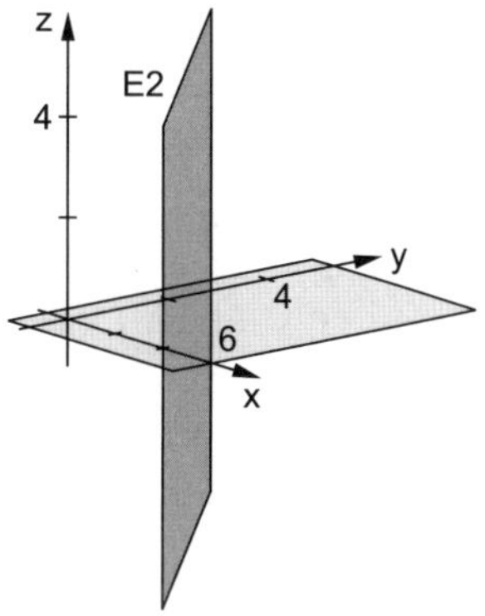

2. Jede affine Abbildung a ist durch eine Abbildungsmatrix $A = \begin{pmatrix} a_1 & b_1 \\ a_2 & b_2 \end{pmatrix}$ und einen Vektor $\vec{c} = \begin{pmatrix} c_1 \\ c_2 \end{pmatrix}$ festgelegt. Für einen beliebigen Punkt $X(x_1\,|\,x_2)$ und seinen Bildpunkt $X'(x_1'\,|\,x_2')$ gilt:

$\vec{x}' = A \cdot \vec{x} + \vec{c}$ bzw.

$$\begin{pmatrix} x_1' \\ x_2' \end{pmatrix} = \begin{pmatrix} a_1 & b_1 \\ a_2 & b_2 \end{pmatrix} \cdot \begin{pmatrix} x_1 \\ x_2 \end{pmatrix} + \begin{pmatrix} c_1 \\ c_2 \end{pmatrix}$$

Der Vektor $\vec{c}$ kann berechnet werden durch die Abbildung des Ursprungs O auf den Punkt O'.

$$\begin{pmatrix} 1 \\ -0,5 \end{pmatrix} = \begin{pmatrix} a_1 & b_1 \\ a_2 & b_2 \end{pmatrix} \cdot \begin{pmatrix} 0 \\ 0 \end{pmatrix} + \begin{pmatrix} c_1 \\ c_2 \end{pmatrix} \Rightarrow \vec{c} = \begin{pmatrix} 1 \\ -0,5 \end{pmatrix}$$

Setzt man die Koordinaten von E_1 bzw. E_1' sowie den Vektor $\vec{c}$ in die allgemeine Abbildungsgleichung $\begin{pmatrix} x_1' \\ x_2' \end{pmatrix} = \begin{pmatrix} a_1 & b_1 \\ a_2 & b_2 \end{pmatrix} \cdot \begin{pmatrix} x_1 \\ x_2 \end{pmatrix} + \begin{pmatrix} c_1 \\ c_2 \end{pmatrix}$ ein, so erhält man:

$$\begin{pmatrix} a_1 & b_1 \\ a_2 & b_2 \end{pmatrix} \cdot \begin{pmatrix} 1 \\ 0 \end{pmatrix} + \begin{pmatrix} 1 \\ -0,5 \end{pmatrix} = \begin{pmatrix} 1,8 \\ -0,4 \end{pmatrix}$$

$a_1 + 1 = 1,8 \;\Rightarrow\; a_1 = 0,8$

$a_2 - 0,5 = -0,4 \;\Rightarrow\; a_2 = 0,1$

Die 1. Spalte der Abbildungsmatrix ist daher $\begin{pmatrix} 0,8 \\ 0,1 \end{pmatrix}$.

Der Punkt Q(3 | 1) ist Fixpunkt und wird somit auf sich abgebildet.

$$\begin{pmatrix} 0,8 & b_1 \\ 0,1 & b_2 \end{pmatrix} \cdot \begin{pmatrix} 3 \\ 1 \end{pmatrix} + \begin{pmatrix} 1 \\ -0,5 \end{pmatrix} = \begin{pmatrix} 3 \\ 1 \end{pmatrix}$$

$2,4 + b_1 + 1 = 3 \;\Rightarrow\; b_1 = -0,4$

$0,3 + b_2 + -0,5 = 1 \;\Rightarrow\; b_2 = 1,2$

Die Abbildung α hat die Abbildungsmatrix $A = \begin{pmatrix} 0,8 & -0,4 \\ 0,1 & 1,2 \end{pmatrix}$ und die Abbildungsgleichung

$$\alpha\colon\; \vec{x}\,' = \begin{pmatrix} 0,8 & -0,4 \\ 0,1 & 1,2 \end{pmatrix} \cdot \begin{pmatrix} x_1 \\ x_2 \end{pmatrix} + \begin{pmatrix} 1 \\ -0,5 \end{pmatrix}.$$

3. Ist R(5,4 | –3,7) der Bildpunkt des Punktes $R(r_1 \mid r_2)$, so erhält man nach Einsetzen in die Abbildungsgleichung

$$\begin{pmatrix} 5,4 \\ -3,7 \end{pmatrix} = \begin{pmatrix} 0,8 & -0,4 \\ 0,1 & 1,2 \end{pmatrix} \cdot \begin{pmatrix} r_1 \\ r_2 \end{pmatrix} + \begin{pmatrix} 1 \\ -0,5 \end{pmatrix}$$

folgendes Gleichungssystem:

$$\begin{aligned} &\text{I} && 4,4 = 0,8r_1 - 0,4r_2 \\ &\text{II} && -3,2 = 0,1r_1 + 1,2r_2 \end{aligned}$$

$3 \cdot \text{I} + \text{II}\colon\; 10 = 2,5r_1 \;\Rightarrow\; r_1 = 4$

$r_1 \text{ in II}\colon\; -3,2 = 0,4 + 1,2r_2 \;\Rightarrow\; r_2 = -3$

Der Punkt R(4 | –3) wird auf R' abgebildet.

4. Zur Bestimmung der Eigenwerte der Abbildung α ist die charakteristische Gleichung zu lösen:

$$\begin{vmatrix} 0,8-\lambda & -0,4 \\ 0,1 & 1,2-\lambda \end{vmatrix} = 0$$

$$\begin{aligned} (0,8-\lambda)\cdot(1,2-\lambda) + 0,04 &= 0 \\ 0,96 - 0,8\lambda - 1,2\lambda + \lambda^2 + 0,04 &= 0 \\ \lambda^2 - 2\lambda + 1 &= 0 \\ \lambda_{1/2} &= 1 \end{aligned}$$

Die Abbildung α hat den Eigenwert 1.

Ist $\vec{u}$ ein zum Eigenwert 1 gehöriger Eigenvektor, so gilt:

$$\begin{pmatrix} 0{,}8 & -0{,}4 \\ 0{,}1 & 1{,}2 \end{pmatrix} \cdot \begin{pmatrix} u_1 \\ u_2 \end{pmatrix} = 1 \cdot \begin{pmatrix} u_1 \\ u_2 \end{pmatrix}$$

$$\begin{array}{ll} \text{I} & 0{,}8u_1 - 0{,}4u_2 = u_1 \\ \text{II} & 0{,}1u_1 + 1{,}2u_2 = u_2 \end{array} \Rightarrow u_1 = -2u_2 \qquad \vec{u} = \lambda \begin{pmatrix} -2 \\ 1 \end{pmatrix}$$

Die Gerade g: $\vec{x} = \binom{3}{1} + \lambda \binom{-2}{1}$ ist genau dann eine Fixpunktgerade, wenn jeder Punkt der Geraden auf sich abgebildet wird.

Es ist $\vec{p} = \binom{3}{1} + r\binom{-2}{1}$ ein beliebiger, aber fester Punkt der Geraden. Bildet man diesen Punkt durch α ab, so erhält man:

$$\vec{p} = \begin{pmatrix} 0{,}8 & -0{,}4 \\ 0{,}1 & 1{,}2 \end{pmatrix} \cdot \begin{pmatrix} 3-2r \\ 1+r \end{pmatrix} + \begin{pmatrix} 1 \\ -0{,}5 \end{pmatrix}$$

$$= \begin{pmatrix} 2{,}4 - 1{,}6r - 0{,}4 - 0{,}4r \\ 0{,}3 - 0{,}2r + 1{,}2 + 1{,}2r \end{pmatrix} + \begin{pmatrix} 1 \\ -0{,}5 \end{pmatrix} = \begin{pmatrix} 3-2r \\ 1+r \end{pmatrix} = \begin{pmatrix} 3 \\ 1 \end{pmatrix} + r\begin{pmatrix} -2 \\ 1 \end{pmatrix}$$

Der Punkt P wird durch die Abbildung α auf sich abgebildet und ist somit Fixpunkt. Da P ein beliebiger Punkt der Gerade ist, ist die Gerade daher eine Fixpunktgerade.

5. Um das Gitter, auf welches das kartesische Koordinatensystem abgebildet wird, zu zeichnen, benötigt man das Bild des Einheitsvektors $\vec{e}_2 = \begin{pmatrix} 0 \\ 1 \end{pmatrix}$.

$$\vec{e}_2{}' = \begin{pmatrix} 0{,}8 & -0{,}4 \\ 0{,}1 & 1{,}2 \end{pmatrix} \cdot \begin{pmatrix} 0 \\ 1 \end{pmatrix} + \begin{pmatrix} 1 \\ -0{,}5 \end{pmatrix} = \begin{pmatrix} 0{,}6 \\ 0{,}7 \end{pmatrix}$$

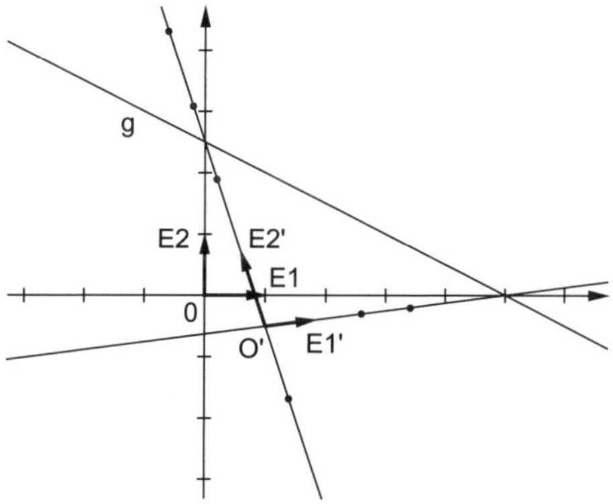

Durch das Verschieben des Ursprungs und das Einzeichnen der Bildpunkte erhält man das neue Koordinatensystem.

6. Der Flächeninhalt des Rechtecks muss in Abhängigkeit der Koordinaten von A und B dargestellt werden. Hierfür müssen die Gleichungen der Geraden, auf denen A und B liegen, bestimmt werden.

Es ist $m_{OR} = \frac{-3}{4}$ und

$m_{PR} = \frac{3}{1}$.

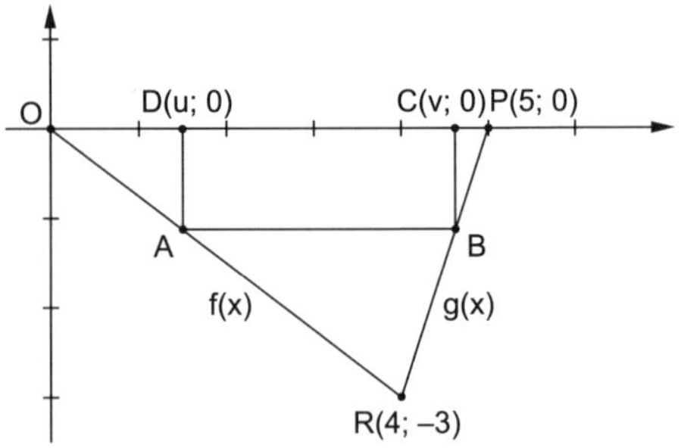

Setzt man die Koordinaten von P und m_{PR} in die allgemeine Form der Geradengleichung $y = mx + b$ ein, $0 = 3 \cdot 5 + b$, so erhält man $b = -15$.

A liegt auf der Geraden $f(x) = -\frac{3}{4}x$, B auf der Geraden $g(x) = 3x - 15$.

Extremalbedingung:

$A = (v - u) \cdot [-f(u)]$ (die Fläche liegt im 4. Quadranten; f(u) und g(v) sind negativ.)

Da die y-Koordinaten von A und B gleich sind, gilt folgende Nebenbedingung:

$$f(u) = g(v)$$

$$-\frac{3}{4}u = 3v - 15$$

$$v = -\frac{1}{4}u + 5$$

Die Zielfunktion ergibt sich durch Einsetzen von v und f(u) in die Extremalbedingung:

$$A(u) = -\left(-\frac{1}{4}u + 5 - u\right) \cdot \left(-\frac{3}{4}u\right) = \left(\frac{5}{4}u - 5\right) \cdot \left(-\frac{3}{4}u\right)$$

$$A(u) = -\frac{15}{16}u^2 + \frac{15}{4}u, \quad 0 \le u \le 4$$

Notwendige Bedingung für Extremstellen: $A'(u) = 0$

$$A'(u) = -\frac{15}{8}u + \frac{15}{4}$$

$$-\frac{15}{8}u + \frac{15}{4} = 0 \quad \Rightarrow \quad u = 2$$

Hinreichende Bedingung für ein Maximum: $A''(u) < 0$ und $A'(u) = 0$

$$A''(u) = -\frac{15}{8} < 0$$

Untersuchung auf Randextrema:

$A(0) = 0$ und $A(4) = 0$, da hier kein Rechteck entsteht.

Es ist $v = -\frac{1}{4} \cdot 2 + 5 = 4{,}5$, $f(2) = -1{,}5$, $g(4{,}5) = -1{,}5$ und

$A = 2{,}5 \cdot 1{,}5 = 3{,}75\,[\text{FE}]$.

Die Eckpunkte $A(2\,|\,-1{,}5)$ und $B(4{,}5\,|\,-1{,}5)$ sind die gesuchten Eckpunkte des Rechtecks.

7. Wird eine Figur mit dem Flächeninhalt A durch eine affine Abbildung mit der Abbildungsmatrix $\begin{pmatrix} a_1 & b_1 \\ a_2 & b_2 \end{pmatrix}$ in eine Bildfigur abgebildet, so gilt für den Flächeninhalt der Bildfigur:

$A' = |\Delta| \cdot A$ mit $|\Delta| = |a_1 b_2 - a_2 b_1|$

Es ist $\Delta = \begin{vmatrix} 0{,}8 & -0{,}4 \\ 0{,}1 & 1{,}2 \end{vmatrix} = 0{,}96 + 0{,}04 = 1$.

Die Abbildung ist daher flächeninhaltstreu.

Alternative Rechnung (zeitaufwändiger):

Durch die Scherung wird ABCD zu einem Parallelogramm, dessen Fläche man durch die Formel $A = |\overrightarrow{AB}| \cdot |\overrightarrow{AD}| \cdot \sin\alpha$ berechnen kann. $|\overrightarrow{AB}|$ und $|\overrightarrow{AD}|$ sind hierbei die Vektoren, die das Parallelogramm aufspannen und α ist der Winkel, der von diesen beiden Vektoren eingeschlossen wird.

Berechnet man die Bildpunkte der Punkte A, B, C und D, so erhält man ein Parallelogramm.

$$\vec{a}' = \begin{pmatrix} 0{,}8 & -0{,}4 \\ 0{,}1 & 1{,}2 \end{pmatrix} \cdot \begin{pmatrix} 2 \\ -1{,}5 \end{pmatrix} + \begin{pmatrix} 1 \\ -0{,}5 \end{pmatrix} = \begin{pmatrix} 3{,}2 \\ -2{,}1 \end{pmatrix}$$

$$\vec{b}' = \begin{pmatrix} 0{,}8 & -0{,}4 \\ 0{,}1 & 1{,}2 \end{pmatrix} \cdot \begin{pmatrix} 4{,}5 \\ -1{,}5 \end{pmatrix} + \begin{pmatrix} 1 \\ -0{,}5 \end{pmatrix} = \begin{pmatrix} 5{,}2 \\ -1{,}85 \end{pmatrix}$$

$$\vec{c}' = \begin{pmatrix} 0{,}8 & -0{,}4 \\ 0{,}1 & 1{,}2 \end{pmatrix} \cdot \begin{pmatrix} 4{,}5 \\ 0 \end{pmatrix} + \begin{pmatrix} 1 \\ -0{,}5 \end{pmatrix} = \begin{pmatrix} 4{,}6 \\ -0{,}05 \end{pmatrix}$$

$$\vec{d}' = \begin{pmatrix} 0{,}8 & -0{,}4 \\ 0{,}1 & 1{,}2 \end{pmatrix} \cdot \begin{pmatrix} 2 \\ 0 \end{pmatrix} + \begin{pmatrix} 1 \\ -0{,}5 \end{pmatrix} = \begin{pmatrix} 2{,}6 \\ -0{,}3 \end{pmatrix}$$

Es ist $\overrightarrow{A'B'} = \begin{pmatrix} 2 \\ 0{,}25 \end{pmatrix}$, $\overrightarrow{A'D'} = \begin{pmatrix} -0{,}6 \\ 1{,}8 \end{pmatrix}$ und

$$\cos\alpha = \frac{\overrightarrow{A'B'} \circ \overrightarrow{A'D'}}{|\overrightarrow{A'B'}| \cdot |\overrightarrow{A'B'}|} = \frac{\begin{pmatrix} 2 \\ 0{,}25 \end{pmatrix} \circ \begin{pmatrix} -0{,}6 \\ 1{,}8 \end{pmatrix}}{\left|\begin{pmatrix} 2 \\ 0{,}25 \end{pmatrix}\right| \cdot \left|\begin{pmatrix} -0{,}6 \\ 1{,}8 \end{pmatrix}\right|} = \frac{-0{,}75}{\sqrt{4\frac{1}{16}} \cdot \sqrt{3{,}6}} \approx -0{,}1961$$

$\Rightarrow \quad \alpha \approx 101{,}31°$.

Für den Flächeninhalt gilt:

$$A=\sqrt{4\tfrac{1}{16}}\cdot\sqrt{3{,}6}\cdot\sin(101{,}31°)=3{,}75\,[\mathrm{FE}]$$

Ist das Vektorprodukt bekannt, so kann der Flächeninhalt auch mithilfe des Vektorproduktes berechnet werden.
Betrachtet man die Bildpunkte als Punkte des Raumes (z-Koordinate $=0$), so ist der Flächeninhalt des Parallelogramms gleich dem Betrag des Kreuzproduktes der Vektoren

$$\overrightarrow{A'B'}=\begin{pmatrix}2\\0{,}25\\0\end{pmatrix}\text{ und }\overrightarrow{A'D'}=\begin{pmatrix}-0{,}6\\1{,}8\\0\end{pmatrix}.$$

$$\left|\begin{pmatrix}2\\0{,}25\\0\end{pmatrix}\times\begin{pmatrix}-0{,}6\\1{,}8\\0\end{pmatrix}\right|=\left|\begin{pmatrix}0\\0\\3{,}75\end{pmatrix}\right|=3{,}75\,[\mathrm{FE}]$$

Nordrhein-Westfalen – Mathematik Leistungskurs
Analytische Geometrie: Übungsaufgabe 12

Pflanzenkreuzung

Eine bestimmte Pflanzenart besitze die drei möglichen Blütenfarben rot (R), pink (P) und weiß (W). Bei der Kreuzung dieser Pflanzen mit einer pink blühenden Blume entsteht in Abhängigkeit von den Blütenfarben der beiden beteiligten „Elternpflanzen" folgende Farbverteilung für die „Kinder":

Eltern: rot mit pink	50 % rot	50 % pink	0 % weiß
Eltern: pink mit pink	25 % rot	50 % pink	25 % weiß
Eltern: weiß mit pink	0 % rot	50 % pink	50 % weiß

1. Veranschaulichen Sie die Übergänge der Blütenfarben von einer Generation zur nächsten durch ein geeignetes Diagramm.

2. Stellen Sie die Übergangsmatrix A von einer Generation auf die nächste für die Kreuzung der drei Blütenfarben mit jeweils pink blühenden Pflanzen auf.

In einem Feldversuch werden 4 000 rot blühende, 4 000 pink blühende und 4 000 weiß blühende Pflanzen stets mit pink blühenden Pflanzen gekreuzt und von jeder dieser 12 000 Pflanzen im darauf folgenden Jahr je ein Samenkorn ausgesät. Mit den daraus entstehenden 12 000 Blumen wird nun wieder durch Kreuzung mit pink blühenden Pflanzen je ein Samenkorn gewonnen, welches ein Jahr später erneut ausgesät wird.

3. Bestimmen Sie die Farbverteilung der 12 000 Pflanzen nach einem und nach zwei Jahren.
   Geben Sie an, was sich hieraus für die langfristige Farbverteilung vermuten lässt, wenn dieses Kreuzungsverhalten ständig fortgeführt wird.
   Beweisen Sie Ihre Vermutung, indem Sie die Gleichgewichtsverteilung $A \cdot x = x$ ermitteln.

4. Bestimmen Sie mithilfe eines GTR bzw. CAS die 1., 2., 4., 16. und 256. Nachfolgegeneration, wenn man diesen Versuch beginnend mit 6 000 weiß blühenden und 6 000 pink blühenden Pflanzen, jedoch keiner rot blühenden durchführt.
   Erklären Sie, was dies für die weit in der Zukunft liegende Farbverteilung im Hinblick auf die Anfangsverteilung bedeutet.

Hinweise und Tipps

Teilaufgabe 1

- Gehen Sie von den Blütenfarben rot, pink und weiß aus. Stellen Sie dann die Farbanteile dar, die sich bei Kreuzung dieser Farben mit pink ergeben.

Teilaufgabe 2

- Wählen Sie als Spalten die Farbkombinationen der „Elterngeneration“, als Zeilen die sich ergebenden Farben der „Kinder“ und tragen Sie dann die entsprechenden Anteile ein.

Teilaufgabe 3

- Multiplizieren Sie die Übergangsmatrix A mit der Anfangsverteilung

$$x_0 = \begin{pmatrix} 4\,000 \\ 4\,000 \\ 4\,000 \end{pmatrix}$$

- Multiplizieren Sie das Ergebnis x_1 nochmals mit der Übergangsmatrix.
- Interpretieren Sie das Ergebnis und lösen Sie $Ax = x$ mit dem Gauß-Algorithmus.

Teilaufgabe 4

- Für die Farbverteilung der n-ten Nachfolgegeneration gilt: $x_n = A^n \cdot x_0$.
- Benutzen Sie den TI-Voyage, um die Matrixpotenzen von A zu berechnen.
- Wenden Sie den Konvergenzsatz an.

Lösungen

1.

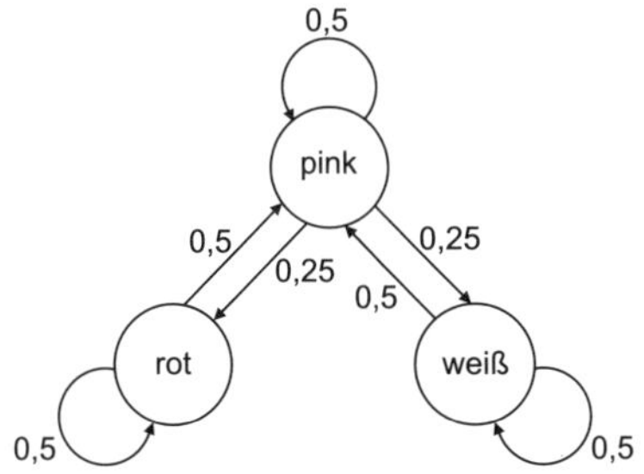

2. Überträgt man die Angaben des Diagramms in eine Tabelle, so erhält man

„Eltern“ / „Kinder“	rot/pink	pink/pink	weiß/pink
rot	0,5	0,25	0
pink	0,5	0,5	0,5
weiß	0	0,25	0,5

und daraus die Übergangsmatrix $A = \begin{pmatrix} 0,5 & 0,25 & 0 \\ 0,5 & 0,5 & 0,5 \\ 0 & 0,25 & 0,5 \end{pmatrix}$.

3. Die Anfangsverteilung der rot, pink bzw. weiß blühenden Pflanzen ist gegeben durch den Vektor

$$x_0 = \begin{pmatrix} 4\,000 \\ 4\,000 \\ 4\,000 \end{pmatrix}.$$

Mithilfe der Übergangsmatrix A lässt sich daraus die nach Ablauf eines Jahres herrschende Verteilung x_1 der Blütenfarben bestimmen:

$$x_1 = A \cdot x_0 = \begin{pmatrix} 0,5 & 0,25 & 0 \\ 0,5 & 0,5 & 0,5 \\ 0 & 0,25 & 0,5 \end{pmatrix} \cdot \begin{pmatrix} 4\,000 \\ 4\,000 \\ 4\,000 \end{pmatrix} = \begin{pmatrix} 3\,000 \\ 6\,000 \\ 3\,000 \end{pmatrix}$$

Nach zwei Jahren gilt:

$$x_2 = A \cdot x_1 = \begin{pmatrix} 0,5 & 0,25 & 0 \\ 0,5 & 0,5 & 0,5 \\ 0 & 0,25 & 0,5 \end{pmatrix} \cdot \begin{pmatrix} 3\,000 \\ 6\,000 \\ 3\,000 \end{pmatrix} = \begin{pmatrix} 3\,000 \\ 6\,000 \\ 3\,000 \end{pmatrix}$$

Dies bedeutet, dass die Farbverteilung von 1 : 2 : 1 bei dieser Vorgehensweise bereits nach der ersten Kreuzung stabil geworden ist. Es ist zu vermuten, dass die Verteilung stabil bleibt, der Nachweis erfolgt über die Lösung des linearen Gleichungssystems.

$$A \cdot x = x \quad \Leftrightarrow \quad A \cdot x - E \cdot x = 0 \quad \Leftrightarrow \quad (A - E) \cdot x = 0$$

Die Lösung von

$$\begin{pmatrix} -0,5 & 0,25 & 0 \\ 0,5 & -0,5 & 0,5 \\ 0 & 0,25 & -0,5 \end{pmatrix}\begin{pmatrix} x_1 \\ x_2 \\ x_3 \end{pmatrix} = \begin{pmatrix} 0 \\ 0 \\ 0 \end{pmatrix}$$

wird mittels Gauß-Algorithmus berechnet:

$\Leftrightarrow$

$$\begin{array}{lrcl}
(1) & -0,5x_1 + 0,25x_2 & = 0 & \\
(2) & 0,5x_1 - 0,5x_2 + 0,5x_3 & = 0 & \\
(3) & 0,25x_2 - 0,5x_3 & = 0 & \\
\hline
(4) & -0,5x_1 + 0,25x_2 & = 0 & \\
(5) & -0,25x_2 + 0,5x_3 & = 0 & (1)+(2) \\
(6) & 0,25x_2 - 0,5x_3 & = 0 & \\
\hline
(7) & x_1 - 0,5x_2 & = 0 & (4) \div (-0,5) \\
(8) & x_2 - 2x_3 & = 0 & (5) \div (-0,25) \\
(9) & 0 & = 0 & (5)+(6) \\
\hline
\end{array}$$

aus (8) $x_2 = 2x_3$ setze $x_3 = t$

$\Rightarrow x_2 = 2t$

aus (7) $x_1 = 0,5x_2 = t$

also: $\begin{pmatrix} x_1 \\ x_2 \\ x_3 \end{pmatrix} = \begin{pmatrix} t \\ 2t \\ t \end{pmatrix} = t\begin{pmatrix} 1 \\ 2 \\ 1 \end{pmatrix}$

Hiermit bestätigt sich die langfristig stabile Verteilung von 1 : 2 : 1.

4. Die Anfangsverteilung der rot, pink bzw. weiß blühenden Pflanzen ist gegeben durch den Vektor

$$x_0 = \begin{pmatrix} 0 \\ 6\,000 \\ 6\,000 \end{pmatrix}.$$

Für die Farbverteilung x_n der n-ten Nachfolgegeneration gilt:

$$x_n = A \cdot x_{n-1} = A \cdot A \cdot x_{n-2} = A \cdot A \cdot A \cdot x_{n-3} = \ldots = \underbrace{A \cdot A \cdot \ldots \cdot A}_{n-\text{mal}} \cdot x_0 = A^n \cdot x_0$$

Damit lassen sich die Farbverteilungen für die 1., 2., 4., 16., und 256. Nachfolgegeneration direkt berechnen:

$$x_1 = A \cdot x_0 = \begin{pmatrix} 0{,}5 & 0{,}25 & 0 \\ 0{,}5 & 0{,}5 & 0{,}5 \\ 0 & 0{,}25 & 0{,}5 \end{pmatrix} \cdot \begin{pmatrix} 0 \\ 6\,000 \\ 6\,000 \end{pmatrix} = \begin{pmatrix} 1\,500 \\ 6\,000 \\ 4\,500 \end{pmatrix}$$

$$x_2 = A^2 \cdot x_0 = \begin{pmatrix} 0{,}375 & 0{,}25 & 0{,}125 \\ 0{,}5 & 0{,}5 & 0{,}5 \\ 0{,}125 & 0{,}25 & 0{,}375 \end{pmatrix} \cdot \begin{pmatrix} 0 \\ 6\,000 \\ 6\,000 \end{pmatrix} = \begin{pmatrix} 2\,250 \\ 6\,000 \\ 3\,750 \end{pmatrix}$$

$$x_4 = A^4 \cdot x_0 = \begin{pmatrix} 0{,}28125 & 0{,}25 & 0{,}21875 \\ 0{,}5 & 0{,}5 & 0{,}5 \\ 0{,}21875 & 0{,}25 & 0{,}28125 \end{pmatrix} \cdot \begin{pmatrix} 0 \\ 6\,000 \\ 6\,000 \end{pmatrix} = \begin{pmatrix} 2\,812{,}5 \\ 6\,000 \\ 3\,187{,}5 \end{pmatrix}$$

$$x_{16} = A^{16} \cdot x_0 \approx \begin{pmatrix} 0{,}25001 & 0{,}25 & 0{,}24999 \\ 0{,}5 & 0{,}5 & 0{,}5 \\ 0{,}24999 & 0{,}25 & 0{,}25001 \end{pmatrix} \cdot \begin{pmatrix} 0 \\ 6\,000 \\ 6\,000 \end{pmatrix} \approx \begin{pmatrix} 2\,999{,}95 \\ 6\,000 \\ 3\,000{,}05 \end{pmatrix}$$

$$x_{256} = A^{256} \cdot x_0 \approx \begin{pmatrix} 0{,}25000 & 0{,}25000 & 0{,}25000 \\ 0{,}5 & 0{,}5 & 0{,}5 \\ 0{,}25000 & 0{,}25000 & 0{,}25000 \end{pmatrix} \cdot \begin{pmatrix} 0 \\ 6\,000 \\ 6\,000 \end{pmatrix} \approx \begin{pmatrix} 3\,000 \\ 6\,000 \\ 3\,000 \end{pmatrix}$$

Die Berechnung der Potenzen der Matrix A erfolgt zweckmäßigerweise mit dem TI-Voyage:

Definition einer Variablen mata vom Typ Matrix im Data-Matrix-Editor

Eingabe der Werte von A im Data-Matrix-Editor

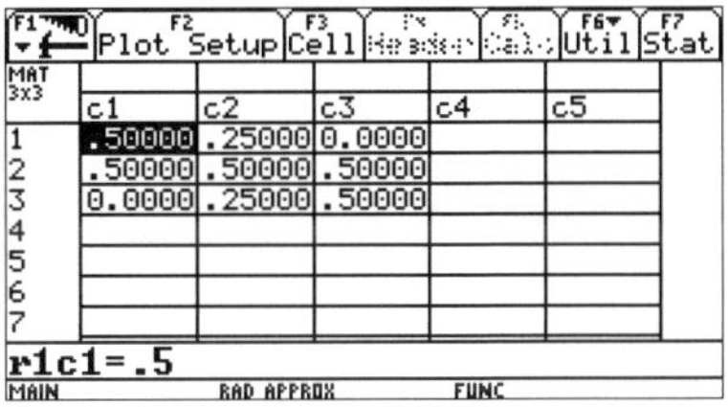

Berechnung der Potenzen von A im Home-Editor

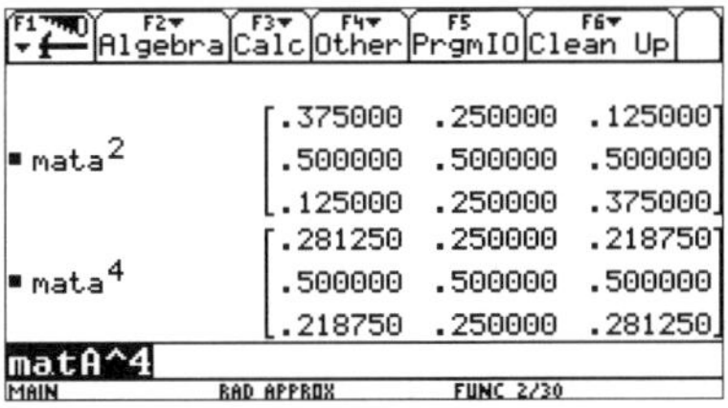

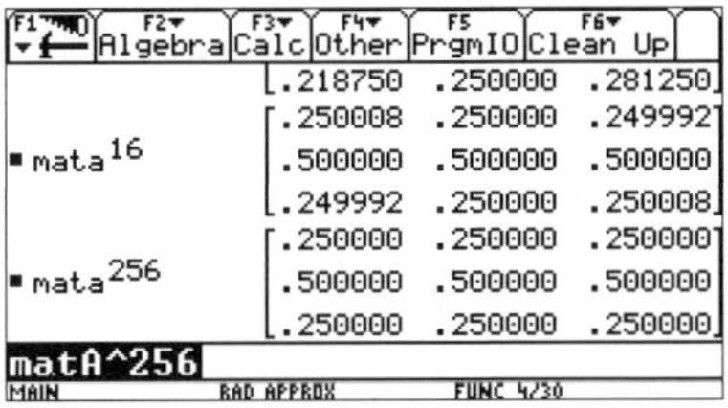

Betrachtet man die Matrix A^{256}, so ergibt sich für die Grenzmatrix:

$$A^{\infty} = \begin{pmatrix} 0,25 & 0,25 & 0,25 \\ 0,5 & 0,5 & 0,5 \\ 0,25 & 0,25 & 0,25 \end{pmatrix}$$

Nach dem Konvergenzsatz gibt die erste Spalte der Grenzmatrix die stabile langfristige Verteilung an, diese ist also nicht von der Anfangsverteilung abhängig und weiterhin 1 : 2 : 1.

Nordrhein-Westfalen – Mathematik Leistungskurs
Stochastik: Übungsaufgabe 1

Seuchenbekämpfungsmittel

Eine ansteckende Krankheit hat in einem ostasiatischen Land unter der Bevölkerung eine Verbreitung von 5 %.

1. Ermitteln Sie die Wahrscheinlichkeit, mit der unter 50 zufällig ausgewählten Personen höchstens eine krank ist.
2. Bestimmen Sie die Wahrscheinlichkeit, mit der sich unter 100 zufällig ausgewählten Personen mindestens drei Kranke befinden.
3. Erklären Sie, inwiefern es sich bei den Aufgaben 1 und 2 um n-stufige binomial verteilte Bernoulli-Versuche handelt.
   Stellen Sie Teilaufgabe 1 durch ein Urnenmodell dar.
4. Ein altes Medikament gegen die Krankheit hat die Heilungswahrscheinlichkeit p von 10 %. Eine Arzneimittelfabrik bringt das Medikament Seuchin auf den Markt und behauptet, dass es eine höhere Heilungswahrscheinlichkeit von $p = 30\ \%$ hat.
   Formulieren Sie die Aufgabe, die Angaben der Arzneimittelfabrik zu überprüfen, als Hypothesentest mit den Alternativen $p = 10\ \%$ und $p = 30\ \%$.
   Geben Sie die Fehler 1. und 2. Art an.
5. Ermitteln Sie bei einer Gruppe von 100 Personen den kritischen Wert k, um den Annahme- und Verwerfungsbereich der Hypothese $p = 0{,}3$ mit einer Irrtumswahrscheinlichkeit von 5 % bestimmen zu können.
   Berechnen Sie die zugehörige Wahrscheinlichkeit β für einen Fehler 2. Art.

Hinweise und Tipps

Teilaufgabe 1

- Gehen Sie von einem 50-stufigen Bernoulli-Versuch aus und wenden Sie die Binomialverteilung an.
- Beachten Sie, dass sich die Wahrscheinlichkeit für höchstens eine Person aus den Wahrscheinlichkeiten für eine und keine kranke Person zusammensetzt.

Teilaufgabe 2

- Gehen Sie von einem 100-stufigen Bernoulli-Versuch aus und wenden Sie die Binomialverteilung an.
- Benutzen Sie die Formel $P(x \geq k) = 1 - P(x \leq k-1)$.

Teilaufgabe 3

- Überlegen Sie, wie man die Gesamtbevölkerung bzgl. der Verbreitung der Krankheit (5 % erkrankt, 95 % gesund) durch eine Urne darstellen kann.

Teilaufgabe 4

- Stellen Sie die Situation in einer Vierfeldertafel dar.

Teilaufgabe 5

- Ermitteln Sie zunächst sukzessive den Verwerfungsbereich der Hypothese $p = 0{,}3$ auf dem Niveau $\alpha = 0{,}05$. Bestimmen Sie hieraus den Annahmebereich.
- Bestimmen Sie dann die Wahrscheinlichkeit dafür, dass das Versuchsergebnis im Annahmebereich liegt, obwohl $p = 0{,}3$ falsch und $p = 0{,}1$ richtig ist.

Lösung

1. Die Zufallsvariable X bezeichne die Anzahl der an der Seuche erkrankten Personen. Gehen Sie von einem 50-stufigen Bernoulli-Versuch aus und wenden Sie die Binomialverteilung an.

   Die Bezeichnungen $b(50;\ 0{,}05;\ 0)$ bzw. $b(50;\ 0{,}05;\ 1)$ sind in Tabellen übliche Abkürzungen für die Wahrscheinlichkeiten $P(X=0)$ bzw. $P(X=1)$ mit $n=50$, $p=0{,}05$ und $k=0$ bzw. $k=1$.

   Die Wahrscheinlichkeit, dass höchstens eine Person krank ist, setzt sich aus den Wahrscheinlichkeiten für keine und eine kranke Person zusammen:

   $$\begin{aligned} P(X \le 1) &= P(X=0)+P(X=1) \\ &= b(50;\ 0{,}05;\ 0)+b(50;\ 0{,}05;\ 1) \\ &= 0{,}279 \text{ (lt. Tab.)} \end{aligned}$$

2. Gehen Sie von einem 100-stufigen Bernoulli-Versuch aus und wenden Sie die Binomialverteilung an.

   Die Bezeichnung $B(100;\ 0{,}05;\ 2)$ ist eine in Tabellen übliche Abkürzung für

   $b(100;\ 0{,}05;\ 0)+b(100;\ 0{,}05;\ 1)+b(100;\ 0{,}05;\ 2)$.

   Um zu berechnen, wie hoch die Wahrscheinlichkeit für mindestens drei Kranke ist, muss das Gegenereignis berechnet werden, also die Wahrscheinlichkeit, dass höchstens zwei Personen krank sind.

   $$\begin{aligned} P(X \ge 3) &= 1-P(X \le 2) \\ &= 1-B(100;\ 0{,}05;\ 2)=1-0{,}118 \\ &= 0{,}882 \text{ (lt. Tab.)} \end{aligned}$$

3. Grundmodell:
   In einer Urne sind 100 Kugeln, von denen 5 schwarz (erkrankt) und 95 weiß (gesund) sind. In Teilaufgabe 1 wird 50-mal mit Zurücklegen gezogen. Jede Ziehung entspricht einer zufällig ausgewählten Person. Gefragt ist nach der Wahrscheinlichkeit, dass von 50 gezogenen Kugeln höchstens eine Kugel schwarz ist.
   In Teilaufgabe 2 wird 100-mal mit Zurücklegen gezogen. Gefragt ist nach der Wahrscheinlichkeit, dass von 100 gezogenen Kugeln mindestens 3 Kugeln schwarz sind.
   Es wird mit Zurücklegen gezogen, damit sich bei jeder Ziehung der gleiche Anteil an schwarzen (erkrankte Personen) und weißen (gesunde Personen) Kugeln in der Urne befindet. Nur unter dieser Voraussetzung (gleich bleibende Wahrscheinlichkeiten) kann man von einem n-stufigen Bernoulli-Versuch ausgehen und die Binomialverteilung zur Versuchsanalyse verwenden.

4.

	Versuchsergebnis im Annahmebereich	Versuchsergebnis im Verwerfungsbereich
Hypothese $p = 0{,}3$ wahr $p = 0{,}1$ falsch	Entscheidung richtig	Entscheidung falsch; Fehler 1. Art Irrtumswahrschein-lichkeit α
Hypothese $p = 0{,}3$ falsch $p = 0{,}1$ wahr	Entscheidung falsch; Fehler 2. Art Irrtumswahrschein-lichkeit β	Entscheidung richtig

5. Es handelt sich um eine Gruppe von 100 Personen.
X: Anzahl der geheilten Personen
Heilungswahrscheinlichkeit des Medikaments: $p = 0{,}3$
$E(X) = p \cdot n = 0{,}3 \cdot 100 = 30$

Vorgegebene Irrtumswahrscheinlichkeit für einen Fehler 1. Art: $\alpha = 5\ \%$

Den Verwerfungsbereich erhält man, in dem man sukzessive die Wahrscheinlichkeit $P_{0,3}(X \leq \ldots) \leq 0{,}05$ berechnet:

$P_{0,3}(X \leq 29) = 0{,}4623$

$P_{0,3}(X \leq 28) = 0{,}3768$

$\vdots$

$P_{0,3}(X \leq 23) = 0{,}0755$

$P_{0,3}(X \leq 22) = 0{,}0479$

D. h.:
Man verwirft die Hypothese $p = 0{,}3$ (Seuchin hilft in 30 % der Fälle), falls durchschnittlich von 100 Personen weniger als 23 geheilt werden (Verwerfungsbereich $X \leq 22$).

In 5 % (exakt 4,79 %) irrt man sich dabei.
Der Annahmebereich ist also $X \geq 23$.

Der Fehler 2. Art liegt dann vor, wenn $p = 0{,}3$ falsch ist und $p = 0{,}1$ richtig ist.

Zur Berechnung braucht man $P_{0,1}(X \geq 23)$, d. h.: die Wahrscheinlichkeit dafür, dass das Versuchsergebnis im Annahmebereich liegt (von $p = 0{,}3$), obwohl $p = 0{,}1$ richtig ist.

Es gilt:

$$P_{0,1}(X \geq 23) = 1 - P_{0,1}(X \leq 22)$$
$$= 1 - 0{,}9999 = 0{,}0001$$

D. h. die Wahrscheinlichkeit, dass das neue Medikament für besser als das alte gehalten wird (obwohl es das nicht ist), beträgt 0,01 %.

Nordrhein-Westfalen – Mathematik Leistungskurs
Stochastik: Übungsaufgabe 2

Kampf im Äther

Zwei konkurrierende Radiosender gehen mit zwei Vormittagsprogrammen P_1 und P_2 auf Sendung. Da die Hörerquoten über die Höhe der Werbeeinnahmen entscheiden, ist die Hörerbindung für die Sender von großer Bedeutung.
Marktuntersuchungen haben ermittelt, dass 85 % dem Programm P_1 treu bleiben, während 25 % der Hörer von P_2 zum Programm P_1 wechseln.
Zur Vergrößerung der Hörerbindung plant der Sender von P_2 zwei weitere Programmkonzeptionen P_3 und P_4. Eine Hörerbefragung ergab dabei folgendes Hörerverhalten angesichts von ausgestrahlten Testsendungen:

a) Ausstrahlung von P_3: 76 % bleiben bei P_1, je 12 % wechseln zu P_2 bzw. zu P_3. Das neue Programm kann 45 % seiner neuen Hörer binden, aber 50 % wechseln zu P_2. P_2 behält 70 % seiner Hörer, 10 % wechseln zu P_3.

b) Ausstrahlung von P_4:
Die Auswirkungen werden durch folgende Übergangsmatrix beschrieben(von Zeile zu Spalte).

	P_1	P_2	P_4
P_1	0,7	0,15	0,15
P_2	0,1	0,75	0,15
P_4	0,25	0,5	0,25

Vor Ausstrahlung der neuen Programme liegt die Hörerquote mit 55 % bei P_1 und 45 % bei P_2.

Aufgaben

1. Ermitteln Sie die Strategie, die der Sender von P_2 verfolgen soll, wenn er in den nächsten 6 Übertragungsperioden seinen Hörerstamm vergrößern will.
2. Bewerten Sie das mathematische Modell zur Einführung neuer Programme.
3. Der Sender von P_1 hat auf die Pläne der Konkurrenz reagiert und zunächst eine Hörerbefragung bzgl. der Treue zum eigenen Programm durchführen lassen. Eine Erkundung bei 400 Hörern ergab, dass 347 dem Programm P_1 treu bleiben wollen, auch wenn die Konkurrenz neue Angebote macht. Dieses Ergebnis interpretiert die Geschäftsleitung als Beleg der Hörertreue bei einer geringen Wechselneigung von $p = 0{,}1$ zur Konkurrenz und hält weitere Maßnahmen nicht für erforderlich.
   Untersuchen Sie die Einschätzung der Geschäftsleitung.
4. Nehmen Sie an, dass für die tatsächliche Wechselneigung von P_1 zu P_2 eine Wahrscheinlichkeit von $p = 0{,}13$ besteht.
   Berechnen Sie die Wahrscheinlichkeit für den Fehler 2. Art, wenn der Fehler 1. Art 5 % beträgt.

Hinweise und Tipps

Teilaufgabe 1

- Erstellen Sie die Übergangsmatrixen.
- Berechnen Sie die sechsten Potenzen.
- Multiplizieren Sie den Vektor der Ausgangkonstellation mit den Matrixpotenzen und untersuchen Sie die sich dann ergebenden Hörerquoten.

Teilaufgabe 2

- Bedenken Sie die Realitätsnähe.
- Hinterfragen Sie dabei die Annahme konstanter Übergangswahrscheinlichkeiten.

Teilaufgabe 3

- Untersuchen Sie die Verträglichkeit der Befragung mit $p = 0{,}1$ durch einen Hypothesentest.
- Bestimmen Sie dazu die Annahmeintervalle, in denen 95 % bzw. 98 % aller Ereignisse durchschnittlich liegen.
- Bewerten Sie die Größe der Stichprobe nach der Formel:

  $k \cdot \sqrt{n \cdot p \cdot (1-p)} \cdot \frac{1}{n} < r$

  mit k Sicherheitsfaktor, r Abweichung vom tatsächlichen Anteil, z. B. $r = 0{,}03 \mathrel{\hat{=}} 3\ \%$.

Teilaufgabe 4

- Betrachten Sie den Annahmebereich der Hypothese $p = 0{,}1$ bei einer Irrtumswahrscheinlichkeit von 95 %.
- Ermitteln Sie, wie groß die Wahrscheinlichkeit für diesen Bereich bei $p = 0{,}13$ ist.

Lösung

1. Übergangsmatrix vor Einführung neuer Programme:

$$A = \begin{pmatrix} 0{,}85 & 0{,}15 \\ 0{,}25 & 0{,}75 \end{pmatrix}$$

Übergangsmatrix nach Ausstrahlung von P_3:

$$B = \begin{pmatrix} 0{,}76 & 0{,}12 & 0{,}12 \\ 0{,}2 & 0{,}7 & 0{,}1 \\ 0{,}05 & 0{,}5 & 0{,}45 \end{pmatrix}$$

Übergangsangsmatrix nach Ausstrahlung von P_4 (wie gegeben):

$$C = \begin{pmatrix} 0{,}7 & 0{,}15 & 0{,}15 \\ 0{,}1 & 0{,}75 & 0{,}15 \\ 0{,}25 & 0{,}5 & 0{,}25 \end{pmatrix}$$

Mit der Anfangsquote von (0,55; 0,45) ergibt sich nach 6 Übergangsperioden:

- ohne Ausstrahlung neuer Programme:
  $(0{,}55;\ 0{,}45) \cdot A^6 \approx (0{,}621\,501;\ 0{,}378\,499)$
  $\Rightarrow\ P_2 \approx 37{,}8\,\%$
- nach Ausstrahlung von P_3:
  $(0{,}55;\ 0{,}45;\ 0) \cdot B^6 \approx (0{,}405\,497;\ 0{,}428\,067;\ 0{,}166\,436)$
  $\Rightarrow\ P_2 + P_3 \approx 59{,}4\,\%$
- nach Ausstrahlung von P_4:
  $(0{,}55;\ 0{,}45;\ 0) \cdot C^6 \approx (0{,}321\,248;\ 0{,}512\,085;\ 0{,}166\,667)$
  $\Rightarrow\ P_2 + P_4 \approx 67{,}9\,\%$

Die Berechnung der Matrixpotenzen und Produkte erfolgt am besten mit dem TI-Voyage und wird nachfolgend für A^6 erläutert. B^6 und C^6 lassen sich analog berechnen.

Definition einer 2×2 Matrix, hier A im Data-Matrix-Editor

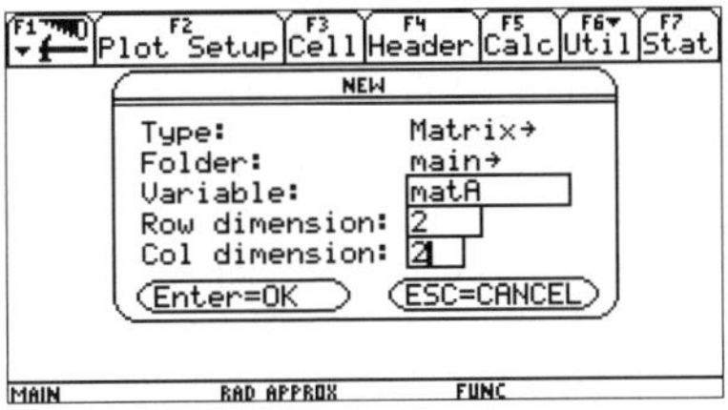

Eingabe der Werte von A im Data-Matrix-Editor

Der Vektor (0,55; 0,45; 0) wird auf dieselbe Weise definiert.

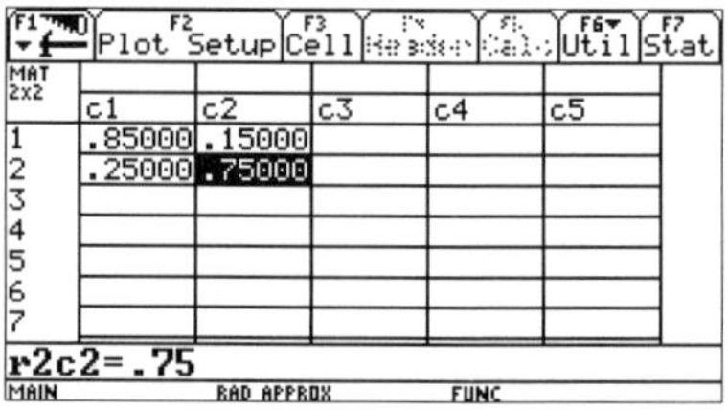

Berechnung von (0,55; 0,45) $\cdot$ A^6 im Home-Editor

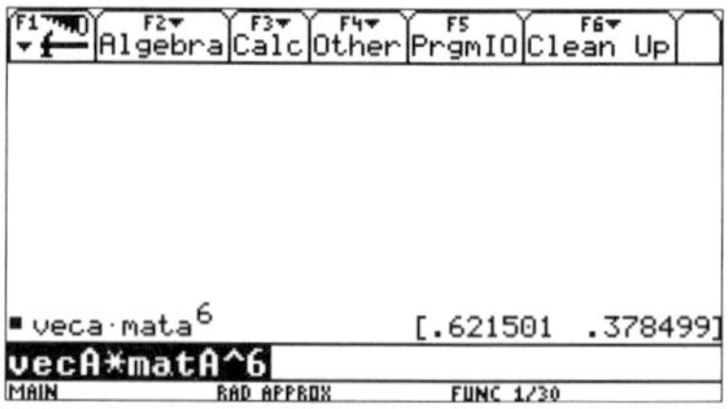

Durch Ausstrahlung von P_4 könnte der zweite Radiosender seine Hörerquote nach sechs Perioden auf insgesamt rund 67,9 % erhöhen. Daher ist dies die beste Strategie.

2. Das mathematische Modell geht von konstanten Übergangswahrscheinlichkeiten aus.
   In der Realität werden die Übergangswerte kaum für längere Zeit konstant bleiben, sodass die Prognosen nur für kürzere Zeiträume geeignet sind.

3. Die Bewertung erfolgt über zwei Kriterien:
   a) Verträglichkeit der Befragung mit $p = 0{,}1$ bei 53 Wechslern
   b) Größe der Stichprobe

   zu a:
   Es liegt ein zweiseitiger Hypothesentest vor mit X = Anzahl der Programmwechsler, $h = 400$, $p = 0{,}1$.
   H_0: Wechselanteil beträgt $p = 0{,}1$
   H_1: Wechselanteil $p \neq 0{,}1$
   $\mu = h \cdot p = 400 \cdot 0{,}1 = 40$

   Jedem Radius einer Umgebung des Erwartungswertes μ lässt sich nun eine bestimmte Wahrscheinlichkeit für diese Umgebung zuordnen. Umgekehrt gehören zu bestimmten Wahrscheinlichkeiten für Umgebungen um den Erwartungswert bestimmte Radien. Diese Abschätzungen gelten umso genauer, je größer n ist, insbesondere wenn die sogenannte Laplace Bedingung $\sigma = \sqrt{n \cdot p \cdot (1-p)} > 3$ erfüllt ist.

   Setzen Sie ein:

   $\sigma = \sqrt{400 \cdot 0{,}1 \cdot 0{,}9} = 6 > 3.$

Die Bedingung ist erfüllt. Betrachten Sie zunächst die 1,96σ-Umgebung von μ, in der 95 % der Ereignisse (durchschnittlich) liegen:

$$[\mu - 1{,}96\sigma; \mu + 1{,}96\sigma] = [40 - 1{,}96 \cdot \sigma; 40 + 1{,}96 \cdot \sigma]$$
$$= [28{,}24; 51{,}76]$$

Es ergibt sich ein Annahmeintervall von [29; 51].
Wegen 53 ∉ [29; 51] müsste H_0 mit einer Irrtumswahrscheinlichkeit von 5 % abgelehnt werden (Fehler 1. Art).

Als nächstes betrachten Sie noch die 2,33σ-Umgebung von μ, in der 98 % der Ereignisse liegen:

$$[\mu - 2{,}33\sigma; \mu + 2{,}33\sigma] = [40 - 2{,}33 \cdot \sigma; 40 + 2{,}33 \cdot \sigma]$$
$$= [26{,}02; 53{,}98]$$

Es ergibt sich jetzt bei einer Irrtumswahrscheinlichkeit von 2 % das Annahmeintervall [27; 53].
Jetzt kann p = 0,1 angenommen werden.

zu b:

Die Stichprobengröße bewertet sich nach der Formel:

$$k \cdot \sqrt{n \cdot p \cdot (1-p)} \cdot \frac{1}{n} = \frac{k}{n} \cdot \sigma < r,$$

wobei k den Sicherheitsfaktor (zur jeweiligen σ-Umgebung gehörig) und r die Abweichung vom tatsächlichen Anteil in der Gesamtheit in % angibt.

So erhält man für k = 1,96 (1,96σ-Umgebung) und r = 0,03:

$$1{,}96\sqrt{n \cdot 0{,}1 \cdot 0{,}9} \cdot \frac{1}{n} < 0{,}03$$
$$\frac{1{,}96}{0{,}03}\sqrt{n \cdot 0{,}09} < n$$
$$\frac{1{,}96^2}{0{,}03^2} n \cdot 0{,}09 < n^2$$
$$384{,}16 < n$$
$$n \geq 385$$

Für die gewählten Parameter (r = 0,03, d. h. Abweichung vom tatsächlichen Anteil an Wechselhörern maximal 3 %; k = 1,96, d. h. zu 95 % wird eine brauchbare Vorgabe über die Stichprobengröße geliefert) ist die Stichprobengröße ausreichend. Wie man aus der Rechnung erkennt, muss die Stichprobe größer sein, wenn man k vergrößert oder r verkleinert.

Fazit: Die Annahmen des Radiosenders von P_1 sind mit großen Unsicherheiten behaftet.

4. Der Fehler 2. Art besagt: $H_0(p = 0{,}1)$ ist falsch, das Testergebnis liegt aber im Annahmebereich von H_0, sodass H_0 nicht abgelehnt wird.

Wie in Teilaufgabe 3 a ermittelt ist für $n = 400$ und $p = 0{,}1$ bei einer Irrtumswahrscheinlichkeit von 5 % der Annahmebereich das Intervall [29; 51].
Bei einer tatsächlichen Wechselneigung von $p = 0{,}13$ gilt für den Fehler 2. Art:

$$P(29 \leq x \leq 51) = \sum_{k=29}^{51} P(X = k)$$

Diesen Wert berechnet man mittels Home-Editor des TI-Voyage, wie im Screenshot dargestellt, und erhält:

$P(29 \leq x \leq 51) = 0{,}4776 \mathrel{\hat{=}} 47{,}76\,\%$.

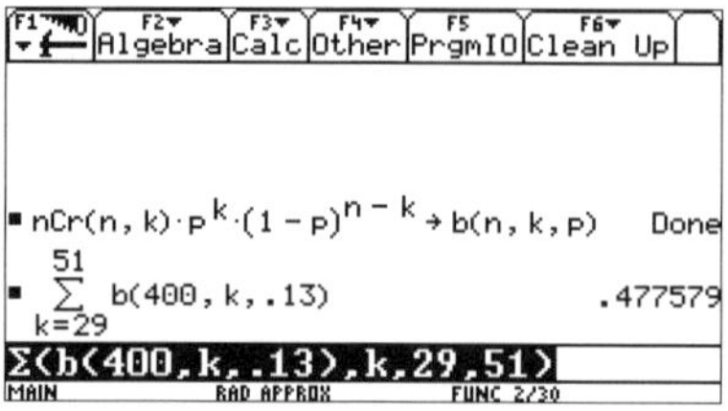

Pooled Blood Testing

Die Verbreitung von Aids hängt eng mit der Übertragung durch Blutkonserven zusammen. Um einen solchen Übertragungsweg auszuschließen, ist es erforderlich, jede einzelne Blutkonserve auf den Aids-Erreger hin zu untersuchen. Dies ist ein aufwändiges und kostspieliges Verfahren, das selbst in westlichen Ländern und erst recht nicht in Afrika immer garantiert werden konnte, wo bis zu 30 % der Blutspenden ungetestet geblieben sind. Auf diesem Hintergrund wurden Pooled Blood-Testing-Verfahren entwickelt, die folgendermaßen durchgeführt werden:

- Von jeder Blutprobe wird die Hälfte genommen. Diese Hälften werden zu einer Gesamtprobe zusammengemischt und auf den Aids-Erreger hin untersucht.
- Ist das Testergebnis positiv, wird jede Einzelprobe gesondert untersucht, um den Verursacher für das positive Testergebnis zu ermitteln. Ist das Testergebnis negativ, so sind keine weiteren Untersuchungen erforderlich.

1. Die Anzahl der erforderlichen Untersuchungen soll durch eine Zufallsvariable X ausgedrückt werden. Geben Sie an, welche Werte X bei 16 Blutkonserven annehmen kann. Verallgemeinern Sie das Ergebnis auf den Fall von n Konserven.

2. Berechnen Sie die Wahrscheinlichkeiten und den Erwartungswert von X, wenn p die Wahrscheinlichkeit für die Ausbreitung von Aids in der untersuchten Region ist. Erläutern Sie die Bedeutung von E(X).

3. Betrachten Sie die Situation $n = 16$. Sei $f_1(p)$ der Erwartungswert für $n = 16$ in Abhängigkeit von p. Skizzieren Sie $f_1(p)$ und $y = 16$ in einem Koordinatensystem und erläutern Sie, für welche Verbreitungswahrscheinlichkeit das Pooled Blood Testing vorteilhaft ist.

4. Es wird weiterhin die Situation $n = 16$ betrachtet und das Pooled Testing wird so modifiziert, dass zwei Pools gebildet werden. Einen für die ersten acht Proben und einen für die zweiten acht Proben. Untersuchen Sie, ob dieses modifizierte Verfahren vorteilhafter ist.

5. Berechnen Sie die durchschnittliche Kostenersparnis pro Untersuchungsprobe bei Verwendung des Pooled Testing. Ermitteln sie, unter welchen Voraussetzungen sich das Verfahren für beliebige n lohnt.

6. Gehen Sie von einer festen Verbreitungswahrscheinlichkeit von Aids in einer Region aus. Untersuchen Sie, bei welcher Gruppengröße sich die maximale Einsparung durch das Pooled Blood Testing im Vergleich zur Einzeluntersuchung ergibt.

Hinweise und Tipps

Teilaufgabe 1

- Unterscheiden Sie die Fälle:
  – Die Gesamtprobe ist negativ.
  – Die Gesamtprobe ist positiv.
- Überlegen Sie, wie viele Untersuchungen dann erforderlich sind.

Teilaufgabe 2

- Erstellen Sie zur besseren Übersicht ein Baumdiagramm.
- Berechnen sie mithilfe des Baumdiagramms die Wahrscheinlichkeiten für die Anzahl der Untersuchungen.
- Der Erwartungswert einer Zufallsgröße mit endlich vielen Werten $a_1, \dots, a_n$ berechnet sich nach der Formel:
  $E(X) = a_1 \cdot P(X = a_1) + \dots + a_n \cdot P(X = a_n)$

Teilaufgabe 3

- Einzelproben erfordern 16 Untersuchungen (unabhängig von der Verbreitungswahrscheinlichkeit p).
- Setzen Sie $n = 16$ in den Erwartungswert ein, um die durchschnittliche Anzahl der Untersuchungen beim Pooled Blood Testing zu ermitteln.
- Durch Gleichsetzen der Untersuchungsanzahlen berechnen Sie, für welche Werte von p das Pooled Blood Testing günstiger ist.

Teilaufgabe 4

- Definieren Sie zunächst wieder eine Zufallsvariable, die angibt, wie viele Untersuchungen erforderlich sind. Unterscheiden Sie folgende Fälle:
  – In beiden Gruppen ist das Ergebnis negativ.
  – In einer Gruppe ist das Ergebnis negativ, in der anderen positiv.
  – In beiden Gruppen ist das Ergebnis positiv.
- Ermitteln Sie zunächst die Teilwahrscheinlichkeiten für die Ergebnisse in den Teilgruppen.
- Berechnen Sie den Erwartungswert mithilfe des Tipps zu Teilaufgabe 2.
- Untersuchen sie, bis zu welchem Wert von p die durchschnittliche Anzahl der Untersuchungen kleiner als 16 ist.

Teilaufgabe 5

- Setzen Sie als Preis pro Analyse den Wert k an.
- Berechnen Sie die Gesamtkosten beider Verfahren durch Multiplikation von Preis und Anzahl der Untersuchungen.
- Berechnen Sie die Ersparnis (Differenz bilden).
- Aus Proportionalitätsgründen kann k für die folgenden Überlegungen gleich 1 gesetzt werden.
- Die Ersparnis pro Probe muss größer null sein.
- Lösen Sie diese Ungleichung nach p auf und skizzieren Sie diesen Graphen, um das Ergebnis zu interpretieren.

Teilaufgabe 6

- Untersuchen Sie grafisch die Funktionen

  $\widehat{ESP}(n, p) = (1-p)^n - \frac{1}{n}$

  für verschiedene Werte von p.

Lösung

1. $n=16$
   Wenn das Testergebnis negativ ist, müssen keine weiteren Untersuchungen durchgeführt werden:
   $\Rightarrow X=1$
   Ist das Testergebnis positiv, so müssen alle Proben einzeln untersucht werden:
   $\Rightarrow X=16+1$

   Für n allgemein gilt:
   $X=1$, wenn die Untersuchung negativ ist.
   $X=n+1$, wenn die Untersuchung positiv ist.

2. Die Verbreitungswahrscheinlichkeit von Aids sei p und es liegen n Proben vor.

   Zur Verdeutlichung der Rechnungen zeichnet man das Baumdiagramm eines n-stufigen Zufallsversuches:

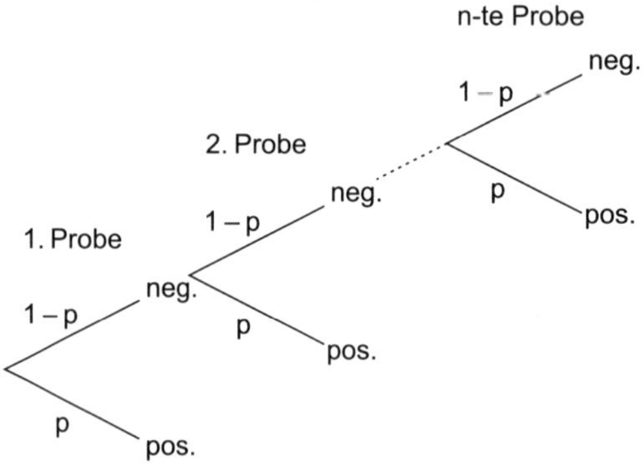

   Eine Untersuchung ist erforderlich, wenn <u>alle</u> Einzelproben negativ sind.

   $P(X=1)=(1-p)^n$

   $n+1$ Untersuchungen sind erforderlich, wenn mindestens eine Einzelprobe positiv ist. Dies ist das Gegenereignis zu obiger Situation.
   $P(X=n+1)=1-(1-p)^n$

   Für den Erwartungswert gilt:

   $$E(X)=1\cdot P(X=1)+(n+1)\cdot P(X=n+1)$$
   $$=1\cdot(1-p)^n+(n+1)(1-(1-p)^n)=(n+1)-n(1-p)^n$$

   Der Erwartungswert gibt an, wie viele Untersuchungen durchschnittlich bei einer Probenanzahl von n und einer Verbreitungswahrscheinlichkeit von p durchzuführen sind.

3. Für $n=16$ ist $f_1(p)=(16+1)-16(1-p)^{16}=17-16(1-p)^{16}$.

Die Funktion $f_1(p)$ gibt an, wie viele Untersuchungen durchschnittlich bei einer Probenzahl von 16 und einer Verbreitungswahrscheinlichkeit von p beim Pooled-Blood-Testing-Verfahren durchgeführt werden müssen. Wenn gilt:

- $f_1(p) < 16$, dann ist Pooled-Testing günstiger.
- $f_1(p) = 16$, dann sind beide Verfahren (Pooled-Testing und Einzelproben) gleich günstig.
- $f_1(p) > 16$, dann sind Einzelproben günstiger.

Setzen Sie $f_1(p)=16$ und ermitteln Sie p:

$$17-16(1-p)^{16}=16 \quad \Leftrightarrow \quad 1-16(1-p)^{16}=0$$

$$\Leftrightarrow \quad (1-p)^{16}=\frac{1}{16} \quad \Leftrightarrow \quad 16\cdot\ln(1-p)=\ln 1-\ln 16$$

$$\Leftrightarrow \quad \ln(1-p)=\frac{-\ln 16}{16} \quad \Leftrightarrow \quad 1-p=e^{\frac{-\ln 16}{16}}$$

$$\Leftrightarrow \quad p=1-e^{\frac{-\ln 16}{16}}\approx 0{,}159$$

Fazit:
Bei einer Gruppengröße von 16 Proben ist das Pooled-Blood-Testing bis zu einem Wert von $p<0{,}159$ günstiger als das Verfahren von Einzelproben.

Veranschaulichen Sie die Situation auch grafisch:
Dazu geben Sie $f_1(p)$ und $y=16$ im Funktionseditor des TI-Voyage ein und plotten Sie die Graphen:

Mit F5 Math
5: Intersection
wird dann der Schnittpunkt berechnet und man erhält den bereits analytisch berechneten Wert von $p=0{,}159$.

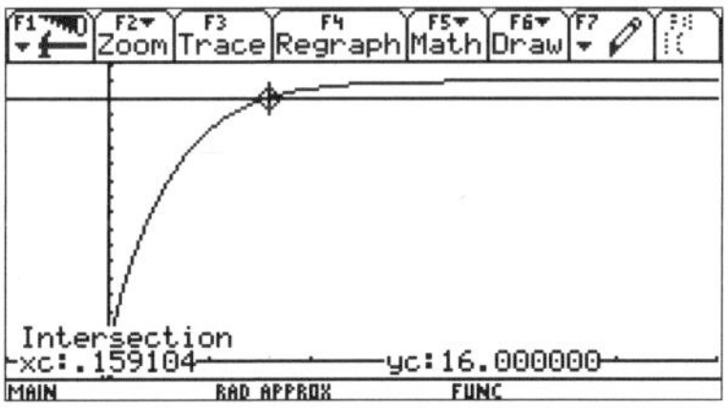

4. X: Anzahl der erforderlichen Untersuchungen (Zufallsvariable)
   $X=2$ falls Ergebnis negativ in beiden Gruppen
   $X=2+8$ falls Ergebnis in Gruppe 1 oder (alternativ) Gruppe 2 positiv
   $X=2+16$ falls Ergebnis in Gruppe 1 und Gruppe 2 positiv

   Es ergeben sich folgende Teilwahrscheinlichkeiten:
   $P(\text{Gruppe } 1-)=(1-p)^8$
   $P(\text{Gruppe } 2-)=(1-p)^8$
   $P(\text{Gruppe } 1+)=1-(1-p)^8$ (Gegenwahrscheinlichkeit zu P(Gruppe 1–))
   $P(\text{Gruppe } 2+)=1-(1-p)^8$ (Gegenwahrscheinlichkeit zu P(Gruppe 2–))

Somit erhält man für die Zufallsvariable X folgende Wahrscheinlichkeiten:
$P(X=2)=P(\text{Gruppe } 1-)\cdot P(\text{Gruppe } 2-)=(1-p)^8(1-p)^8=(1-p)^{16}$

$P(X=2+8)=P(\text{Gruppe } 1-)\cdot P(\text{Gruppe } 2+)+P(\text{Gruppe } 1+)\cdot P(\text{Gruppe } 2-)$
$=2(1-(1-p)^8)\cdot(1-p)^8=2(1-p)^8-2(1-p)^{16}$

$P(X=2+16)=P(\text{Gruppe } 1+)\cdot P(\text{Gruppe } 2+)=(1-(1-p)^8)(1-(1-p)^8)$
$=1-2(1-p)^8+(1-p)^{16}$

Plausibilität: $P(X=2)+P(X=2+8)+P(X=2+16)=1$.

Als Erwartungswert erhält man dann:
$E(X)=2(1-p)^{16}+10(2(1-p)^8-2(1-p)^{16})+18(1-2(1-p)^8+(1-p)^{16})$
$=18-16(1-p)^8$

Beim modifizierten Verfahren erhält man also für $n=16$, $f_2(p)=18-16(1-p)^8$. Die Funktion $f_2(p)$ gibt an, wie viele Untersuchungen durchschnittlich bei einer Probenzahl von 16 durchgeführt werden müssen. Der Vergleich von $f_2(p)$ mit der Anzahl der erforderlichen Einzeluntersuchungen (16) ergibt den Wert von p, bis zu dem das modifizierte Verfahren günstiger ist (vgl. Teilaufgabe 3).

Analytische Lösung:

$$18-16(1-p)^8=16 \quad\Leftrightarrow\quad 2-16(1-p)^8=0$$

$$\Leftrightarrow\quad (1-p)^8=\frac{1}{8} \quad\Leftrightarrow\quad 8\cdot\ln(1-p)=\ln 1-\ln 8$$

$$\Leftrightarrow\quad \ln(1-p)=\frac{-\ln 8}{8} \quad\Leftrightarrow\quad 1-p=e^{\frac{-\ln 8}{8}}$$

$$\Leftrightarrow\quad p=1-e^{\frac{-\ln 8}{8}}\approx 0{,}2289$$

Hieraus ergibt sich: Für $n=16$ ist das modifizierte Verfahren günstiger als das Einzeltesting bis hin zur Verbreitungswahrscheinlichkeit $p=0{,}2289$.

Fazit:
Das modifizierte Verfahren ist günstiger als das einfache Pooled Testing, da es auch für höhere Werte von p noch greift.

Veranschaulichen Sie die Situation auch grafisch:
Dazu geben Sie $f_2(p)$ und $y=16$ im Funktionseditor des TI-Voyage ein und plotten Sie die Graphen:

Mit F5 Math
5: Intersection
wird der Schnittpunkt berechnet und man erhält den bereits analytisch ermittelten Wert von $p=0{,}229$.

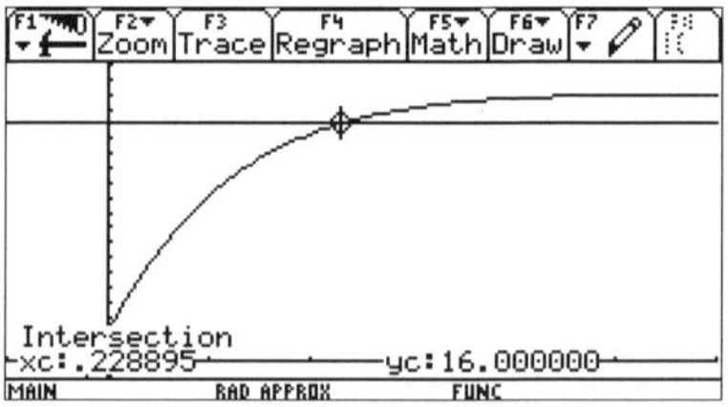

5. Gruppengröße: n
   Preis pro Analyse: k
   Preis bei n Einzeluntersuchungen: $n \cdot k$
   Pooled Testing: durchschnittlich $E(X) = (n+1) - n(1-p)^n$ Untersuchungen
   Preis dafür: $[(n+1) - n(1-p)^n] \cdot k$
   Ersparnis: $$\begin{aligned} ESP(n, p) &= nk - [(n+1) - n(1-p)^n] \cdot k \\ &= [n - (n+1) + n(1-p)^n] \cdot k \\ &= [n(1-p)^n - 1] \cdot k \end{aligned}$$
   Aus Proportionalitätsgründen reicht es, sich auf die Differenz (ohne k) zu beschränken:
   $ESP(n, p) = n(1-p)^n - 1$
   Damit ergibt sich als Ersparnis pro Probe:
   $\widehat{ESP}(n, p) = (1-p)^n - \frac{1}{n}$
   Die Ersparnis pro Probe muss größer als 0 sein. Damit erhält man folgende Ungleichung:
   $$(1-p)^n - \frac{1}{n} > 0$$
   Untersuchen Sie zunächst die Abhängigkeit der Verbreitungswahrscheinlichkeit p von der Gruppengröße n, indem Sie obige Ungleichung nach p auflösen:
   $$\begin{aligned} (1-p)^n - \frac{1}{n} > 0 \quad &\Leftrightarrow \quad (1-p)^n > \frac{1}{n} \\ &\Leftrightarrow \quad 1-p > \sqrt[n]{\frac{1}{n}} = \frac{1}{\sqrt[n]{n}} \\ &\Leftrightarrow \quad p < 1 - \frac{1}{\sqrt[n]{n}} \end{aligned}$$

   Interpretation des Ergebnisses:
   Pooled Testing bei Gruppengröße n und Verbreitungswahrscheinlichkeit p lohnt sich nur, wenn
   $p < 1 - \frac{1}{\sqrt[n]{n}} \quad (*)$.

   Skizze der Funktion $f(n) = 1 - \frac{1}{\sqrt[n]{n}}$

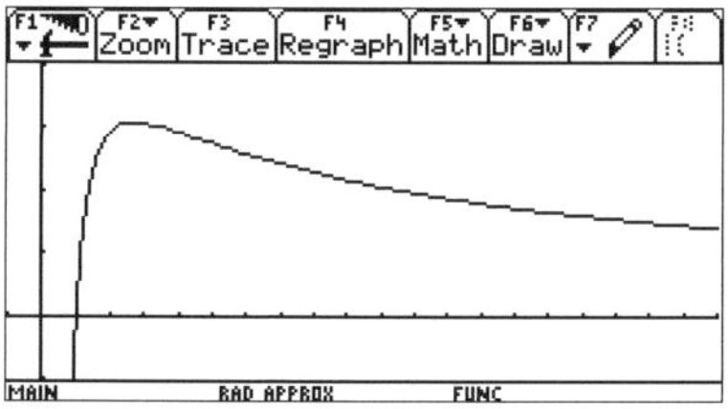

Beachten Sie bei der Definition der x- und y-Achsen, dass nun y eine Wahrscheinlichkeit ist und die Schrittweite sowie die Maximalwerte entsprechend angepasst werden müssen.

Interpretiert man den Graphen unter Berücksichtigung von Ungleichung (∗), so erkennt man:

Der Graph schneidet die x-Achse bei $n = 1$; Gruppengrößen für Pooled Testing beginnen bei $n = 2$. Der größtmögliche Wert von p wird mit 0,3078 bei $n = 2{,}718$ angenommen. Je größer die Gruppengröße n ist, umso kleiner muss p sein, damit sich eine Ersparnis durch das Gruppentesting ergibt; z. B. für $n = 200$ muss $p < 0{,}0261$ sein.

6. Sie haben $\widehat{ESP}(n, p) = (1 - p)^n - \frac{1}{n}$ ermittelt.

Bei festem p ist $\widehat{ESP}$ nur noch von n abhängig:

$$\widehat{ESP}(n) = (1 - p)^n - \frac{1}{n}$$

Mithilfe des TI-Voyage plotten Sie für verschiedene Werte p.

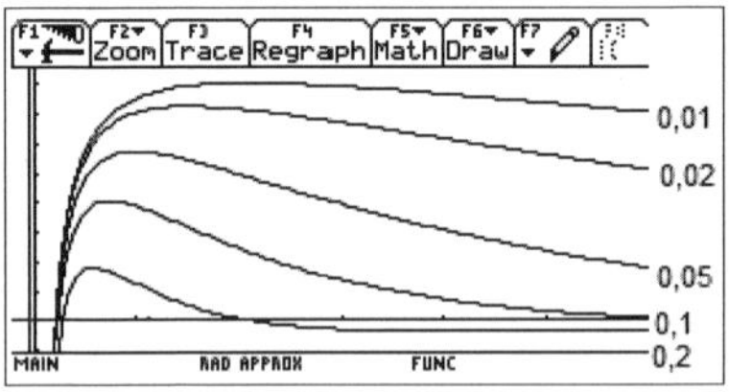

Graph von $\widehat{ESP}$ (n p) für $p = 0{,}2; 0{,}1; 0{,}05; 0{,}02; 0{,}01$

Aus der Abbildung entnimmt man:
Für jede Verbreitungswahrscheinlichkeit p gibt es eine Gruppengröße n, bei der die Ersparnis $\widehat{ESP}$ ein Maximum annimmt.
Bei großen Werten von p ist dieses Maximum deutlich ausgeprägt, bei kleinen Werten von p hat man für die Gruppengröße noch einen gewissen Spielraum, innerhalb dessen die Ersparnis nahezu gleich bleibt.

Fußballstadion

Der Ballsportverein Eintracht 07 verfügt über ein treues Publikum. In seinen Heimspielen sind stets 70 % der Zuschauer Fans von E 07. Leider gibt es unter diesen auch einige, die als gewaltbereit eingestuft werden. Der Verein schätzt den Anteil auf 3 %. Am kommenden Wochenende wird der Erzrivale Rot-Weiß-Kickers (RWK) erwartet, der über einen doppelt so großen Anteil an gewaltbereiten Fans verfügt.

1. Aus Sicherheitsgründen werden die Zuschauer vom Ordnungsdienst in Gruppen von 50 Personen ins Stadion geleitet. Die Zugehörigkeit der Zuschauer zu einem Verein in einer solchen Gruppe soll durch eine Zufallsvariable ausgedrückt werden (X für E 07, Y für RWK).
   Erläutern Sie die Bedeutung der Zufallsvariablen und skizzieren Sie den Graphen der Wahrscheinlichkeitsverteilung für X und Y.

2. Berechnen Sie die Erwartungswerte E(X) und E(Y).
   Interpretieren Sie die Graphen der Wahrscheinlichkeitsverteilungen mithilfe von E(X) und E(Y).

3. Bestimmen Sie die Wahrscheinlichkeit, dass in der (zufällig zusammengesetzten) Gruppe von 50 Personen mindestens 35 Fans von E 07 (15 Fans von RWK) sind. Skizzieren Sie diese Werte in den kumulierten Wahrscheinlichkeitsverteilungen.

4. Es werden noch einmal die zufällig zusammengesetzten Gruppen von 50 Fußballfans betrachtet.
   Ermitteln Sie, wie viele Fans von E 07 sich mit einer Wahrscheinlichkeit von 95 % mindestens bzw. maximal in dieser Gruppe befinden.

5. Untersuchen Sie, wie viel Prozent aller Fans im Stadion zu den gewaltbereiten Fußballfans gezählt werden müssen.

6. Eine Person im Stadion wird zufällig ausgewählt und überprüft. Sie erweist sich als gewaltbereit.
   Berechnen Sie die Wahrscheinlichkeit, dass diese Person Fan von E 07 ist.

7. Zur Erhöhung der Sicherheit im Stadion wird stichprobenartig ermittelt, wie viele Fans von E 07 bzw. RWK sich tatsächlich in den 50er-Gruppen befinden. Man ermittelte folgende Anzahlen von E 07-Fans: 48, 49, 15, 12.
   Beurteilen Sie, ob diese Zahlen mit einer gleichmäßigen Verteilung der Fans von E 07 und RWK auf die 50er-Gruppen entsprechend der Fan-Anteile von 0,7 bzw. 0,3 in Einklang gebracht werden können.

Hinweise und Tipps

Teilaufgabe 1

- Die Anzahl der Fans von E 07 in einer 50er-Gruppe kann zwischen 0 und 50 liegen. Gleiches gilt für die Fans von RWK.
- Gehen Sie davon aus, dass die 50er-Gruppen zufällig zusammengesetzt sind entsprechend den Anteilen an Fans der beiden Vereine.
- Zeichnen Sie die Graphen der Wahrscheinlichkeitsverteilungen mit dem TI-Voyage.

Teilaufgabe 2

- Der Erwartungswert μ berechnet sich nach der Formel: $\mu = n \cdot p$.
- Die Symmetrie einer Funktion f zur Stelle h prüft man durch die Bedingung: $f(h-x) = f(h+x)$

Teilaufgabe 3

- $P(X \geq k) = \sum_{i=k}^{w} P(X = i)$
- Berechnen Sie die kumulierten Wahrscheinlichkeiten mithilfe des TI-Voyage.

Teilaufgabe 4

- Jedem Radius einer Umgebung des Erwartungswertes μ lässt sich eine bestimmte Wahrscheinlichkeit für diese Umgebung zuordnen. Hier wird die $1{,}96\sigma$-Umgebung von μ ($[\mu - 1{,}96\sigma; \mu + 1{,}96\sigma]$) benötigt, in der 95 % der Ereignisse liegen.

Teilaufgabe 5

- Benutzen Sie ein Baumdiagramm.
- Wenden Sie die Pfadregel an.

Teilaufgabe 6

- Es handelt sich um eine bedingte Wahrscheinlichkeit, nach der hier gefragt wird.
- Zur Lösung kann man die Formel von Bayes heranziehen: $P_A(B) = \frac{P(B \cap A)}{P(A)}$
- Die einzelnen Wahrscheinlichkeiten entnehmen Sie dem Baumdiagramm aus Teilaufgabe 5.

Teilaufgabe 7

- Zu testen ist hier die Hypothese $p = 0{,}7$ für die Verteilung in 50er-Gruppen.
- Benutzen Sie als Annahmebereich die $1{,}96\sigma$-Umgebung.

Lösung

1. Die Zufallsvariablen X bzw. Y beschreiben das Ereignis, wie viele Personen aus der geleiteten Gruppe von 50 Personen Fans von E 07 bzw. von RWK sind. Sind k Personen Fan von E 07 bzw. RWK, so schreibt man: X = k bzw. Y = k. Dabei kann k Werte von 0 bis 50 annehmen (zwischen den Extremen: „kein Fan von E 07“ bis „alle sind Fan von E 07“ ist alles möglich). Das Eintreten der einzelnen Ereignisse ist allerdings unterschiedlich wahrscheinlich und wird mit P(X = k) bzw. P(Y = k) bezeichnet. Setzt man voraus, dass die geleiteten Gruppen zufällig zusammengesetzt sind, kann man die Wahrscheinlichkeitsverteilung für die Zufallsvariablen X bzw. Y mit der Binomialverteilung berechnen:

$$P(X = k) = \binom{50}{k} 0,7^{k}\ 0,3^{(50-k)}$$

bzw.

$$P(Y = k) = \binom{50}{k} 0,3^{k}\ 0,7^{(50-k)}$$

Erläutern Sie zunächst, wie man die Werte der Wahrscheinlichkeitsverteilung für die Zufallsvariable X mit dem TI-Voyage berechnen und darstellen kann. Für die Zufallsvariable Y verfährt man dann analog.

Als erstes definiert man im Home-Editor den Term
$b(n, k, p) = nCr(n, k) \cdot p^{k} \cdot (1-p)^{n-k}$.
Hierbei gibt n die Größe der Stichprobe an (in unserem Fall ist n = 50), k ist die Anzahl der Erfolge (in unserem Fall die Anzahl der Fans von E 07 bzw. RWK in der Stichprobe) und p ist die Wahrscheinlichkeit für einen Erfolg. Mit diesem Term lassen sich dann die Werte der Wahrscheinlichkeitsverteilungen für die Zufallsvariablen berechnen.

Die Berechnung erfolgt im Data-Matrix-Editor. In Spalte c1 wird die Anzahl der Erfolge eingegeben (k = 0 bis 50), zweckmäßigerweise durch die Definition einer Folge, wie man an der Eingabezeile erkennt. In Spalte c2 wird die zugehörige Wahrscheinlichkeit mithilfe des Terms b(n, k, p) berechnet, wobei man den Wert für k aus der Spalte c1 übernimmt; p = 0,7 ist die Wahrscheinlichkeit für einen E 07-Fan.

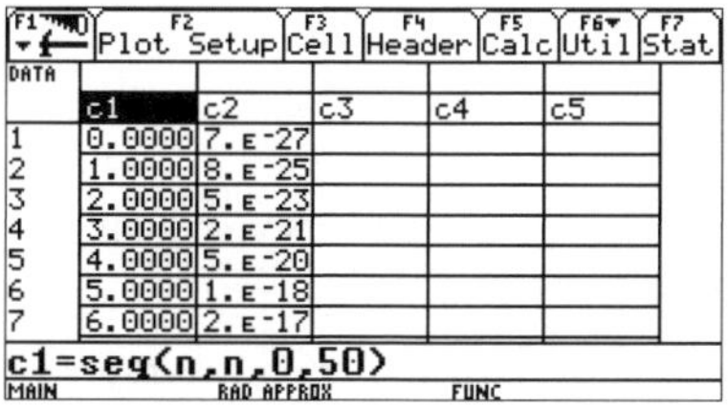

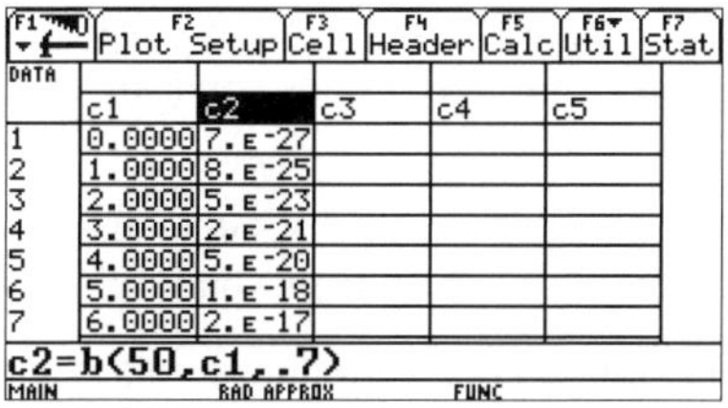

Zur grafischen Darstellung der Wahrscheinlichkeitsverteilung gelangt man vom Data-Matrix-Editor aus mittels <F2> Plot-Setup und <F1> zur Definition des Plots. Mit der entsprechenden Einstellung des Fensters

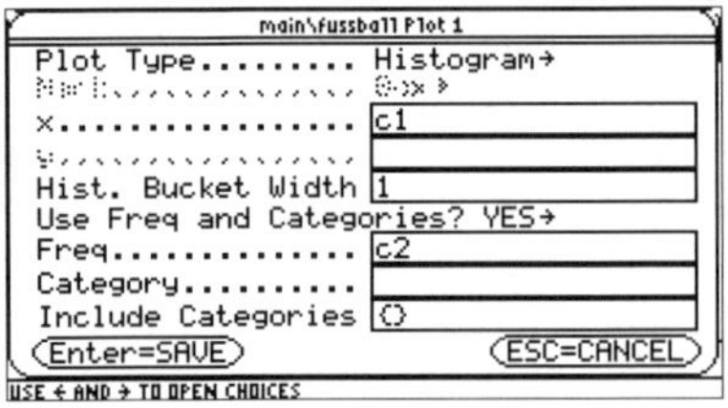

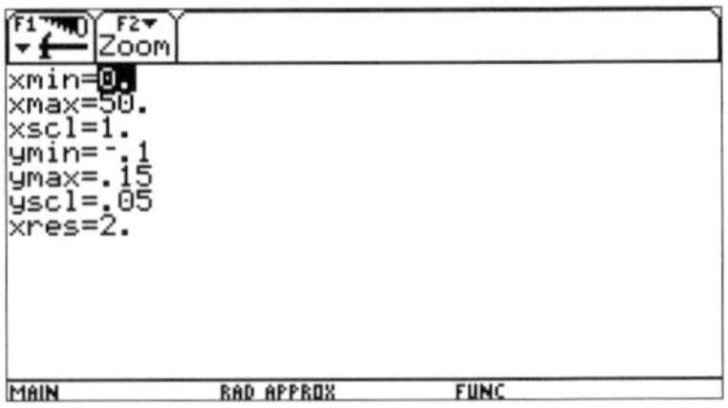

erhält man schließlich die Darstellung der Wahrscheinlichkeitsverteilung für die Zufallsvariable X (Anzahl der Fans von E 07 in der Gruppe).

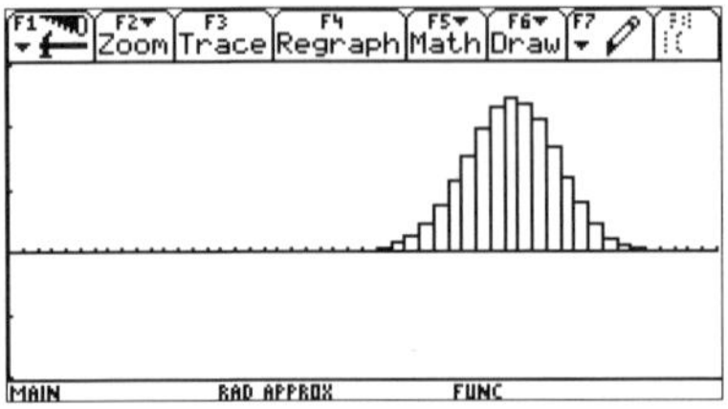

Analog erhält man die Wahrscheinlichkeitsverteilung für die Zufallsvariable Y (Anzahl der Fans von RWK in der Gruppe):

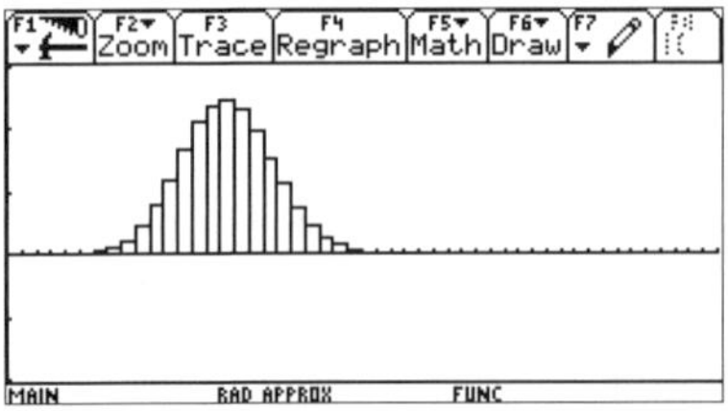

2. $E(X) = n \cdot p_X = 50 \cdot 0{,}7 = 35$
   d. h.: in einer (zufällig zusammengesetzten) Gruppe von 50 Personen kann man durchschnittlich 35 Fans von E 07 erwarten.

   $E(Y) = n \cdot p_Y = 50 \cdot 0{,}3 = 15$
   d. h.: in einer (zufällig zusammengesetzten) Gruppe von 50 Personen kann man durchschnittlich 15 Fans von RWK erwarten.

   Die Skizzen der Verteilungsfunktionen zeigen, dass der Erwartungswert jeweils das Ereignis mit der größten Wahrscheinlichkeit darstellt.
   Ferner erkennt man, dass die Verteilungsfunktionen durch Achsenspiegelung an $x = 25$ aufeinander abgebildet werden können.

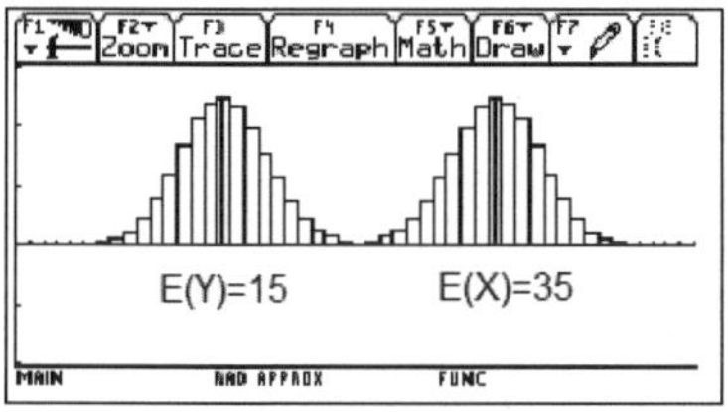

Diese Symmetrie kann man auch erkennen, wenn man die Terme vergleicht:

$$P(X = k) = \binom{50}{k} \cdot 0{,}7^{k} \cdot 0{,}3^{(50-k)}$$

$$P(Y = k) = \binom{50}{k} \cdot 0{,}3^{k} \cdot 0{,}7^{(50-k)}$$

Zunächst gilt: $\binom{50}{25+x} = \binom{50}{50-(25+x)} = \binom{50}{25-x}$, denn $\binom{n}{k} = \binom{n}{n-k}$

Dann gilt ferner: $P(Y = 25 - x) = \binom{50}{25-x} \cdot 0{,}3^{25-x} \cdot 0{,}7^{50-(25-x)}$

$$= \binom{50}{25+x} \cdot 0{,}3^{50-25-x} \cdot 0{,}7^{25+x}$$

$$= P(X = 25 + x)$$

Dies erklärt rechnerisch die Symmetrie zu $k = 25$.

3. Um die Wahrscheinlichkeit zu berechnen, dass mindestens 35 Fans von E 07 in der Gruppe sind, müssen die Einzelwahrscheinlichkeiten von 35 Fans bis 50 Fans summiert werden:

$$P(X \geq 35) = \sum_{k=35}^{50} P(X = k)$$

Analog erhält man für die Wahrscheinlichkeit von mindestens 15 Fans von RWK in der Gruppe:

$$P(Y \geq 15) = \sum_{k=15}^{50} P(Y = k)$$

Die kumulierten Wahrscheinlichkeiten lassen sich mit dem TI-Voyage berechnen. Dazu gehen Sie wieder in den Data-Matrix-Editor. In Spalte c4 addieren Sie mithilfe der Funktion cumSum() die Wahrscheinlichkeiten der Zufallsvariablen X (berechnet in Spalte c2). Analog addieren Sie in Spalte c5 die Wahrscheinlichkeiten der Zufallsvariablen Y (berechnet in Spalte c3):

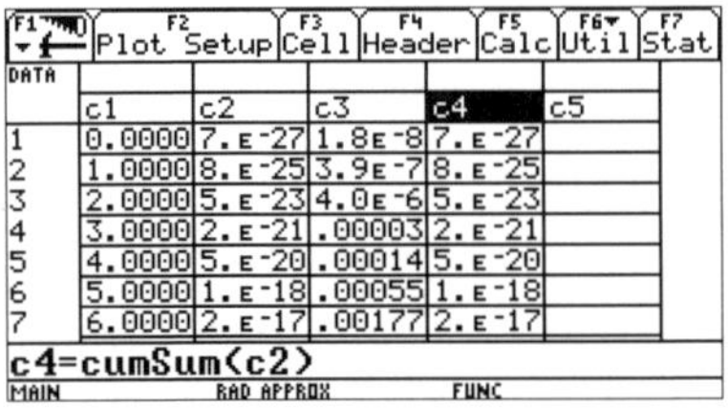

DATA	c1	c2	c3	c4	c5
1	0.0000	7.E-27	1.8E-8	7.E-27	
2	1.0000	8.E-25	3.9E-7	8.E-25	
3	2.0000	5.E-23	4.0E-6	5.E-23	
4	3.0000	2.E-21	.00003	2.E-21	
5	4.0000	5.E-20	.00014	5.E-20	
6	5.0000	1.E-18	.00055	1.E-18	
7	6.0000	2.E-17	.00177	2.E-17	

c4=cumSum(c2)

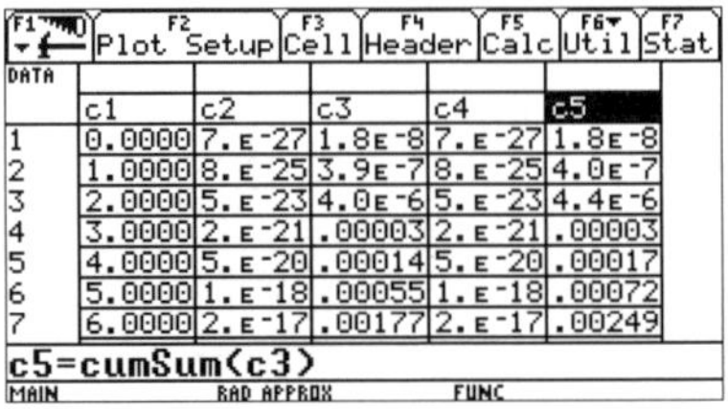

DATA	c1	c2	c3	c4	c5
1	0.0000	7.E-27	1.8E-8	7.E-27	1.8E-8
2	1.0000	8.E-25	3.9E-7	8.E-25	4.0E-7
3	2.0000	5.E-23	4.0E-6	5.E-23	4.4E-6
4	3.0000	2.E-21	.00003	2.E-21	.00003
5	4.0000	5.E-20	.00014	5.E-20	.00017
6	5.0000	1.E-18	.00055	1.E-18	.00072
7	6.0000	2.E-17	.00177	2.E-17	.00249

c5=cumSum(c3)

Für die grafische Darstellung gehen Sie wieder den bereits in der Lösung zu Teilaufgabe 2 beschriebenen Weg. Diesmal wählen Sie als Plot-Type die xyline. Auch das Fenster muss wegen der kumulierten Werte angepasst werden:

kumulierte Wahrscheinlichkeitsverteilung von X mit Skizzierung von $P(X \geq 35)$

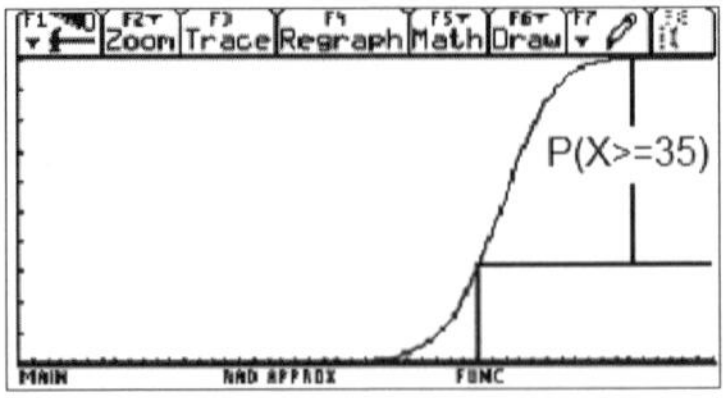

kumulierte Wahrscheinlichkeitsverteilung von Y mit Skizzierung von $P(Y \geq 15)$

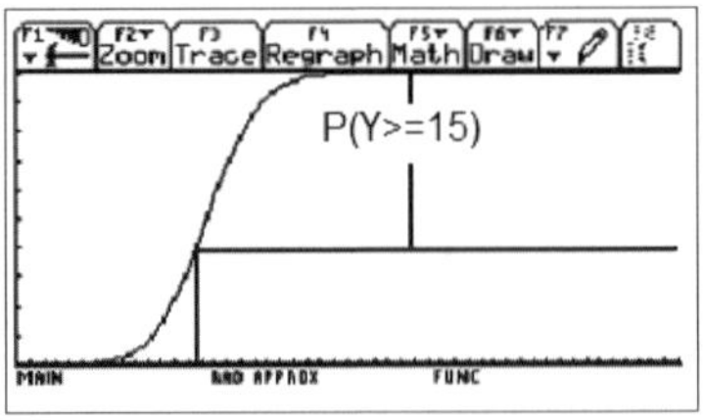

Berechnen Sie schließlich noch die gefragten Wahrscheinlichkeiten:

$$P(X \geq 35) = \sum_{k=35}^{50} P(X = k) = 0{,}5691 \mathrel{\hat{=}} 56{,}91\,\%$$

$$P(Y \geq 15) = \sum_{k=15}^{50} P(Y = k) = 0{,}5531 \mathrel{\hat{=}} 55{,}31\,\%$$

Der folgende Screenshot erläutert die Berechnung im Home-Editor des TI-Voyage:

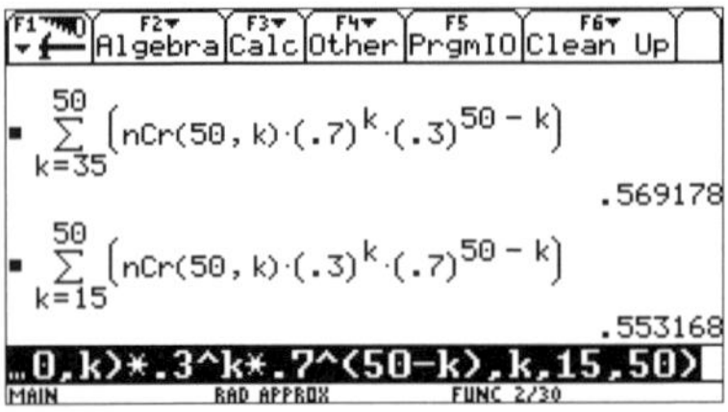

$\sum_{k=35}^{50} \left(nCr(50, k) \cdot (.7)^k \cdot (.3)^{50-k}\right)$ .569178

$\sum_{k=15}^{50} \left(nCr(50, k) \cdot (.3)^k \cdot (.7)^{50-k}\right)$ .553168

...0,k)*.3^k*.7^(50-k),k,15,50)

MAIN RAD APPROX FUNC 2/30

4. Jedem Radius einer Umgebung des Erwartungswertes μ lässt sich eine bestimmte Wahrscheinlichkeit für diese Umgebung zuordnen. So gilt mit $\sigma = \sqrt{n \cdot p(1-p)}$:
1,64σ-Umgebung: $[\mu - 1{,}64\sigma; \mu + 1{,}64\sigma]$: 90 % Wahrscheinlichkeit
1,96σ-Umgebung: $[\mu - 1{,}96\sigma; \mu + 1{,}96\sigma]$: 95 % Wahrscheinlichkeit
2,58σ-Umgebung: $[\mu - 2{,}58\sigma; \mu + 2{,}58\sigma]$: 99 % Wahrscheinlichkeit
Wenn die Laplace-Bedingung $\sigma = \sqrt{n \cdot p(1-p)} > 3$ erfüllt ist, sind obige Abschätzungen anwendbar.

Mit $n = 50$, $p = 0{,}7$ und $\mu = E(x) = 35$ gilt:
$\sigma = \sqrt{50 \cdot 0{,}7 \cdot 0{,}3} = 3{,}24$
Für die Fragestellung ist die 1,96σ-Umgebung relevant. Man berechnet:
$$[\mu - 1{,}96\sigma; \mu + 1{,}96\sigma] = [35 - 1{,}96 \cdot 3{,}24; 35 + 1{,}96 \cdot 3{,}24] = [28{,}65; 41{,}35]$$
$$= [29; 41]$$

D. h. mit einer Wahrscheinlichkeit von 95 % sind mindestens 29 und maximal 41 Fans von E 07 in einer 50er-Gruppe.

5. Das folgende Baumdiagramm veranschaulicht die gegebenen Wahrscheinlichkeiten:

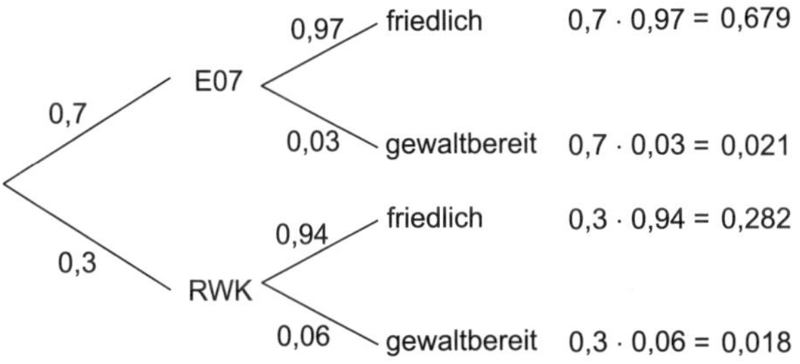

Damit müssen $0{,}021 + 0{,}018 = 0{,}039 = 3{,}9$ % aller Fans als gewaltbereit eingestuft werden.

6. Gefragt ist hier nach der bedingten Wahrscheinlichkeit $P_G(E)$, d. h. nach der Wahrscheinlichkeit, dass es sich um einen Fan von E 07 handelt, der gewaltbereit ist. Eine solche Wahrscheinlichkeit berechnet man mit der Formel von Bayes:
$$P_G(E) = \frac{P(E \cap G)}{P(G)}$$

E: Fan von E 07
G: gewaltbereit

Nach der Formel von Bayes gilt:
$$P_G(E) = \frac{P(E \cap G)}{P(G)} = \frac{0{,}021}{0{,}039} \approx 0{,}5385 \mathrel{\hat{=}} 53{,}85\ \%$$

$P(E \cap G)$ entnimmt man dem Baumdiagramm in der Lösung zu Aufgabe 5; $P(G)$ wurde in der Lösung zu Aufgabe 5 ebenfalls ermittelt.

Ergebnis: Mit einer Wahrscheinlichkeit von 53,85 % ist der gewaltbereite Zuschauer Fan von E 07.

7. In Aufgabe 4 wurde der Annahmebereich $[29;41]$ ermittelt. Daher liegt in allen Fällen das Zählergebnis im Verwerfungsbereich der Hypothese $p = 0{,}7$:

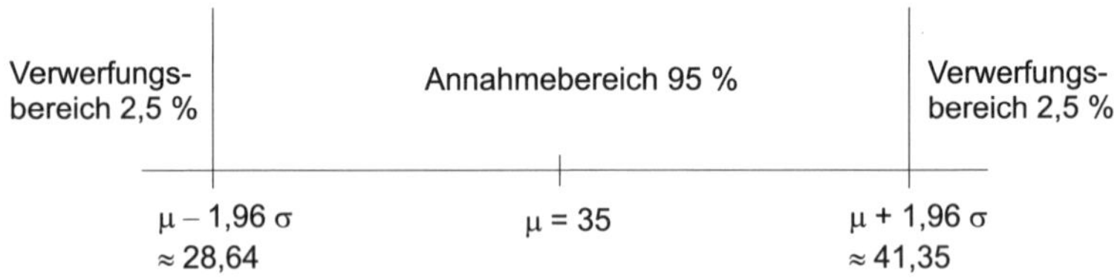

Es gibt zwei Möglichkeiten:
1. Die Annahme $p = 0{,}7$ ist richtig, es handelt sich um ein sehr ungewöhnliches Ergebnis, das nur in 5 % der Fälle auftritt.
2. Die Annahme $p = 0{,}7$ ist falsch.

Die übliche Entscheidungsregel in diesem Fall besagt, die Hypothese $p = 0{,}7$ zu verwerfen, wobei ein Irrtum nicht ausgeschlossen ist (dieser hat aber nur eine Wahrscheinlichkeit von 5 %).

Zu erklären wären solche Ergebnisse durch unterschiedliche Interessen von Vereinsführung und Ordnungsdienst (Polizei):
- Der Verein möchte die friedliche Gesinnung seiner Fans in den Vordergrund stellen. So können sich die Anhänger beider Vereine entsprechend ihrem Anteil überall begegnen.
- Die Polizei möchte Ausschreitungen vermeiden und setzt auf weitestgehende Trennung der Anhänger beider Vereine.

Call-Center

Eine große Bank beschäftigt in ihrem Call-Center drei Anlageberater, die Kunden hinsichtlich ihrer Geldanlagewünsche beraten sollen. Herr Superrendit kann 95 % der Kunden zu ihrer Zufriedenheit beraten, Herr Effektiv bringt es immerhin auf 90 % zufriedene Kunden, während Herr Normal einen Anteil zufriedener Kunden von 70 % erreicht. Ein Zufallsgenerator verteilt die eingehenden Anrufe gleichmäßig auf die drei Geldberater.

1. Berechnen Sie den Gesamtanteil zufriedener und unzufriedener Kunden.

2. Berechnen Sie die Wahrscheinlichkeit, dass
   – ein Anrufer an Herrn Superrendit gerät und eine zufriedenstellende Antwort erhält,
   – ein Anrufer an Herrn Normal vermittelt wird und anschließend nicht zufrieden ist.

3. Berechnen Sie den Anteil zufriedener und nicht zufriedener Kunden bei Herrn Effektiv.

4. Bestimmen Sie die Wahrscheinlichkeit, dass
   – eine Antwort, die zur Zufriedenheit ausfiel, von Herrn Normal stammte,
   – eine nicht zufriedenstellende Antwort von Herrn Superrendit erteilt wurde.

5. Überprüfen Sie, ob die Ereignisse
   – S: Beratung durch Herrn Superrendit
   – Z: Zufriedenheit mit der Beratung

   unabhängig sind.

Hinweise und Tipps

Teilaufgabe 1

- Erstellen Sie ein geeignetes Baumdiagramm.
- Wenden Sie die Pfadregel an.
- Ermitteln Sie die Anteile zufriedener bzw. unzufriedener Kunden durch entsprechende Addition.

Teilaufgabe 2

- Betrachten Sie dazu noch einmal das Baumdiagramm aus der Lösung zu Aufgabe 1.
- Alternativ können die Wahrscheinlichkeiten, an den bestimmten Geldberater durchgestellt zu werden und zufrieden bzw. nicht zufriedenstellend beraten zu werden, miteinander multipliziert werden.

Teilaufgabe 3

- Addieren Sie die entsprechenden Wahrscheinlichkeiten aus dem Baumdiagramm zu Aufgabe 1.

Teilaufgabe 4

- Erstellen Sie ein umgekehrtes Baumdiagramm zum Diagramm aus Aufgabe 1. Man erhält ein solches umgekehrtes Diagramm, indem man die Reihenfolge der Ereignisse vertauscht.
- Im ersten Schritt stehen nicht mehr die einzelnen Geldberater, sondern die Ereignisse Zufriedenheit und Unzufriedenheit.
- Die Endwerte der einzelnen Pfade stimmen weiterhin mit denen des ursprünglichen Baumdiagramms überein. Die Einzelwerte können mit der Pfadregel berechnet werden.

Teilaufgabe 5

- Die Ereignisse A und B sind unabhängig, wenn folgende Gleichung erfüllt ist: $P(A \cap B) = P(A) \cdot P(B)$

Lösung

1.

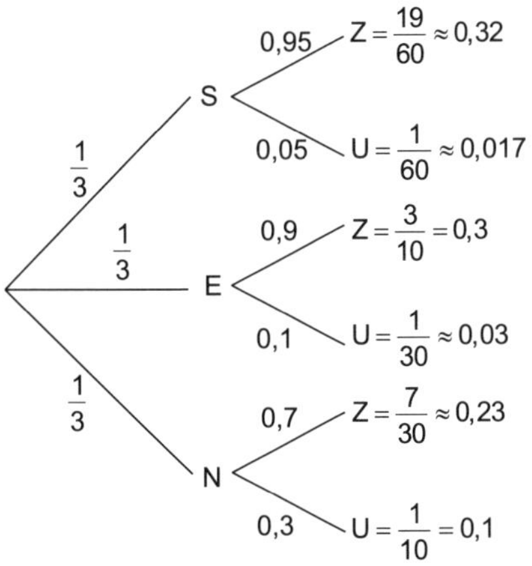

Damit ergibt sich der Gesamtanteil zufriedener Kunden zu

$$Z_{Ges} = \frac{19}{60} + \frac{3}{10} + \frac{7}{30} = \frac{17}{20} = 0{,}85 \mathrel{\hat{=}} 85\,\%$$

Der Gesamtanteil unzufriedener Kunden ist:

$$U_{Ges} = 1 - 0{,}85 = 0{,}15 \mathrel{\hat{=}} 15\,\%$$

Probe: $U_{Ges} = \frac{1}{60} + \frac{1}{30} + \frac{1}{10} = \frac{3}{20} = 0{,}15$

2. Die Wahrscheinlichkeit, dass ein Anrufer an Herrn Superrendit gerät und zufrieden ist, erhält man durch Multiplikation der Wahrscheinlichkeiten, zu Herrn Superrendit durchgestellt zu werden und zufriedenstellend beraten zu werden.

$$P(S \cap Z) = \frac{1}{3} \cdot \frac{95}{100} = \frac{19}{60}$$

Genauso berechnet sich die Wahrscheinlichkeit, dass ein Anrufer an Herrn Normal vermittelt wird und nicht zufrieden ist:

$$P(N \cap U) = \frac{1}{3} \cdot \frac{3}{10} = \frac{1}{10}$$

Alternativ können die Wahrscheinlichkeiten aus dem Baumdiagramm aus Aufgabe 1 abgelesen werden.

3. Der Anteil der zufriedenen und nicht zufriedenen Kunden bei Herrn Effektiv ergibt genau den Anteil aller Kunden, die zu ihm durchgestellt werden:

$$P(E \cap Z) + P(E \cap U) = \frac{1}{3} \cdot \frac{90}{100} + \frac{1}{3} \cdot \frac{10}{100} = \frac{3}{10} + \frac{1}{30} = \frac{1}{3}$$

4. Das umgekehrte Baumdiagramm hat folgende Gestalt:

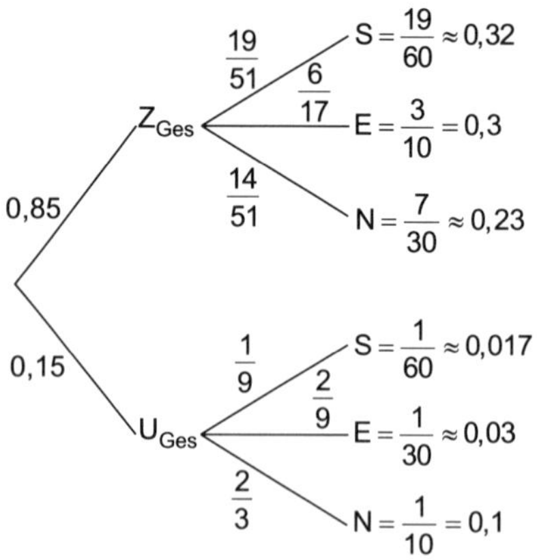

Die Wahrscheinlichkeiten für Z_{Ges} und U_{Ges} wurden in Teilaufgabe 1 berechnet. Die restlichen Werte lassen sich dann mithilfe der Pfadregel berechnen. Daher gilt:

$$P_Z(N) = \frac{7}{30} : 0{,}85 = \frac{14}{51} \mathrel{\hat{=}} 27{,}5\,\%$$

$$P_U(S) = \frac{1}{60} : 0{,}15 = \frac{1}{9} \mathrel{\hat{=}} 11{,}11\,\%$$

5. Falls die Ereignisse S und Z unabhängig sind, muss gelten:
$P(S \cap Z) = P(S) \cdot P(Z)$

Es gilt:

$$P(S) = \frac{1}{3} \quad \text{und} \quad P(Z) = \frac{17}{20}$$

$$P(S) \cdot P(Z) = \frac{1}{3} \cdot \frac{17}{20} \approx 0{,}28 \neq 0{,}32 = P(S \cap Z)$$

Also sind S und Z abhängig.

Nordrhein-Westfalen – Mathematik Leistungskurs
Stochastik: Übungsaufgabe 6

Stau an Baustellen

Moderne Verkehrsleitsysteme sind heute in der Lage, Prognosen über die Verkehrsdichte auf bestimmten Streckenabschnitten abzugeben, sodass sich die Autofahrer auf diese Situation einrichten können.

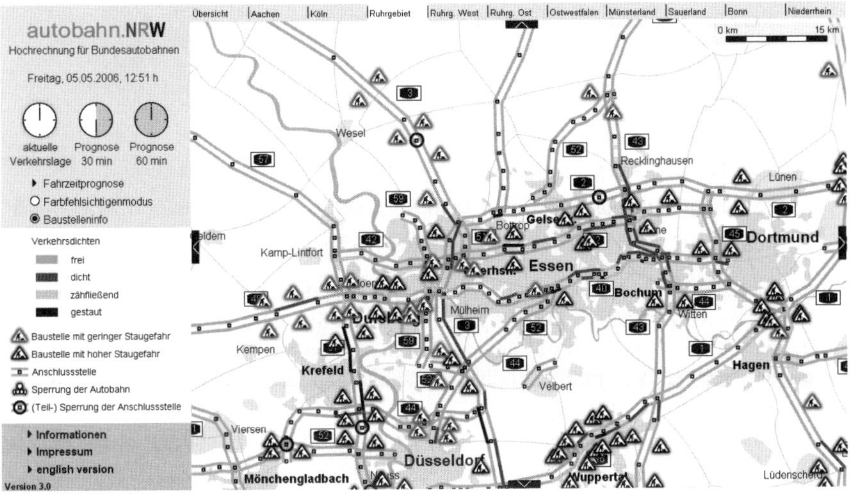

Quelle: www.autobahn.nrw.de, Ministerium für Bauen und Verkehr des Landes Nordrhein-Westfalen

Im Folgenden werden einige vereinfachende Annahmen gemacht, um besser rechnen zu können.

1. Auf der Fahrt von der Wohnung zur Arbeitsstätte hat Autofahrer Meier zwei Baustellen zu passieren. An der Baustelle B1 muss er mit einer Wahrscheinlichkeit von $p_1 = 0{,}3$ mit einem Stau rechnen, der im Durchschnitt 20 Minuten Verzögerung mit sich bringt. Die Baustelle B2 hat eine Stauwahrscheinlichkeit von $p_2 = 0{,}5$ und kostet den Autofahrer 30 Minuten zusätzliche Zeit.
Untersuchen Sie, wie oft und wie lange Autofahrer Meier im Monat (20 Arbeitstage) zu spät zur Arbeit kommt, wenn er wie gewöhnlich von zu Hause abfährt.
Berechnen Sie, wie lange er durchschnittlich im Stau steht und an wie vielen Tagen er ohne Stau durch kommt.

2. Aufgrund der Lage im Verkehrsnetz beeinflusst sich das Eintreten eines Staus an den Baustellen B1 und B2 in folgender Weise gegenseitig:
   - Die Wahrscheinlichkeit für einen Stau bei Baustelle 1 beträgt $p=0{,}3$.
   - Die Wahrscheinlichkeit für einen Stau bei Baustelle 2 unter der Bedingung eines Staus bei Baustelle 1 beträgt $p=0{,}8$.
   - Die Wahrscheinlichkeit für keinen Stau bei Baustelle 1 und Stau bei Baustelle 2 beträgt $p=0{,}35$.

   Ermitteln Sie die folgenden Wahrscheinlichkeiten:

   a) Stau bei Baustelle 1 und Stau bei Baustelle 2

   b) Stau bei Baustelle 2, falls kein Stau bei Baustelle 1

   c) Stau bei Baustelle 2

   d) kein Stau bei Baustelle 2

   e) kein Stau bei Baustelle 2, falls Stau bei Baustelle 1

   f) Stau bei Baustelle 1 und kein Stau bei Baustelle 2

   g) kein Stau bei Baustelle 2, falls kein Stau bei Baustelle 1

   h) kein Stau bei Baustelle 1 und kein Stau bei Baustelle 2

3. Die Baustelle 2 wird abgeräumt, weil die Bauarbeiten beendet sind. Baustelle 1 hingegen wird erweitert. Die Prognose für einen Stau wird jetzt mit $p=0{,}4$ angegeben. Für den Autofahrer Meier werden jetzt für die folgenden fünf Monate folgende Anzahlen von morgendlichen Verspätungen festgestellt (bei 20 Arbeitstagen im Monat): 10, 12, 12, 10, 9.
   Beurteilen Sie, ob unter diesen Voraussetzungen die Richtigkeit der Stauprognose bestätigt werden kann.

4. Aufgrund mehrfacher Beschwerden von Autofahrern wird die Stauprognose auf $p=0{,}45$ korrigiert.
   Überprüfen Sie, ob 53 Verspätungstage in fünf Monaten mit diesem korrigierten Wert in Einklang stehen.

Hinweise und Tipps

Teilaufgabe 1

- Erstellen Sie ein Baumdiagramm.
- Wenden Sie die Pfadregeln an.
- Berechnen Sie die Anzahl der Stautage und daraus die durchschnittliche Stauzeit pro Tag.

Teilaufgabe 2

- Erstellen Sie ein weiteres Baumdiagramm.
- Berücksichtigen Sie diesmal bedingte Wahrscheinlichkeiten.
- Benutzen Sie die Bayes'sche Regel und den Satz von der totalen Wahrscheinlichkeit.

Teilaufgabe 3

- Formulieren Sie eine geeignete Nullhypothese.
- Überprüfen Sie die Laplace-Bedingung
  $\sigma = \sqrt{n \cdot p(1-p)} > 3$.
- Betrachten Sie die $1{,}64\sigma$-, $1{,}96\sigma$- und $2{,}58\sigma$-Umgebungen vom Erwartungswert μ und prüfen Sie, ob 53 Tage im Annahmebereich liegen.

Teilaufgabe 4

- Betrachten Sie für die korrigierte Stauwahrscheinlichkeit die $1{,}96\sigma$-Umgebung und prüfen Sie, ob die 53 Tage im Annahmebereich liegen.

Lösung

1. Zur Lösung der Aufgabe benutzt man ein Baumdiagramm:

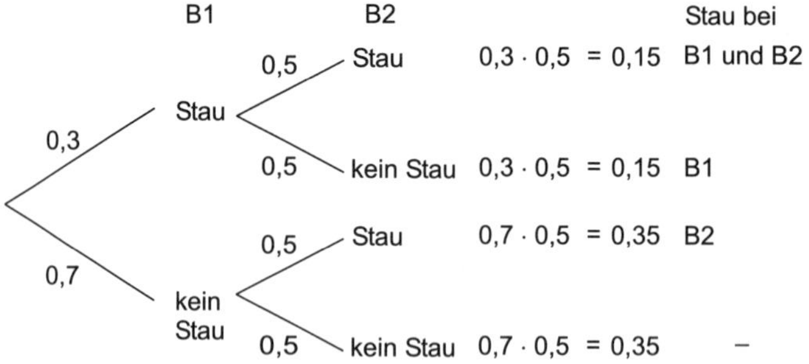

Durch Multiplikation der Stauwahrscheinlichkeiten mit der Anzahl der Arbeitstage erhält man die Anzahl der Stautage:

B1 und B2: $0{,}15 \cdot 20 = 3$ Tage
B1: $0{,}15 \cdot 20 = 3$ Tage
B2: $0{,}35 \cdot 20 = 7$ Tage
kein Stau: $0{,}35 \cdot 20 = 7$ Tage

Herr Meier kommt an 13 Tagen zu spät zur Arbeit.

Dabei muss Herr Meier mit folgenden Stauzeiten rechnen:

An 3 Tagen: 20 min + 30 min = 50 min
An 3 Tagen: 20 min
An 7 Tagen: 30 min
An 7 Tagen: kein Stau

Die durchschnittliche Stauzeit pro Tag beträgt:

$50 \text{ min} \cdot 0{,}15 + 20 \text{ min} \cdot 0{,}15 + 30 \text{ min} \cdot 0{,}35 = 21 \text{ min}$

Herr Meier steht also durchschnittlich 21 Minuten am Tag im Stau. An 7 Tagen im Monat kommt er ohne Stau durch.

2. Die verschiedenen Ereignisse seien wie folgt bezeichnet:
B1: Stau bei Baustelle 1
$\overline{B1}$: kein Stau bei Baustelle 1
B2: Stau bei Baustelle 2
$\overline{B2}$: kein Stau bei Baustelle 2

Zeichnen Sie zunächst ein zweistufiges Baumdiagramm und tragen Sie die gegebenen Wahrscheinlichkeiten ein:

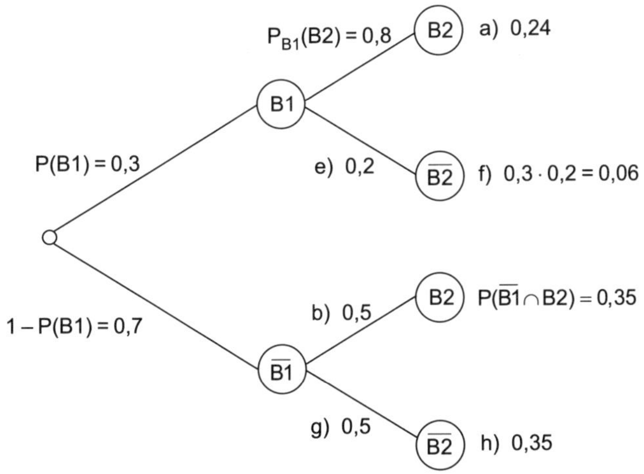

Die gefragten Wahrscheinlichkeiten ergeben sich dann folgendermaßen:

a) Stau bei B1 und Stau bei B2:
Mithilfe des Baumdiagramms erhält man
$P(B1 \cap B2) = P(B1) \cdot P_{B1}(B2) = 0{,}3 \cdot 0{,}8 = 0{,}24.$

b) Stau bei B2 unter der Bedingung, dass kein Stau bei B1 ist:
Mithilfe der bedingten Wahrscheinlichkeit (Bayes'sche Regel) folgt
$$P_{\overline{B1}}(B2) = \frac{P(\overline{B1} \cap B2)}{P(\overline{B1})} = \frac{0{,}35}{0{,}7} = 0{,}5, \quad \text{wobei } P(\overline{B1}) = 1 - P(B1) = 1 - 0{,}3 = 0{,}7.$$

c) Stau bei B2:
Durch Addition der Ereignisse „Stau bei B2 sowie Stau bei B1“ und „Stau bei B2 sowie kein Stau bei B1“ (Satz von der totalen Wahrscheinlichkeit) erhält man
$P(B2) = P(B2 \cap B1) + P(B2 \cap \overline{B1}) = 0{,}24 + 0{,}35 = 0{,}59.$

d) kein Stau bei B2:
Durch Betrachtung des Gegenereignisses „Stau bei B2“ folgt
$P(\overline{B2}) = 1 - P(B2) = 1 - 0{,}59 = 0{,}41.$

e) kein Stau bei B2 unter der Bedingung, dass Stau bei B1 ist:
Durch Betrachtung des Gegenereignisses „Stau bei B2 unter der Bedingung, dass Stau bei B1 ist“ berechnet man
$P_{B1}(\overline{B2}) = 1 - P_{B1}(B2) = 1 - 0{,}8 = 0{,}2.$

f) Stau bei B1 und kein Stau bei B2:
$P(B1 \cap \overline{B2}) = P(B1) \cdot P_{B1}(\overline{B2}) = 0{,}3 \cdot 0{,}2 = 0{,}06.$

g) kein Stau bei B2 unter der Bedingung, dass kein Stau bei B1 ist:
Da dies das Gegenereignis zu „Stau bei B2 unter der Bedingung, dass kein Stau bei B1 ist", folgt
$P_{\overline{B1}}(\overline{B2}) = 1 - P_{\overline{B1}}(B2) = 1 - 0{,}5 = 0{,}5.$

h) kein Stau bei B1 und kein Stau bei B2:
$P(\overline{B1} \cap \overline{B2}) = P(\overline{B1}) \cdot P_{\overline{B1}}(\overline{B2}) = 0{,}7 \cdot 0{,}5 = 0{,}35.$

3. Die Nullhypothese lässt sich folgendermaßen formulieren:
H_0: Stauwahrscheinlichkeit $p = p_0 = 0{,}4$
Die Gegenhypothese H_1 ist dann: $p \neq p_0$

Da 5 Monate mit jeweils 20 Arbeitstagen betrachtet werden, ist $n = 5 \cdot 20 = 100$.

Jedem Radius einer Umgebung des Erwartungswertes μ lässt sich eine bestimmte Wahrscheinlichkeit für diese Umgebung zuordnen. Umgekehrt gehören zu bestimmten Wahrscheinlichkeiten für Umgebungen um den Erwartungswert bestimmte Radien. Dies gilt nahezu unabhängig von der Erfolgswahrscheinlichkeit p im n-stufigen Bernoulli-Versuch. Dabei gilt die Regel umso genauer, je größer n ist, insbesondere, falls die Laplace-Bedingung $\sigma = \sqrt{n \cdot p \cdot (1-p)}$ erfüllt ist:

Es gilt $\sigma = \sqrt{n \cdot p \cdot (1-p)} = \sqrt{100 \cdot 0{,}4 \cdot 0{,}6} \approx 4{,}90 > 3$

Die Laplace-Bedingung ist also erfüllt.

Ermitteln Sie jetzt die σ-Umgebungen von $\mu = n \cdot p = 100 \cdot 0{,}4 = 40$.

Es gilt:
$1{,}64\sigma$-Umgebung von $\mu = 40$:
$$[\mu - 1{,}64\sigma; \mu + 1{,}64\sigma] = [40 - 1{,}64 \cdot 4{,}90; 40 + 1{,}64 \cdot 4{,}90] = [31{,}96; 48{,}04]$$
$1{,}96\sigma$-Umgebung von $\mu = 40$:
$$[\mu - 1{,}96\sigma; \mu + 1{,}96\sigma] = [40 - 1{,}96 \cdot 4{,}90; 40 + 1{,}96 \cdot 4{,}90] = [30{,}40; 49{,}60]$$
$2{,}58\sigma$-Umgebung von $\mu = 40$:
$$[\mu - 2{,}58\sigma; \mu + 2{,}58\sigma] = [40 - 2{,}58 \cdot 4{,}90; 40 + 2{,}58 \cdot 4{,}90] = [27{,}36; 52{,}64]$$

D. h.: Die Anzahl der Verspätungstage $53 = 10 + 12 + 12 + 10 + 9$ ist in keiner der standardmäßigen σ-Umgebungen enthalten. Die Nullhypothese für eine Stauwahrscheinlichkeit von $p = 0{,}4$ ist daher abzulehnen. Die Wahrscheinlichkeit für einen Irrtum ist dabei kleiner als 0,005:

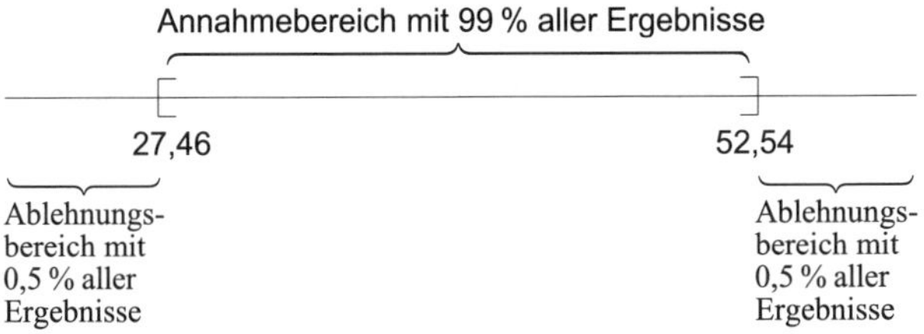

Im Annahmebereich der $2{,}58\sigma$-Umgebung liegen 99 % aller Ergebnisse, folglich liegt 1 % der Ergebnisse außerhalb. Dies teilt sich auf mit 0,5 % im Ablehnungsbereich [0; 27,46) und 0,5 % im Ablehnungsbereich (52,54; ∞].
Daher beträgt die Wahrscheinlichkeit für $53 \in [52{,}54; \infty]$ gerade $0{,}5\,\% = 0{,}005$.

4. Testen Sie zunächst die Laplace-Bedingung:
   $\sigma = \sqrt{n \cdot p \cdot (1-p)} = \sqrt{100 \cdot 0{,}45 \cdot 0{,}55} \approx 4{,}97 > 3$

   Diese ist erfüllt. Dann ermitteln Sie die $1{,}96\sigma$-Umgebung von $\mu = n \cdot p = 100 \cdot 0{,}45 = 45$:
   $$[\mu - 1{,}96\sigma; \mu + 1{,}96\sigma] = [45 - 1{,}96 \cdot 4{,}97; 45 + 1{,}96 \cdot 4{,}97]$$
   $$= [35{,}26; 54{,}74]$$

   $53 \in [35{,}26; 54{,}74]$, d. h. das Ergebnis ist verträglich mit der Nullhypothese $p = 0{,}45$.

   Es ist aber auch verträglich mit $p = 0{,}5$:
   $\mu = 100 \cdot 0{,}5 = 50; \sigma = \sqrt{100 \cdot 0{,}5 \cdot 0{,}5} = 5 > 3$

   $1{,}96\sigma$-Umgebung von $\mu = 50$:
   $$[\mu - 1{,}96\sigma; \mu + 1{,}96\sigma] = [50 - 1{,}96 \cdot 5; 50 + 1{,}96 \cdot 5]$$
   $$= [40{,}2; 59{,}8] \text{ enthält } 53.$$

   Daher kann die Hypothese $p = 0{,}45$ durch das Versuchsergebnis 53 zwar nicht widerlegt, aber auch nicht bestätigt werden.

Kaufhausdiebe

Großkaufhäuser der Elektrobranche wie Jupiter üben auf Ladendiebe einen besonderen Reiz aus, weil hier zahlreiche Artikel angeboten werden, die von aktuellem Interesse sind. Um die Diebstahlquote so gering wie möglich zu halten, werden deshalb neben Kaufhausdetektiven elektronische Sicherungsanlagen eingesetzt.

1. Die im Kaufhaus Jupiter installierte Anlage spricht bei Kaufhausdieben mit einer Wahrscheinlichkeit von 95 % an, aber auch bei ehrlichen Kunden löst die Anlage mit einer Wahrscheinlichkeit von 1 % Alarm aus. Langfristige Aufzeichnungen zeigen, dass 40 % der Verdachtsfälle tatsächlich bei einem Ladendieb ausgelöst werden.
   Ermitteln Sie den Anteil der Kaufhausdiebe unter allen Kunden.

2. Bestimmen Sie die Wahrscheinlichkeit, dass es sich bei einer zufällig ausgewählten Person, bei der
   - die Alarmanlage angesprochen hat, um keinen Ladendieb handelt,
   - die Alarmanlage nicht angesprochen hat, trotzdem um einen Ladendieb handelt.

   Berechnen Sie den Anteil der Diebe, die gefasst werden, an allen Kaufhausdieben.

3. Eine neu auf dem Markt agierende Firma behauptet, mit ihrem System 98 % aller Diebe enttarnen zu können. Es wird ein Testzeitraum von 4 Monaten vereinbart, in dem 100 000 Kunden das Kaufhaus Jupiter besucht haben. Der Anteil an Dieben soll dabei wie in Teilaufgabe 1 ermittelt (0,7 %) angenommen werden. Es wurden 649 Diebe mithilfe des neuen Systems entdeckt.
   Beurteilen sie, ob man den Angaben der neuen Firma Glauben schenken kann.

Hinweise und Tipps

Teilaufgabe 1

- Zeichnen Sie ein Baumdiagramm und tragen Sie die bekannten Größen ein. Wenden Sie die Pfadregeln an.
- Den (bisher noch) unbekannten Anteil von Kaufhausdieben bezeichnen Sie mit p.
- Interpretieren Sie den 40 %igen Anteil als bedingte Wahrscheinlichkeit.

Teilaufgabe 2

- Betrachten Sie noch einmal das Ausgangsdiagramm aus Teilaufgabe 1. Die gefragten bedingten Wahrscheinlichkeiten lassen sich dann nach der Formel von Bayes berechnen:

$$P_C(B) = \frac{P(B \cap C)}{P(C)}$$

- Alternativ ist die Ermittlung möglich mithilfe des vertauschten Baumdiagramms. Man erhält ein solches vertauschtes (oder auch umgekehrtes) Baumdiagramm, indem man die Reihenfolge der Ereignisse vertauscht.
- Die Endwerte der einzelnen Pfade stimmen weiterhin mit denen des ursprünglichen Baumdiagramms überein. Die Einzelwerte können mit der Pfadregel berechnet werden.

Teilaufgabe 3

- Prüfen Sie, ob die Laplace-Bedingung $\sigma = \sqrt{n \cdot p \cdot (1-p)} > 3$ erfüllt ist, um die Bewertung mittels σ-Umgebungen durchführen zu können.
- Jedem Radius einer Umgebung des Erwartungswertes μ lässt sich eine bestimmte Wahrscheinlichkeit für diese Umgebung zuordnen. So gilt:
  $1{,}64\sigma$-Umgebung: $[\mu - 1{,}64\sigma;\ \mu + 1{,}64\sigma]$: 90 % Wahrscheinlichkeit
  $1{,}96\sigma$-Umgebung: $[\mu - 1{,}96\sigma;\ \mu + 1{,}96\sigma]$: 95 % Wahrscheinlichkeit
  $2{,}58\sigma$-Umgebung: $[\mu - 2{,}58\sigma;\ \mu + 2{,}58\sigma]$: 99 % Wahrscheinlichkeit

Lösung

1. Zeichnen Sie ein Baumdiagramm und tragen Sie die bekannten Größen ein:

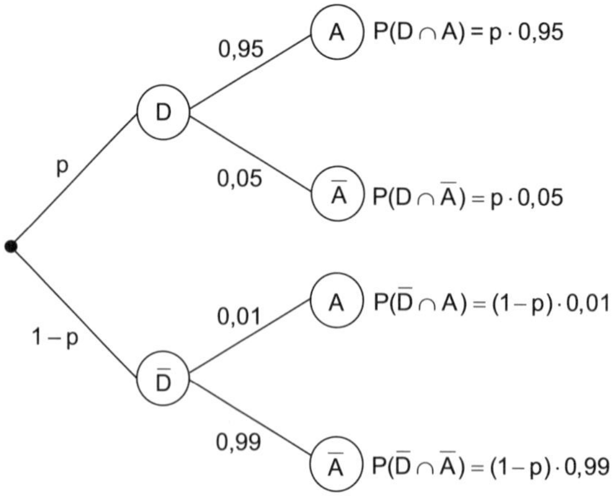

Dabei bedeutet:

D: Dieb $\overline{D}$: kein Dieb

A: Anlage schlägt Alarm. $\overline{A}$: Anlage schlägt nicht Alarm.

Der (bisher noch) unbekannte Anteil von Kaufhausdieben wird im Baumdiagramm mit p bezeichnet.

Für die Berechnung des Anteils der Kaufhausdiebe setzt man die Anzahl der berechtigten Verdachtsfälle ins Verhältnis zur Gesamtzahl der Verdachtsfälle, da diese Quote bekannt ist. Dies entspricht genau den bedingten Wahrscheinlichkeiten:

$$P_A(D) = \frac{P(D \cap A)}{P(A)} = 0,4$$

Mit $P(A) = P(D \cap A) + P(\overline{D} \cap A) = 0,95 \cdot p + (1-p) \cdot 0,01$ erhält man:

$$P_A(D) = \frac{p \cdot 0,95}{p \cdot 0,95 + (1-p) \cdot 0,01} = \frac{p \cdot 0,95}{0,94 \cdot p + 0,01} = 0,4$$

Durch Auflösen nach p folgt:

$$0,95 \cdot p = 0,376 \cdot p + 0,004$$

$$0,574p = 0,004$$

$$p = 0,007 \mathrel{\hat{=}} 0,7\ \%$$

Unter allen Kunden befinden sich folglich 0,7 % Ladendiebe.

2. Gesucht ist nach den bedingten Wahrscheinlichkeiten $P_A(\overline{D})$ und $P_{\overline{A}}(D)$.
   Zunächst stellen Sie noch einmal das Ausgangsdiagramm mit den für $p = 0{,}007$ ergänzten Werten dar:

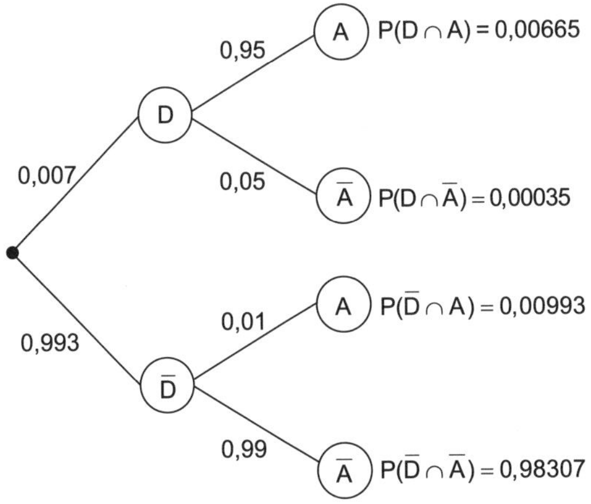

Damit lassen sich $P_A(\overline{D})$ und $P_{\overline{A}}(D)$ folgendermaßen berechnen:

$$P_A(\overline{D}) = \frac{P(\overline{D} \cap A)}{P(A)} = \frac{0{,}00993}{0{,}00665 + 0{,}00993} = \frac{0{,}00993}{0{,}01658} = 0{,}5989 \mathrel{\hat{=}} 59{,}89\ \%$$

$$P_{\overline{A}}(D) = \frac{P(D \cap \overline{A})}{P(\overline{A})} = \frac{0{,}00035}{1 - 0{,}01658} = \frac{0{,}00035}{0{,}98342} = 0{,}000356 \mathrel{\hat{=}} 0{,}0356\ \%$$

Alternative Berechnung (mithilfe des umgekehrten Baumdiagrammes):

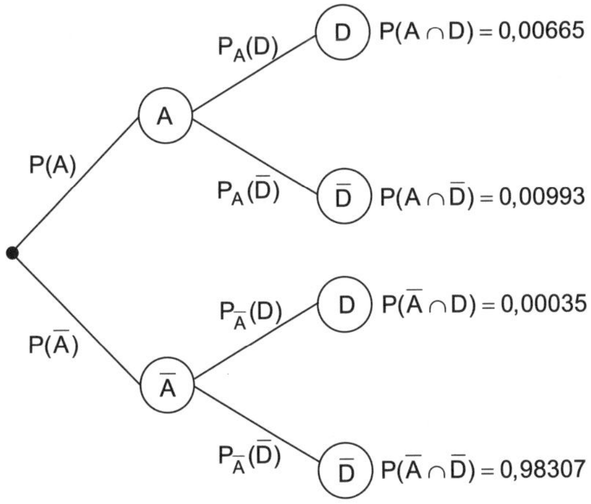

Die am Ende der Pfade notierten Pfadwahrscheinlichkeiten stimmen mit den Wahrscheinlichkeiten aus dem ersten Diagramm wegen der Multiplikationsregel (bis auf die Reihenfolge) überein und sind bereits eingetragen. Die übrigen Wahrscheinlichkeiten lassen sich jetzt wie folgt ermitteln:

$$\begin{aligned} P(A) &= P(A \cap D) + P(A \cap \overline{D}) \\ &= p \cdot 0{,}95 + (1-p) \cdot 0{,}01 \\ &= 0{,}94p + 0{,}01 = 0{,}007 \cdot 0{,}94 + 0{,}01 = 0{,}01658 \end{aligned}$$

$$P(\overline{A}) = 1 - P(A) = 1 - 0{,}01658 = 0{,}98342$$

$$P(A \cap \overline{D}) = P(A) \cdot P_A(\overline{D}) \quad \Rightarrow \quad P_A(\overline{D}) = \frac{P(A \cap \overline{D})}{P(A)} = 0{,}5989$$

$$P(\overline{A} \cap D) = P(\overline{A}) \cdot P_{\overline{A}}(D) \quad \Rightarrow \quad P_{\overline{A}}(D) = \frac{P(\overline{A} \cap D)}{P(\overline{A})} = 0{,}000356$$

Damit ist die Wahrscheinlichkeit für „kein Dieb trotz anschlagender Alarmanlage" $P_A(\overline{D}) = 0{,}5989$ und die Wahrscheinlichkeit für „Dieb trotz nicht anschlagender Alarmanlage" $P_{\overline{A}}(D) = 0{,}000356$.

Der Anteil der gefassten Diebe an allen Dieben beträgt:

$$\frac{P(D \cap A)}{P(D)} = \frac{0{,}00665}{0{,}007} = 0{,}95 \mathrel{\hat{=}} 95\,\%$$

3. Zu überprüfen ist die Hypothese:

   $H_0\colon\ p = p_0 \geq 0{,}98$

   Es ist $n = 700$. ($0{,}7\%$ von $100\,000 \mathrel{\hat{=}} 700$ Diebe)

   $\mu = 0{,}98 \cdot 700 = 686$ entdeckte Diebe sind bei einer Quote von 98 % zu erwarten.

   p_0 ist zu verwerfen, wenn das Stichprobenergebnis signifikant von $p = 0{,}98$ abweicht und $p < 0{,}98$ ist dann als wahr anzusehen.

   Zunächst prüfen wir die Laplace-Bedingung:

   $\sigma = \sqrt{n \cdot p \cdot (1-p)} = \sqrt{700 \cdot 0{,}98 \cdot 0{,}02} \approx 3{,}7 > 3.$

   Die Laplace-Bedingung ist erfüllt. Betrachten Sie dann die unterschiedlichen σ-Umgebungen. Es gilt:

   $1{,}64\sigma$-Umgebung von $\mu = 686$:

   $$\begin{aligned} [\mu - 1{,}64\sigma; \mu + 1{,}64\sigma] &= [686 - 1{,}64 \cdot 3{,}7; 686 + 1{,}64 \cdot 3{,}7] \\ &= [680; 692] \end{aligned}$$

   $649 \notin 1{,}64\sigma$-Umgebung von μ, d. h. die Hypothese $p \geq 0{,}98$ kann mit einer Irrtumswahrscheinlichkeit von 10 % verworfen werden.

$1{,}96\sigma$-Umgebung von $\mu = 686$:

$$[\mu - 1{,}96\sigma; \mu + 1{,}96\sigma] = [686 - 1{,}96 \cdot 3{,}7; 686 + 1{,}96 \cdot 3{,}7]$$
$$= [679; 693]$$

$649 \notin 1{,}96\sigma$-Umgebung von μ, d. h. die Hypothese $p \geq 0{,}98$ kann mit einer Irrtumswahrscheinlichkeit von 5 % verworfen werden.

$2{,}58\sigma$-Umgebung von $\mu = 686$:

$$[\mu - 2{,}58\sigma; \mu + 2{,}58\sigma] = [686 - 2{,}58 \cdot 3{,}7; 686 + 2{,}58 \cdot 3{,}7]$$
$$= [677; 695]$$

$649 \notin 2{,}58\sigma$-Umgebung von μ, d. h. die Hypothese $p \geq 0{,}98$ kann mit einer Irrtumswahrscheinlichkeit von 1 % verworfen werden.

Das neu angebotene Verfahren ist mit großer Wahrscheinlichkeit nicht besser als das bisher vom Kaufhaus Jupiter verwendete Verfahren.

Ihre Meinung ist uns wichtig!

Ihre Anregungen sind uns immer willkommen. Bitte informieren Sie uns mit diesem Schein über Ihre Verbesserungsvorschläge!

Titel-Nr.	Seite	Vorschlag

Bitte hier abtrennen

Zutreffendes bitte ankreuzen!

Die Absenderin/der Absender ist:

- ☐ Lehrer/in in den Klassenstufen: ____
- ☐ Fachbetreuer/in
  Fächer: ____
- ☐ Seminarlehrer/in
  Fächer: ____
- ☐ Regierungsfachberater/in
  Fächer: ____
- ☐ Oberstufenbetreuer/in
- ☐ Schulleiter/in
- ☐ Referendar/in, Termin 2. Staats-
  examen: ____
- ☐ Leiter/in Lehrerbibliothek
- ☐ Leiter/in Schülerbibliothek
- ☐ Sekretariat
- ☐ Eltern
- ☐ Schüler/in, Klasse: ____
- ☐ Sonstiges: ____

Unterrichtsfächer: (Bei Lehrkräften!)

____

STARK Verlag
Postfach 1852
85318 Freising

16-VM5

Bitte ausfüllen und im frankierten Umschlag
an uns einsenden. Für Fensterkuverts geeignet.

Kennen Sie Ihre Kundennummer?
Bitte hier eintragen.

Absender (Bitte in Druckbuchstaben!)

Name/Vorname

Straße/Nr.

PLZ/Ort

Telefon privat

Geburtsjahr

E-Mail-Adresse

Schule/Schulstempel (Bitte immer angeben!)

(*Bitte blättern Sie um*)